Aktionärsrechte bei der nationalen Verschmelzung und Spaltung

Europäische Hochschulschriften
Publications Universitaires Européennes
European University Studies

Reihe II
Rechtswissenschaft

Série II Series II
Droit
Law

Bd./Vol. 4665

PETER LANG
Frankfurt am Main · Berlin · Bern · Bruxelles · New York · Oxford · Wien

Stefan Eggert

Aktionärsrechte bei der nationalen Verschmelzung und Spaltung

Eine vergleichende Untersuchung des deutschen, französischen, belgischen und britischen Rechts

PETER LANG
Internationaler Verlag der Wissenschaften

Bibliografische Information der Deutschen Nationalbibliothek
Die Deutsche Nationalbibliothek verzeichnet diese Publikation in der Deutschen Nationalbibliografie; detaillierte bibliografische Daten sind im Internet über <http://www.d-nb.de> abrufbar.

Zugl.: Berlin, Humboldt-Univ., Diss., 2007

11
ISSN 0531-7312
ISBN 978-3-631-57374-7

www.peterlang.de

Vorwort

Die vorliegende Arbeit wurde im Wintersemester 2006/2007 von der juristischen Fakultät der Humboldt-Universität zu Berlin als Dissertation angenommen. Die Ausführungen befinden sich auf dem Stand von Ende 2006.

Meinem Doktorvater Herrn Prof. Dr. Dr. Stefan Grundmann bin ich für die Anregung zum Thema dieser Arbeit sowie seine stete Bereitschaft zur Diskussion dankbar. Mein Dank gilt zudem Herrn Prof. Dr. Thomas Raiser für die zügige Erstellung des Zweitgutachtens.

Besonders danken möchte ich darüber hinaus meinen Eltern und meiner Schwester, die mich während des Entstehens dieser Arbeit stets unterstützten. Die Arbeit ist meinen Großeltern gewidmet, denen ich außerordentlich viel zu verdanken habe.

Frankfurt am Main, im Oktober 2007

Inhaltsverzeichnis

Abkürzungsverzeichnis XXIII

Einführung 1

§ 1 Gegenstand und Grund der Untersuchung 1
§ 2 Gang der Untersuchung 11

1. Teil: Der Regelungsrahmen der nationalen Verschmelzung und Spaltung 12

§ 3 Der durch das Gemeinschaftsrecht vorgegebene Regelungsrahmen 12

I. Die Verschmelzung nach der Dritten gesellschaftsrechtlichen Richtlinie (Verschmelzungsrichtlinie - VRL) und die Spaltung nach der Sechsten gesellschaftsrechtlichen Richtlinie (Spaltungsrichtlinie – SpRL) 12
1. Überblick über die Entstehungsgeschichte der VRL und SpRL 12
2. Persönlicher Anwendungsbereich der VRL und SpRL – Betroffene Gesellschaften 12
a) Aktiengesellschaften in Deutschland und ihre Entsprechungen in den anderen Mitgliedstaaten 12
b) Genossenschaften, die in der Rechtsform der Aktiengesellschaft bzw. den entsprechenden Rechtsformen in den Mitgliedstaaten gegründet worden sind 13
c) Gesellschaften, die Gegenstand eines Konkurs-, Vergleichs- oder ähnlichen Verfahrens sind 14
d) Sich in Abwicklung befindliche Gesellschaften 14
3. Sachlicher Anwendungsbereich der VRL und SpRL – Erfasste Arten der Verschmelzung und Spaltung und ihnen gleichgestellte Vorgänge 14
a) Die nach der VRL und SpRL zwingend vorzusehenden Vorgänge 15
aa) Die beiden Grundtypen der Verschmelzung und Spaltung und ihre drei charakteristischen Elemente 15
(1) Die Verschmelzung durch und die Spaltung zur Aufnahme 16
(2) Die Verschmelzung durch und die Spaltung zur Neugründung .. 16
(3) Die drei charakteristischen Elemente der beiden Grundtypen der Verschmelzung und Spaltung 17
(a) Auflösung ohne Abwicklung 18
(b) (Partielle) Gesamtrechtsnachfolge 18
(c) Gewährung von Anteilen der übernehmenden oder neuen Gesellschaft(en) an die Aktionäre der übertragenden Gesellschaft(en) 19

bb) Die Verschmelzung 100%iger Tochtergesellschaften 19
b) Optional einführbare Arten der Spaltung 20
aa) Gemischte Spaltung 20
bb) Spaltung unter Aufsicht eines Gerichts 21
c) Die der Verschmelzung und der Spaltung im Sinne der VRL bzw. SpRL gleichgestellten Vorgänge 21
aa) Der Vorgang nach Art. 30 VRL bzw. Art. 24 SpRL (mehr als 10%ige bare Zuzahlung) 21
bb) Der Vorgang nach Art. 31 VRL bzw. 25 SpRL (nicht alle der übertragenden Gesellschaften hören auf zu bestehen bzw. die übertragende Gesellschaft hört nicht auf zu bestehen) 22
4. Überblick über die Vorgaben zum Verfahren der Verschmelzung und Spaltung 23
5. Wirksamwerden der Verschmelzung und Spaltung 25
6. Rechtswirkungen der Verschmelzung und Spaltung 25
II. Wichtige von der VRL und SpRL nicht erfasste Arten von Verschmelzungen und Spaltungen im wirtschaftlichen Sinne 26
1. Verschmelzung und Spaltung mit Gegenleistung an die übertragende(n) Gesellschaft(en) selbst 27
2. Aufkauf 28
3. Übernahme 29
§ 4 Der Regelungsrahmen im deutschen Recht 29
I. Verschmelzung und Spaltung im Sinne der VRL bzw. SpRL 29
1. Überblick über die (jüngere) Entwicklung des Verschmelzungs- und Spaltungsrechts und (heutige) Gesetzessystematik 29
2. Die Aktiengesellschaft als verschmelzungs- und spaltungsfähiger Rechtsträger 31
3. Die Regelung der verschiedenen Verschmelzungs- und Spaltungsarten im Sinne der VRL bzw. SpRL und der ihnen gleichgestellten Vorgänge im deutschen Recht 33
4. Überblick über das Verfahren der Verschmelzung und Spaltung 35
a) Vorbereitungsphase 35
b) Beschlussphase 36
c) Vollzugsphase 36
5. Zeitpunkt des Wirksamwerdens der Verschmelzung und Spaltung ... 37
6. Rechtswirkungen der Verschmelzung und Spaltung 37
II. Ausgliederung als wichtiger nicht von der VRL und SpRL erfasster ähnlicher Vorgang 38
§ 5 Der Regelungsrahmen im französischen Recht 40

I. Verschmelzung (*fusion*) und Spaltung (*scission*) im Sinne der VRL bzw. SpRL 40
1. Überblick über die (jüngere) Entwicklung des Verschmelzungs- und Spaltungsrechts und (heutige) Gesetzessystematik 40
2. Die Aktiengesellschaft (das französische Pendant: société anonyme*) als verschmelzungs- bzw. spaltungsfähiger Rechtsträger* 41
3. Die Regelung der verschiedenen Verschmelzungs- und Spaltungsarten im Sinne der VRL bzw. SpRL und der ihnen gleichgestellten Vorgänge im französischen Recht 42
4. Überblick über das Verfahren der Verschmelzung und Spaltung 44
a) Vorbereitungsphase 44
b) Beschlussphase 45
c) Vollzugsphase 45
5. Zeitpunkt des Wirksamwerdens der Verschmelzung und Spaltung 46
6. Rechtswirkungen der Verschmelzung und Spaltung 46
II. Teileinbringung (*apport partiel d'actif*) als wichtiger nicht von der VRL und SpRL erfasster ähnlicher Vorgang im französischen Recht 47
§ 6 Der Regelungsrahmen im belgischen Recht 49
I. Verschmelzung (*fusion*) und Spaltung (*scission*) im Sinne der VRL bzw. SpRL 49
1. Überblick über die (jüngere) Entwicklung des Verschmelzungs- und Spaltungsrechts und (heutige) Gesetzessystematik 49
2. Die Aktiengesellschaft (das belgische Pendant: société anonyme *bzw.* naamloze vennootschap*) als verschmelzungs- bzw. spaltungsfähiger Rechtsträger* 51
3. Die Regelung der verschiedenen Verschmelzungs- und Spaltungsarten im Sinne der VRL bzw. SpRL und der ihnen gleichgestellten Vorgänge im belgischen Recht 52
4. Überblick über das Verfahren der Verschmelzung und Spaltung 53
a) Vorbereitungsphase 53
b) Beschlussphase 54
c) Vollzugsphase 54
5. Zeitpunkt des Wirksamwerdens der Verschmelzung und Spaltung 54
6. Rechtswirkungen der Verschmelzung und Spaltung 55
II. Einbringung eines gesamten Unternehmens bzw. eines Unternehmensteils (*apport d'universalité* bzw. *apport d'une branche d'activité*) als wichtiger nicht von der VRL und SpRL erfasster ähnlicher Vorgang im belgischen Recht 55
§ 7 Der Regelungsrahmen im britischen Recht 56

I. Verschmelzung (*merger*) und Spaltung (*division*) im Sinne der VRL bzw. SpRL 57

1. Überblick über die (jüngere) Entwicklung des Verschmelzungs- Und Spaltungsrechts und (heutige) Gesetzessystematik 57

2. Die Aktiengesellschaft (das britische Pendant: Public limited company*) als verschmelzungs- und spaltungsfähiger Rechtsträger* .. 59

3. Die Regelung der verschiedenen Verschmelzungs- und Spaltungsarten im Sinne der VRL bzw. SpRL und der ihnen gleichgestellten Vorgänge im britischen Recht 60

4. Überblick über das Verfahren der Verschmelzung und Spaltung 61

a) Vorbereitungsphase 61

b) Beschlussphase, nachfolgende Anträge, gerichtliche Genehmigung, Veröffentlichung 62

5. Zeitpunkt des Wirksamwerdens der Verschmelzung und Spaltung 63

6. Rechtswirkungen der Verschmelzung und Spaltung 63

II. Wichtige nicht von der VRL und SpRL erfasste ähnliche Vorgänge im britischen Recht 64

*1. Freiwillige Abwicklung (*voluntary liquidation*)* 64

*2. Übernahme (*takeover*)* 65

§ 8 Vergleich der Regelungsrahmen 66

2. Teil: Die Schutzbedürftigkeit der Aktionäre bei der nationalen Verschmelzung und Spaltung und das Schutzkonzept der VRL und SpRL 67

§ 9 Die Schutzbedürftigkeit der Aktionäre bei der nationalen Verschmelzung und Spaltung 67

§ 10 Das Schutzkonzept der VRL und SpRL 69

3. Teil: Die einzelnen Aktionärsrechte bei der nationalen Verschmelzung und Spaltung 73

§ 11 Informationsrechte 73

I. Europarechtliche Vorgaben 73

1. Verschmelzungs- bzw. spaltungsrechtsspezifische Informationsrechte 73

a) Informationsvermittlung: Verschmelzungs- bzw. Spaltungsplan und Verschmelzungs- bzw. Spaltungsbericht 73

aa) Verschmelzungs- bzw. Spaltungsplan 73

(1) Allgemeines und Bedeutung 73

(2) Informationsschuldner: Verwaltungs- oder Leitungsorgane 74

(3) Mindestinhalt 75

bb) Verschmelzungs- bzw. Spaltungsbericht ... 76
(1) Allgemeines und Bedeutung ... 76
(2) Informationsschuldner: Verwaltungs- oder Leitungsorgane ... 77
(3) Anforderungen an den Inhalt ... 77
(4) Gesonderte Erstellung für jede beteiligte Gesellschaft ... 79
b) Informationsverifikation: Verschmelzungs- bzw. Spaltungsprüfung und –prüfungsbericht ... 79
aa) Allgemeines und Bedeutung ... 79
bb) Informationsschuldner: Unabhängige Sachverständige als Prüfer ... 80
cc) Bestellung der Prüfer ... 80
dd) Gemeinsame Prüfer für alle beteiligten Gesellschaften ... 81
ee) Prüfungsgegenstand und Inhalt des Prüfungsberichts ... 81
ff) Rechte der Prüfer ... 82
gg) Besonderheit bei der Spaltung ... 82
c) Informationsbereitstellung ... 82
aa) Recht der Aktionäre auf Kenntnisnahme aller relevanten Unterlagen am Sitz der jeweiligen Gesellschaft sowie Recht auf Abschriften ... 82
bb) Bereitstellung des Verschmelzungs- bzw. Spaltungsplans für jedermann ... 83
d) Besondere Unterrichtung über wesentliche Vermögensveränderungen bei Spaltungen ... 84
e) Verfahrenserleichterungen ... 85
aa) Verfahrensleichterungen bei Verschmelzungen von 100%igen Tochtergesellschaften ... 85
bb) Verfahrenserleichterungen bei Spaltungen ... 86
(1) Bei Verzicht durch alle Aktionäre ... 86
(2) Bei Spaltungen unter Aufsicht eines Gerichts ... 86
(3) Bei verhältniswahrender Spaltung zur Neugründung ... 87
2. Allgemeine Informationsrechte nach dem Vorschlag für eine Richtlinie über Rechte von Aktionären börsennotierter Gesellschaften ... 87
a) Einladung zur Hauptversammlung - Mindestinhalt ... 88
b) Fragerecht ... 88
II. Rechtslage in Deutschland ... 89
1. Verschmelzungs- bzw. spaltungsrechtsspezifische Informationsrechte ... 89
a) Informationsvermittlung: Verschmelzungs- bzw. Spaltungsvertrag oder dessen Entwurf und Verschmelzungs- bzw. Spaltungsbericht ... 89

aa) Verschmelzungs- bzw. Spaltungsvertrag bzw. deren Entwürfe .. 89
(1) Allgemeines 89
(2) Informationsschuldner: Vorstand 91
(3) Mindestinhalt 91
(4) Zusätzliche Anforderung an den Vertrag bzw. Plan bei Verschmelzung bzw. Spaltung mit dem Angebot einer Barabfindung 93
(5) Zusätzliche Anforderung an den Vertrag bzw. Plan bei Verschmelzung durch bzw. Spaltung zur Neugründung 93
bb) Verschmelzungs- bzw. Spaltungsbericht 94
(1) Allgemeines und Bedeutung 94
(2) Informationsschuldner: Vorstand 94
(3) Anforderungen an den Inhalt 95
(4) Erweiterte Berichtspflicht bei verbundenen Unternehmen 99
(5) Beschränkung der Berichtspflicht 100
(6) Gemeinsamer Bericht 101
b) Informationsverifikation: Verschmelzungs- bzw. Spaltungsprüfung und Verschmelzungs- bzw. Spaltungsprüfungsbericht 102
aa) Allgemeines und Systematik 102
bb) Informationsschuldner: Unabhängige Sachverständige als Prüfer 103
cc) Bestellung der Prüfer 104
dd) Prüfungsgegenstand und Inhalt des Prüfungsberichts 105
ee) Rechte der Prüfer 107
ff) Beschränkung der Berichtspflicht 108
c) Informationsbereitstellung 108
aa) Recht der Aktionäre auf Kenntnisnahme aller relevanten Unterlagen am Sitz der jeweiligen Gesellschaft und Recht auf Abschriften 108
bb) Bereitstellung des Verschmelzungs- bzw. Spaltungsvertrags für jedermann 110
d) Besondere Unterrichtung über wesentliche Vermögensveränderungen bei Spaltungen 111
e) Verfahrenserleichterungen 112
aa) Verfahrenserleichterungen bei Verschmelzungen von 100%igen Tochtergesellschaften 112
bb) Verfahrenserleichterungen bei Spaltungen von 100%igen Tochtergesellschaften: Entbehrlichkeit des Spaltungsberichts? 114

cc) Verfahrenserleichterungen bei Verschmelzungen und Spaltungen bei Verzicht aller Anteilsinhaber aller beteiligten Gesellschaften 115
f) Ordnungsgemäße Umsetzung der VRL bzw. SpRL? – Problemfälle 116
aa) Abschluss des Verschmelzungs- bzw. Spaltungsvertrags bereits vor der Hauptversammlung? 117
bb) Gemeinsamer Verschmelzungs- bzw. Spaltungsbericht? 117
cc) Entbehrlichkeit des Verschmelzungsberichts und der Verschmelzungsprüfung sowie des dazugehörigen Berichts bei Verzicht aller Anteilsinhaber aller beteiligten Gesellschaften? 120
dd) Verschmelzungs- bzw. Spaltungsbericht zwingend Gegenstand der Prüfung und des Prüfungsberichts? 122
g) Sonstige, nicht europarechtlich vorgegebene verschmelzungs- oder spaltungsrechtsspezifische Informationsrechte 123
aa) Auslage der Verschmelzungs- bzw. Spaltungsunterlagen während der Hauptversammlung 123
bb) Mündliche Erläuterung des Verschmelzungs- bzw. Spaltungsvertrags durch den Vorstand 124
cc) Recht auf Auskunft hinsichtlich verschmelzungs- bzw. spaltungsrelevanter Informationen der anderen beteiligten Rechtsträger 125
dd) Erweiterte Auskunftspflicht hinsichtlich Verschmelzungs- bzw. Spaltungsbericht in der Hauptversammlung bei verbundenen Unternehmen 127
2. *Allgemeine Informationsrechte* 128
a) Bekanntmachung der Tagesordnung bei Einberufung der Hauptversammlung 128
b) Beschlussvorschläge der Verwaltung zur Verschmelzung bzw. Spaltung 129
c) Mitteilung der Tagesordnung an bestimmte Aktionäre 129
d) Allgemeines Auskunftsrecht in der Hauptversammlung 130
aa) Aktionäre als Gläubiger des Auskunftsrechts 131
bb) Gesellschaft als Schuldnerin des Auskunftsrechts 131
cc) Erfordernis und Art des Auskunftsverlangens 131
dd) Prinzip der Mündlichkeit der Auskunftserteilung 131
ee) Verschmelzung bzw. Spaltung als Gegenstand des Auskunftsrechts 132
ff) Beschränkung des Umfangs der Auskunftspflicht 133
gg) Möglichkeit der Frage- und Redezeitbeschränkung 133
hh) Auskunftsverweigerungsgründe 134

ii) Erweiterte Auskunftspflicht ... 134
jj) Auskunftserzwingungsverfahren ... 135

III. Rechtslage in Frankreich ... 135

1. Verschmelzungs- bzw. spaltungsrechtsspezifische Informationsrechte ... 135

a) Informationsvermittlung: Verschmelzungs- bzw. Spaltungsplan und Verschmelzungs- bzw. Spaltungsbericht ... 135
aa) Verschmelzungs- bzw. Spaltungsplan ... 135
(1) Allgemeines ... 135
(2) Informationsschuldner: Verwaltungsrat bzw. Vorstand ... 137
(3) Mindestinhalt ... 137
bb) Verschmelzungs- bzw. Spaltungsbericht ... 139
(1) Allgemeines ... 139
(2) Informationsschuldner: Verwaltungsrat bzw. Vorstand ... 139
(3) Anforderungen an den Inhalt ... 139
b) Informationsverifikation: Verschmelzungs- bzw. Spaltungsprüfung und Verschmelzungs- bzw. Spaltungsprüfungsbericht 140
aa) Allgemeines ... 140
bb) Informationsschuldner: Unabhängige Sachverständige als Prüfer ... 140
cc) Bestellung der Prüfer ... 141
dd) Gemeinsame Prüfer für alle beteiligten Gesellschaften ... 142
ee) Prüfungsgegenstand und Inhalt des Prüfungsberichts ... 142
ff) Rechte der Prüfer ... 143
gg) Zusätzlicher Bericht über die Sacheinlage und eventuell bestehende Sondervorteile ... 143
hh) Besonderheit bei Gesellschaften, die öffentlich zur Zeichnung von Wertpapieren aufrufen ... 144
c) Informationsbereitstellung ... 144
aa) Recht der Aktionäre auf Kenntnisnahme aller relevanten Unterlagen am Sitz der jeweiligen Gesellschaft und Recht auf Abschriften ... 144
bb) Bereitstellung des Verschmelzungs- bzw. Spaltungsplans für jedermann ... 145
cc) Besonderheit bei Gesellschaften, die öffentlich zur Zeichnung von Wertpapieren aufrufen ... 146
d) Besondere Unterrichtung über wesentliche Vermögensveränderungen bei Spaltungen ... 146
e) Verfahrenserleichterungen ... 146
aa) Bei Verschmelzungen von 100%igen Tochtergesellschaften .. 146
bb) Bei verhältniswahrender Spaltung zur Neugründung ... 148

f) Ordnungsgemäße Umsetzung der VRL bzw. SpRL? – Zusammenfassung 148
2. Allgemeine Informationsrechte 148
a) Bekanntmachung der Tagesordnung bei Einberufung der Hauptversammlung 149
b) Mitteilung der Tagesordnung an Namensaktionäre 149
c) Recht auf Zusendung von bestimmten Unterlagen 150
d) Auskunftsrecht nach Art. 225-108 C. com. 150
e) Fragerecht in der Hauptversammlung 151
f) Besonderheit bei Gesellschaften, die öffentlich zur Zeichnung von Wertpapieren aufrufen 151

IV. Rechtslage in Belgien 152
1. Verschmelzungs- bzw. spaltungsrechtsspezifische Informationsrechte 152
a) Informationsvermittlung: Verschmelzungs- bzw. Spaltungsplan und Verschmelzungs- bzw. Spaltungsbericht 152
aa) Verschmelzungs- bzw. Spaltungsplan 152
(1) Allgemeines 152
(2) Informationsschuldner: Verwaltungsrat 153
(3) Mindestinhalt 153
bb) Verschmelzungs- bzw. Spaltungsbericht 153
(1) Allgemeines 153
(2) Informationsschuldner: Verwaltungsrat 154
(3) Anforderungen an den Inhalt 154
(4) Beschränkung der Berichtspflicht 154
b) Informationsverifikation: Verschmelzungs- bzw. Spaltungsprüfung und Verschmelzungs- bzw. Spaltungsprüfungsbericht 155
aa) Allgemeines 155
bb) Informationsschuldner: Unabhängige Sachverständige als Prüfer 155
cc) Bestellung der Prüfer 155
dd) Gemeinsame Prüfer für alle beteiligten Gesellschaften 156
ee) Prüfungsgegenstand und Inhalt des Prüfungsberichts 156
ff) Rechte der Prüfer 156
c) Informationsbereitstellung und Recht auf Abschriften 157
aa) Recht der Aktionäre auf Kenntnisnahme aller relevanten Unterlagen am Sitz der jeweiligen Gesellschaft und Recht auf Abschriften 157
bb) Bereitstellung des Verschmelzungs- bzw. Spaltungsplans für jedermann 157

d) Besondere Unterrichtung über wesentliche Vermögensveränderungen bei Verschmelzungen und Spaltungen 158
e) Verfahrenserleichterungen 158
aa) Bei Verschmelzungen von 100%igen Tochtergesellschaften .. 158
bb) Bei Spaltungen bei Verzicht aller Anteilsinhaber aller Beteiligten Gesellschaften 159
2. Allgemeine Informationsrechte 160
a) Bekanntmachung der Tagesordnung bei Einberufung der Hauptversammlung 160
b) Mitteilung der Tagesordnung an Namensaktionäre 160
c) Recht auf Zusendung von bestimmten Unterlagen im Zusammenhang mit der Einberufung 161
d) Auskunftsrecht in der Hauptversammlung 161
V. Rechtslage in Großbritannien 162
1. Verschmelzungs- bzw. spaltungsrechtsspezifische Informationsrechte 162
a) Informationsvermittlung: Verschmelzungs- bzw. Spaltungsplan und Verschmelzungs- bzw. Spaltungsbericht ...162
aa) Verschmelzungs- bzw. Spaltungsplan 162
(1) Allgemeines 162
(2) Informationsschuldner: Verwaltungsratsmitglieder 162
(3) Mindestinhalt 162
bb) Verschmelzungs- bzw. Spaltungsbericht 163
(1) Allgemeines 163
(2) Informationsschuldner: Verwaltungsratsmitglieder 163
(3) Anforderung an den Inhalt 163
b) Informationsverifikation: Verschmelzungs- bzw. Spaltungsprüfung und –prüfungsbericht 164
aa) Allgemeines 164
bb) Informationsschuldner: Unabhängige Sachverständige als Prüfer 164
cc) Bestellung der Prüfer 165
dd) Gemeinsame Prüfer für alle beteiligten Gesellschaften 165
ee) Prüfungsgegenstand und Inhalt des Prüfungsberichts 165
ff) Rechte der Prüfer 166
c) Informationsbereitstellung 166
aa) Recht der Aktionäre auf Kenntnisnahme aller Unterlagen am Sitz der jeweiligen Gesellschaft und Recht auf Abschriften ...166
bb) Bereitstellung des Verschmelzungs- bzw. Spaltungsplans für jedermann 167

d) Besondere Unterrichtung über wesentliche Vermögensveränderungen bei Spaltungen 167
e) Verfahrenserleichterungen 168
aa) Bei Verschmelzungen von 100%igen Tochtergesellschaften .. 168
bb) Bei Spaltungen bei Verzicht aller Anteilsinhaber aller Beteiligten Gesellschaften 168
cc) Bei Spaltungen unter Aufsicht eines Gerichts 169
2. Allgemeine Informationsrechte 169
a) Bekanntmachung der Einberufung der Hauptversammlung 169
b) Auskunftsrecht des Aktionärs in der Hauptversammlung 171
VI. Vergleich der Informationsrechte 172
§ 12 Entscheidungszuständigkeit 175
I. Europarechtliche Vorgaben 175
1. Entscheidungszuständigkeit der Hauptversammlung 175
2. Beschlussgegenstände 176
3. Mehrheitserfordernisse 176
4. Sonderbeschlüsse bei Bestehen verschiedener Aktiengattungen 177
5. Entbehrlichkeit der Zustimmung durch die Hauptversammlung 177
a) Entbehrlichkeit bei der bzw. den übernehmenden Gesellschaft(en) unter Einhaltung bestimmter Voraussetzungen (Verschmelzung und Spaltung) 177
b) Entbehrlichkeit bei der übernehmenden Gesellschaft bei einem Anteilsbesitz von mehr als 90% an der übertragenden Gesellschaft (Verschmelzung) 178
c) Entbehrlichkeit bei allen beteiligten Gesellschaften bei 100%igem Anteilsbesitz der übernehmenden Gesellschaft (Verschmelzung) 178
d) Entbehrlichkeit bei der übertragenden Gesellschaft bei 100%igem Anteilsbesitz der übernehmenden Gesellschaften (Spaltung) 179
II. Rechtslage in Deutschland 179
1. Entscheidungszuständigkeit der Hauptversammlung 179
2. Beschlussgegenstände 180
3. Mehrheitserfordernisse 181
4. Einstimmigkeitserfordernis im Sonderfall der nicht verhältniswahrenden Spaltung 183
5. Sonderbeschlüsse bei Bestehen verschiedener Aktiengattungen 184
6. Notarielle Beurkundung des Beschlusses 185
7. Sachliche Rechtfertigung des Beschlusses 185
8. Entbehrlichkeit der Zustimmung durch die Hauptversammlung 186

a) Entbehrlichkeit bei der übernehmenden Gesellschaft bei einem Anteilsbesitz von mindestens 90% an der übertragenden Gesellschaft (Verschmelzung) 186
b) Entbehrlichkeit bei den übernehmenden Gesellschaften bei einem Anteilsbesitz von mindestens 90% an der übertragenden Gesellschaft (Spaltung) 187
9. Europarechtskonformität des Einstimmigkeitserfordernisses bei der nichtverhältniswahrenden Spaltung? 187

III. Rechtslage in Frankreich 188
*1. Entscheidungszuständigkeit der Hauptversammlung (*assemblée générale extraordinaire*)* 188
2. Beschlussgegenstände 189
3. Quorum 190
4. Mehrheitserfordernis 190
5. Einstimmigkeitserfordernis bei nichtverhältniswahrender Spaltung? 191
6. Sonderbeschlüsse bei Bestehen verschiedener Aktiengattungen 192
7. Sachliche Rechtfertigung des Beschlusses 193
8. Entbehrlichkeit der Zustimmung durch die außerordentliche Hauptversammlung bei der übertragenden Gesellschaft bei 100%igem Anteilsbesitz der übernehmenden Gesellschaft (Verschmelzung) 193

IV. Rechtslage in Belgien 194
*1. Entscheidungszuständigkeit der Hauptversammlung (*assemblée générale*)* 194
2. Beschlussgegenstände 194
3. Quorum 195
4. Mehrheitserfordernis 195
5. Einstimmigkeitserfordernis 196
6. Sonderbeschlüsse bei Bestehen verschiedener Aktiengattungen 196
7. Notarielle Beurkundung der Niederschrift der Hauptversammlung 197
8. Sachliche Rechtfertigung des Beschlusses 197

V. Rechtslage in Großbritannien 198
*1. Entscheidungszuständigkeit der Hauptversammlung (*meeting*)* 198
2. Einteilung in Klassen 198
3. Beschlussgegenstände 200
4. Faire Repräsentation 200
5. Mehrheitserfordernisse 200
6. Erfordernis eines fairen Abstimmungsverhaltens 201

7. Entbehrlichkeit der Zustimmung durch die Hauptversammlung 202
a) Entbehrlichkeit bei der bzw. den übernehmenden Gesellschaft(en) unter Einhaltung bestimmter Voraussetzungen (Verschmelzung und Spaltung) 202
b) Entbehrlichkeit bei der übernehmenden Gesellschaft bei einem Anteilsbesitz von mehr als 90% an der übertragenden Gesellschaft (Verschmelzung) 203
c) Entbehrlichkeit bei allen beteiligten Gesellschaften bei 100%igem Anteilsbesitz der übernehmenden Gesellschaft (Verschmelzung) 203
d) Entbehrlichkeit bei der übertragenden Gesellschaft bei 100%igem Anteilsbesitz der übernehmenden Gesellschaften (Spaltung) 204
VI. Vergleich der Regelungen der Entscheidungszuständigkeit 204

§ 13 Austrittsrecht 207
I. Europarechtliche Vorgaben 207
1. Austrittsrecht als Voraussetzung für Verfahrenserleichterungen bei der Verschmelzung (Art. 28 VRL) 207
2. Austrittsrecht bei der nichtverhältniswahrenden Spaltung (Art. 5 Abs. 2 SpRL) 207
II. Rechtslage in Deutschland 208
1. Recht zum Ausscheiden als Folge von Verfügungsbeschränkungen 208
2. Anderweitige Veräußerung 212
3. Austrittsrecht aus wichtigem Grund 214
III. Rechtslage in Frankreich - Möglichkeit zum Austritt aus Börsennotierten Gesellschaften 215
IV. Rechtslage in Belgien - Allgemeines Austrittsrecht 216
V. Rechtslage in Großbritannien 217
1. Möglichkeit des die Verschmelzung bzw. Spaltung genehmigenden Gerichts nach s. 427 Abs. 3 lit. e CA 1985 218
2. Maßnahmen nach s. 459 ff. CA 1985 218
VI. Vergleich der Möglichkeiten zum Austritt 219

§ 14 Haftung 225
I. Europarechtliche Vorgaben 225
II. Rechtslage in Deutschland 226
1. Überblick 226
2. Schadenersatzansprüche gegenüber der Verwaltung 226

a) Schadenersatzansprüche gegenüber der Verwaltung der Übertragenden Gesellschaft ... 226
aa) Schadensersatzanspruch nach § 25 UmwG ... 226
bb) Schadensersatzansprüche nach anderen Rechtsvorschriften ... 230
b) Schadenersatzansprüche gegenüber der Verwaltung der übernehmenden Gesell-schaft nach den von § 27 UmwG in Bezug genommenen Haftungsregeln ... 230
3. Schadenersatzansprüche gegenüber den Verschmelzungs- bzw. Spaltungsprüfern ... 231
4. Ordnungsgemäße Umsetzung? ... 232
III. Rechtslage in Frankreich ... 233
1. Überblick ... 233
*2. Schadensersatzansprüche gegenüber den Verwaltungs-Ratsmitgliedern (*administrateurs*)* ... 233
*3. Schadensersatzansprüche gegenüber den Aufsichtsrats-Mitgliedern (*membres du conseil de surveillance*)* ... 234
*4. Schadensersatzansprüche gegenüber den Verschmelzungs- bzw. Spaltungsprüfern (*commissaires à la fusion bzw. scission*)* ... 235
IV. Rechtslage in Belgien ... 235
1. Überblick ... 235
*2. Schadenersatzansprüche gegenüber den Verwaltungs-Ratsmitgliedern (*administrateurs*) der übertragenden Gesellschaft* 236
*3. Schadenersatzansprüche gegenüber Verschmelzungs- bzw. Spaltungsprüfern (*commissaires/ réviseurs d'entreprises/ experts-comptable externes*)* ... 237
V. Rechtslage in Großbritannien ... 238
1. Überblick ... 238
*2. Schadenersatzansprüche gegenüber den Verwaltungsratsmitgliedern (*directors*)* ... 238
*3. Schadenersatzansprüche gegenüber den Verschmelzungs- bzw. Spaltungsprüfern (*experts*)* ... 239
VI. Vergleich der Haftungsregelungen ... 240
§ 15 Klagen gegen die Wirksamkeit bzw. das Wirksamwerden der Verschmelzung und Spaltung sowie im deutschen Recht das Spruchverfahren als Surrogat in bestimmten Fällen ... 241
I. Europarechtliche Vorgaben ... 241
II. Rechtslage in Deutschland – Nichtigkeits- und Anfechtungsklage, Spruchverfahren ... 242
1. Nichtigkeits- und Anfechtungsklage ... 242
a) Überblick ... 242

b) Nichtigkeitsklage ... 244
aa) Allgemeines ... 244
bb) Nichtigkeitsgründe ... 244
cc) Registersperre ... 245
dd) Befristung der Nichtigkeitsklage ... 246
ee) Offenlegung der Nichtigkeitsentscheidung ... 247
c) Anfechtungsklage ... 247
aa) Allgemeines ... 247
bb) Anfechtungsbefugnis der Aktionäre ... 248
cc) Anfechtungsgründe ... 249
dd) Kausalität ... 249
ee) Registersperre ... 251
ff) Befristung der Anfechtungsklage ... 251
gg) Offenlegung der Nichtigkeitsentscheidung ... 252
d) Ausschluss der Nichtigkeits- und Anfechtungsklage ... 252
aa) Zu niedrig bemessenes Umtauschverhältnis ... 252
bb) Beanstandungen im Hinblick auf das Barabfindungsangebot .. 253
cc) Informationsdefizite hinsichtlich des Umtauschverhältnisses .. 253
dd) Informationsdefizite hinsichtlich des Barabfindungsangebots 255
2. Spruchverfahren ... 255
a) Überblick ... 255
b) Antragsberechtigung der Aktionäre ... 256
c) Antragsfrist und Antragsbegründung ... 257
d) Rechtsfolgen ... 257

III. Rechtslage in Frankreich – Nichtigkeitsklage (*action en nullité*) ... 258
1. Überblick ... 258
2. Berechtigung der Aktionäre zur Erhebung der Nichtigkeitsklage ... 259
3. Nichtigkeitsgründe ... 259
4. Befristung der Nichtigkeitsklage ... 260
5. Rechtsfolgen der Nichtigkeitsentscheidung ... 260
6. Offenlegung der Nichtigkeitsentscheidung ... 261

IV. Rechtslage in Belgien – Nichtigkeitsklage (*action en nullité*) ... 261
1. Überblick ... 261
2. Berechtigung der Aktionäre zur Erhebung der Nichtigkeitsklage ... 262
3. Nichtigkeitsgründe ... 263
4. Befristung der Nichtigkeitsklage ... 265
5. Rechtsfolgen der Nichtigkeitsentscheidung ... 265
6. Offenlegung der Nichtigkeitsentscheidung ... 266

V. Rechtslage in Großbritannien – Berufung gegen die gerichtliche Anordnung der Verschmelzung bzw. Spaltung (*appeal*) 266
1. Überblick 266
2. Berechtigung der Aktionäre, Berufung einzulegen 267
3. Berufungsgründe 267
4. Berufungsfrist 267
5. Rechtsfolgen 268
6. Ordnungsgemäße Umsetzung? 268
VI. Vergleich der Möglichkeiten eines Vorgehens gegen die Wirksamkeit bzw. das Wirksamwerden der Verschmelzung bzw. Spaltung 268
Zusammenfassung 271
Literaturverzeichnis 273

Abkürzungsverzeichnis

a.A.	anderer Ansicht
a.a.O.	am angegebenen Ort
AC	Law Report, Appeal Cases
a.E.	am Ende
a.F.	alte Fassung
All E.R.	All England Law Reports
AMF	Autorité des marchés financiers
ARL-V	Vorschlag für eine Richtlinie über Rechte von Aktionären börsennotierter Gesellschaften
BALO	Bulletin des annonces légales obligatoires
B.C.L.C.	Butterworths Company Law Cases
BODACC	Bulletin officiel des annonces civiles et commerciales
Bull. Joly	Bulletin Joly
Bull. mens.	Bulletin mensuel
Cass. civ.	Cour de Cassation, chambre civile
Cass. com.	Cour de Cassation, chambre commerciale
CA 1985	Companies Act 1985
CA	Court of Appeal
Ch. (franz.)	Chambre (d'une juridiction)
Ch. (engl.)	Chapter
Ch. repr. (belg.)	Chambre des représentants
C. com.	(Nouveau) Code de Commerce
C. jud. (belg.)	Code judiciaire
CDGF	Conseil de discipline de la gestion financière
CMF	Conseil des marchés financiers
COB	Commission des opérations de Bourse
Comm. (belg.)	Tribunal de commerce
D.	Recueil Dalloz
d.h.	das heißt
Doc. parl.	Documents parlementaires
DT	Department of Trade
DTI	Department of Trade and Industry
EG	eingetragene Genossenschaft
EV	eingetragener Verein

FAZ	Frankfurter Allgemeine Zeitung
Fasc.	Fascicule
FGG	Gesetz über die Angelegenheiten der freiwilligen Gerichtsbarkeit
Fn.	Fußnote
FS	Festschrift
Gaz. Pal.	Gazette du Palais
HS	Halbsatz
IA 1986	Insolvency Act
IVRL	Internationale Verschmelzungsrichtlinie
J.C.P.	Juris classeur périodique
J.T.	Journal des tribunaux
J.O.	Journal officiel
KapRL	Kapitalrichtlinie
KK	Kölner Kommentar zum Aktiengesetz
L. 1966	Loi N° 66-537 du 24 juillet1966
LCSC	Lois coordonnées des Sociétés commerciales
m. Anm.	mit Anmerkung
MüKo	Münchener Kommentar
m.w.N.	mit weiteren Nachweisen
n°	Nummer
n.F.	neue Fassung
Nr.	Nummer
p.	page (Seite)
PRL	Publizitätsrichtlinie
QB	Queen's Bench
R.P.S.	Revue pratique des sociétés civiles et commerciales
Rspr.	Rechtsprechung

RTD *com.*	Revue trimestrielle de droit commercial et de droit économique
RTD *eur.*	Revue trimestrielle de droit européen
Rz.	Randzahl(en)
s.	section
SA	Société anonyme
SE	Societas Europaea
sess. ord.	session ordinaire
sog.	sogenannte/ sogenannter/ sogenanntes
SpRL	Spaltungsrichtlinie
SpruchG	Gesetz zur Neuordnung des gesellschaftsrechtlichen Spruchverfahrens (Spruchverfahrensgesetz) vom 12.6.2003. BGBl. I 2003, S. 838.vom 12.6.2003
StrRL-V	Vorschlag für eine Fünfte gesellschaftsrechtliche Richtlinie
trib. com. (franz.)	tribunal de commerce
T.R.V.	Tijdschrift voor rechtspersonen en vennootschap
Tz.	Teilziffer
UA	Unterabsatz
UMAG	Gesetz zur Unternehmensintegrität und Modernisierung des Anfechtungsrechts
UmwG	Umwandlungsgesetz
v.a.	vor allem
VRL	Verschmelzungsrichtlinie
WLR	Weekly Law Reports
WN	[Text III 2, S. 58]
z.B.	zum Beispiel

Einführung

§ 1 Gegenstand und Grund der Untersuchung

Die vorliegende Arbeit beschäftigt sich mit der Ausgestaltung von Aktionärsrechten bei der nationalen Verschmelzung und Spaltung in Deutschland, Frankreich, Belgien und Großbritannien sowie den europarechtlichen Grundlagen dieser Rechte. Die Verschmelzung im Rechtssinne rückte aus zwei Gründen, von denen der erste eine sehr viel bedeutendere Rolle spielt, früh in das Blickfeld des EU-Gemeinschaftsrechtsgebers. Diesem war zum einen daran gelegen, Möglichkeiten zur Verfügung zu stellen, mit denen Gesellschaften eine adäquate Unternehmensgröße erreichen können, um sich so auf dem Binnenmarkt behaupten und dem sich öffnenden Weltmarkt – insbesondere im Hinblick auf die starke U.S.-amerikanische und japanische Konkurrenz – bestehen zu können.[1] Dass dabei die Wahl auf die Verschmelzung als eine von mehreren zur Verfügung stehenden Maßnahmen fiel, hat nicht unerheblich mit dem Zeitpunkt des Beginns der genannten Bestrebungen zu tun: Die Verschmelzung war damals in Kontinentaleuropa die bei weitem gebräuchlichste Strukturmaßnahme für externes Wachstum[2] und stellte sich im Vergleich zum Konzernrecht,[3] dem in den meisten Mitgliedstaaten erhebliche Defizite bescheinigt wurden,[4] als das tauglichere Rechtsinstitut für eine Vereinheitlichung dar. Zudem war Großbritannien in dieser Phase noch nicht Mitglied der (damals noch) Europäischen Gemeinschaften und daher das in Großbritannien (nach wie vor) vorherrschende[5] und in seiner Entwicklung bereits weit fortgeschrittene Instrument externen Wachstums, die Übernahme, ohne Einfluss auf das Vorgehen des Gemeinschaftsrechtsgebers. Neben der Ermöglichung externen Wachstums sollte es den Gesellschaften in den Mitgliedstaaten mit Hilfe der Verschmelzung zum anderen erleichtert werden, Konzernstrukturen zu vereinfachen.[6]

---

1 *Grundmann*, Europäisches Gesellschaftsrecht, Rz. 848, 895; vgl. auch *Ommeslaghe*, ZHR 132 (1969), 201, 204 (der hier von einer „amerikanischen Herausforderung" spricht) und 205; *Farmery*, (1987) Business Law Review 35, 35.

2 Vgl. Grundmann, Europäisches Gesellschaftsrecht, Rz. 845 und 919.

3 Hier bezogen auf die Konzerneingangsphase.

4 Vgl. *Ommeslaghe*, ZHR 132 (1969), 201, 213-230.

5 *Barbaso*, The Journal of Business Law 1984, 176, 178; *Edwards*, EC Company Law, 91; *Farmery*, (1987) Business Law Review 35, 35; *Hommelhoff/ Riesenhuber*, in: Grundmann (Hrsg.), Systembildung und Systemlücken in Kerngebieten des Europäischen Privatrechts, 259, 269; *Wooldridge*, (1980) 1 The Company Lawyer 75, 79.

6 *Grundmann*, Europäisches Gesellschaftsrecht, Rz. 846. Die Zusammenfassung von Gesellschaften führt zu einer Entflechtung der Entscheidungsstrukturen, da nach der

Vom Gemeinschaftsrechtsgeber am dringlichsten eingestuft wurde seinerzeit die grenzüberschreitende Verschmelzung. Sie wurde daher auch als eines der ersten Harmonisierungsvorhaben überhaupt im Bereich des Gesellschaftsrechts auf den Weg gebracht.[7] Nach einer wechselvollen Geschichte dieses Vorhabens[8] wurde nun jüngst die Richtlinie über die grenzüberschreitende Verschmelzung von Kapitalgesellschaften verabschiedet.[9] Sie trat am 15. Dezember 2005 in Kraft und ist bis 31. Dezember 2007 in nationales Recht umzusetzen. Vor allem um dieses Projekt zu forcieren, wurde die Dritte gesellschaftsrechtliche Richtlinie betreffend die Verschmelzung von Aktiengesellschaften[10] verabschiedet.[11] Danach war die innerstaatliche Verschmelzung[12] –

Verschmelzung lediglich eine einzige Leitungsinstanz verbleibt. *Ommeslaghe*, ZHR 132 (1969), 201, 202. Dies bezieht sich freilich nur auf die sich verschmelzenden Gesellschaften eines Konzerns. Besteht dieser aus mehreren Gesellschaften und wird nur eine Tochtergesellschaft auf die Muttergesellschaft verschmolzen, bleiben die Leitungsinstanzen zwischen der Muttergesellschaft und den anderen Tochtergesellschaften selbstverständlich weiter bestehen. Darüber hinaus hat die Verschmelzung von zwei Gesellschaften eines Konzerns eine Vereinfachung der Haftungsstruktur zur Folge. Vgl. *Grundmann*, Europäisches Gesellschaftsrecht, Rz. 846. Weiterhin bietet eine Verschmelzung die elegante Möglichkeit, eine Gesellschaft (die übertragende) von der Börse zu nehmen (sogenanntes kaltes Delisting; vgl. *J. Semler/ Stengel* in Semler/ Stengel, Einleitung A UmwG, Rz. 4).

7 Vgl. *Grundmann*, Europäisches Gesellschaftsrecht, Rz. 743. Dass die Unternehmen in Europa einen Bedarf an mehr Mobilität haben, hat sich in jüngerer Vergangenheit beispielsweise an der für manche unerwartet großen Beliebtheit der *Societas Europaea* gezeigt (*Drinhausen/ Flasshoff* in FAZ v. 7.12.2005, 23) und – mit Blick auf das deutsche Recht – daran, dass in der Sache *Sevic* vom Europäischen Gerichtshof entschieden wurde (EuGH, Urt. v. 13.12.2005 – Rs. C-411/03), dass es gegen die Niederlassungsfreiheit verstößt, das deutsche UmwG lediglich auf deutsche Gesellschaften anzuwenden (vgl. § 1 Abs. 1 UmwG) und so ein Hineinverschmelzen ausländischer Gesellschaften zu untersagen.

8 Am Anfang standen der Entwurf eines Übereinkommens über die internationale Verschmelzung von Aktiengesellschaften und der Bericht zu diesem Entwurf v. 27.9.1972, DOK 529/XIV = Beilage 13/73 zum Bull.EG; dann kamen: Vorschlag der Richtlinie v. 14.1.1985 (ABl. 1985 C 23/11) und Vorschlag v. 18.11.2003 (KOM [2003] 703).

9 Richtlinie 2005/56/EG des Europäischen Parlamentes und Rates vom 26. Oktober 2005 über die Verschmelzung von Kapitalgesellschaften aus verschiedenen Mitgliedstaaten, ABl. 2005 Nr. L 310 (IVRL).

10 Dritte Richtlinie des Rates 78/855/EWG vom 9.10.1978 gemäß Art. 54 Absatz 3 Buchstabe g) des Vertrages betreffend die Verschmelzung von Aktiengesellschaften, ABl. 1978 Nr. L 295/36 (VRL). Die VRL betrifft allein die nationale Verschmelzung.

11 Vgl. *Ganske*, DB 1981, 1551, 1551; *Grundmann*, Europäisches Gesellschaftsrecht, Rz. 849; *Hommelhoff/ Riesenhuber*, in: *Grundmann* (Hrsg.), Systembildung, 259, 269

sofern noch nicht geschehen – als Rechtsinstitut verpflichtend einzuführen[13] und die nationalen Rechte auf diesem Gebiet zu harmonisieren.[14] Mit den so angeglichenen nationalen Verschmelzungsrechten lässt sich die grenzüberschreitende Fusion leichter bewerkstelligen.[15] Das harmonisierte Recht dient insofern als Ausgangs- und Anknüpfungspunkt.[16]
Im Mittelpunkt der Harmonisierung stehen dabei die Aktionärsrechte. Dies kommt nicht von ungefähr. Sind doch die Aktionäre mit am stärksten von einer Verschmelzung betroffen.[17] Zwar ist der Aktionärsschutz in keiner Vor-

---

f., 281 f.; *Menjucq*, Droit international et européen des sociétés, Tz. 166; *Priester*, NJW 1983, 1459, 1459; *Wooldridge*, (1980) 1 The Company Lawyer 75, 75.

12 Ausweislich des Art. 2 der VRL gilt die Pflicht der Mitgliedstaaten zur Regelung der Verschmelzung nur für Aktiengesellschaften, die dem Recht ein- und desselben Mitgliedstaates unterliegen (innerstaatliche oder nationale Fusion). Das nationale Recht konnte aber über die Vorgaben der Richtlinie hinausgehen und auch bisher bereits die grenzüberschreitende Fusion zulassen. Die Fusionsbesteuerungsrichtlinie (Richtlinie des Rates über das gemeinsame Steuersystem für Fusionen, Spaltungen, die Einbringung von Unternehmensteilen und den Austausch von Anteilen, die Gesellschaften verschiedener Mitgliedstaaten betreffen, vom 23.7.1990 (90/434/EWG), ABl. 1990 Nr. L 225/1) hat hierfür durch die Regelung der steuerlichen Folgen einer grenzüberschreitenden Fusion eine Grundlage für einen solchen Vorgang geschaffen, vgl. *Habersack*, Europäisches Gesellschaftsrecht, Rz. 213.

13 Art. 2 VRL. Die Einführung der Verschmelzung in die nationalen Rechte derjenigen Mitgliedstaaten, in denen dieses Rechtsinstitut bis dato gesetzlich nicht geregelt war (v.a. in den Niederlanden, vgl. *Grundmann*, Europäisches Gesellschaftsrecht, Rz. 857) ist als ein (Haupt)Ziel im 3. Erwägungsgrund (HS 2) der VRL festgeschrieben.

14 Für die Umsetzung der Richtlinie gilt: Sie ist an die Mitgliedstaaten gerichtet. Die Erreichung des durch sie vorgegebenen Ziels ist verbindlich, die Wahl der Form und der Mittel ist den Mitgliedstaaten überlassen, Art. 249 Abs. 3 EG.

15 *Ganske*, DB 1981, 1551, 1551; *Grundmann*, Europäisches Gesellschaftsrecht, Rz. 849; *Hommelhoff/ Riesenhuber*, in: *Grundmann* (Hrsg.), Systembildung, 259, 269 f., 281 f.; *Menjucq*, Droit international et européen des sociétés, Tz. 166; *Priester*, NJW 1983, 1459, 1459; vgl. auch *Wooldridge*, (1980) 1 The Company Lawyer 75, 75.

16 Im 4. Erwägungsgrund der IVRL kommt dieser Zusammenhang zum Ausdruck. Dort heißt es: „Die vorliegende Richtlinie beschränkt sich auf diejenigen Tatbestände, die sich bei der grenzüberschreitenden Verschmelzung von der internen Verschmelzung unterscheiden oder die zusätzlich erforderlich sind.“. Vgl. auch *Grundmann*, Europäisches Gesellschaftsrecht, Rz. 857 a.E. In Art. 4 Abs. 1 lit. b IVRL ist festgelegt, dass auf grenzüberschreitende Verschmelzungen das jeweils für die beteiligten Gesellschaften geltende nationale Recht anzuwenden ist, sofern in der IVRL nicht etwas anderes bestimmt ist. An dieser Stelle wird also auf durch die VRL (zumindest zum Teil) harmonisierte Strukturen zurückgegriffen.

17 Insbesondere gilt dies für die Aktionäre der übertragenden Gesellschaften, da diese im Zuge der Verschmelzung erlöschen und deren Aktionäre ihre Anteile an der jeweiligen Gesellschaft verlieren. Vgl. *Habersack*, Europäisches Gesellschaftsrecht, 207; vgl. auch *Grundmann*, Europäisches Gesellschaftsrecht, Rz. 403 und 884. Die Interessen der Aktionäre der übertragenden (wegen der Verwässerungsgefahr – hier-

schrift der VRL explizit erwähnt.[18] Seine Bedeutung wird jedoch zum einen in den Erwägungsgründen hervorgehoben.[19] Zum anderen ergibt sich aus den Vorschriften über das Verschmelzungsverfahren implizit sehr deutlich, dass auf der Regelung der Aktionärsrechte ein Schwerpunkt liegt.[20] Der von der VRL vorgegebene sachliche Anwendungsbereich soll auch den vorliegenden Ausführungen zu Grunde gelegt werden. Es werden daher nur Verschmelzungen unter ausschließlicher Beteiligung von Aktiengesellschaften untersucht.[21]

Abgesehen von der vorbereitenden Funktion für die Internationale Verschmelzung dient die VRL auch dem Statut der Europäischen Aktiengesellschaft[22] in verschiedener Hinsicht als Grundlage. Die darin vorgesehene Möglichkeit, eine *Societas Europaea* durch Verschmelzung von (bereits bestehenden) Aktiengesellschaften (zumindest zweier) verschiedener Mitgliedstaaten zu gründen,[23] rekurriert in großem Umfang auf das Modell der VRL und verweist subsidiär auf dessen jeweilige Umsetzung.[24]

Vor dem Hintergrund dieser wegbereitenden Rolle kann die VRL mit Fug und Recht als „Basisrechtsakt für ein Europäisches Recht der Strukturmaß-

---

zu unten *2. Teil § 9* – aber auch derjenigen der übernehmenden) Gesellschaft(en) sind daher insbesondere dann berührt, wenn es um die Festlegung des Umtauschverhältnisses geht. Der Gläubigerschutz scheint daneben eher nachrangig zu sein. Dieser Schluss beruht vor allem auf der Betonung des Aktionärsschutzes in den Erwägungsgründen sowie den stark zugunsten der Aktionäre ausgeprägten Verfahrensregeln (siehe zu beidem sogleich). Ebenso *Grundmann*, Europäisches Gesellschaftsrecht, Rz. 853 (v.a. Fn. 19).

18 Im Gegensatz z.B. zu Art. 6 Abs. 4 S. 2 des Vorentwurfs zur Sitzverlegungsrichtlinie. *Grundmann*, Europäisches Gesellschaftsrecht, Rz. 878.

19 So erfordert es nach dem 3. Erwägungsgrund der VRL der Schutz der Interessen von Gesellschaftern und Dritten, die Rechtsvorschriften der Mitgliedstaaten über die Verschmelzung von Aktiengesellschaften zu koordinieren. Im 4. Erwägungsgrund der VRL wird der Schutz der Rechte der Aktionäre als besonders wichtig einstuft.

20 Hervorzuheben ist insofern, dass nicht nur – wie bis dato zum Teil der Fall (etwa in Großbritannien) – die Aktionäre der übertragenden Gesellschaft vom Schutzsystem erfasst werden sollen, sondern auch die der übernehmenden Gesellschaft. *Grundmann*, Europäisches Gesellschaftsrecht, Rz. 878 (v.a. Fn. 47).

21 Zu den Gründen der Beschränkung und Nachweisen der Kritik daran: *Grundmann*, Europäisches Gesellschaftsrecht, Rz. 853, Fn. 18.

22 Das Statut selbst wurde als Verordnung verabschiedet [Verordnung (EG) Nr. 2157/2001 des Rates vom 8.10.2001 über das Statut der Europäischen Gesellschaft (SE), ABl. 2001 L 294/1], ergänzt um eine Richtlinie zur Regelung der Mitbestimmung (Richtlinie 2001/ 86/ EG des Rates vom 8.10.2001 zur Ergänzung des Statuts der Europäischen Gesellschaft hinsichtlich der Beteiligung der Arbeitnehmer, ABl. 2001 L 294/22.

23 Siehe Art. 2 Abs. 1, 17-31 SE-VO.

24 Siehe Art. 18 SE-VO. *Grundmann*, Europäisches Gesellschaftsrecht, Rz. 1028. Vgl. zudem *Lutter*, BB 2002, 1, 4; *Schwarz*, ZIP 2001, 1847, 1851f.

nahmen"[25] bezeichnet werden. Dies soll zum Anlass genommen werden zu überprüfen, wie ausgewählte Mitgliedsstaaten die so weit reichenden Vorgaben der VRL für einen einheitlichen Mindestschutzstandard für die am meisten von einer Verschmelzung betroffene Personengruppe, die Aktionäre, umgesetzt und mit welchen Rechten sie diese gegebenenfalls darüber hinaus ausgestattet haben. Neben der Verschmelzung ist das mit dieser eng verwandte Instrument der Spaltung, durch den Gemeinschaftsrechtsgeber geregelt in der Sechsten Richtlinie betreffend die Spaltung von Aktiengesellschaften,[26] beinahe zwingend mitzubehandeln. Aufgrund der sachlichen Nähe[27] sollte die Spaltung ursprünglich sogar mit der Verschmelzung in einer Richtlinie geregelt werden.[28] Entsprechend groß ist die Übereinstimmung der in der SpRL enthaltenen Regelungen mit denen der VRL.[29] Mit der Verschmelzung hat die Spaltung vor allem auch die Schutzbedürftigkeit der Aktionäre gemein.[30] Anders als es die VRL für die Verschmelzung vorsieht, enthält die SpRL keine Verpflichtung, die Spaltung als Rechtsinstitut einzuführen.[31] Ist dies jedoch

---

25 *Grundmann*, Europäisches Gesellschaftsrecht, Rz. 845.

26 Sechste Richtlinie des Rates 82/891/EWG vom 17.12.1982 gemäß Artikel 54 Absatz 3 Buchstabe g) des Vertrages betreffend die Spaltung von Aktiengesellschaften, ABl. 1982 L 378/47 (SpRL). Die SpRL regelt – ebenso wie die VRL bereits – nur die Maßnahme auf nationaler Ebene und nicht grenzüberschreitend. Die „Verwandtschaft zwischen Verschmelzung und Spaltung" (4. Erwägungsgrund der SpRL; vgl. zudem *Barbaso*, The Journal of Business Law 1984, 176, 179; *Edwards*, EC Company Law, 94 und 102; *Habersack*, Europäisches Gesellschaftsrecht, Rz. 234; *Hommelhoff/ Riesenhuber*, in: *Grundmann* (Hrsg.), Systembildung, 259, 266; *Werlauff*, EC Company Law, 390) zeigt sich besonders deutlich bei den jeweiligen Grundtypen der beiden Rechtsinstitute. So unterscheidet sich die Spaltung durch Übernahme, Art. 2 Abs. 1 SpRL, nach deutscher Terminologie die Aufspaltung, nur dadurch von der Verschmelzung durch Aufnahme, Art. 3 Abs. 1 VRL, dass das (gesamte) Vermögen bei jener auf (mindestens) zwei übernehmende Gesellschaften, bei dieser auf (höchstens) eine übernehmende Gesellschaft übertragen wird. Übereinstimmend ist bei beiden Maßnahmen – und das ist das für die Aktionäre Einschneidende und Entscheidende –, dass sich die übertragende Gesellschaft auflöst. Siehe hierzu insgesamt später näher.

27 Man könnte die Spaltung auch als „umgekehrte Verschmelzung" bezeichnen.

28 Vorschlag v. 16.6.1970, ABl. 1970 C 89/20. Vgl. zudem *Grünwald*, Europäisches Gesellschaftsrecht, 33; *Grundmann*, Europäisches Gesellschaftsrecht, Rz. 845.

29 Teilweise wird die VRL von der SpRL sogar in Bezug genommen, z.B. Art. 5 Abs. 1 S. 2 SpRL.

30 Vgl. den 5. und 6. Erwägungsgrund der SpRL. Dies beruht wiederum darauf, dass bei dem Grundtyp der Spaltung, der Aufspaltung, die übertragende Gesellschaft erlischt, siehe Art. 2 Abs. 1 SpRL.

31 Dies geht aus verschiedenen Vorschriften der SpRL hervor. Zunächst enthält der 5. Erwägungsgrund der SpRL keine dem 3. Erwägungsgrund (HS 2) der VRL vergleichbare Regelung. Vielmehr wird vom Erfordernis des Schutzes der Interessen von Gesellschaftern und Dritten gesprochen, „sofern die Mitgliedstaaten die Spaltung

geschehen, so haben die Mitgliedstaaten die Vorgaben der SpRL umzusetzen.[32] Auf diese Weise soll eine Umgehung der Schutzvorschriften für die Verschmelzung verhindert werden.[33] Die Besonderheiten der Spaltung – soviel sei an dieser Stelle vorweggenommen – ergeben sich vor allem daraus, dass im Gegensatz zum Grundfall der Verschmelzung, bei dem eine Vermögensmasse *in toto* übertragen wird, bei der Spaltung ein Vermögen auf mehrere Rechtspersonen aufgeteilt wird. In gleicher Weise wird eine Aufteilung der Aktionäre erforderlich. Dies bedarf besonderer Regelungen (und wirft im Vergleich zur Verschmelzung zusätzliche Bewertungsprobleme auf).[34]

Die spezifisch für die Verschmelzung und Spaltung vorgesehenen Aktionärsrechte werden den Schwerpunkt der Darstellung bilden. Dabei wird insbesondere von Interesse sein, welche mitgliedsstaatlichen Regelungen außerhalb des harmonisierten Bereichs vorzufinden sind und wie sich diese Regelungen gegebenenfalls voneinander unterscheiden.[35]

---

zulassen. Ferner ergibt sich Freiwilligkeit der Einführung der Spaltung aus Art. 1 Abs. 1 bis 3 SpRL und dem Fehlen einer Art. 2 VRL entsprechenden Vorschrift. Schließlich kann sie auch Art. 26 SpRL entnommen werden. Vgl. *Schwarz*, Europäisches Gesellschaftsrecht, Rz. 673. *H.-D. Schwarz*, DStR 1994, 1697, Fn. 48, zieht als Beleg hingegen nur Art. 1 Abs. 1 bis 3 und Art. 26 Abs. 1 SpRL heran. Hier zeigt sich auch, dass eine Harmonisierung für den Bereich der grenzüberschreitenden Spaltung nicht vorgesehen ist, da harmonisierte nationale Regelungen als Anknüpfungspunkte hierfür nicht vorausgesetzt werden könnten.

32 Siehe Art. 1 Abs. 1 bis 3 und Art. 26 Abs. 1 und 2 SpRL.

33 Es hätte versucht werden können, Umstrukturierungen soweit wie möglich mit Hilfe des Rechtsinstituts der Spaltung durchzuführen. Daher kann nach dem 4. Erwägungsgrund der SpRL angesichts der Verwandtschaft zwischen Verschmelzung und Spaltung eine etwaige Umgehung der durch die VRL bezüglich der Verschmelzung eingeräumten Garantien nur dadurch verhindert werden, dass für den Fall der Spaltung ein gleichwertiger Schutz vorgesehen wird. Vgl. hierzu *Barbaso*, The Journal of Business Law 1984, 176, 179; *Edwards*, EC Company Law, 94 und 102; *Habersack*, Europäisches Gesellschaftsrecht, Rz. 234; *Hommelhoff/ Riesenhuber*, in: *Grundmann* (Hrsg.), Systembildung, 259, 266; *Lutter*, Europäisches Unternehmensrecht, 196; *Werlauff*, EC Company Law, 390.

34 Diese Unterschiede bei der Spaltung, die komplexere Lösungen erforderten, sind auch der Grund dafür, dass die Spaltung letztlich separat in einer Richtlinie geregelt wurde. Vgl. *Edwards*, EC Company Law, S. 90 f.

35 Speziell hinsichtlich der VRL und SpRL wird man wohl sagen können, dass die Zulässigkeit von mitgliedstaatlichen Regelungen, die über den durch diese beiden Richtlinien vorgegebenen Schutzstandard für Aktionäre hinausgehen, trotz des fehlenden ausdrücklichen Auftrags, ein entsprechendes System zu installieren, nicht im Zweifel steht. Vgl. *Grundmann*, Europäisches Gesellschaftsrecht, Rz. 878. Hinsichtlich der gesellschaftsrechtlichen Richtlinien wird trotz des mehrheitlichen Fehlens von ausdrücklichen Regelungen (anders im Bereich des Schuldvertragsrechts) überwiegend angenommen, dass eine strengere Lösung des nationalen Rechts zulässig sei. *Lutter*, Europäisches Unternehmensrecht, 24 ff.; vgl. (allgemein) *Grundmann*, Europäisches

Neben den verschmelzungs- und spaltungsspezifischen Aktionärsrechten soll der Blick auch auf weitere, nicht speziell für die Verschmelzung und Spaltung geltende, aber mit diesen einhergehende Rechte der Aktionäre gerichtet werden. So sollen die wichtigsten Rechte untersucht werden, die den Aktionären im Zusammenhang mit dem Abhalten einer Hauptversammlung, die über die Verschmelzung bzw. Spaltung entscheidet, zustehen. Dabei ist insbesondere an das allgemeine Auskunftsrecht zu denken. Da eine Verabschiedung der Fünften gesellschaftsrechtliche Richtlinie nach dem Zurückziehen des Vorschlags hierzu inzwischen ausscheidet,[36] sollen die darin vorgesehenen Regelungen nicht weiter erörtert werden. Als neuer Ausgangspunkt für die Darstellung der einzelnen mitgliedstaatlichen Vorschriften in dieser Hinsicht sollen die Regelungen dienen, die in dem von der EU-Kommission Anfang Januar 2006 vorgelegten Vorschlag für eine Richtlinie über Rechte von Aktionären börsennotierter Gesellschaften enthalten sind.[37]

Neben diesen dem Bereich der Organisation der Gesellschaft zuzurechnenden Rechten[38] können Aktiengesellschaften dann, wenn sie sich an Kapitalmärkten finanzieren, Pflichten entstehen, insbesondere Informationspflichten, die zumindest teilweise auch im Falle einer (bevorstehenden) Verschmelzung oder Spaltung nicht nur für potentielle, sondern auch für die bereits vorhandenen Anteilseigner einer Aktiengesellschaft von Bedeutung sein können. In diesem Zusammenhang ist insbesondere an die Ad-hoc-Publizitätspflicht

---

Schuldvertragsrecht, S. 79; *ders.*, JZ 1996, 274, 277 (eine strengere nationale Regelung ist nur dann unzulässig, wenn sie entweder ausdrücklich verboten ist oder eines der Ziele der fraglichen Richtlinie nur ohne eine strengere nationale Regel erreicht werden kann); *Hopt*, ZGR 1992, 265, 285 f.; *Steindorff*, ZHR 156 (1992), 1, 11 ff.

36 Vorschlag v. 9.10.1972, ABl. 1972 C 131/49; Geänderter Vorschlag v. 19.8.1983, ABl. 1983 C 240/2: Zweite und Dritte Änderung des Vorschlags, ABl. 1991 C 7/4 und C 321/9; zurückgezogen KOM (2001) 763 endg./2 (DG Markt). Im Folgenden: StrRL-V.

37 Vorschlag v. 5.1.2006 für eine Richtlinie des Europäischen Parlaments und des Rates über die Ausübung der Stimmrechte durch Aktionäre von Gesellschaften, die ihren eingetragenen Sitz in einem Mitgliedstaat haben und deren Aktien zum Handel auf einem geregelten Markt zugelassen sind, sowie zur Änderung der Richtlinie 2004/109/EG; KOM (2005) 685; „Vorschlag für eine Richtlinie über Rechte von Aktionären börsennotierter Gesellschaften“, im Folgenden ARL-V. Die Annahme der ARL-V ist für Mitte 2007 vorgesehen.

38 Das Gesellschaftsorganisationsrecht bildet zusammen mit dem Kapitalmarktrecht das Gesellschaftsrecht in dem nicht unumstrittenen, aber vorzugswürdigen und daher hier zugrundegelegten Sinne; siehe zu den Argumenten *Grundmann*, Europäisches Gesellschaftsrecht, Rz. 5 f.

zu denken, zu der in der Marktmissbrauchsrichtlinie[39] Vorgaben enthalten sind.[40] Eine (geplante) Verschmelzung oder Spaltung kann wohl ohne weiteres eine „Insider-Information" im Sinne des Art. 1 Abs. 1 Nr. 1 MMRL darstellen.[41] Da neben dem Funktionsschutz, d.h. dem Interesse an der Erhaltung und möglichst kostengünstigen Ausgestaltung der Funktion Kapitalmarkt, und dem spezifisch binnenmarktrechtlichen Integrationsziel Anliegen der Richtlinie auch der Individualschutz ist, also der Schutz des individuellen Anlegers,[42] wird die für den Emittenten (hier die börsennotierte Aktiengesellschaft) bestehende Ad-hoc-Publizitätspflicht auch im Verhältnis zu den (bereits vorhandenen) Aktionären relevant. Die Ad-hoc-Publizitätspflicht kann dabei insofern besondere Bedeutung erlangen, als sie eine sehr frühe, für die Aktionäre wohl sogar die zeitlich erste Informationsquelle über eine (bevorstehende) Verschmelzung bzw. Spaltung darstellt. Sie kann dem Aktionär also insbesondere als Grundlage dafür dienen, sein Engagement noch im Vorfeld der kollektiven, innerhalb der Hauptversammlung ausgeübten Entscheidung über die Verschmelzung bzw. Spaltung für sich persönlich zu überdenken und gegebenenfalls – je nach Möglichkeit – zu beenden.

Ausgehend von der VRL und SpRL, ergänzt um die Regelung des ARL-V, sollen im Folgenden jedoch nur die Informationsrechte dargestellt werden, die im Rahmen des gesellschaftsorganisationsrechtlichen Prozesses einer Verschmelzung bzw. Spaltung dafür bestimmt sind, die (kollektive) Entscheidung der Aktionäre über die jeweilige Maßnahme inhaltlich vorzubereiten.[43] Es erfolgt also eine Beschränkung auf die Rechte, die sich im Bereich der „internen Unternehmenssteuerung"[44] ergeben, also auf die klassischen Aktionärs-

---

39 Richtlinie 2003/6/EG des Europäischen Parlaments und des Rates vom 28.1.2003 über Insider-Geschäfte und Marktmanipulation (Marktmissbrauch), ABl. 2003 Nr. L 96 (MMRL).

40 Siehe insbesondere Art. 6 Abs. 1-3 MMRL.

41 Verschmelzung und Spaltung können im deutschen Recht eine publizitätspflichtige Tatsache im Sinne des § 15 Abs. 1 S. 1 WpHG darstellen. *Kümpel/ Assmann* in Assmann/ Schneider, § 15 WpHG, Rz. 102 f.

42 Vgl. *Grundmann*, Europäisches Gesellschaftsrecht, Rz. 622ff. (v.a. 624). Der Individualschutz ergibt sich aus dem 24. Erwägungsgrund der MMRL, wonach diese (auch) dem Ziel dient, das „Vertrauen der Anleger" zu fördern. Dies geschieht auf zweierlei Art und Weise: Zum einen muss dem Anleger hinreichende Information zur Verfügung gestellt werden, zum anderen wird Verhalten, das überwiegend als (grob) unfair empfunden wird, sanktioniert.

43 Diese Informationsquellen können natürlich von dem Aktionär auch für seine individuelle Entscheidung z.B. für ein ihm gegebenenfalls zustehendes Austrittsrecht genutzt werden. Sie sind jedoch primär nicht hierfür bestimmt.

44 Vgl. *Hopt*: Corporate Governance in Germany, in Hopt/ Wymeersch (Hrsg.): Capital Markets and Company Law, 290 ff., v.a. 299 ff.

rechte. Auf Rechte auf dem Gebiet der „externen Unternehmenssteuerung“,[45] insbesondere aufgrund gegebenenfalls entstehender kapitalmarktrechtlicher Informationspflichten, wird daher im Folgenden nicht eingegangen.[46]

Schließlich stellt sich die Frage, ob Aktionären aus dem Umstand, dass mit einer Verschmelzung die Kontrollerlangung über eine (börsennotierte) Gesellschaft einhergeht, zusätzliche Rechte aus dem Regime des Übernahmerechts entstehen. Die erst vor kurzem verabschiedete Übernahmerichtlinie[47] enthält insofern keine Vorgaben. Ihr Anwendungsbereich beschränkt sich nämlich auf Maßnahmen zur Koordinierung von Übernahmeangeboten, Art. 1 Abs. 1 ÜRL. Dabei versteht Art. 2 Abs. 1 lit. a ÜRL unter einem Übernahmeangebot *„ein an die Inhaber der Wertpapiere einer Gesellschaft gerichtetes (und nicht von der Zielgesellschaft selbst abgegebenes)...Angebot...“*. Ein Kontrollerwerb durch eine Verschmelzung oder Spaltung fällt rechtstechnisch nicht hierunter.[48] Auf Ausführungen hierzu soll daher im Folgenden ebenfalls verzichtet werden.

Was die Auswahl der ausländischen Rechtsordnungen anbelangt, mit denen die Rechtslage in Deutschland in Bezug auf Verschmelzungen und Spaltungen verglichen werden soll, so liegen folgende Überlegungen zu Grunde: Das französische Recht kann hinsichtlich beider Maßnahmen auf eine lange Tradition zurückblicken und hat den Gemeinschaftsrechtsgeber in diesem Be-

---

45 Vgl. *Hopt*: Corporate Governance in Germany, in Hopt/ Wymeersch (Hrsg.): Capital Markets and Company Law, 290 ff., v.a. 311 ff.

46 Weitere kapitalmarktrechtliche Informationspflichten sieht insbesondere die Richtlinie über Märkte für Finanzinstrumente vor (Richtlinie 2004/39/EG des Europäischen Parlaments und des Rates vom 21. April 2004, ABl. Nr. L 145). Sie enthält jedoch keine Regeln für die Emittenten der Wertpapiere (im vorliegenden Zusammenhang die – börsennotierten – Aktiengesellschaften) sondern vielmehr vor allem für Wertpapierfirmen, vgl. Art. 1 Abs. 1 der Richtlinie (siehe noch zur Wertpapierdienstleistungsrichtlinie *Grundmann*, Rz. 5, 724 a.E.). Da insofern also nicht das Verhältnis zwischen Aktionär und Gesellschaft betroffen ist, sondern zwischen Anleger (häufig Aktionär oder – was im Zusammenhang mit Aktionärsrechten bei einer Verschmelzung oder Spaltung aber ohnehin nicht in Betracht käme – potenzieller Aktionär) und seinem Berater oder Beauftragten (vgl. *Grundmann*, Europäisches Gesellschaftsrecht Rz. 122 f.), bleibt dieser Bereich für die vorliegende Untersuchung von vorneherein außer Betracht.

47 Richtlinie 2004/25/EG des Europäischen Parlaments und des Rates vom 21.4.2004 betreffend Übernahmeangebote, ABl. 2004 L 142/12 (ÜRL).

48 Ein Angebot an die Inhaber der Wertpapiere setzt die individuelle Entscheidungsmöglichkeit über seine Annahme voraus. Im Umwandlungsrecht hingegen stellen die Begründung oder der Wechsel der Kontrolle die Konsequenz ex lege eintretender Rechtsfolgen aufgrund einer Mehrheitsentscheidung dar. Vgl. (für das deutsche Recht) *Kleindiek*, ZGR 2002, 546, 567.

reich in besonderem Maße inspiriert.[49] Das britische Recht darf bereits aufgrund seiner im Vergleich zu den kontinentaleuropäischen Rechtsordnungen unterschiedlichen Basis, nämlich der des *Common Law*, nicht fehlen. Hinsichtlich des vorliegenden Untersuchungsgegenstands ergibt sich zudem die interessante Besonderheit, dass die Verschmelzung im rechtlichen Sinne und noch deutlicher die Spaltung im britischen Recht in der Praxis – gelinde formuliert – eher eine untergeordnete Rolle spielen. Die Vorgaben der VRL und SpRL mussten natürlich aber trotzdem umgesetzt werden. Das belgische Recht schließlich bietet sich insofern zur Untersuchung an, als es sich auf der einen Seite zwar – auch aus einer langen Tradition heraus[50] – an das französische Recht anlehnt,[51] auf der anderen Seite aber auch vom englischen Recht beeinflusst wurde[52] und daher sozusagen zwischen den beiden anderen hier zu untersuchenden Rechtsordnungen das Bindeglied darstellt. Darüber hinaus verfügt es über eine der jüngsten Gesellschaftsrechtskodifikationen in der Europäischen Gemeinschaft. Neben diesen rechtshistorischen und rechtssystematischen Erwägungen bietet sich ein Vergleich der Rechtsordnungen Deutschlands, Frankreichs, Belgiens und Großbritanniens auch im Hinblick auf die Höhe der Direktinvestitionen an, die einen wichtigen von mehreren Maßstäben bei der Abbildung des wirtschaftlichen Gewichts von Rechtsordnungen darstellen.[53] Die Direktinvestitionen machten in den zu untersuchenden Mitgliedstaaten (zusammen mit Italien noch) im Jahr 2000 70-75% des Volumens der EU der 15 aus.[54]

Die vorstehenden Ausführungen zusammengefasst, lässt sich der Gegenstand der Untersuchung auf folgende Frage verdichten: Welche Rechte haben Aktionäre – betrachtet vor dem Hintergrund europarechtlicher Vorgaben auf dem Gebiet des Gesellschaftsorganisationsrechts – in den Rechtsordnungen von Deutschland, Frankreich, Belgien und Großbritannien, wenn eine Aktiengesellschaft, an der sie Anteile halten, auf nationaler Ebene verschmolzen oder gespalten wird?

---

49 Vgl. *Ganske*, DB 1981, 1551, 1552; *Grundmann*, Europäisches Gesellschaftsrecht, Rz. 865; *Priester*, NJW 1983, 1459, 1459; *Wooldridge*, (1980) 1 The Company Lawyer, 75, 75. Speziell für die Spaltung: *Engelmeyer*, Die Spaltung von Aktiengesellschaften nach dem neuen Umwandlungsgesetz, 9; *Grundmann*, Europäisches Gesellschaftsrecht, Rz. 894 (Fn. 73); *Micheler*, RIW 1993, 15, 16.

50 Siehe *Geens/ Servaes*, Corporations and partnerships in Belgium, Tz. 21.

51 Vgl. *Dal/ van den Abbeele*, R.P.S. 92 (1993), 189, 194.

52 Insbesondere wurde das erste belgische Gesetz zum Gesellschaftsrecht von 1873 nicht unerheblich vom englischen Recht beeinflusst. *Blaurock/ Jung*, Das belgische Kapitalgesellschaftsrecht, 15.

53 *Grundmann*, Europäisches Gesellschaftsrecht, Rz. 65.

54 Siehe zu den Zahlen *Grundmann*, Europäisches Gesellschaftsrecht, Rz. 65.

§ 2 Gang der Untersuchung

Der Einführung folgen drei Teile. Zunächst soll der Regelungsrahmen für die Verschmelzung und Spaltung aufgezeigt (*1. Teil*), sodann sollen die sich hieraus ergebende Schutzbedürftigkeit der Aktionäre sowie das Schutzkonzept der VRL und SpRL erörtert werden (*2. Teil*). Hieran schließt sich der Kern der Darstellung an, die einzelnen Aktionärsrechte (*3. Teil*). Im Rahmen des *1.* und *3. Teils* sollen die Vorgaben des Gemeinschaftsrechts voranstehen. Es folgen die Länderberichte (in der Reihenfolge: Deutschland, Frankreich, Belgien und Großbritannien). Innerhalb dieser wird zunächst die Umsetzung der in den beiden Richtlinien enthaltenen Vorgaben überprüft, sodann, ob und gegebenenfalls welche darüber hinaus reichenden Aktionärsrechte vorgesehen sind. Den Schluss bildet eine Zusammenfassung.

Die Darlegung des Regelungsrahmens soll dazu dienen, die einzelnen Aktionärsrechte in einen Gesamtzusammenhang zu stellen. Zu diesem Zweck werden die Grundzüge der Verschmelzung und Spaltung im Sinne der VRL bzw. SpRL erläutert, insbesondere, welche Arten von Verschmelzungen und Spaltungen von den beiden Richtlinien erfasst werden und welche für die jeweiligen Mitgliedstaaten wichtigen ähnlichen Maßnahmen nicht. Ferner wird aufgezeigt, welche Gesellschaften betroffen sind, wie sich das Verfahren der Verschmelzung bzw. Spaltung im Überblick gestaltet, wann die jeweilige Maßnahme Wirksamkeit erlangt und welche Rechtswirkungen sie zur Folge hat.

Bei der Erörterung der einzelnen Aktionärsrechte können fünf große Gruppen gebildet werden, deren Abhandlung sich an der Reihenfolge der Ausübung der einzelnen Rechte orientiert: Informationsrechte (einschließlich der Überprüfung durch unabhängige Sachverständige), Entscheidungsbefugnis, Austrittsrecht, Haftung der Mitglieder des Verwaltungs- oder Leitungsorgans und der Sachverständigen für sowie Klage gegen die Wirksamkeit bzw. das Wirksamwerden der Verschmelzung bzw. Spaltung einschließlich des Spruchverfahrens im deutschen Recht.

1. Teil: Regelungsrahmen der nationalen Verschmelzung und Spaltung

§ 3 Der durch das Gemeinschaftsrecht vorgegebene Regelungsrahmen

I. Die Verschmelzung nach der Dritten gesellschaftsrechtlichen Richtlinie (Verschmelzungsrichtlinie – VRL) und die Spaltung nach der Sechsten gesellschaftsrechtlichen Richtlinie (Spaltungsrichtlinie – SpRL)

1. Überblick über die Entstehungsgeschichte der VRL und SpRL

Umfeld und Gründe der Entstehung der VRL und SpRL wurden bereits in der Einführung dargestellt.[55] Rechtstechnisch durchlief das Vorhaben der Angleichung der nationalen Verschmelzungsrechte folgende Stationen: Ein erster Vorschlag stammt vom 16.6.1970.[56] Darin war noch die gemeinsame Regelung von Verschmelzung und Spaltung vorgesehen.[57] Er wurde zweimal geändert (geänderter Vorschlag vom 4.1.1973 und zweite Änderung vom 22.12.1975). Schließlich wurde die VRL am 9.10.1978 – auf Art. 44 Abs. 2 lit. g EGV (Art. 54 Abs. 3 lit. g EGV a.F.) gestützt – separat verabschiedet. Die SpRL wurde auf derselben Rechtsgrundlage am 17.12.1982 als Ergänzung zur VRL verabschiedet.

2. Persönlicher Anwendungsbereich der VRL und SpRL – Betroffene Gesellschaften

a) Aktiengesellschaften in Deutschland und ihre Entsprechungen in den anderen Mitgliedstaaten

Nach Art. 1 Abs. 1 VRL bzw. Art. 1 Abs. 1 SpRL i.V.m. Art. 1 Abs. 1 VRL gelten die darin vorgeschriebenen Maßnahmen der Koordinierung ausschließlich für Aktiengesellschaften und entsprechende Rechtsformen, die wirksam nach dem Recht eines Mitgliedstaates gegründet sind.[58] Dies betrifft in Frankreich die *société anonyme* gleichermaßen wie in Belgien, wo sie – je nach

---

55 Siehe oben *Einführung § 1*.

56 ABl. 1970 C 89/20. Vgl. hierzu *Meyer-Ladewig*, BB 1970, 1517, 1517 ff.; *Sonnenberger*, AG 1971, 76, 76 ff.

57 Siehe bereits oben *Einführung § 1*.

58 Ob eine Gesellschaft wirksam gegründet ist, richtet sich nach den von dem jeweiligen Mitgliedsstaat gestellten Anforderungen. Folgt er z.B. der Gründungstheorie, so ist es ausreichend, dass die Gesellschaft dort ihren Satzungssitz genommen hat. *Grundmann*, Europäisches Gesellschaftsrecht, Rz. 852; *Wooldridge*, (1980) 1 The Company Lawyer 75, 80.

Sprachraum – auch die Bezeichnung *naamloze vennootschap* trägt, in Großbritannien die *public company limited by shares*[59] sowie die *public company limited by guarantee and having a share capital.*[60] Aus der Tatsache, dass Art. 1 Abs. 1 VRL (auf den wiederum Art. 1 Abs. 1 SpRL verweist) nur die soeben aufgeführten Gesellschaften nennt, ergibt sich, dass dem Regelungsbereich der VRL und SpRL zwingend nur solche Vorgänge unterfallen, bei denen sowohl der übertragende als auch der übernehmende Rechtsträger eine Aktiengesellschaft bzw. eine entsprechende Rechtsform eines anderen Mitgliedstaates ist.[61] Nicht erfasst sind daher insbesondere die GmbH und ihre Entsprechungen in den anderen Mitgliedstaaten.[62] Eine ursprünglich in Erwägung gezogene Parallelregelung für die GmbH[63] wurde nicht realisiert.[64]

b) Genossenschaften, die in der Rechtsform der Aktiengesellschaft bzw. den entsprechenden Rechtsformen in den Mitgliedstaaten gegründet worden sind

Nach Art. 1 Abs. 2 S. 1 der VRL bzw. Art. 1 Abs. 4 SpRL i.V.m. Art. 1 Abs. 2 S. 1 VRL brauchen die Mitgliedstaaten die Richtlinie nicht auf Genossen-

---

59 Dies ist das eigentliche Pendant zur deutschen Aktiengesellschaft. Die Firma muss auf die Worte *„public limited company"* oder die Abkürzung hiervon, nämlich *„plc"*, enden, s. 25 Abs. 4 CA 1985. Vgl. *Triebel/ Hodgson/ Kellenter/ Müller*, Englisches Handels- und Wirtschaftsrecht, Rz. 579; *Thömmes/ Tomsett* in Widmann/ Mayer, Anh. 3 zu UmwG - UmwStG, Rz. GB 1.

60 Bei der *public company limited by guarantee* verpflichten sich die Gesellschafter, bei Auflösung der Gesellschaft in bestimmter Höhe für die Gesellschaftsschulden zu haften, s. 1 Abs. 2 Nr. b, s. 2 Abs. 4 CA 1985. Vgl. *Triebel/ Hodgson/ Kellenter/ Müller*, Englisches Handels- und Wirtschaftsrecht, Rz. 572. Die hier relevante Form der *public company limited by guarantee*, die *public company limited by guarantee and having a share capital*, spielt nur eine untergeordnete Rolle. Dies liegt insbesondere daran, dass diese Art von Gesellschaft, die ohnehin keinen besonders großen Zuspruch erfuhr (vgl. *Morse/ Marshall/ Morris/ Crabb,* Charlesworth & Morse Company Law, 29), mit Wirkung vom 22. Dezember 1980 weder neu gebildet werden kann noch ein Wechsel auf diese Rechtsform statthaft ist, s. 1 Abs. 4 CA 1985. Aufgrund der geringen Bedeutung der *public company limited by guarantee* beschränkt sich die vorliegende Untersuchung auf die weitaus bedeutsamere *public company limited by shares.*

61 Vgl. *Lutter*, Europäisches Unternehmensrecht, 128.

62 Dies bedeutet, dass die Mitgliedstaaten nur verpflichtet sind, die Vorgaben der VRL und SpRL für Verschmelzungen und Spaltungen mit Aktiengesellschaften umzusetzen. Hinsichtlich anderer Rechtsformen müssen sie dies nicht, dürfen es aber und haben es auch getan.

63 Vgl. *Ommeslaghe*, ZHR 132 (1969), 201, 208.

64 Vgl. *Grundmann*, Europäisches Gesellschaftsrecht, Rz. 853. Die Beschränkung des Anwendungsbereichs auf die Aktiengesellschaft wurde teilweise kritisiert. Vgl. *Barbaso*, The Journal of Business Law 1984, 176, 177.

schaften anzuwenden, die in einer der in Art. 1 Abs. 1 der VRL genannten Rechtsformen gegründet worden sind.

c) Gesellschaften, die Gegenstand eines Konkurs-, Vergleichs- oder ähnlichen Verfahrens sind

In gleicher Weise wie bei den soeben behandelten Genossenschaften, die in der Rechtsform einer Aktiengesellschaft gegründet worden sind, steht es den Mitgliedstaaten frei, die VRL bzw. SpRL auf Gesellschaften anzuwenden, die Gegenstand eines Konkurs-, Vergleichs- oder ähnlichen Verfahrens sind, Art. 1 Abs. 3 VRL bzw. Art. 1 Abs. 4 SpRL i.V.m. Art. 1 Abs. 3 VRL.

d) Sich in Abwicklung befindliche Gesellschaften

Ferner dürfen die nationalen Gesetzgeber nach Art. 3 Abs. 2 und Art. 4 Abs. 2 der VRL bzw. Art. 2 Abs. 2 SpRL i.V.m. Art. 3 Abs. 2 VRL und Art. 21 Abs. 2 SpRL i.V.m. Art. 4 Abs. 2 VRL bestimmen, dass sich in Abwicklung befindliche Gesellschaften sich für den Fall der Aufnahme bzw. Übernahme als übertragende und für den Fall der Neugründung als untergehende bzw. gespaltene Gesellschaft(en)[65] an einer Verschmelzung bzw. Spaltung beteiligen können. Voraussetzung ist, dass sie noch nicht mit der Verteilung ihres Vermögens an ihre Aktionäre begonnen haben, Art. 3 Abs. 2 und Art. 4 Abs. 2 der VRL, jeweils letzter Teilsatz.[66]

3. *Sachlicher Anwendungsbereich der VRL und SpRL – Erfasste Arten der Verschmelzung bzw. Spaltung und ihnen gleichgestellte Vorgänge*

Hinsichtlich des sachlichen Anwendungsbereichs der VRL und SpRL, also der von den beiden Richtlinien erfassten Verschmelzungs- bzw. Spaltungsarten, kann in zwei Kategorien unterschieden werden: Zum einen gibt es solche, die von den Mitgliedstaaten zwingend vorzusehen und dem Regime der VRL bzw. SpRL zu unterstellen sind. Zum anderen überlässt es die VRL bzw.

---

65 Siehe zu den einzelnen Arten der Verschmelzung und Spaltung sogleich.

66 Diese Einschränkung ist erforderlich, um eine Umgehung des Art. 15 der Zweiten gesellschaftsrechtlichen Richtlinie (Zweite Richtlinie des Rates 77/91/EWG vom 13.12.1976 zur Koordinierung der Schutzbestimmungen, die in den Mitgliedstaaten den Gesellschaften im Sinne des Artikels 58 Abs. 2 des Vertrages im Interesse der Gesellschafter sowie Dritter für die Gründung der Aktiengesellschaft sowie für die Erhaltung und Änderung ihres Kapitals vorgeschrieben sind, um diese Bestimmungen gleichwertig zu gestalten, ABl. 1977 Nr. L 26/1 [KapRL]) zu verhindern. *Habersack*, Europäisches Gesellschaftsrecht, Rz. 212; vgl. auch *Schwarz*, Europäisches Gesellschaftsrecht, Rz. 639.

SpRL den Mitgliedstaaten, bestimmte Vorgänge vorzuhalten (sogenannte gleichgestellte Vorgänge). Der Richtliniengeber betrachtet diese Vorgänge jedoch als der Verschmelzung im Sinne der VRL bzw. der Spaltung im Sinne der SpRL so ähnlich, dass er den Mitgliedstaaten vorschreibt, sie (weitestgehend) den Regeln über die Verschmelzung zu unterwerfen, wenn sie diese Vorgänge in ihren Rechtsordnungen vorsehen.[67]

a) Die nach der VRL und SpRL zwingend vorzusehenden Vorgänge

aa) Die beiden Grundtypen der Verschmelzung und Spaltung und ihre drei charakteristischen Elemente

Art. 2 VRL verpflichtet die Mitgliedstaaten, zwei Grundtypen von Verschmelzungen zu regeln: Die Verschmelzung durch Aufnahme einer oder mehrerer Gesellschaften durch eine andere, bereits bestehende Gesellschaft, geregelt in Art. 5 bis 22 VRL, und die Verschmelzung durch Gründung einer neuen Gesellschaft, geregelt in Art. 23 VRL mit weitgehendem Verweis auf die Vorschriften der Verschmelzung durch Aufnahme. Diese Unterscheidung gilt auch für die Spaltung. Gestatten die Mitgliedstaaten die Spaltung durch Übernahme, so sind die Art. 2 bis 20 SpRL anzuwenden, Art. 1 Abs. 1 SpRL. Gestatten sie die Spaltung durch Gründung neuer Gesellschaften,[68] so unterwerfen sie diesen Vorgang, wie es Art. 1 Abs. 2 SpRL bestimmt, den Art. 21 f. SpRL. Dabei verweist Art. 22 Abs. 1 SpRL weitgehend auf die Vorschriften über die Spaltung zur Neugründung.[69]

---

67 Vgl. *Grundmann*, Europäisches Gesellschaftsrecht, Rz. 854.

68 Durch die Bezeichnung „Verschmelzung durch Gründung einer neuen Gesellschaft" in der deutschen Fassung des Richtlinientextes der VRL wird bereits begrifflich der Unterschied dieser Art der Verschmelzung zu ihrem Pendant bei der Spaltung deutlich, nämlich der „Spaltung durch Gründung neuer Gesellschaften", bei der eine bestehende übertragende Gesellschaft auf mindestens zwei (und nicht nur – wie bei der Verschmelzung – einer) neu zu gründende Gesellschaften aufgeteilt wird (hierzu später näher). Der Einfachheit halber sollen jedoch im Folgenden einheitlich die im nationalen deutschen Recht üblichen Begriffe „Verschmelzung durch Neugründung" und „Spaltung zur Neugründung" verwendet werden, für den Begriff „Spaltung durch Übernahme", wie er in der deutschen Fassung der SpRL zu finden ist, die Terminologie „Spaltung zur Aufnahme" aus dem deutschen Recht.

69 Im Interesse der Übersichtlichkeit sollen im Folgenden nur die Vorschriften für die Verschmelzung durch und die Spaltung zur Aufnahme zitiert werden. Auf die Nennung der jeweiligen Verweisungsnorm für die Verschmelzung durch und die Spaltung zur Neugründung (Art. 23 VRL bzw. Art. 22 Abs. 1 SpRL) wird verzichtet. Lediglich bei Abweichungen sollen die entsprechenden Normen genannt werden.

(1) Die Verschmelzung durch und die Spaltung zur Aufnahme

Nach der Legaldefinition in Art. 3 Abs. 1 VRL versteht man unter Verschmelzung durch Aufnahme den Vorgang, bei dem eine oder mehrere Gesellschaften im Wege der Auflösung ohne Abwicklung ihr gesamtes Aktiv- und Passivvermögen auf eine andere, bereits existierende Gesellschaft übertragen. Bei der Spaltung zur Aufnahme, geregelt in Art. 2 bis 20 SpRL, überträgt eine Gesellschaft ihr gesamtes Vermögen im Wege der Auflösung ohne Abwicklung auf mindestens zwei bereits bestehende Gesellschaften.[70] Als Ausgleich für den Verlust ihrer Anteile erhalten die Aktionäre der übertragenden Gesellschaft(en) Aktien der übernehmenden Gesellschaft(en). Da eine Abfindung ausschließlich in Aktien häufig an den unterschiedlichen Wertverhältnissen scheitert,[71] werden die Mitgliedstaaten verpflichtet, eine Verschmelzung auch dann zuzulassen, wenn eine bare Zuzahlung bis maximal 10% des Nennbetrags der gewährten Aktien erfolgt, bzw. deren rechnerischen Wertes, wenn ein Nennbetrag nicht vorhanden ist, Art. 3 Abs. 1 VRL. Haben die jeweiligen Mitgliedstaaten sich für die Einführung der Spaltung als Rechtsinstitut entschieden, gilt dasselbe nach Art. 2 Abs. 1 SpRL auch für Spaltungen. Auf diese Weise sollen Spitzenbeträge ausgeglichen werden können.[72]

(2) Die Verschmelzung durch und die Spaltung zur Neugründung

Bei der in Art. 4 Abs. 1 VRL legaldefinierten und in Art. 23 VRL geregelten Verschmelzung durch Neugründung werden mehrere existierende Aktiengesellschaften auf eine neu zu gründende Aktiengesellschaft verschmolzen.[73] Im Unterschied zur Verschmelzung durch Aufnahme bedarf es hier also mindestens zweier bereits existierender übertragender Gesellschaften. Dies geht zum einen schon aus der Formulierung des Art. 4 Abs. 1 VRL hervor („*mehrere Gesellschaften*“). Zum anderen entsteht nur so die für eine Verschmelzung charakteristische Verbindung aus mindestens zwei bestehenden Gesellschaf-

---

70 Ebenfalls aus Vereinfachungsgründen soll sowohl bei Verschmelzung als auch Spaltung einheitlich von „übertragenden“, „übernehmenden“ und „neuen“ Gesellschaften gesprochen werden. Auch dies entspricht der Terminologie im deutschen Recht. Es werden damit insbesondere bei der Spaltung nicht die spezifischen Begriffe „gespaltene“ und „begünstigte“ Gesellschaft verwendet, vgl. Art. 2 Abs. 3 SpRL.

71 Vgl. *Grundmann*, Europäisches Gesellschaftsrecht, Rz. 859; *Habersack*, Europäisches Gesellschaftsrecht, Rz. 215; *Schwarz*, Europäisches Gesellschaftsrecht, Rz. 642.

72 *Habersack*, Europäisches Gesellschaftsrecht, Rz. 215 und 239.

73 Dabei ist die Gesellschaft nach Maßgabe der KapRL neu zu gründen. Vgl. *Habersack*, Europäisches Gesellschaftsrecht, Rz. 216.

ten.[74] Mit anderen Worten: Die Übertragung des Vermögens nur einer Gesellschaft auf eine andere, erst noch zu gründende Gesellschaft stellt keine Verschmelzung durch Neugründung dar. Im Übrigen geht auch hier jeweils das gesamte Aktiv- und Passivvermögen auf die neue Gesellschaft unter Auflösung der übertragenden Gesellschaften ohne deren Abwicklung über. Aktionären der übertragenden Gesellschaften werden im Gegenzug Anteile der neuen Gesellschaft gewährt. Zudem gilt auch hier wie bei der Verschmelzung durch Aufnahme die 10% - Regel zur baren Zuzahlung.[75] Die Spaltung zur Neugründung, geregelt in Art. 21 und 22 SpRL, folgt den gleichen Prinzipien wie die Spaltung zur Aufnahme allein mit dem Unterschied, dass die Übertragung des Vermögens auf (mindestens zwei) Gesellschaften erfolgt, die neu gegründet werden.[76]

(3) Die drei charakteristischen Elemente der beiden Grundtypen der Verschmelzung und Spaltung

Aus den Regelungen zur Verschmelzung durch Aufnahme und Neugründung, Art. 3 Abs. 1 bzw. Art. 4 Abs. 1 VRL, ergeben sich folgende drei für die Verschmelzung im Sinne der VRL[77] charakteristische Elemente: Auflösung ohne Abwicklung der übertragenden Gesellschaften, Gesamtrechtsnachfolge und Gewährung von Anteilen der übernehmenden oder neu gegründeten Gesellschaft an die Anteilsinhaber der übertragend(en) Gesellschaften. Auf alle Maßnahmen, die diese drei Kriterien erfüllen, ist die VRL anzuwenden. Für die Spaltung zur Aufnahme und Neugründung ergeben sich dieselben Elemente aus Art. 2 Abs. 1 bzw. Art. 21 Abs. 1 SpRL mit Ausnahme der Gesamtrechtsnachfolge. Da das Vermögen bei der Spaltung auf mindestens zwei Gesellschaften aufgeteilt wird, spricht man hier von partieller Gesamtrechtsnachfolge oder Sonderrechtsnachfolge.[78]

---

74 *Habersack*, Europäisches Gesellschaftsrecht, Rz. 216; Vgl. auch *Wooldridge*, (1980) 1 The Company Lawyer, 75, 75.

75 Siehe oben *(1)*.

76 Aus diesem Grund wird in Art. 22 Abs. 1 SpRL auch weitestgehend auf die Bestimmungen der Spaltung durch Übernahme verwiesen.

77 Oder: Verschmelzung im (Gemeinschafts-)Rechtssinn. *Grundmann*, Europäisches Gesellschaftsrecht, Rz. 858. Dies ist insbesondere in Abgrenzung zur Verschmelzung im wirtschaftlichen Sinne zu sehen. Siehe hierzu unten *II*.

78 Vgl. *Grundmann*, Europäisches Gesellschaftsrecht, Rz. 863.

(a) Auflösung ohne Abwicklung

Erstes charakteristisches Element der Verschmelzung und Spaltung im Sinne der VRL bzw. SpRL ist die Auflösung der übertragenden Gesellschaft(en) ohne deren Abwicklung. Dass die übertragende Gesellschaft nicht abgewickelt werden muss, stellt einen Hauptvorteil dieser Art der Verschmelzung dar. Denn müsste sie abgewickelt werden, könnte dies kostspielige Folgen haben, insbesondere aus steuerrechtlichen Gründen.[79]

(b) (Partielle) Gesamtrechtsnachfolge

Zweites charakteristisches Element der Verschmelzung und Spaltung im Sinne der VRL bzw. SpRL ist die (partielle) Gesamtrechtsnachfolge. Ihre Besonderheit im Vergleich zur Einzelrechtsnachfolge liegt darin, dass nicht jeder Vermögensgegenstand, jedes Recht und jede Pflicht separat übertragen wird, sondern dass das gesamte Aktiv- und Passivvermögen der übertragenden Gesellschaft *„uno actu"*[80] auf die übernehmende bzw. neugegründete Gesellschaft übergeht,[81] bei der Spaltung auf mindestens zwei bestehende oder neu gegründete Gesellschaften.[82] Der (partiellen) Gesamtrechtsnachfolge bedarf es zudem, um überhaupt die soeben beschriebene Auflösung ohne Abwicklung ermöglichen zu können. Denn dass das Erlöschen der übertragenden Gesellschaft nicht zu der sich in diesen Fällen grundsätzlich anschließenden Abwicklung der übertragenden Gesellschaft führt, liegt im Wesen der Gesamtrechtsnachfolge begründet.[83] Es steht fest, was mit dem Vermögen passiert – es geht auf die übernehmende(n) bzw. neu gegründete(n) Gesellschaft(en) über. Eines Abwicklungsverfahrens bedarf es daher nicht.[84] Oder anders ausgedrückt: Wo das Vermögen insgesamt übertragen wird, gibt es nichts zu liquidieren.[85]

---

79 *Grundmann*, Europäisches Gesellschaftsrecht, Rz. 863. Auf die steuerrechtlichen Aspekte soll nicht weiter eingegangen werden.

80 *Habersack*, Europäisches Gesellschaftsrecht, Rz. 219.

81 Vgl. *Grundmann*, Europäisches Gesellschaftsrecht, Rz. 863.

82 Bei der Spaltung geht also das zu verteilende Vermögen der übertragenden Gesellschaft auf mindestens zwei Gesellschaften jeweils *en bloc* über.

83 Vgl. für das deutsche Recht *K. Schmidt*, Gesellschaftsrecht, 3. A., § 11 V 3.

84 Vgl. für das deutsche Recht *K. Schmidt*, Gesellschaftsrecht, 3. A., § 11 V 3 und *Marsch-Barner* in Kallmeyer, § 2 UmwG, Rz. 10.

85 Vgl. *Edwards*, EC Company Law, 97.

(c) Gewährung von Anteilen der übernehmenden oder neu gegründeten Gesellschaft(en) an die Anteilsinhaber der übertragenden Gesellschaft(en)

Drittes Charakteristikum der beiden Grundtypen der Verschmelzung und Spaltung ist, dass die Vergütung in Form von (insbesondere) Anteilen der übernehmenden oder neuen Gesellschaft(en) direkt an die Anteilsinhaber der übertragenden Gesellschaft(en) geht und nicht (erst) an die übertragende(n) Gesellschaft(en) selbst.[86] Bei der Spaltung ergibt sich dabei insofern ein Unterschied zur Verschmelzung, als die Anteilseigner – sofern es sich um den Grundfall der verhältniswahrenden Spaltung handelt[87] – nicht nur Anteile einer, sondern mindestens zweier Gesellschaften erhalten.

bb) Die Verschmelzung 100%iger Tochtergesellschaften

Zwingend vorzusehen von den Mitgliedstaaten ist ferner die Verschmelzung von 100%igen Tochtergesellschaften auf ihre Muttergesellschaft, geregelt in Art. 24 bis 26 VRL.[88] Die Pflicht, diese Art von Verschmelzung vorzuhalten, ergibt sich aus dem Wortlaut des Art. 24 S. 1 VRL: „Die Mitgliedstaaten regeln...“.[89] Aus der Besonderheit heraus, dass die übernehmende Gesellschaft alle Aktien der übertragend(en) Gesellschaften hält, folgt, dass bestimmte Vorgaben, die für den Grundtyp der Verschmelzung gelten, nämlich diejenigen, die das Umtauschverhältnis der Aktien, die Höhe der baren Zuzahlung und die Übertragung der Aktien der übernehmenden Gesellschaft und den Zeitpunkt der Gewinnteilnahme der neuen Aktien betreffen, hinfällig sind. Dies stellt Art. 24 S. 2 VRL klar.[90] Denn ein Aktientausch findet in diesem

---

86 Die drei charakteristischen Elemente der beiden Grundtypen der Verschmelzung und Spaltung spiegeln sich in ihren Rechtswirkungen wider. Siehe daher auch unten *6.*

87 Bei einer verhältniswahrenden Spaltung werden die Aktionäre der übertragenden Gesellschaft jeweils im Verhältnis ihrer Beteiligung an dieser auch an sämtlichen übernehmenden Gesellschaften beteiligt. *Habersack*, Europäisches Gesellschaftsrecht, Rz. 243. Die nichtverhältniswahrende Spaltung, bei der sich die Beteiligungsverhältnisse verschieben, ist nach Art. 5 Abs. 2 SpRL von den nationalen Gesetzgebern zuzulassen. Hinsichtlich der in Art. 5 Abs. 2 SpRL eingeräumten Möglichkeit, für Minderheitsaktionäre ein Wahlrecht zwischen Aktientausch und Abfindung vorzusehen, siehe unten *3. Teil § 13 I. 2.*

88 Sogenannter *up stream merger*.

89 Unter anderem in dieser Vorschrift kommt die zweite Funktion der Verschmelzung zum Ausdruck: Die Ermöglichung, Konzernstrukturen zu bereinigen. Siehe hierzu bereits oben *Einführung § 1.*

90 Den Mitgliedstaaten ist es nach Art. 24 S. 2 VRL nicht nur gestattet, auf die genannten Vorschriften zu verzichten, sie sind vielmehr dazu verpflichtet. Da es in dieser Konstellation keine außenstehenden Aktionäre gibt, ist die Einhaltung von Schutz-

Fall schlicht nicht statt.[91] Sonst müsste sich die zu 100% an der oder den übertragenden Gesellschaft(en) beteiligte übernehmende Gesellschaft eigene Anteile gewähren. Das ist jedoch nicht gewollt.[92] Ferner erlaubt Art. 25 VRL bei Erfüllung bestimmter Bedingungen den Verzicht auf die Zustimmung durch die Hauptversammlung.[93] Art. 26 VRL erweitert schließlich den Vorgang im Sinne des Art. 24 VRL auf Fälle, in denen der erforderliche 100%ige Anteilsbesitz nicht ausschließlich der übernehmenden Gesellschaft zuzuschreiben ist, sondern sich (auch) auf Personen verteilt, die Anteile an den übertragenden Gesellschaften zwar in eigenem Namen, aber für Rechnung der übernehmenden Gesellschaft besitzen.[94]

b) Optional einführbare Arten der Spaltung

aa) Gemischte Spaltung

Den Mitgliedstaaten ist es nach Art. 1 Abs. 3 SpRL erlaubt, eine Kombination beider Grundtypen der Spaltung zuzulassen. So kann also eine Gesellschaft

---

vorschriften zu deren Gunsten überflüssig und würde eine Verschmelzung unnötig erschweren. *Habersack*, Europäisches Gesellschaftsrecht, Rz. 217.

91 Vgl. *Grundmann*, Europäisches Gesellschaftsrecht, Rz. 858; *Schwarz*, Europäisches Gesellschaftsrecht, Rz. 663.

92 Vgl. Art. 19 Abs. 2 lit. a VRL. Es käme zu einem Erwerb eigener Anteile durch die übernehmende Gesellschaft. Dies widerspräche jedoch den Wertungen der Art. 19 ff. KapRL. Vgl. *Habersack*, Europäisches Gesellschaftsrecht, Rz. 220; *Schwarz*, Europäisches Gesellschaftsrecht, Rz. 655.

93 Siehe zur Entbehrlichkeit der Zustimmung durch die Hauptversammlung unten *3. Teil § 12 I. 5. c)*.

94 Für den Fall, dass die übernehmende Gesellschaft 90% oder mehr, jedoch (in Abgrenzung zu Art. 24 S. 1 VRL) nicht alle Anteile an den übertragenden Gesellschaften hält oder ihr nach Art. 29 VRL zuzurechnen sind, sehen die Art. 27 und 28 VRL unter bestimmten Voraussetzungen Verfahrenserleichterungen vor. Es handelt sich dabei um eine Option für die Mitgliedstaaten und nicht um eine weitere Art der Verschmelzung, die verpflichtend einzuführen ist. Gehören bei einer Spaltung den übernehmenden Gesellschaften insgesamt alle Anteile der übertragenden Gesellschaft, die in der Hauptversammlung ein Stimmrecht gewähren, sieht Art. 20 SpRL bei Einhaltung bestimmter Bedingungen die Möglichkeit vor, auf die Zustimmung durch die Hauptversammlung zu verzichten. Konstruktive Unterschiede zu den beiden Grundtypen der Spaltung bestehen nicht. Es handelt sich vielmehr um eine Verfahrenserleichterung bei einer besonders gelagerten Anteilseignerstruktur der beteiligten Gesellschaften. Der bei der Verschmelzung mögliche Verzicht auf den Hauptversammlungsbeschluss bei einem Anteilsbesitz der übernehmenden Gesellschaft zwischen 90% und 100% (siehe Art. 27-29 VRL) an der oder den übertragenden Gesellschaft(en) ist für die Spaltung nicht vorgesehen. Eine entsprechende Regelung wäre zu komplex gewesen. *Grundmann*, Europäisches Gesellschaftsrecht, Rz. 886.

auf eine bereits bestehende und gleichzeitig auf eine neu zu gründende Gesellschaft oder mehrere von beiden gespalten werden, sogenannte gemischte Spaltung.[95]

bb) Spaltung unter Aufsicht eines Gerichts

Art. 23 SpRL erlaubt es den Mitgliedstaaten, von der Einhaltung bestimmter Schutzvorschriften abzusehen, wenn die Spaltung unter Aufsicht eines Gerichts erfolgt, das die Einhaltung bestimmter Bedingungen überwacht. Es handelt sich daher auch hierbei im Grunde nicht um eine weitere Unterart der Spaltung, sondern um eine Verfahrensvariante, die bestimmte Erleichterungen zulässt. Diese Möglichkeit wurde insbesondere im Hinblick auf Großbritannien eingeführt, da dort Umstrukturierungsmaßnahmen typischerweise unter gerichtlicher Aufsicht durchgeführt werden.[96]

c) Die der Verschmelzung und Spaltung im Sinne der VRL bzw. SpRL gleichgestellten Vorgänge

aa) Der Vorgang nach Art. 30 VRL bzw. Art. 24 SpRL (mehr als 10%ige bare Zuzahlung)

Gestatten die Mitgliedstaaten für einen der in Art. 2 VRL bzw. Art. 1 SpRL vorgesehenen Vorgänge eine bare Zuzahlung von mehr als 10%,[97] so ist dieser nach Art. 30 VRL bzw. Art. 24 SpRL der Verschmelzung und Spaltung im Sinne der VRL bzw. SpRL gleichzustellen und (weitestgehend) dem Regime der jeweiligen Maßnahme zu unterwerfen.[98] Über die Frage, ob Art. 30 VRL bzw. Art. 24 SpRL es zulässt, den Aktionären der übertragenden Gesellschaften eine Vergütung auch ausschließlich in Geld zu gewähren, ist Streit

---

95 Eine derartige Kombination scheidet bei der Verschmelzung von vorneherein aus: Es gibt nur eine übernehmende Gesellschaft. Diese besteht entweder bereits oder wird neu gegründet.

96 Vgl. *Grundmann*, Europäisches Gesellschaftsrecht, Rz. 886. Vgl. ferner zu der Diskussion, ob eine Spaltung unter Aufsicht eines Gerichts in die SpRL aufgenommen werden sollte, *Barbaso*, The Journal of Business Law 1984, 176, 183.

97 Eine bis zu 10%ige bare Zuzahlung ist bereits von den jeweiligen Grundfällen nach Art. 3 Abs. 1 und Art. 4 Abs. 1 VRL bzw. Art. 2 Abs. 1 und Art. 21 Abs. 1 SpRL erfasst [siehe oben *a) aa) (1) und (2)*].

98 Nicht anzuwenden sind auf den Vorgang nach Art. 30 VRL die Art. 24 bis 26 VRL, da darin die Verschmelzung unter Beteiligung von 100%igen Tochtergesellschaften geregelt ist. In diesem Fall hält die übernehmende Gesellschaft alle Anteile der übertragenden. Eine Anteilsgewährung findet daher nicht statt, weshalb sich auch die Frage der baren Zuzahlung nicht stellt.

entbrannt. Gewichtige Argumente für die Zulässigkeit dieser Vorgehensweise entwickelte *Kalss*.[99] Sie stützt sich dabei insbesondere auf den in fast allen anderen Sprachen, in denen die VRL bzw. SpRL abgefasst ist, eindeutigeren Wortlaut der fraglichen Passage. Dieser spricht jeweils nicht gegen die Zulässigkeit einer ausschließlich in Geld erbrachten Gegenleistung.[100] *Habersack*[101] und *Schwarz*[102] hingegen wollen eine solche nur zulassen, wenn sich die Aktionäre mit ihr einverstanden erklären. *Grundmann*[103] hingegen weist zutreffend darauf hin, dass bereits die Fragestellung in diesem Zusammenhang falsch ansetze. Es gehe nicht darum, ob Art. 30 VRL eine 100%-ige bare „Zuzahlung" erlaube. Dies sei ohne Zweifel der Fall. Denn Art. 30 VRL stelle es den Mitgliedstaaten überhaupt frei, einen Vorgang mit einer mehr als 10%igen Zuzahlung vorzusehen. Zu klären sei vielmehr, ob dieser Vorgang dann dem Schutzmechanismus der VRL zu unterwerfen sei. Dies bejaht *Grundmann* zutreffend mit dem Argument, dass es für den Schutz der Aktionäre keine Rolle spielen dürfe, ob die bare Zuzahlung nun 99,9% betrage oder 100%.

bb) Der Vorgang nach Art. 31 VRL bzw. 25 SpRL (nicht alle der übertragenden Gesellschaften hören auf zu bestehen bzw. die übertragende Gesellschaft hört nicht auf zu bestehen)

Art. 31 VRL stellt der Verschmelzung eine weitere Maßnahme gleich. Es handelt sich dabei um eine Abwandlung der in den Art. 2, 24 und 30 VRL vorgesehenen Vorgänge dergestalt, dass nicht alle übertragenden Gesellschaften aufhören zu bestehen. Es fehlt also bei mindestens einer der übertragenden Gesellschaften an dem für die Verschmelzung im Sinne der VRL charakteristischen Element der Auflösung ohne Abwicklung. In diesem Fall wird nicht das gesamte Vermögen auf den übernehmenden Rechtsträger übertragen.[104]

---

99 *Kalss*, JBl. 1995, 420, 423 ff., v.a. 425.

100 Im Gegensatz zur deutschen Fassung, die den Begriff „Zuzahlung" verwendet und damit auf eine „Zusatz"leistung hindeutet, jedenfalls nicht auf eine „Voll"zahlung, findet sich z.B. in der englischen und französischen Version eine neutrale Terminologie (im englischen Text *cash payment*, im französischen *soulte en espèces*).

101 *Habersack*, Europäisches Gesellschaftsrecht, Rz. 218 (der allerdings eine Ausnahme für Kleinstbeteiligungen zulassen will, bei denen ein Aktionär trotz Ausschöpfung aller Möglichkeiten der Stückelung von Aktien den gesetzlichen Mindestnennbetrag nicht erreicht).

102 *Schwarz*, Europäisches Gesellschaftsrecht, Rz. 668.

103 *Grundmann*, Europäisches Gesellschaftsrecht, Rz. 859 (insbesondere Fn. 24).

104 Die Regelung des Art. 31 VRL hat kaum Bedeutung. Vielmehr sind Fallgestaltungen dieser Art meist so gelagert, dass sie der Parallelregelung des Art. 25 der SpRL zuzuordnen sind. So konnte z.B. im deutschen Recht die früher vorgesehene sogenannte

Der Richtliniengeber stellt den Mitgliedstaaten auch hier die Einführung dieses Vorgangs frei mit der bereits bekannten Maßgabe, dass sie die Vorschriften der VRL hierfür zur Anwendung bringen zu müssen, wenn sie die Maßnahme vorsehen. Ausgenommen hiervon ist Art. 19 Abs. 1 lit. c VRL, der das in diesem Fall gerade nicht stattfindende Erlöschen der übertragenden Gesellschaft anordnet.

Die Parallelvorschrift zu Art. 31 VRL bei der Spaltung stellt Art. 25 SpRL dar. Gestatten danach die Mitgliedstaaten in ihren Rechtsvorschriften einen der in Art. 1 SpRL genannten Vorgänge, ohne dass die übertragende Gesellschaft aufhört zu bestehen, so sind die Spaltungsvorschriften anzuwenden mit Ausnahme des Art. 17 Abs. 1 lit. c SpRL, weil wiederum ein Erlöschen der übertragenden Gesellschaft nicht stattfindet. Da diese nicht ihr gesamtes Vermögen transferiert, besteht sie fort und behält ihre Aktionäre,[105] die zusätzlich zu ihren Anteilen an der übertragenden Gesellschaft solche der übernehmenden Gesellschaften erhalten.[106]

4. *Überblick über die Vorgaben zum Verfahren der Verschmelzung und Spaltung*

Im Folgenden soll zum Zwecke der besseren Einordnung der Aktionärsrechte im Überblick dargestellt werden, welches Bild sich vom Ablauf einer Verschmelzung und Spaltung anhand der Vorgaben der VRL und SpRL ergibt. Die Betrachtung erfolgt aus dem Blickwinkel der Aktionäre, weshalb gläubiger- oder arbeitnehmerspezifische Vorgaben unberücksichtigt bleiben. Die Einzelheiten zu den erörterten Verfahrensabschnitten, insbesondere auch Verfahrenserleichterungen, finden sich bei der Abhandlung der Aktionärsrechte.[107]

Nach Art. 5 Abs. 1 VRL bzw. Art. 3 Abs. 1 SpRL haben die Verwaltungs- oder Leitungsorgane der beteiligten Gesellschaften einen schriftlichen Verschmelzungs- bzw. Spaltungsplan zu erstellen. Sofern der letzte Jahresabschluss der betreffenden Gesellschaft sich auf ein Geschäftsjahr bezieht, das mehr als sechs Monate vor der Aufstellung des Verschmelzungs- bzw. Spaltungsplans abgelaufen ist, so gibt Art. 11 Abs. 1 lit. c VRL bzw. Art. 9 Abs. 1

---

verschmelzende Umwandlung unter Art. 31 VRL gefasst werden. Mit Einführung einer echten Umwandlung im UmwG, dem Formwechsel nach §§ 190 – 304 UmwG, wird der in Art. 31 VRL vorgesehene Vorgang nicht mehr gebraucht. *Grundmann*, Europäisches Gesellschaftsrecht, Rz. 860 (mit Fn. 26).

105 Nach der deutschen Terminologie handelt es sich hierbei um die Abspaltung. Vgl. *Habersack*, Europäisches Gesellschaftsrecht, Rz. 245 f.

106 *Habersack*, Europäisches Gesellschaftsrecht, Rz. 245.

107 Siehe unten *3. Teil.*

lit. c SpRL vor, dass eine Zwischenbilanz zu erstellen ist. Die Verwaltungs- oder Leitungsorgane der beteiligten Gesellschaften haben in einem ausführlichen schriftlichen Verschmelzungs- bzw. Spaltungsbericht den Verschmelzungs- bzw. Spaltungsplan rechtlich und wirtschaftlich zu erläutern und zu begründen, Art. 9 VRL bzw. Art. 7 SpRL. Dieser ist ferner nach Art. 10 VRL bzw. 8 SpRL durch unabhängige Sachverständige zu prüfen, die einen schriftlichen Bericht darüber zu erstellen haben. Nach Art. 11 Abs. 1 VRL bzw. 9 Abs. 1 SpRL sind die genannten Dokumente – neben bestimmten Standardunterlagen – mindestens einen Monat vor dem Tag der über die jeweilige Maßnahme beschließenden Hauptversammlung den Aktionären zur Einsichtnahme am Sitz der betreffenden Gesellschaft zur Verfügung zu stellen. Mit derselben Zeitvorgabe ist nach Art. 6 VRL bzw. Art. 4 SpRL der Verschmelzungs- bzw. Spaltungsplan zusätzlich öffentlich zugänglich zu machen. Schließlich ist in Art. 7 Abs. 1 VRL bzw. Art. 5 Abs. 1 SpRL festgelegt, dass die jeweilige Maßnahme der Zustimmung der Hauptversammlungen der beteiligten Gesellschaften bedarf. Der Zustimmungsbeschluss hat zugleich auch gegebenenfalls erforderliche Satzungsänderungen zu erfassen, Art. 7 Abs. 3 VRL bzw. Art. 5 Abs. 1 S. 2 SpRL i.V.m. Art. 7 Abs. 3 VRL. Falls die Rechtsvorschriften eines Mitgliedstaats für Verschmelzungen bzw. Spaltungen keine vorbeugende gerichtliche oder Verwaltungskontrolle vorsehen oder sich diese Kontrolle nicht auf alle für die Verschmelzung bzw. Spaltung erforderlichen Rechtshandlungen erstreckt, sind die Niederschriften der Hauptversammlungen oder gegebenenfalls der nach diesen geschlossene Verschmelzungs- bzw. Spaltungsvertrag öffentlich zu beurkunden, Art. 16 Abs. 1 S. 1 VRL bzw. Art. 14 SpRL i.V.m. Art. 16 Abs. 1 S. 1 VRL.[108] Nach Art. 18 Abs. 1 VRL bzw. 16 SpRL ist die Verschmelzung bzw. Spaltung im Register offen zu legen.

Bei der Verschmelzung durch und der Spaltung zur Neugründung bedürfen der Verschmelzungs- bzw. Spaltungsplan und, falls sie Gegenstand eines getrennten Aktes sind, der Errichtungsakt und die Satzung der neuen Gesellschaft(en) bzw. die Entwürfe hierzu der Zustimmung der Hauptversammlungen der übertragenden Gesellschaften, Art. 23 Abs. 3 VRL bzw. Art. 22 Abs. 3 SpRL.

---

108 Für den Fall, dass die Verschmelzung bzw. Spaltung nicht von den Hauptversammlungen aller beteiligten Gesellschaften gebilligt werden muss, ist der Verschmelzungs- bzw. Spaltungsplan öffentlich zu beurkunden, Art. 16 Abs. 1 S. 2 VRL bzw. Art. 14 SpRL i.V.m. Art. 16 Abs. 1 S. 2 VRL.

5. *Wirksamwerden der Verschmelzung und Spaltung*

Für den Zeitpunkt des Wirksamwerdens der Verschmelzung bzw. Spaltung enthalten VRL und SpRL keine Vorgaben. Sie verweisen insofern auf das nationale Recht, Art. 17 VRL bzw. 15 SpRL.

6. *Rechtswirkungen der Verschmelzung und Spaltung*

Den in der Definition der beiden Grundtypen der Verschmelzung und Spaltung, Art. 3 Abs. 1 VRL und Art. 4 Abs. 1 VRL bzw. Art. 2 Abs. 1 SpRL und Art. 21 Abs. 1 SpRL, enthaltenen charakteristischen Elementen[109] lassen sich bereits die mit der jeweiligen Maßnahme verbundenen (Haupt-)Rechtsfolgen entnehmen. Sie sind jedoch nochmals explizit in Art. 19 VRL bzw. Art. 17 SpRL benannt. So ordnet Art. 19 Abs. 1 lit. a VRL an, dass das gesamte Aktiv- und Passivvermögen der übertragenden Gesellschaften im Wege der Gesamtrechtsnachfolge auf die übernehmende Gesellschaft übergeht und zwar nicht nur mit Wirkung zwischen der übertragenden und der übernehmenden Gesellschaft, sondern auch gegenüber Dritten. Die Gesamtrechtsnachfolge hat neben dem Vorteil der *uno actu* - Übertragung des Vermögens aber auch den Nachteil, dass einzelne Gegenstände von diesem Übergang nicht ausgenommen werden können.[110] Die Übertragung bestimmter, von der übertragenden Gesellschaft eingebrachter Vermögensgegenstände, Rechte und Pflichten gegenüber Dritten kann lediglich an die Einhaltung bestimmter Förmlichkeiten geknüpft sein. Entsprechende mitgliedstaatliche Vorschriften bleiben insofern unberührt, Art. 19 Abs. 3 VRL. Dies ändert jedoch nichts an der prinzipiellen Wirkung der Gesamtrechtsnachfolge und dem in Art. 19 Abs. 1 lit. c VRL angeordneten Erlöschen der übertragenden Gesellschaft als weiterer Rechtsfolge der Verschmelzung. Den nationalen Rechtsordnungen bleibt es jedoch vorbehalten, das Erlöschen einzelner nicht übertragbarer Gegenstände anzuordnen.[111] In Art. 19 Abs. 1 lit. b VRL ist schließlich geregelt, dass die Aktionäre der übertragenden Gesellschaft Aktionäre der übernehmenden Gesellschaft werden.[112] Dies vollzieht sich ebenso *ipso iure* wie die beiden zuvor beschriebenen Rechtswirkungen der Verschmelzung. Eine wichtige Ausnahme zum Aktientausch enthält Art. 19 Abs. 2 VRL: Er findet nicht statt, sofern

---

109 Siehe oben *3. a) aa) (3).*

110 *Habersack*, Europäisches Gesellschaftsrecht, Rz. 219.

111 *Habersack*, Europäisches Gesellschaftsrecht, Rz. 219.

112 Dies folgt in logischer Konsequenz aus dem charakteristischen Element der Verschmelzung im Sinne der VRL, dass den Aktionären der übertragenden Gesellschaften Aktien der übernehmenden Gesellschaft als Gegenleistung gewährt werden, vgl. Art. 3 Abs. 1 bzw. Art. 4 Abs. 1 VRL.

sich die Aktien im Besitz der übernehmenden (lit. a) oder der übertragenden (lit. b) Gesellschaft befinden oder von einem Dritten gehalten werden, der im eigenen Namen, aber für Rechnung der Gesellschaft handelt. Hintergrund dieser Regelung ist es, einen Erwerb eigener Anteile der übernehmenden Gesellschaft zu verhindern und so den Wertungen der Art. 19 ff. KapRL gerecht zu werden.[113]

Die in Art. 17 SpRL geregelten Rechtsfolgen der Spaltung entsprechen weitgehend denjenigen der Verschmelzung. Es gilt jedoch zwei Besonderheiten herauszustellen, die beide darauf beruhen, dass es bei der Spaltung mindestens zwei übernehmende oder neue Gesellschaften gibt – und nicht wie bei der Verschmelzung nur eine einzige. Infolgedessen muss zum einen das Vermögen aufgeteilt werden (partielle Gesamtrechtsnachfolge). Art. 17 Abs. 1 lit. a SpRL stellt insofern klar, dass sich die Aufteilung nach dem Spaltungsplan richtet oder nach Art. 3 Abs. 3 SpRL. Darin wird das Schicksal von Gegenständen geregelt, die im Spaltungsplan bewusst oder unbewusst nicht berücksichtigt wurden („*vergessene*“ Gegenstände).[114] Kann mittels Auslegung des Spaltungsplans keine eindeutige Zuordnung dieser Gegenstände vorgenommen werden, so wird der betreffende Gegenstand – wenn es sich um einen solchen des Aktivvermögens handelt – oder an dessen Stelle sein Gegenwert auf alle begünstigten Gesellschaften anteilig im Verhältnis zu dem nach dem Spaltungsplan auf sie entfallenden Nettovermögen übertragen, Art. 3 Abs. 3 lit. a SpRL. Handelt es sich um einen Gegenstand des Passivvermögens, so haftet jede der begünstigten Gesellschaften als Gesamtschuldner, Art. 3 Abs. 3 lit. b S. 1 SpRL.[115] Zum anderen müssen aufgrund der Existenz mehrerer übernehmender oder neuer Gesellschaften auch die Aktionäre der übertragenden Gesellschaft sozusagen „aufgeteilt“ werden. Sie werden Aktionäre einer oder mehrerer übernehmender Gesellschaften.

II. Wichtige von der VRL und SpRL nicht erfasste Arten von Verschmelzungen und Spaltungen im wirtschaftlichen Sinne

Eine Verschmelzung bzw. Spaltung im wirtschaftlichen Sinne entspricht funktional weitgehend der Verschmelzung und Spaltung im Sinne der VRL

---

113 *Habersack*, Europäisches Gesellschaftsrecht, Rz. 220; *Schwarz*, Europäisches Gesellschaftsrecht, Rz. 655. Siehe ferner bereits oben *3. a) bb)* zur Verschmelzung 100%iger Tochtergesellschaften.

114 Vgl. zur Verwendung dieses Begriffs im deutschen Recht nur *Kübler* in Semler/ Stengel, § 131 UmwG, Rz. 35.

115 Dabei bleibt es den Mitgliedstaaten jedoch unbenommen, die gesamtschuldnerische Haftung auf das Nettoaktivvermögen zu beschränken, das jeder begünstigten Gesellschaft zugeteilt wird, Art. 3 Abs. 3 lit. b S. 2 SpRL.

bzw. SpRL.[116] Sie weist jedoch mindestens eines der diese Maßnahmen charakterisierenden Merkmale nicht auf und stellt auch nicht eine diesen gleichgestellte Maßnahme dar. Verschmelzungen und Spaltungen im wirtschaftlichen Sinne zeichnen sich oft dadurch aus, dass entweder die Anteile an der oder den übernehmenden Gesellschaft(en) als Vergütung nicht an die Anteilsinhaber der übertragenden Gesellschaft(en), sondern an die übertragende(n) Gesellschaft(en) selbst geleistet werden oder dass das Vermögen nicht im Wege der Gesamtrechtsnachfolge, sondern mittels Einzelrechtsnachfolge übertragen wird. Eine weitere Variante ist, dass gar nicht das Vermögen, sondern lediglich die Anteile an der Zielgesellschaft übertragen werden. Auf diese Arten der Verschmelzung bzw. Spaltung im wirtschaftlichen Sinne muss daher das Schutzsystem der VRL bzw. SpRL nicht angewandt werden.[117] Von den mannigfaltigen Möglichkeiten der Gestaltung in diesem Bereich sollen folgende drei besonders häufigen Maßnahmen zur Abgrenzung von Verschmelzungen und Spaltungen im Sinne der VRL bzw. SpRL und den diesen gleichgestellten Vorgängen kurz dargestellt werden: die Verschmelzung bzw. Spaltung mit Gegenleistung an die übertragenden Gesellschaften selbst (unten *1.*), der Aufkauf (unten *2.*) und die Übernahme (unten *3.*).

1. Verschmelzung bzw. Spaltung mit Gegenleistung an die übertragende(n) Gesellschaft(en) selbst

Sofern eine Verschmelzung oder Spaltung stattfindet, bei der die Vergütung – insbesondere in Form von Anteilen an der oder den übernehmenden Gesellschaft(en) – nicht an die Aktionäre der übertragenden Gesellschaft(en) geleistet wird, sondern an die übertragende(n) Gesellschaft(en) selbst, ist der Anwendungsbereich der VRL bzw. SpRL in sachlicher Hinsicht nicht eröffnet.[118] Grund hierfür ist wohl, dass sich in diesem Fall die spezielle Situation der Aktionäre der übertragenden Gesellschaft(en), auf der das Schutzkonzept der VRL bzw. SpRL maßgebend beruht, nicht ergibt: Im Gegensatz zur Verschmelzung bzw. Spaltung im Sinne der VRL bzw. SpRL erlischt die jeweils

---

116 *Grundmann*, Europäisches Gesellschaftsrecht, Rz. 863.

117 Zum fehlenden Anwendungszwang der VRL bzw. SpRL auf Maßnahmen, die im Wege der Einzelrechtsnachfolge durchgeführt werden: Edwards, EC Company Law, 91; *Heenen*, CDE 1981, 15, 17; *Wooldridge*, (1980) 1 The Company Lawyer 75, 75. Zum fehlenden Anwendungszwang der VRL bzw. SpRL auf Maßnahmen, bei denen die Vergütung an die übertragende Gesellschaft direkt fließt: *Heenen*, CDE 1981, 15, 17; *Wooldridge*, (1980) 1 The Company Lawyer 75, 75.

118 Dies hindert – wie bereits deutlich gemacht wurde – die Mitgliedstaaten aber nicht daran, die Richtlinie auf solche Fälle trotzdem anzuwenden. So geschehen im deutschen Recht bei der Spaltung in der Form der Ausgliederung, vgl. § 123 Abs. 3 UmwG. Es besteht hierzu eben nur keine Pflicht.

übertragende Gesellschaft nicht.[119] Sie behält vielmehr ihre Anteilseigner und wird etwa zu einer Holding.[120] Es stellt sich daher auch nicht das (maßgebende) Problem, in welchem Verhältnis die Anteile der Aktionäre der übertragenden Gesellschaft(en) gegen Anteile an der oder den übernehmenden Gesellschaft(en) getauscht werden.

2. *Aufkauf*

Von der VRL nicht erfasst wird der Aufkauf eines Unternehmens, eine weitere Form einer Verschmelzung im wirtschaftlichen Sinne. Dabei werden ganze Unternehmen oder Teile von einem Unternehmen gekauft. Der Aufkauf findet meist in der Form des sogenannten *share deal* statt, d.h. es werden die Anteile der anderen Gesellschaft ganz oder teilweise gekauft, meist für Anteile der Käufergesellschaft als Gegenleistung, aber auch gegen Barabfindung.[121] Eine weitere Möglichkeit des Aufkaufs besteht darin, nicht die Anteile zu erwerben, sondern (zentrale) Unternehmenswerte der anderen Gesellschaft, sogenannter *asset deal*. Dieser zeichnet sich dadurch aus, dass die entsprechenden Aktiva und Passiva (teilweise auch nur die Aktiva oder Teile hiervon)[122] nicht *uno actu*, also im Wege der Gesamtrechtsnachfolge, sondern einzeln auf die übernehmende Gesellschaft übertragen werden, sogenannte Einzelrechtsnachfolge.[123] Diese Methode der Vermögensübertragung[124] hat den Vorteil, dass die Schutzmechanismen der VRL, die einen – wie noch zu zeigen sein wird – nicht unerheblichen (Verfahrens-) Aufwand bedeuten, nicht beachtet werden müssen, aber dafür auch den Nachteil, dass sich die Übertragung an sich sehr viel komplizierter gestaltet. Insbesondere bei grenzüberschreitenden Unternehmenszusammenschlüssen greift man (noch) auf diese Art der (wirtschaftlichen) Verschmelzung zurück – oft aus Mangel an einer entsprechenden Regelung für eine grenzüberschreitende Verschmelzung.[125]

---

119 Vgl. *Habersack*, Europäisches Gesellschaftsrecht, Rz. 207.

120 Vgl. *Grundmann*, Europäisches Gesellschaftsrecht, Rz. 863.

121 *Grundmann*, Europäisches Gesellschaftsrecht, Rz. 744.

122 *Grundmann*, Europäisches Gesellschaftsrecht, Rz. 863.

123 Die Gesamtrechtsnachfolge bei der Verschmelzung ist eine besondere Vereinfachung im Gesellschaftsrecht. Die Einzelrechtsnachfolge hingegen stellt eine Gestaltungsform des allgemeinen Privatrechts dar. Vgl. *Grundmann*, Europäisches Gesellschaftsrecht, Rz. 863.

124 Hier nicht im Sinne der Vermögensübertragung als Rechtsfigur im deutschen Recht (§§ 168 ff. UmwG) zu verstehen.

125 Dies wird sich nach Inkrafttreten der IVRL (15.12.2005) in absehbarer Zeit ändern (die Umsetzungsfrist beträgt 24 Monate ab Inkrafttreten, Art. 19 IVRL). Siehe zur IVRL oben *Einführung § 1*.

3. Übernahme

Von Übernahme spricht man, wenn bei einem *share deal*[126] eine bestimmte Schwelle des angestrebten Kapitalanteils überschritten wird.[127] Die Übernahme kann dabei „freundlich", d.h. mit Zustimmung, oder „feindlich", d.h. ohne Zustimmung der Verwaltung der Zielgesellschaft vonstatten gehen. Maßgebender Unterschied zur Verschmelzung im Sinne der VRL ist, dass bei der Übernahme die Zielgesellschaft nicht aufgelöst und mit der Bietergesellschaft zu einer Einheitsgesellschaft wird, sondern sie ihre Rechtspersönlichkeit bewahrt. Denn es findet lediglich eine Übertragung der Anteile statt, nicht hingegen des Vermögens der Zielgesellschaft. Nach der Übernahme wird die Zielgesellschaft zu einer Tochtergesellschaft der Bietergesellschaft.[128] Aufgrund dieser unterschiedlichen rechtlichen Konstruktion hat der Gemeinschaftsrechtsgeber diesen Vorgang einer eigenen Richtlinie unterworfen, der Übernahmerichtlinie.[129] Die sich insbesondere in Großbritannien (und auch in den hier nicht behandelten Niederlanden) großer Beliebtheit erfreuende Übernahme[130] unterfällt daher nicht dem Anwendungsbereich der VRL.[131]

§ 4 Der Regelungsrahmen im deutschen Recht

I. Verschmelzung und Spaltung im Sinne der VRL bzw. SpRL

1. Überblick über die (jüngere) Entwicklung des Verschmelzungs- und Spaltungsrechts und (heutige) Gesetzessystematik

Die erforderliche Umsetzung der VRL erfolgte im deutschen Recht durch das am 1.1.1983 in Kraft getretene Verschmelzungsrichtlinie-Gesetz vom 25.10.1982.[132] Es passte die bereits bestehenden Regelungen der §§ 339 bis

---

126 Siehe oben *b)*.

127 *Grundmann*, Europäisches Gesellschaftsrecht, Rz. 745.

128 *Department of Trade*, Implementation of the Third EC Directive on Company Law, 1.

129 Siehe oben *Einführung § 1*.

130 *Grundmann*, Europäisches Gesellschaftsrecht, Rz. 863.

131 *Barbaso*, The Journal of Business Law 1984, 176, 178; *Wooldridge*, (1980) 1 The Company Lawyer 75, 75.

132 Gesetz zur Durchführung der Dritten Richtlinie des Rates der Europäischen Gemeinschaften zur Koordinierung des Gesellschaftsrechts vom 25. Oktober 1982 (Verschmelzungsrichtlinie-Gesetz), BGBl. 1982 I, 1425 ff.; siehe ferner RegE und Materialien, BR-Drucks. 344/81, BT-Drucks. 9/1065; Beschlussempfehlung und Bericht des BT-Rechtsausschusses, BT-Drucks. 9/1785; Änderungsantrag und Annahme,

353 AktG a.F. für die Verschmelzung von Aktiengesellschaften an die Richtlinie an. Einen Meilenstein für die Entwicklung des deutschen Umwandlungsrechts und so auch für die Regelungen über die Verschmelzung bedeutete das am 1.1.1995 in Kraft getretene Gesetz zur Bereinigung des Umwandlungsrechts vom 28.10.1994.[133] Es führte nicht nur die bereits bestehenden und auf viele Gesetze verstreuten Vorschriften über die Umwandlung und Verschmelzung von Unternehmen zusammen, sondern brachte auch erhebliche inhaltliche Änderungen und Neuerungen. Als bedeutendste ist dabei wohl die Einführung der Spaltung anzusehen.[134] Als eine Art Vorläufer dieser gesetzlichen Regelung der Spaltung mit breitem Anwendungsbereich kann man das in der Folge des Beitritts der fünf neuen Bundesländer erlassene Landwirtschaftsanpassungsgesetz[135] und das Gesetz über die Spaltung der von der Treuhand verwalteten Unternehmen[136] ansehen. Die gesetzliche Normierung bestimmter Spaltungsvorgänge wurde notwendig durch das Bedürfnis, ehemalige DDR-Betriebe umzustrukturieren.[137] Mit der (freiwilligen) Entscheidung, die Spaltung in das deutsche Recht einzuführen, ist zugleich die Pflicht verbunden, das Regime der SpRL umzusetzen. Dies geschah im Umwandlungsgesetz von 1995.

Die grobe Struktur des UmwG stellt sich im Hinblick auf die Verschmelzung und Spaltung wie folgt dar: Zunächst werden in § 1 UmwG die Möglichkeiten von Umwandlungen beschrieben (darunter die Verschmelzung und Spaltung, § 1 Abs. 1 Nr. 1 bzw. 2 UmwG) und diese als *numerus clausus* festgeschrieben. Sodann ist die Verschmelzung geregelt, §§ 2 bis 122 UmwG, an diese sich anschließend die Spaltung, §§ 123 bis 173 UmwG, sowie die anderen Umstrukturierungsmaßnahmen. Mit einigen expliziten Ausnahmen sind nach § 125 S. 1 UmwG für die Spaltung die Vorschriften der Verschmel-

---

BT-Drucks. 9/1977; Gesetzesbeschluss des BT, Beschluss des BR, BR-Drucksache 363/82; eingehend zu dem Durchführungsgesetz: *Priester*, NJW 1983, 1459 ff.

133 BGBl. I, 3210.

134 Eine weitere wichtige Änderung durch das UmwG stellt die Erweiterung des Kreises der verschmelzungsfähigen Rechtsträger über die Aktiengesellschaft hinaus auch auf andere Rechtsträger dar.

135 In der Fassung der Bekanntmachung v. 3.7.1991, BGBl. I, 1418 (LwAnpG).

136 Gesetz v. 5.4.1991, BGBl. I, 854 (SpTrUG).

137 Vgl. *Stratz* in Schmitt/ Hörtnagl/ Stratz, Einf. UmwG, Rz. 4 und Vor §§ 123-173 UmwG, Rz. 12. Das LwAnpG regelt in seinen §§ 4 bis 12 die Aufspaltung in Form der Teilung landwirtschaftlicher Produktionsgenossenschaften. Das SpTrUG betrifft die Aufspaltung bzw. Abspaltung zu großer Wirtschaftseinheiten. Das Spaltungsverfahren in beiden Gesetzen entspricht weitgehend dem des Umwandlungsgesetzes. Grund hierfür ist, dass für beide Gesetze der Diskussionsentwurf für ein Gesetz zur Bereinigung des Umwandlungsrechts vom 03.08.1988 (Beilage Nr. 214a zum BAnz vom 15. 11.1988) diente. Vgl. *Stratz* in Schmitt/ Hörtnagl/ Stratz, Vor §§ 123-173 UmwG, Rz. 13.

zung entsprechend anzuwenden (d.h. sie gelten unmittelbar auch für die Spaltung, nur in einer auf diese bezogenen Terminologie),[138] soweit sich aus den speziellen Spaltungsregelungen nichts anderes ergibt. Die Verschmelzungsvorschriften enthalten zunächst allgemeine Vorschriften in den §§ 2 bis 38 UmwG. Da diese zwar direkt wiederum nur für die Verschmelzung, per Verweisung weitgehend jedoch auch für die anderen Maßnahmen gelten, wird in ihrem Zusammenhang auch von einem allgemeinen, sozusagen „vor die Klammer gezogen(en)“[139] Teil des UmwG gesprochen. An diese allgemeine Vorschriften schließen sich rechtsformspezifische Regelungen an. Für Verschmelzungen unter Beteiligung von Aktiengesellschaften werden diese von den §§ 60 bis 77 UmwG bereit gehalten. Spezifisch für die Spaltung unter Beteiligung von Aktiengesellschaften geltende Regelungen enthalten – vorrangig zu den von der allgemeinen Verweisung erfassten verschmelzungsspezifischen – die §§ 141 bis 146 UmwG. Für die Verschmelzung durch und die Spaltung zur Neugründung wird über verschiedene Verweisungsnormen (vgl. insbesondere § 36 Abs. 1 S. 1 UmwG für die Verschmelzung und § 135 Abs. 1 S. 1 UmwG für die Spaltung) in großem Umfang auf die Regelungen für die Verschmelzung durch und die Spaltung zur Aufnahme Bezug genommen. Auf die Mitzitierung dieser Verweisungsnormen soll aus Gründen der Übersichtlichkeit verzichtet werden. Zudem gelten weitere besondere Vorschriften für die Verschmelzung durch und die Spaltung zur Neugründung.

2. *Die Aktiengesellschaft als verschmelzungs- bzw. spaltungsfähiger Rechtsträger*

Die Beteiligungsfähigkeit von Aktiengesellschaften an Verschmelzungen bzw. Spaltungen geht aus § 3 Abs. 1 Nr. 2 Fall 2 UmwG bzw. §§ 124 Abs. 1 i.V.m. 3 Abs. 1 Nr. 2 Fall 2 UmwG hervor. Sie kann dabei als übertragender, übernehmender und neuer Rechtsträger beteiligt sein. Eine Einschränkung in zeitlicher Hinsicht bestimmt § 76 UmwG bzw. §§ 135 Abs. 1 S. 1, 125 S. 1 i.V.m. 76 UmwG für die Verschmelzung durch bzw. die Spaltung zur Neugründung. Danach kann eine übertragende Aktiengesellschaft die Verschmelzung bzw. Spaltung erst beschließen, wenn sie und jede andere übertragende Aktiengesellschaft bereits zwei Jahre im Register eingetragen sind. Damit soll eine verdeckte Nachgründung unter Umgehung von §§ 52, 53 AktG vermieden werden. Wird gegen dieses Handlungsverbot verstoßen, sind die gleich-

---

[138] Vgl. *Teichmann* in Lutter, § 125 UmwG, Rz. 6 (Fn. 2).
[139] *Habersack*, Europäisches Gesellschaftsrecht, Rz. 210.

wohl gefassten Beschlüsse aller an der Neugründung beteiligten Rechtsträger anfechtbar.[140]

In § 3 Abs. 3 UmwG bzw. §§ 124 Abs. 2 i.V.m. 3 Abs. 3 (entsprechend) UmwG ist ferner vorgesehen, dass als übertragende Rechtsträger auch aufgelöste Rechtsträger beteiligt sein können, wenn deren Fortsetzung beschlossen werden könnte.[141] Dies ist für Aktiengesellschaften – wie sich aus § 274 Abs.1 S. 1 AktG ergibt – solange möglich, wie noch nicht mit der Verteilung des Vermögens unter die Aktionäre begonnen worden ist.[142] Damit macht der deutsche Gesetzgeber von der in Art. 3 Abs. 2 VRL bzw. Art. 2 Abs. 2 SpRL i.V.m. 3 Abs. 2 VRL eröffneten Möglichkeit – in korrekter Weise – Gebrauch.[143] Für den Fall, dass die Gesellschaft durch Eröffnung des Insolvenzverfahrens aufgelöst worden ist, also ein besonderer Auflösungsgrund vorliegt, muss, um die Verschmelzungs- bzw. Spaltungsfähigkeit herbeizuführen, dieser Auflösungsgrund beseitigt werden. Denn eine Fortsetzung wäre solange nicht möglich, wie dieser Grund besteht. Für das laufende Insolvenzverfahren bedeutet dies, dass die Fortsetzung erst nach Einstellung des Verfahrens oder nach der Bestätigung eines Insolvenzplans, der den Fortbestand der Gesellschaft vorsieht, erfolgen kann, § 274 Abs. 2 AktG.[144] Der deutsche Gesetzgeber nahm also die Möglichkeit des Art. 1 Abs. 3 VRL bzw. Art. 1 Abs. 4 SpRL i.V.m. Art. 1 Abs. 3 VRL nicht in Anspruch. Die weitere Mög-

---

140 *Grunewald* in Lutter, § 76 UmwG, Rz. 5. Für die Spaltung gilt darüber hinaus das Spaltungsverbot nach § 141 UmwG. Siehe zum Verhältnis zu § 76 UmwG *Hommelhoff/ Schwab* in Lutter, § 141 UmwG, Rz. 21 ff.

141 Mit dieser Regelung sollen vor allem Umstrukturierungen im Rahmen einer Sanierung erleichtert werden (RegEBegr. zu § 3 Abs. 3 UmwG, bei *Ganske*, Umwandlungsrecht, 47).

142 Damit soll das Verbot der Einlagenrückgewähr nach § 57 AktG gegen Umgehung geschützt werden (*Lutter/ Drygala* in Lutter, § 3 UmwG, Rz. 15). Wurde bereits mit der Verteilung des Vermögens begonnen, kann die Beteiligungsfähigkeit auch durch Rückgewähr der betroffenen Leistung nicht wiederhergestellt werden (*Hüffer*, § 274 AktG, Rz. 4; *Stratz* in Schmitt/ Hörtnagl/ Stratz, § 3 UmwG, Rz. 50).

143 Vgl. *Habersack*, Europäisches Gesellschaftsrecht, Rz. 212; *Schwarz*, Europäisches Gesellschaftsrecht, Rz. 639. Es gibt Stimmen in der Literatur, die darüber hinaus entgegen dem klaren Wortlaut des § 3 Abs. 3 UmwG eine aufgelöste Gesellschaft auch in der Rolle des übernehmenden Rechtsträgers zulassen wollen, sofern deren Fortsetzung nur beschlossen werden könnte (*Heckschen*, DB 1998, 1385, 1387; *Marsch-Barner* in Kallmeyer, § 3 UmwG, Rz. 22; *Stratz* in Schmitt/ Hörtnagl/ Stratz, § 3 UmwG, Rz. 46 f.). Die Tatsache, dass der Gesetzgeber den bereits vor Inkrafttreten des UmwG bestehenden Streit nicht zum Anlass genommen hat, aufgelöste Rechtsträger auch als übernehmende Rechtsträger in § 3 Abs. 3 UmwG aufzunehmen, deutet daraufhin, dass diese Erweiterung nicht gewollt ist (OLG Naumburg v. 12.2.1997 – 10 Wx 1/97, NJW-RR 1998, 178 f.; *Lutter/ Drygala* in Lutter, § 3 UmwG, Rz. 19; *Stengel* in Semler/ Stengel, § 3 UmwG, Rz. 46).

144 *Lutter/Drygala* in Lutter, § 3 UmwG, Rz. 15; *Heckschen* in FS Widmann, 31, 44.

lichkeit nach Art. 1 Abs. 2 VRL bzw. Art. 1 Abs. 4 SpRL i.V.m. Art. 1 Abs. 2 VRL, die Verschmelzung bzw. Spaltung von Genossenschaften, die in der Rechtsform der Aktiengesellschaft gegründet worden sind, hat im deutschen Recht keine Bedeutung.

3. *Die Regelung der verschiedenen Verschmelzungs- und Spaltungsarten im Sinne der VRL und SpRL und der ihnen gleichgestellten Vorgänge im deutschen Recht*

Wie in der VRL wird auch im deutschen Recht die Unterscheidung in die Verschmelzung durch Aufnahme, § 2 Nr. 1 UmwG, und die Verschmelzung durch Neugründung, § 2 Nr. 2 UmwG, vorgenommen. Die Spaltung zur Aufnahme und zur Neugründung sind in § 123 Abs. 1 Nr. 1 UmwG bzw. § 123 Abs. 1 Nr. 2 UmwG definiert.[145] Aus den genannten Vorschriften gehen auch die drei charakteristischen Elemente der Verschmelzung und Spaltung hervor: Auflösung der übertragenden Gesellschaften ohne deren Abwicklung, Übertragung des Vermögens als Ganzes (Gesamtrechtsnachfolge) bzw. Übertragung der Vermögensteile jeweils als Gesamtheit (partielle Gesamtrechtsnachfolge) und Gewährung von Anteilen der übernehmenden oder neuen Gesellschaft(en) an die Anteilsinhaber der übertragenden Gesellschaft(en).[146]

Der Pflicht aus Art. 24 VRL, bestimmte Erleichterungen für den Fall der Verschmelzung einer 100%igen Tochtergesellschaft auf ihre Muttergesellschaft einzuführen, ist der deutsche Gesetzgeber in verschiedenen Vorschriften des UmwG nachgekommen.[147] Dagegen kennt das deutsche Recht die der

---

145 Die Regelung der Aufspaltung durch Übernahme findet sich – bedingt durch die Verweisungstechnik des UmwG – an verschiedenen Stellen des Gesetzes: § 124 UmwG, §§ 126 ff. UmwG, in Ergänzung hierzu § 125 S. 1 UmwG mit weitgehendem Verweis auf die §§ 2 ff. UmwG und schließlich die rechtsformspezifischen Regelungen der §§ 141 ff. UmwG bei Beteiligung von Aktiengesellschaften. Für die Aufspaltung zur Neugründung gelten zunächst §§ 135 ff. UmwG sowie über § 135 Abs. 1 S. 1 UmwG weitgehend §§ 126 ff. UmwG. Schließlich sind die rechtsformspezifischen Regelungen der §§ 141 ff. UmwG zu berücksichtigen.

146 Eine Spaltung, die diese drei Elemente verwirklicht, wird in der deutschen Terminologie als Aufspaltung bezeichnet, § 123 Abs. 1 a.E. UmwG.

147 Die für diesen Fall von Art. 25 VRL zudem bereit gehaltene, an die Einhaltung bestimmter Bedingungen geknüpfte Option, auf die Zustimmung der Hauptversammlung der beteiligten Gesellschaften zu verzichten, hat der deutsche Gesetzgeber teilweise wahrgenommen. Es bedarf keiner Zustimmung der übertragenden Gesellschaft, § 62 UmwG. Diese für Verschmelzungen unter Beteiligung von Aktiengesellschaften geltende Vorschrift findet Anwendung, wenn die übernehmende Gesellschaft mindestens 90% der Anteile an der übertragenden Gesellschaft hält. Dies umfasst auch den Fall, dass die übertragende Gesellschaft in Besitz aller Anteile der übernehmenden Gesellschaft ist. Von § 62 UmwG wird darüber hinaus auch die von Art. 27 VRL

Verschmelzung gleichgestellten Vorgänge im Sinne der VRL nicht. So ist bei einer Verschmelzung weder eine den Satz von 10% übersteigende bare Zuzahlung erlaubt[148] (Art. 30 VRL), noch ist es gestattet, dass sich bei einem Verschmelzungsvorgang nicht alle übertragenden Gesellschaften auflösen (Art. 31 VRL).

Die gemischte Spaltung, wie sie Art. 1 Abs. 3 SpRL gestattet, ist in § 123 Abs. 4 UmwG vorgesehen.[149] Die in Art. 20 SpRL enthaltene Regelung einer Spaltung auf übernehmende Rechtsträger, denen insgesamt 100% der Anteile an der übertragenden Gesellschaft gehören, hat mit den entsprechenden Verfahrenserleichterungen in §§ 125 S. 1 i.V.m. 62 UmwG Einzug in das deutsche Recht erhalten.[150] Eine Spaltung unter Aufsicht eines Gerichts, wie sie es Art. 23 SpRL ermöglicht, ist im deutschen Recht nicht vorgesehen. Des weiteren kennt das deutsche Recht auch den von Art. 24 SpRL der Spaltung gleichgestellten Vorgang nicht, bei dem die bare Zuzahlung über der 10%-Grenze für die bare Zuzahlung liegt.[151] Dagegen hat sich der deutsche Gesetzgeber Art. 25 SpRL zunutze gemacht und lässt die Spaltung einer Gesellschaft zu, ohne dass diese aufhört zu bestehen. Dabei handelt es sich um die Abspaltung, die in § 123 Abs. 2 Nr. 1 (zur Aufnahme) und Nr. 2 (zur Neugründung) UmwG legaldefiniert ist. Sie weist bis auf das „erlassene“ Merkmal der Auflösung ohne Abwicklung die beiden anderen Charakteristika einer Spaltung im Sinne der SpRL auf: die partielle Gesamtrechtsnachfolge und die

---

eröffnete Möglichkeit erfasst. Hinsichtlich der Verfahrenserleichterungen siehe im Einzelnen unten *3. Teil § 12 II. 8 a)*.

148 Dies ergibt sich aus § 68 Abs. 3 UmwG. Darin wird bestimmt, dass die im Verschmelzungsvertrag festgelegten baren Zuzahlungen die 10% Grenze nicht übersteigen dürfen. Spätere Erhöhungen der baren Zuzahlungen oder Neufestsetzungen durch das Gericht bleiben davon jedoch unberührt, § 15 Abs. 1 S. 1 HS 2 UmwG.

149 Die gemischte Spaltung soll den Rechtsträgern möglichst viel Gestaltungsspielraum gewähren (RegEBegr. zu § 123 UmwG, bei *Ganske*, Umwandlungsrecht, 149 f.). Ein Rechtsträger kann daher gleichzeitig sowohl auf bereits bestehende als auch auf neu zu gründende Rechtsträger gespalten werden.

150 Es handelt sich hierbei um die Entbehrlichkeit der Zustimmung durch die Hauptversammlung bei den übernehmenden Aktiengesellschaften. Siehe hierzu näher und zu der Ausdehnung dieser Erleichterung im deutschen Recht auf Fälle, in denen der Anteilsbesitz der übernehmenden Rechtsträger zwischen 90% und unter 100% liegt, unten *3. Teil § 12 II. 8 a)*.

151 Vgl. §§ 125 S. 1 i.V.m. 68 Abs. 3 UmwG. Auch hier gilt wieder – wie bei der Verschmelzung –, dass die Beschränkung auf 10% des auf die gewährten Aktien der übernehmenden Gesellschaften entfallenden anteiligen Betrags ihres Grundkapitals nur für die Festsetzung im Spaltungsplan gilt. Spätere Erhöhungen oder Neufestsetzungen durch das Gericht bleiben davon unberührt, vgl. §§ 125 S. 1 i.V.m. 15 Abs. 1 S. 1 HS 2 UmwG.

Gewährung von Anteilen der übernehmenden oder neuen Gesellschaften an die Anteilsinhaber der übertragenden Gesellschaft.

4. Überblick über das Verfahren der Verschmelzung und Spaltung[152]

a) Vorbereitungsphase

In der Vorbereitungsphase ist zunächst zu berücksichtigen, dass für die Anmeldung der Verschmelzung bzw. Spaltung zur Eintragung in das Handelsregister (vgl. § 16 Abs. 1 S. 1 UmwG bzw. §§ 125 S. 1 i.V.m. 16 Abs. 1 S. 1 UmwG) die Schlussbilanz jeder übertragenden Gesellschaft erforderlich ist, § 17 Abs. 2 S. 1 UmwG bzw. §§ 125 S. 1 i.V.m. 17 Abs. 2 S. 1 UmwG, die auf einen höchsten acht Monate vor der Anmeldung liegenden Stichtag aufgestellt worden ist, § 17 Abs. 2 S. 4 UmwG bzw. §§ 125 S. 1 i.V.m. 17 Abs. 2 S. 4 UmwG.[153] Für die übernehmende(n) Gesellschaft(en) sollte parallel hierzu die Erstellung bzw. Prüfung des Abschlusses zum gleichen Zeitpunkt erfolgen im Hinblick auf die sich anschließende Unternehmensbewertung, die als Grundlage für die Festlegung des Umtauschverhältnisses dienen kann.[154] Im weiteren Ablauf wird dann der Verschmelzungs- bzw. Spaltungsvertrag abgeschlossen bzw. der jeweilige Entwurf hierzu aufgestellt, § 4 Abs. 1 bzw. 2 UmwG bzw. §§ 125 S. 1 i.V.m. 4 Abs. 1 bzw. 2 UmwG. Bei der Verschmelzung durch und der Spaltung zur Neugründung ist zudem der Abschluss oder der endgültige Entwurf des Gesellschaftsvertrags der neu zu bildenden Gesellschaft erforderlich, vgl. § 37 UmwG bzw. §§ 135 Abs. 1 S. 1, 125 S. 1 i.V.m. 37 UmwG. Sodann ist nach § 8 UmwG bzw. § 127 UmwG von den Vertretungsorganen der beteiligten Gesellschaften ein ausführlicher schriftlicher Bericht zu erstatten, in dem die Verschmelzung bzw. Spaltung, der Verschmelzungs- bzw. Spaltungsvertrag oder der jeweilige Entwurf hierzu erläutert und begründet wird. Ferner ist der Verschmelzungs- bzw. Spaltungsvertrag oder der jeweilige Entwurf hierzu von Sachverständigen zu prüfen, §§ 9 Abs. 1, 60 UmwG bzw. §§ 125 S. 1 i.V.m. 9 Abs. 1, 60 UmwG. Soweit für die Verschmelzung bzw. Spaltung bei der oder den übernehmen-

---

152 Vgl. hierzu insgesamt *Lutter/ Drygala* in Lutter, § 2 UmwG, Rz. 24 ff.; *Sagasser/ Ködderitzsch* in Sagasser/ Bula/ Brünger, J Rz. 9 ff.

153 Es soll so den übertragenden Gesellschaften ermöglicht werden, die Bilanz des letzten Geschäftsjahres als Schlussbilanz einzureichen. *Bork* in Lutter, § 17 UmwG, Rz. 6. Wird die Frist überschritten, ist eine gesonderte Schlussbilanz erforderlich. *Volhard* in Semler/ Stengel, § 17 UmwG, Rz. 14.

154 Das „prinzipiell delikateste" an der Verschmelzung. *Priester*, DNotZ 1995, 427, 438. Siehe zur Ermittlung des Umtauschverhältnisses (einschließlich in Frage kommender Bewertungsmethoden) *Lutter/ Drygala* in Lutter, § 5 UmwG, Rz. 18 ff.

den Gesellschaft(en) eine Kapitalerhöhung erforderlich ist, ist diese parallel vorzubereiten, da sie vor der Verschmelzung bzw. Spaltung in das Handelsregister eingetragen werden muss, siehe §§ 66, 69 UmwG bzw. §§ 125 S. 1 i.V.m. 66, 69 UmwG.[155] Vor der Einberufung der Hauptversammlung (vgl. §§ 121 ff. AktG) ist der Verschmelzungs- bzw. Spaltungsvertrag oder der jeweilige Entwurf hierzu zum Handelsregister einzureichen, § 61 UmwG bzw. §§ 125 S. 1 i.V.m. 66 UmwG. Von der Einberufung der Hauptversammlung an sind dann die in § 63 UmwG bzw. §§ 125 S. 1 UmwG i.V.m. 63 UmwG genannten Unterlagen im Geschäftsraum der jeweiligen Gesellschaft auszulegen.

b) Beschlussphase

In der Beschlussphase ist gegebenenfalls zunächst ein Kapitalerhöhungsbeschluss der übernehmenden Gesellschaft(en) erforderlich, vgl. §§ 182 ff. AktG. Ferner sind die in § 63 UmwG genannten Unterlagen in der Hauptversammlung auszulegen, § 64 Abs. 1 S. 1 UmwG bzw. §§ 125 S. 1 i.V.m. 64 Abs. 1 S. 1 UmwG, und der Verschmelzungs- bzw. Spaltungsvertrag oder der jeweilige Entwurf hierzu durch den Vorstand zu erläutern, § 64 Abs. 1 S. 2 UmwG bzw. §§ 125 S. 1 i.V.m. 64 Abs. 1 S. 2 UmwG. Die Verschmelzung bzw. Spaltung bedarf dann der Zustimmung der jeweiligen Hauptversammlungen der beteiligten Gesellschaften, § 65 UmwG bzw. §§ 125 S. 1 i.V.m. 65 UmwG. Der Verschmelzungs- bzw. Spaltungsbeschluss ist notariell zu beurkunden, § 13 Abs. 3 UmwG bzw. §§ 125 S. 1 i.V.m. 13 UmwG, spätestens hier zudem auch der Verschmelzungs- bzw. Spaltungsvertrag, § 6 UmwG bzw. §§ 125 S. 1 i.V.m. 6 UmwG. Schließlich hat nach § 71 Abs. 1 S. 1 UmwG bzw. §§ 125 S. 1 i.V.m. 71 Abs. 1 S. 1 UmwG jede übertragende Gesellschaft für den Empfang der zu gewährenden Aktien und für eine gegebenenfalls zu leistende bare Zuzahlung einen Treuhänder zu bestellen.

c) Vollzugsphase

In der Vollzugsphase erfolgen die Anmeldung der Kapitalerhöhung und deren Eintragung, vgl. § 66 UmwG bzw. §§ 125 S. 1 i.V.m. 66 UmwG, sowie die Anmeldung der Verschmelzung bzw. Spaltung, § 16 Abs. 1 UmwG bzw. §§ 125 S. 1 i.V.m. 16 Abs. 1 UmwG. Deren konstitutive Eintragung in das Handelsregister, § 20 UmwG bzw. § 131 UmwG, ist nur möglich, wenn keine Registersperre besteht, § 16 Abs. 2 UmwG bzw. §§ 125 S. 1 i.V.m. 16 Abs. 2

---

155 Siehe zum Erfordernis einer Kapitalherabsetzung bei der Abspaltung *Diekmann* in Semler/ Stengel, § 145 UmwG, Rz. 4 ff.

UmwG, oder diese im Unbedenklichkeitsverfahren nach § 16 Abs. 3 UmwG bzw. §§ 125 S. 1 i.V.m. 16 Abs. 3 UmwG überwunden worden ist. Gegebenenfalls findet eine gerichtliche Kontrolle des Umtauschverhältnisses nach § 15 UmwG i.V.m. §§ 1 ff.[156] bzw. §§ 125 S. 1 i.V.m. 15 UmwG i.V.m. §§ 1 ff. SpruchG statt. Schließlich werden die Aktien und gegebenenfalls die bare Zuzahlung an die ehemaligen Aktionäre der übertragenden Gesellschaft(en) übergeben.[157]

5. Zeitpunkt des Wirksamwerdens der Verschmelzung und Spaltung

Die Verschmelzung wird mit der Eintragung in das Register des Sitzes der übernehmenden Gesellschaft wirksam, vgl. § 19 Abs. 1 S. 1 HS 1 und S. 2 UmwG. Zuvor muss sie jedoch im Register des Sitzes jeder der übertragenden Gesellschaften eingetragen worden sein, § 19 Abs. 1 S. 1 HS 2 UmwG. Bei der Spaltung verhält sich das Wirksamwerden spiegelbildlich zur Verschmelzung. Sie wird mit Eintragung in das Register des Sitzes der übertragenden Gesellschaft wirksam, vgl. § 130 Abs. 1 S. 1 HS 1 und S. 2 UmwG. Zuvor muss sie jedoch im Register des Sitzes jeder der übernehmenden Gesellschaften eingetragen werden, § 130 Abs. 1 S. 1 HS 2 UmwG.

6. Rechtswirkungen der Verschmelzung und Spaltung

Der Eintritt der Rechtswirkungen ist bei der Verschmelzung an die Eintragung derselben in das Register des Sitzes der übernehmenden Gesellschaft, bei der Spaltung an die Eintragung derselben in das Register des Sitzes der übertragenden Gesellschaft geknüpft, § 20 Abs. 1 UmwG bzw. § 131 Abs. 1 UmwG.[158] Erfolgt die jeweils relevante Eintragung, so geht erstens das Aktiv- und Passivvermögen auf die übernehmende(n) Gesellschaft(en) über, § 20 Abs. 1 Nr. 1 UmwG bzw. § 131 Abs. 1 Nr. 1 UmwG, zweitens erlischt bzw. erlöschen die übertragende(n) Gesellschaft(en), § 20 Abs. 1 Nr. 2 S. 1 UmwG

---

156 Gesetz zur Neuordnung des gesellschaftsrechtlichen Spruchverfahrens (Spruchverfahrensgesetz – SpruchG) vom 12.6.2003, BGBl. I 2003, 838.

157 Vgl. *Lutter/ Drygala*, § 2 UmwG, Rz. 28.

158 Mit der Eintragung der Spaltung in das Register am Sitz der übertragenden Gesellschaft als maßgebender Rechtsakt kann ein einheitlicher Zeitpunkt gewährleistet werden, da es bei Spaltungen nur eine übertragende Gesellschaft gibt, häufig aber mehrere übernehmende (vgl. *Priester* in Lutter, § 130 UmwG, Rz. 4). Bei der Verschmelzung führt dieses Einheitlichkeitskriterium dazu, dass die Eintragung der Verschmelzung in das Register des Sitzes des übernehmenden Rechtsträgers maßgebend ist, § 20 Abs. 1 UmwG, da in diesem Fall nur ein übernehmender Rechtsträger existiert, häufig aber mehrere übertragende.

bzw. § 131 Abs. 1 Nr. 2 UmwG,[159] drittens werden die Anteilsinhaber der übertragenden Gesellschaft(en) Anteilsinhaber der übernehmenden Gesellschaft(en), § 20 Abs. 1 Nr. 3 S. 1 HS 1 UmwG,[160] bei der Spaltung entsprechend der im Spaltungs- und Übernahmevertrag vorgesehenen Aufteilung, § 131 Abs. 1 Nr. 3 S. 1 HS 1 UmwG[161] und viertens werden bestimmte Mängel geheilt, § 20 Abs. 1 Nr. 4 UmwG bzw. § 131 Abs. 1 Nr. 4 UmwG.[162]

Darüber hinaus gilt für einen im Spaltungsvertrag „vergessenen" Gegenstand des Aktivvermögens, dass dieser – wenn sich eine Zuteilung auch nicht durch Auslegung des Vertrags ermitteln lässt – auf alle übernehmenden Rechtsträger in dem Verhältnis übergeht, das sich aus dem Vertrag für die Aufteilung des Überschusses der Aktivseite der Schlussbilanz über deren Passivseite ergibt; ist eine Zuteilung des Gegenstands an mehrere Rechtsträger nicht möglich, so ist sein Gegenwert in dem bezeichneten Verhältnis zu verteilen, § 131 Abs. 3 UmwG. Für „vergessene" Verbindlichkeiten gilt § 133 Abs. 1 UmwG. Mit diesen Regelungen entspricht der deutsche Gesetzgeber den Vorgaben aus Art. 3 Abs. 3 lit. a und b SpRL.

II. Die Ausgliederung als wichtiger nicht von der VRL und SpRL erfasster ähnlicher Vorgang

Die in § 123 Abs. 3 UmwG geregelte Ausgliederung zeichnet sich dadurch aus, dass die als Gegenleistung für die Übertragung des Vermögens gewährten Anteile an den übernehmenden Rechtsträgern nicht an die Anteilsinhaber des übertragenden Rechtsträgers geleistet werden. Damit fehlt es an diesem die Spaltung im Sinne der SpRL kennzeichnenden charakteristischen Element. Auch unter einen der Spaltung im Sinne der SpRL gleichgestellten Vorgang, insbesondere nach Art. 25 SpRL, kann man die Ausgliederung nicht

---

159 Dies gilt – wie sich bereits aus Gesagtem ergibt – nicht für die Abspaltung.

160 Ein Aktientausch findet nach § 20 Abs. 1 Nr. 3 S. 1 HS 2 UmwG nicht statt, soweit die übernehmende Gesellschaft Anteilsinhaber der übertragenden ist oder die übertragende Gesellschaft eigene Anteile innehat oder die Anteile jeweils über einen Dritten zurechenbar sind. Damit werden Art. 19 Abs. 2 lit. a und b VRL umgesetzt.

161 Ein Aktientausch findet nach § 20 Abs. 1 Nr. 3 S. 1 HS 2 UmwG bzw. § 131 Abs. 1 Nr. 3 S. 1 HS 2 UmwG nicht statt, soweit die übernehmende Gesellschaft Anteilsinhaber der übertragenden ist oder die übertragende Gesellschaft eigene Anteile innehat oder die Anteile jeweils über einen Dritten zurechenbar sind. Damit werden Art. 19 Abs. 2 lit. a und b VRL bzw. Art. 17 Abs. 2 lit. a und b SpRL umgesetzt.

162 Es handelt sich dabei um die fehlende notarielle Beurkundung des Verschmelzungsvertrags und gegebenenfalls erforderlicher Zustimmungs- und Verzichtserklärungen einzelner Anteilsinhaber.

fassen.[163] Der Anwendungsbereich der SpRL ist nicht eröffnet. Die als Gegenleistung gewährten Anteile für den von dem übertragenden Rechtsträger geleisteten Vermögenstransfer gehen vielmehr an diese selbst. An den Beteiligungsverhältnissen der Anteilsinhaber an der übertragenden Gesellschaft ändert sich dadurch nichts. Es findet kein Anteilstausch statt.[164] Insofern ist keine der Aufspaltung oder Abspaltung vergleichbare Interessenlage der Aktionäre der übertragenden Gesellschaft gegeben.[165] Der deutsche Gesetzgeber behandelt die Ausgliederung dennoch als eine Art der Spaltung und unterstellt sie weitest gehend den Regelungen der beiden Grundtypen der Spaltung. Daher sind auch die entsprechenden Schutzbestimmungen des UmwG auf die Ausgliederung anzuwenden. Da die Ausgliederung jedoch nicht in den Anwendungsbereich der SpRL fällt, wird im Folgenden auf etwaig bestehende Besonderheiten für die Ausgliederung nicht eingegangen.

---

163 Anders wohl *Schwarz*, Europäisches Gesellschaftsrecht, Rz. 680, der auch die Ausgliederung als einen Fall des Art. 25 SpRL sieht. Zwar kann auch bei einer Ausgliederung die gespaltene Gesellschaft weiterbestehen (sofern es sich nicht um eine Totalausgliederung handelt, vgl. *Teichmann* in Lutter, § 123 UmwG, Rz. 22, Fn. 1). Insofern könnte man die Ausgliederung noch als von Art. 25 SpRL erfasst sehen. Jedoch erfordert Art. 25 SpRL einen in Art. 1 SpRL vorgesehenen Vorgang. Art. 1 SpRL bezieht sich wiederum in Abs. 1 auf die Spaltung zur Aufnahme, in Abs. 2 auf die Spaltung zur Neugründung, die beide eine Gewährung von Aktien an die Aktionäre der übertragenden Gesellschaft fordern. Dies ist bei der Ausgliederung gerade nicht der Fall.

164 Vgl. *Schwarz*, Europäisches Gesellschaftsrecht, Rz. 679. Es werden nur Anteile der übernehmenden bzw. neuen Rechtsträger gewährt, die Anteile des übertragenden Rechtsträgers hingegen erlöschen – anders als bei der Aufspaltung und Abspaltung – nicht.

165 *Teichmann* in Lutter, § 123 UmwG, Rz. 23. *Teichmann* (in Lutter, § 123 UmwG, Rz. 23 und ZGR 1993, 396, 400) sähe daher die Ausgliederung sogar besser als eigenständiges Rechtsinstitut neben Verschmelzung und Spaltung und den anderen Maßnahmen des UmwG geregelt, denn als Unterfall der Spaltung.

§ 5 Der Regelungsrahmen im französischen Recht

I. Verschmelzung (*fusion*) und Spaltung (*scission*) im Sinne der VRL bzw. SpRL

1. Überblick über die (jüngere) Entwicklung des Verschmelzungsrechts und (heutige) Gesetzessystematik

Das französische Recht sah mit den Art. 371 ff. des Gesetzes Nr. 66-537 über die Handelsgesellschaften vom 24.7.1966[166] sowie den Art. 254 ff. der Durchführungsverordnung Nr. 67-236 vom 23.3.1967[167] bereits weit vor Verabschiedung der VRL am 9. Oktober 1978[168] und ebenfalls weit vor Verabschiedung der SpRL am 17. Dezember 1982 ein ausführliches Regelwerk zur Verschmelzung und Spaltung vor.[169] Es diente – wie bereits erwähnt[170] – denn auch den Gemeinschaftsrechtsgebern als Ideengeber sowohl für die VRL[171] als auch die SpRL.[172] Der Umfang der für die Umsetzung der Richtlinien erforderlichen Änderungen hielt sich daher in Grenzen.[173]

Verschmelzung und Spaltung sind nun – für alle Gesellschaften – in den Art. 236-1 ff. des *Nouveau Code de Commerce* geregelt.[174] Spezielle Vor-

---

166 Loi N° 66-537 du 24 juillet 1966 (L. 1966). Siehe Journal Officiel (J.O.) de la République Française, Lois et Décrets, vom 25./ 26.7.1966, 6402.

167 Décret N° 67-236 du 23 mars 1967 (D. 1967).

168 Das französische Gesetz reicht auch weiter zurück als der erste Vorschlag hierzu von 1970 (ABl. 1970 Nr. C 89/20; siehe hierzu *Sonnenberger*, AG 1971, 76 ff; *Meyer-Ladewig*, BB 1970, 1517 ff.). Siehe zu den vorbereitenden Überlegungen *van Ommeslaghe*, ZHR 132 (1969), 201, 205 ff.

169 Vgl. *Bertrel/ Jeantin*, Acquisitions et fusions des Sociétés commerciales, Tz. 770.

170 Siehe oben *Einführung § 1.*

171 Vgl. *Ganske*, DB 1981, 1551, 1552; *Grundmann*, Europäisches Gesellschaftsrecht, Rz. 865; *Priester*, Das neue Verschmelzungsrecht, NJW 1983, 1459, 1459; *Wooldridge*, (1980) 1 The Company Lawyer, 75, 75. Siehe bereits oben *Einführung § 1.*

172 *Engelmeyer*, Die Spaltung von Aktiengesellschaften nach dem neuen Umwandlungsgesetz, 9; *Grundmann*, Europäisches Gesellschaftsrecht, Rz. 894 (Fn. 73); *Micheler*, RIW 1993, 15, 16. Siehe bereits oben *Einführung § 1.*

173 Die Angleichung erfolgte durch das Änderungsgesetz Nr. 88-17 vom 5.1.1988 über Verschmelzung und Spaltung von Handelsgesellschaften, J.O. vom 6.1.1988, 227 ff. Vgl. hierzu *Le Fèvre*, Revue des sociétés 1988, 207, 208; vgl. ferner *Micheler*, RIW 1993, 15, 16.

174 *Code de Commerce*, Annexe à l'ordonannce n° 2000-912 du 18 septembre 2000, Livre II (C. com.). Der *Nouveau Code de Commerce* nimmt den napoleonischen *Code de Commerce* von 1807, der anstelle seiner ursprünglichen 648 Artikel am Ende nur noch ungefähr 150 enthielt, ebenso in sich auf wie weitere wichtige Handels-

schriften für Verschmelzungen unter ausschließlicher Beteiligung des Pendants der Aktiengesellschaft im französischen Recht, der *société anonyme*, sind in den Art. 236-8 ff. C. com. enthalten. Für die Spaltung gelten spezifisch die Art. 236-17 ff. C. com. sowie Art. 236-9 und 236-10 C. com., auf die Art. 236-16 C. com. für die Spaltung verweist. Die für Aktiengesellschaften spezifischen Normen ergänzen die bereits für alle Verschmelzungen und Spaltungen geltenden Bestimmungen um von der VRL und SpRL vorgegebene Inhalte. Daneben hat auch die Durchführungsverordnung noch eine gewisse Bedeutung.[175] Subsidiär anzuwenden ist zudem für alle Gesellschaften und damit auch für die Aktiengesellschaft der gesellschaftsrechtliche Teil des *Code Civil* (C.C.), Art. 1832-1873 C.C. und dabei für die Verschmelzung und auch die Spaltung insbesondere Art. 1844-4 C.C.[176]

2. *Die Aktiengesellschaft (das französische Pendant:* société anonyme*) als verschmelzungs- bzw. spaltungsfähiger Rechtsträger*

Die Beteiligungsfähigkeit einer *société anonyme* an einer Verschmelzung sowie Spaltung geht aus Art. 236-1 Abs. 1 C. com. hervor. Danach ist es jeder Gesellschaft gestattet, ihr Vermögen im Wege der Verschmelzung auf eine bestehende oder neu zu errichtende Gesellschaft zu übertragen.[177] Die Beteiligungsfähigkeit der *société anonyme* an einer Spaltung ergibt sich aus Art. 236-1 Abs. 2 C. com.,[178] wonach eine Gesellschaft im Wege der Spaltung ihr Vermögen auf mehrere bestehende oder neue Gesellschaften übertragen kann.[179] Voraussetzung in beiden Fällen ist also, dass es sich um eine Gesellschaft handelt, was die *société anonyme* zweifellos ist.

Von der in Art. 3 Abs. 2 und Art. 4 Abs. 2 VRL bzw. Art. 2 Abs. 2 SpRL i.V.m. Art. 3 Abs. 2 VRL und Art. 21 Abs. 2 SpRL i.V.m. 4 Abs. 2 VRL eröffneten Möglichkeit, sich in Abwicklung befindliche Gesellschaften an der Verschmelzung bzw. Spaltung zu beteiligen, hat der französische Gesetzgeber

---

gesetze (hierunter insbesondere die L. 1966), die nicht in das ursprüngliche Gesetzeswerk integriert worden waren.

175 *Grundmann*, Europäisches Gesellschaftsrecht, Rz. 77.

176 Vgl. (hinsichtlich der Anwendbarkeit des gesellschaftsrechtlichen Teils) *Grundmann*, Europäisches Gesellschaftsrecht, Rz. 77 (Fn. 24).

177 Vgl. auch (den subsidiären) Art. 1844-4 Abs. 1 C.C., in dem bestimmt ist, dass eine Gesellschaft (*société*) im Wege der Verschmelzung von einer anderen aufgenommen werden kann.

178 Vgl. ferner Art. 1844-4 Abs. 2 i.V.m. Abs. 1 C.C.

179 Angemerkt sei, dass Verschmelzungen und Spaltungen nach Art. 236-2 Abs. 1 C. com. unter Beteiligung von Gesellschaften verschiedener Rechtsformen möglich sind.

in Art. 236-1 Abs. 3 C. com. Gebrauch gemacht.[180] Danach kann eine Gesellschaft, die sich in Abwicklung befindet, an einer Verschmelzung bzw. Spaltung unter der Bedingung beteiligt werden, dass sie noch nicht mit der Verteilung ihres (Aktiv-) Vermögens begonnen hat. Die in den Richtlinienvorgaben enthaltene Beschränkung, dass sich in Abwicklung befindliche Gesellschaften nur die Rolle der übertragenden Gesellschaften einnehmen dürfen, hat keinen Niederschlag im Gesetzestext des Art. 236-1 C. com. gefunden.[181] Man könnte daher meinen, dass auch sich in einer solchen Situation befindliche übernehmende Gesellschaften an einer Verschmelzung beteiligt sein können. Es wird jedoch in der Literatur zumindest davon ausgegangen, dass eine aufgelöste Gesellschaft andere Gesellschaften nicht übernehmen kann.[182]

Genossenschaften, die in der Rechtsform der Aktiengesellschaft gegründet worden sind, wurden nicht in den Anwendungsbereich der Art. 236-8 ff. C. com. miteinbezogen.[183] Von der in Art. 1 Abs. 2 VRL bzw. Art. 1 Abs. 4 SpRL i.V.m. Art. 1 Abs. 2 SpRL eröffneten Möglichkeit, hierauf zu verzichten, wurde also Gebrauch gemacht.

3. *Die Regelung der verschiedenen Verschmelzungs- und Spaltungsarten im Sinne der VRL bzw. SpRL und der ihnen gleichgestellten Vorgänge im französischen Recht*

In Art. 236-1 Abs. 1 C. com. sind die beiden Grundtypen der Verschmelzung, die Verschmelzung durch Aufnahme (*fusion par absorption*)[184] und die Verschmelzung durch Neugründung (*fusion par constitution d'une société nouvelle*)[185] definiert,[186] in Art. 236-1 Abs. 2 C. com. die beiden Grundtypen

---

180 Vgl. insofern zudem (den subsidiären) Art. 1844-4 Abs. 1 C.C.

181 Art. 1844-4 Abs. 1 C.C. bestimmt hingegen, dass eine Gesellschaft, selbst wenn sie sich in Abwicklung befindet, von einer anderen Gesellschaft *aufgenommen* werden kann. Es ist hier also nicht die Rede davon, dass eine sich in Abwicklung befindliche auch übernehmende Gesellschaft sein kann.

182 Eine andere Auffassung wird zum Teil als Widerspruch zu Art. 3 Abs. 2 bzw. Art. 4 Abs. 2 VRL (und auch Art. 2 Abs. 2 bzw. 21 Abs. 2 SpRL i.V.m. der jeweiligen Verschmelzungsvorschrift) gesehen. *Bonnasse* in Juris Classeur, Sociétés (5), Fusions – Scissions, Principes généraux, Tz. 63.

183 Vgl. *Micheler*, RIW 1993, 15, 17 (Fn. 14).

184 Auch *fusion-annexion* genannt. *Lamy*, Sociétés commerciales, Tz. 1735.

185 *Lamy*, Sociétés commerciales, Tz. 1735.

186 Die Anpassung an die VRL hatte zur Folge, dass nun im Rahmen einer Verschmelzung nicht mehr nur die Beteiligung einer übertragenden Gesellschaft statthaft ist, sondern mehrerer übertragender Gesellschaften. Diese Änderung ergibt sich auch aus einem Vergleich mit (dem subsidiären) Art. 1844-4 Abs. 1 C.C., der nur von einer Gesellschaft spricht, die aufgenommen werden kann (und damit von nur einer über-

der Spaltung, die Spaltung zur Aufnahme (*scission au profit des sociétés existantes*)[187] und die Spaltung zur Neugründung (*scission au profit de sociétés nouvelles*).[188] Die drei charakteristischen Elemente der Verschmelzung und Spaltung gehen aus den beiden genannten Normen nicht hervor.[189] Der französische Gesetzestext beschränkt sich insofern vielmehr auf die Regelung der Rechtsfolgen, in denen sich diese Elemente wiederfinden, siehe Art. 236-3 Abs. 1 C. com.[190] Art. 236-1 Abs. 4 C. com. erlaubt bei der Verschmelzung und Spaltung eine bare Zuzahlung von bis zu 10%, was der Vorgabe nach Art. 3 Abs. 1 und Art. 4 Abs. 1 VRL bzw. Art. 2 Abs. 1 und Art. 21 Abs. 1 SpRL entspricht. Eine höhere Zuzahlung, wie es Art. 30 VRL und Art. 24 SpRL gestatten, ist hingegen nicht möglich.

Die verpflichtend einzuführenden Verfahrenserleichterungen bei der Verschmelzung einer 100%igen Tochtergesellschaft auf ihre Muttergesellschaft, Art. 24 VRL, wurden in Art. 236-11 C. com. geregelt.[191] Art. 31 VRL spielt keine Rolle.[192]

Die von Art. 1 Abs. 3 SpRL gestattete gemischte Spaltung ist im französischen Recht nicht explizit geregelt, vgl. Art. 236-1 Abs. 2 C. com., die Möglichkeit ihrer Durchführung wird jedoch als selbstverständlich vorausgesetzt.[193] Eine Spaltung unter Aufsicht eines Gerichts mit den hierfür möglichen Erleichterungen nach Art. 23 SpRL ist schließlich genauso wenig vorge-

---

tragenden Gesellschaft). Nach Art. 236-1 Abs. 1 C. com. können auch mehrere Gesellschaften ihr Vermögen übertragen („*une ou plusieurs sociétés...*").

187 *Lamy*, Sociétés commerciales, Tz. 1737.

188 Siehe zum Begriff *Lamy*, Sociétés commerciales, Tz. 1737. Vgl. (den subsidiären) Art. 1844-4 Abs. 2 C.C. Die nach Art. 20 SpRL erlaubten Verfahrenserleichterungen für den Fall, dass eine Gesellschaft gespalten wird, an der die übernehmenden Gesellschaften zusammen 100% der Anteile besitzen, wurden im französischen Recht nicht umgesetzt.

189 Vgl. zu den drei charakteristischen Elementen *Jeantin/ Viandier*, Révue de droit bancaire et bourse 1988, 65, 65 („*caractéristiques essentielles*") sowie *Jeantin*, Droit des sociétés, S. 357; vgl. ferner *Bertrel/ Jeantin*, Acquisitions et fusions des sociétés commerciales, Tz. 774 ff. („*les charactéristiques juridiques*").

190 Siehe hierzu unten *6.*

191 Siehe zu den Verfahrenserleichterungen im Einzelnen unten *3. Teil § 11 III. 1. e) aa)* und *3. Teil § 12 III. 8.* Die (fakultativen) Erleichterungen bei der Verschmelzung einer Tochtergesellschaft auf ihre Muttergesellschaft, der mindestens 90%, aber nicht alle Anteile an der Tochter gehören, Art. 27 ff. VRL, fanden im französischen Recht hingegen keine Berücksichtigung.

192 Vor Verabschiedung der SpRL war die Teilfusion (*fusion-scission*) im französischen Recht ein Anwendungsfall des Art. 31 VRL. Vgl. *Habersack*, Europäisches Gesellschaftsrecht., Rz. 218 a.E.; vgl. ferner *Lutter*, EuR 1975, 44, 62 f.; *Kropff* in FS Geßler, 1971, 111, 113 f.

193 *Charvériat/ Couret*, Mémento Pratique, Sociétés Commerciales, Rz. 26312; *Lamy*, Sociétés commerciales, Tz. 1737.

sehen wie eine Spaltung ohne Auflösung der übertragenden Gesellschaft (Art. 25 SpRL).[194]

4. *Überblick über das Verfahren der Verschmelzung und Spaltung*[195]

a) Vorbereitungsphase

Zunächst findet die Bewertung der an der Verschmelzung bzw. Spaltung beteiligten Gesellschaften statt, die für die Festlegung des Umtauschverhältnisses von Bedeutung ist.[196] Auf dieser Grundlage wird dann fakultativ ein nicht bindendes *protocole de fusion* bzw. *scission* erstellt, eine Art Absichtserklärung, die den weiteren Verfahrensablauf festlegt.[197] Im Anschluss daran wird der Verschmelzungs- bzw. Spaltungsplan (*projet de fusion* bzw. *scission*) erstellt, Art. 236-6 Abs. 1 C. com., der dann entweder in privatschriftlicher oder notariell beurkundeter Form unterzeichnet wird.[198] Im Fall der Verschmelzung durch bzw. der Spaltung zur Neugründung ist die Satzung der neuen Gesellschaft(en) (ebenfalls in privatschriftlicher oder notariell beurkundeter Form) aufzustellen. Die Verwaltungs- bzw. Leitungsorgane haben dann ihren Verschmelzungs- bzw. Spaltungsbericht (*rapports écrits*) zu verfassen, Art. 236-9 Abs. 4 C. com. bzw. Art. 236-16 i.V.m. 236-9 C. com., in der sie die jeweilige Maßnahme rechtlich und wirtschaftlich erläutern und begründen, Art. 256 D. 1967. Gegebenenfalls ist eine Kapitalerhöhung vorzubereiten. Sodann prüfen die Verschmelzungs- bzw. Spaltungsprüfer (*commissaires à la fusion* bzw. *scission*) die Bedingungen der jeweiligen Maßnahme und erstellen einen Prüfungsbericht, Art. 236-10 C. com., Art. 257 D. 1967. Nach Art. 258 D. 1967 sind die genannten Unterlagen (neben Standardunterlagen) mindestens einen Monat vor Abhalten der Hauptversammlungen, die über die Maßnahme entscheidet, am Sitz der jeweiligen Gesellschaft zur Einsichtnahme für die Aktionäre auszulegen. Der Verschmelzungs- bzw. Spaltungsplan ist zudem mit derselben Zeitanforderung beim Handelsregister einzureichen, worauf in den gesetzlichen Mitteilungsblättern hinzuweisen ist, Art. 236-6 Abs. 2 C. com., Art. 255 D. 1967, bei börsennotierten Gesellschaften zudem

---

194 Die Teileinbringung (*apport partiel d'actif*) fällt nicht unter diese Kategorie. Siehe hierzu unten *II. 1.*

195 Vgl. die detaillierte Übersicht bei *Lamy,* Sociétés commerciales, Tz. 1828.

196 *Micheler*, RIW 1993, 15, 17. Vgl. zur Bewertung und zu möglichen Bewertungsmethoden *Lamy,* Sociétés commerciales, Tz. 1753 ff.; *Routier* in Encyclopédie Dalloz, Sociétés III, Fusion et scission, Tz. 33 ff.; *Bertrel/ Jeantin*, Acquisitions et fusions des sociétés commerciales, Tz. 831 ff.

197 *Lamy,* Sociétés commerciales, Tz. 1778.

198 *Lamy,* Sociétés commerciales, Tz. 1779.

im *bulletin des annonces légales obligatoires* (BALO), Art. 130 D. 1967.[199] Bei diesen ist der Verschmelzungs- bzw. Spaltungsplan außerdem der *Autorité des marchés financiers* (AMF), vormals der *Commission des opérations de Bourse* (COB),[200] ebenfalls einen Monat vor Abhalten der fraglichen Hauptversammlungen zu übermitteln.[201] Es erfolgt die Einberufung der Hauptversammlungen mit einer Frist von mindestens zwei Wochen in einem gesetzlichen Mitteilungsblatt, bei börsennotierten Gesellschaften zusätzlich im BALO, Art. 126 D. 1967.

b) Beschlussphase

In außerordentlichen Hauptversammlungen (*assemblées générales d'extraordinaires*) wird über die Verschmelzung bzw. Spaltung beschlossen, Art. 236-2- Abs. 2 C. com. Erfolgt sie zur Neugründung, so muss zudem die Satzung der neu gegründeten Gesellschaft(en) bestätigt werden, vgl. Art. 225-7 Abs. 2 C. com. Darüber hinaus ist eine eventuell erforderliche Kapitalerhöhung zu beschließen, vgl. Art. 225-129 C. com.

c) Vollzugsphase

Da die übertragenden Gesellschaften sich auflösen, sind die für die Auflösung geltenden Publizitätspflichten zu beachten, hinsichtlich der übernehmenden Gesellschaften diejenigen für Satzungsänderungen. Danach sind die jeweiligen Beschlüsse in den gesetzlichen Mitteilungsblättern und (gegebenenfalls) dem BALO bekannt zu machen, vgl. Art. 287 D. 1967. Ferner ist der jeweilige Beschluss zur Eintragung im Handelsregister anzumelden. Er wird dann im *Bulletin officiel des annonces civiles et commerciales* (BODACC) veröffentlicht.[202] Neu gegründete Gesellschaften sind zudem in das Handelsregister einzutragen, vgl. Art. 210-6 C. com. Um den Anforderungen des Art. 16 VRL bzw. Art. 14 SpRL i.V.m. Art. 16 VRL gerecht zu werden, müssen schließlich alle beteiligten Gesellschaften eine *déclaration de conformité*, eine Erklärung über die ordnungsgemäße Durchführung der Verschmelzung bzw. Spaltung, beim Register einreichen, Art. 236-6 Abs. 3 S. 1 C. com. Der Registerbeamte prüft dann, ob die erforderlichen Verfahrensschritte eingehalten worden sind,

---

199 *Lamy,* Sociétés commerciales, Tz. 1783.

200 Die COB wurde durch die loi n°2003-706 du 1er août 2003 mit dem *Conseil des marchés financiers* (CMF) und dem *Conseil de discipline de la gestion financière* (CDGF) zur AMF zusammengeführt. Die Empfehlungen der COB gelten jedoch in großem Umfang weiter.

201 *Lamy,* Sociétés commerciales, Tz. 1790.

202 Vgl. *Lamy,* Sociétés commerciales, Tz. 1828.

Art. 236-6 Abs. 3 S. 2 C. com. Er nimmt jedoch keine Prüfung hinsichtlich der Wahrheitsgemäßheit der Angaben vor.[203] Art. 236-6 Abs. 3 S. 1 C. com. sieht die Nichtigkeit der jeweiligen Maßnahme vor, wenn seinen Anforderungen nicht nachgekommen wird. Damit wird Art. 22 Abs. 1 lit. b Alt. 1 VRL und Art. 19 Abs. 1 lit. b Alt. 1 SpRL entsprochen.

5. *Zeitpunkt des Wirksamwerdens der Verschmelzung und Spaltung*

Die Verschmelzung durch und die Spaltung zur Aufnahme werden nach Art. 236-4 Nr. 2 C. com. am Tag der letzten Hauptversammlung, die über die jeweilige Maßnahme beschließt, wirksam, es sei denn, es ist ein anderer Wirksamkeitszeitpunkt vereinbart. Dieser darf jedoch weder vor dem Beginn noch nach dem Ende des laufenden Geschäftsjahres liegen. Die Verschmelzung durch und die Spaltung zur Neugründung werden nach Art. 236-4 Nr. 1 C. com. mit der Eintragung der neuen Gesellschaft in das Register wirksam, bei mehreren neuen Gesellschaften mit der Eintragung der letzten Gesellschaft. Der im Vergleich zur Verschmelzung durch und Spaltung zur Aufnahme abweichende Wirksamkeitszeitpunkt beruht auf Art. 210-6 Abs. 1 C. com., wonach Handelsgesellschaften erst mit der Eintragung in das Handelsregister rechtsfähig werden.

6. *Die Rechtswirkungen der Verschmelzung und Spaltung*

Die Rechtswirkungen der Verschmelzung und Spaltung legt Art. 236-3 Abs. 1 C. com. fest: Die Auflösung der übertragenden Gesellschaft(en) (ohne deren Abwicklung), die (partielle) Gesamtrechtsnachfolge sowie der Erwerb von Anteilen an der oder den neuen oder übernehmenden Gesellschaft(en) durch die Anteilsinhaber der übertragenden Gesellschaft(en). Damit wird Art. 19 Abs. 1 VRL und Art. 17 Abs. 1 SpRL entsprochen. Ferner ist in Art. 236-3 Abs. 2 C. com. bestimmt, dass keine Aktien der übernehmenden Gesellschaft(en) im Austausch für Aktien der übertragenden Gesellschaft(en) begeben werden, wenn sich diese Aktien im Besitz entweder der übernehmenden oder der übertragenden Gesellschaft(en) selbst oder einer Person befinden, die im eigenen Namen, aber für Rechnung der jeweiligen Gesellschaft handelt. Damit greift der französische Gesetzgeber die Vorgaben des Art. 19 Abs. 2 VRL und Art. 17 Abs. 2 SpRL auf.

Der im Spaltungsplan nicht berücksichtigten Gegenstände hat sich der französische Gesetzgeber – anders als von Art. 3 Abs. 3 SpRL gefordert –

---

[203] *Lamy,* Sociétés commerciales, Tz. 1782.

nicht angenommen.[204] Insofern wird man wohl sagen können, dass er seiner Umsetzungspflicht nicht nachgekommen ist. Für Gegenstände des Aktivvermögens wird in der Literatur daher vorgeschlagen, sie – wenn die Auslegung des Verschmelzungs- bzw. Spaltungsvertrags kein Ergebnis bringt – an die übernehmenden Gesellschaften anteilig im Verhältnis des auf sie entfallenden Wertes des Vermögens zu übertragen.[205] Dies entspricht der Vorgabe aus Art. 3 Abs. 3 lit. a SpRL. Für Gegenstände des Passivvermögens wird dieselbe Vorgehensweise vorgeschlagen,[206] was wohl nicht den Vorgaben des Art. 3 Abs. 3 lit. b SpRL entspräche, der eine gesamtschuldnerische Haftung vorsieht.[207] In der Praxis enthält jedoch in der Regel der Spaltungsplan eine Zweifelsregelung darüber, wem „vergessene“ Vermögensgegenstände zufallen sollen.[208]

II. Teileinbringung (*apport partiel d'actif*) als wichtiger nicht von der VRL und SpRL erfasster ähnlicher Vorgang

Das französische Recht sieht mit dem *apport partiel d'actif*[209] eine Umstrukturierungsmaßnahme vor, die im engen sachlichen Zusammenhang mit der Verschmelzung und Spaltung steht. Es handelt sich dabei um die Teileinbringung von Vermögen. Die Nähe zu Verschmelzung und Spaltung wird bereits

---

204 *Bonnasse* in Juris Classeur, Sociétés (5), Fusions – Scissions, Principes généraux, Tz. 45.

205 *Bonnasse* in Juris Classeur, Sociétés (5), Fusions – Scissions, Principes généraux, Tz. 45.

206 *Bonnasse* in Juris Classeur, Sociétés (5), Fusions – Scissions, Principes généraux, Tz. 46.

207 Dies deutet *Bonnasse* (in Juris Classeur, Sociétés (5), Fusions – Scissions, Principes généraux, Tz. 46) allerdings in einem zweiten Schritt an.

208 *Micheler*, RIW 1993, 15, 18 (Fn. 24).

209 Vorweg sei angemerkt, dass sich die Rechtslage hinsichtlich der Teileinbringung (*apport partiel d'actif*) insgesamt als recht verworren darstellt (vgl. *Guyon* in Mélanges M. Jeantin, 237: „*Les apports partiels d'actif sont couramment pratiqués, mais demeurent entourés d'un flou juridique regrettable.*“; zitiert nach *Guyon*, Droit des Affaires, Bd. 1, Tz. 638). So haben sich bis heute keine scharfen Konturen dieser Rechtsfigur herausgebildet. Zu beachten ist, dass trotz der Bezeichnung des Vorgangs als *apport partiel d'actif*, die zunächst nur auf die Übertragung von Aktiva hindeutet, auch der Übergang von Passiva erfasst sein kann. Dies ist insbesondere der Fall, wenn nicht nur einzelne Wirtschaftsgüter übertragen werden (ob es diese Möglichkeit im Zusammenhang mit einem *apport partiel d'actif* überhaupt gibt, ist umstritten, ablehnend *Guyon*, Droit des Affaires, Bd. 1, Tz. 638.1; zustimmend z.B. *Dictionnaire Permanent*, Droit des Affaires, Fusions, Scissions, Apports partiels d'actif, Tz. 132), sondern eine *branche d'activité*, also ein ganzer Teilbetrieb. Vgl. zur *branche d'activité Guyon*, Droit des Affaires, Bd. 1, Tz. 638.1; *Neye*, DB 1982, 365, 366, Fn. 20.

gesetzestechnisch dadurch deutlich, dass die Teileinbringung nach Art. 236-22 C. com., der an das Ende der Regelungen über die Verschmelzung und Spaltung gestellt ist, den Vorschriften der Spaltung[210] und damit mittelbar auch zum Teil den Regeln der Verschmelzung unterstellt werden kann. Voraussetzung ist nach Art. 236-22 C. com., dass die beteiligten Gesellschaften hierfür optieren.[211] Inhaltlich ist den Vorgängen die Übertragung von Vermögen gemein. Von der Spaltung und auch von der Verschmelzung unterscheidet sich die Teileinbringung jedoch maßgebend dadurch, dass die übertragende Gesellschaft selbst die Anteile der begünstigten Gesellschaft erhält und nicht deren Anteilsinhaber – wie es bei Verschmelzung und Spaltung der Fall ist.[212] Zwar können die als Gegenleistung gewährten Anteile an die Anteilsinhaber der übertragenden Gesellschaft weitergegeben werden. Dies kann aber nicht unmittelbar geschehen, sondern nur mittelbar über die übertragende Gesellschaft.[213] Ein gleichgestellter Vorgang (insbesondere Art. 25 SpRL) kommt daher nicht in Frage.[214] Will man den *apport partiel d'actif* mit einer

---

210 Siehe Art. 236-16 bis 236-21 C. com. Art. 236-16 C. com. erklärt wiederum zum Teil Verschmelzungsregeln für anwendbar.

211 Es handelt sich um ein Wahlrecht. Wird der Vorgang den Regeln der Spaltung unterstellt, so ist auch für die übertragende Gesellschaft nach Art. 236-22 i.V.m. Art. 236-16 i.V.m. Art. 236-9 Abs. 1 C. com. eine außerordentliche Hauptversammlung abzuhalten. Wird nicht dafür optiert, so haben die Aktionäre der übertragenden Gesellschaft keine Entscheidungsbefugnis. Es findet lediglich eine Aktionärsversammlung der begünstigten Gesellschaft statt, die über die erforderliche Kapitalerhöhung beschließt (vgl. *Cozian/ Viandier/ Deboissy*, Droit des Sociétés, Tz. 1277). Die COB (nun AMF, siehe oben *I. 4 a)* empfiehlt daher insbesondere bei der Übertragung eines bedeutenden Vermögensteils, den *apport partiel d'actif* vor allem aus Gründen des Aktionärsschutzes den Regeln der Spaltung zu unterstellen (vgl. Bulletin n° 195 de la COB, juillet-août 1977, S. 18). Es handelt sich dabei aber, wie gesagt, nur um eine (nicht verpflichtende) Empfehlung an die dem Verantwortungsbereich der COB (nun AMF) unterstehenden börsennotierten Gesellschaften.

212 *Guyon*, Droit des Affaires, Bd. 1, 10. A., Tz. 638; *Cozian/ Viandier/ Deboissy*, Droit des Sociétés, Tz. 1275; *Teichmann* in Lutter, § 123 UmwG, Rz. 1.

213 Vgl. *Charvériat/ Couret*, Mémento Pratique, Sociétés Commerciales, Rz. 26771; *Micheler*, RIW 1993, 15, 16; *Grotherr* in Schaumburg/ Piltz, Internationales Umwandlungssteuerrecht, 152, 156; *Tillmanns* in Widmann/ Mayer, Anh. 3 zu UmwG - UmwStG, Rz. F 163. Diese mittelbare Anteilsübertragung hat aus steuerlichen Gründen (das Steuerregime der Spaltung ist nicht anwendbar, *Charvériat/ Couret*, Mémento Pratique, Sociétés Commerciales, Rz. 26771) kaum praktische Relevanz, vgl. *Micheler*, RIW 1993, 15, 16; *Tauchert-Nosko*, Verschmelzung und Spaltung von Kapitalgesellschaften in Deutschland und in Frankreich, 73.

214 Läge ein Anwendungsfall von Art. 25 SpRL vor, d.h. wäre auch das, was man im deutschen Recht unter einer Abspaltung versteht, von Art. 236-22 C. com erfasst, so müsste man an der Europarechtskonformität dieser Vorschrift zweifeln. Denn Art. 25 SpRL bestimmt, dass die Mitgliedstaaten Vorgänge, die bis auf das Kriterium der

deutschen Rechtsfigur vergleichen, so ist dies wohl die Ausgliederung und nicht die Abspaltung. Wie im deutschen Recht die Ausgliederung wird auch der *apport partiel d'actif*, selbst wenn er den Regeln der Spaltung unterstellt wird,[215] von der SpRL nicht erfasst und ist daher auch nicht Gegenstand der weiteren Ausführungen.

§ 6 Der Regelungsrahmen im belgischen Recht

I. Verschmelzung (*fusion*) und Spaltung (*scission*) im Sinne der VRL bzw. SpRL

1. Überblick über die (jüngere) Entwicklung des Verschmelzungs- und Spaltungsrechts und (heutige) Gesetzessystematik

Mit Gesetz vom 29.6.1993,[216] das die Abschnitte VIII*bis* für die Verschmelzung und VIII*ter* für die Spaltung in die *Lois coordonnées des Sociétés commerciales* (LCSC) einfügte, setzte der belgische Gesetzgeber die VRL und auch die SpRL (verspätet) in nationales Recht um.[217] Damit wurde die Verschmelzung als gesellschaftsrechtliches Institut erstmals positivrechtlich geregelt.[218] Sie wurde aber bereits vorher – und zwar sehr intensiv – als Rechtsinstrument genutzt.[219] Man behalf sich, wenn man Unternehmen zusammen führen wollte, mit traditionellen Maßnahmen des Gesellschaftsrechts wie der Auflösung und Abwicklung und der anschließenden Einbringung der Aktiva und Passiva der untergehenden Gesellschaft unter der aufschiebenden Bedingung einer Kapitalerhöhung der übernehmenden Gesellschaft oder der Gründung einer neuen Gesellschaft.[220] Literatur und Rechtsprechung konstruierten hierfür bereits eine Gesamtrechtsnachfolge, welche die Formalitäten für eine separate Übertragung jedes einzelnen Wirtschaftsguts überflüssig machte.[221] Vor Einführung der Spaltung behalf man sich ebenfalls mit allge-

---

Auflösung der Gesellschaft den in Art. 1 SpRL geregelten Vorgänge entsprechen, auch deren Regime unterstellt werden müssen. Art. 236-22 C. com. jedoch überlässt diese Entscheidung den beteiligten Gesellschaften. Diese Wahlmöglichkeit wäre nicht mit der Vorgabe des Art. 25 SpRL vereinbar. Gedanken zu einer „Komplettangleichung" an europarechtliche Vorgaben (allerdings bezogen auf Art. 31 VRL) bei *Guyon,* Droit des Affaires, Bd. 1, Tz. 638.1.

215 Ob in diesem Fall die Gesamtrechtsnachfolge gilt, ist umstritten. Der Verweis in Art. 236-22 C. com. erstreckt sich nur auf die Verfahrensregeln der Art. 236-16 bis 236-21 C. com. Die Anordnung der Gesamtrechtsnachfolge, Art. 236-3 Abs. 1 C. com., ist daher von diesem Verweis nicht gedeckt. Dennoch wurde sie von der Cour de Cassation, Chambre commerciale (Cass. Com., 16 février 1988, Bull. Joly, 1988, 271) bejaht (in diesem Sinne wohl auch *Guyon*, Droit des Affaires, Bd. 1, Tz. 638). Dies wird zum Teil heftig kritisiert (vgl. *Jeantin*, Droit des sociétés, Tz. 795).

meinen Instrumenten des Gesellschaftsrechts.[222] Bisher letzter Meilenstein in der belgischen Gesellschaftsrechtsgebung – auch die Verschmelzung und Spaltung betreffend – war die Verabschiedung des *Code des Sociétés* (C.S.),[223] in dem die LCSC (mit einigen anderen Gesetzen) aufgegangen sind. Dabei wurden diese Gesetze nicht nur zusammengefasst, sondern ihr Inhalt auch in eine geordnete Struktur gebracht.

Die Regelung der Verschmelzung und Spaltung findet sich im elften Buch des *Code des Sociétés*, das mit Restrukturierung von Gesellschaften überschrieben ist, Art. 670 ff. C.S. Der erste Titel dieses Buchs beschäftigt sich mit dem persönlichen Anwendungsbereich sowie den Definitionen insbesondere der Verschmelzung, Spaltung und der diesen gleichgestellten Maßnahmen. Deren nähere Regelung folgt im zweiten Titel, der zunächst für alle Maßnahmen geltende Vorschriften enthält, also eine Art allgemeinen Teil, sodann jeweils die Verfahrensregeln für die jeweiligen Unterarten. In einem ersten Kapitel finden sich dort die Normen für die Verschmelzung durch Aufnahme und Neugründung sowie die diesen gleichgestellten Maßnahmen, in einem zweiten Kapitel für die Spaltung zur Aufnahme und Neugründung und die gemischte Spaltung. Dabei wird weitest gehend auf Verweisungen verzichtet, was das elfte Buch zwar sehr umfangreich macht, dafür aber auch übersichtlicher. Es folgt im dritten Titel, bereits gesetzestechnisch abgetrennt, die Regelung der Einbringung und Teileinbringung (*apport d'universalité* und des *apport d'une branche d'activités*).

---

216 Loi du 29 juin 1993, Moniteur Belge, 21 juillet 1993. Am 1.10.1993 in Kraft getreten.

217 Vgl. *Geens/ Servaes*, Corporations and Partnerships in Belgium, Tz. 25; *Keutgen/ Tossens*, J.T. 1994, 345, 345. Belgien hielt damit die Umsetzungsfristen (bei weitem) nicht ein, was auch durch den Europäischen Gerichtshof festgestellt wurde (Urteil v. 11. Mai 1989, O.J., C 144, 10. Juni 1989, 8).

218 Bis zur Umsetzung der VRL gab es nur eine Regelung der steuerrechtlichen Aspekte der Verschmelzung, *Barbaso*, The Journal of Business Law 1984, 176, 178.

219 *Dal/ van den Abbeele*, R.P.S. (92) 1993, 189, 193.

220 *Malherbe/ Lambrecht/ Malherbe*, Droit des Sociétés, Tz. 1396; *Thömmes/ Deridder/ Eicker/ Verstraelen* in Widmann/ Mayer, Anh. 3 zu UmwG – UmwStG, Rz. B 64.

221 Vgl. *Coppens*, Cours de Droit Commercial, 538; vgl. ferner *Thömmes/ Deridder/ Eicker/ Verstraelen* in Widmann/ Mayer, Anh. 3 zu UmwG – UmwStG, Rz. B 64.

222 *Malherbe/ Lambrecht/ Malherbe*, Droit des Sociétés, Tz. 1396; vgl. ferner *Thömmes/ Deridder/ Eicker/ Verstraelen* in Widmann/ Mayer, Anh. 3 zu UmwG – UmwStG, Rz. B 64.

223 Loi du 7 mai 1999, Moniteur Belge v. 6.8.1999.

2. *Die Aktiengesellschaft (das belgische Pendant:* société anonyme *bzw.* naamloze vennootschap) *als verschmelzungs- bzw. spaltungsfähiger Rechtsträger*

Die Beteiligungsfähigkeit der *société anonyme* bzw. *naamloze vennootschap*[224] (Pendant zur Aktiengesellschaft) an einer Verschmelzung bzw. Spaltung lässt sich Art. 670 C.S. entnehmen, der den einzelnen Vorschriften der im C.S. geregelten Umstrukturierungsmaßnahmen vorangestellt ist. Danach wird das elfte Buch für alle Gesellschaften für anwendbar erklärt, die – vom C.S. geregelt – mit Rechtspersönlichkeit (*personnalité juridique*) ausgestattet sind. Hierzu gehört nach Art. 2 § 2 (5. Spiegelstrich) C.S. auch die Aktiengesellschaft (*société anonyme*).[225] Der belgische Gesetzgeber hat die Genossenschaft in der Form der Aktiengesellschaft nicht vom Anwendungsbereich der Vorschriften über die Verschmelzung und Spaltung ausgenommen. Er verzichtete also darauf, die ihm insofern in Art. 1 Abs. 2 VRL bzw. Art. 1 Abs. 4 SpRL i.V.m. Art. 1 Abs. 2 VRL eingeräumte Möglichkeit zu nutzen.[226]

Art. 681 C.S. erlaubt es, Gesellschaften als übertragende Gesellschaften an einer Verschmelzung zu beteiligen, die sich in Abwicklung befinden oder Gegenstand eines Konkursverfahrens sind. Voraussetzung ist hier allerdings auch im belgischen Recht, dass sie noch nicht mit der Verteilung ihres (Aktiv-) Vermögens an ihre Aktionäre begonnen haben.[227] Damit nutzt der belgische Gesetzgeber die Optionen der Art. 1 Abs. 3 VRL sowie Art. 3 Abs. 2 und Art. 4 Abs. 2 VRL bzw. Art. 1 Abs. 4 SpRL i.V.m. Art. 1 Abs. 3 VLR sowie Art. 2 Abs. 2 SpRL i.V.m. Art. 3 Abs. 2 VRL und Art. 21 Abs. 2 SpRL i.V.m. 4 Abs. 2 VRL.

---

224 Im Folgenden wird für beide Begriffe einheitlich die französische Bezeichnung *société anonyme* verwendet.

225 Die Gesellschaften erlangen die Rechtspersönlichkeit mit Hinterlegung des Gründungsvertrags, Art. 2 § 4 C.S. i.V.m. Art. 68 C.S., bei der Kanzlei des zuständigen Handelsgerichts (vgl. *Blaurock/ Jung*, Das belgische Kapitalgesellschaftsrecht, S. 24). Das Verschmelzungs- und Spaltungsrecht gilt für alle Gesellschaften. Es ist in seinem Anwendungsbereich also nicht auf Aktiengesellschaften beschränkt.

226 In diesem Sinne wohl auch *Tilquin*, Traité des fusions et scissions, S. 37 (Fn. 5).

227 Dass der belgische Gesetzgeber die Anforderung, dass noch nicht mit der Verteilung des Vermögens begonnen worden ist, auch auf die Konkursfälle erstreckt, wird kritisiert, da eine Verteilung in diesen Fällen nicht vorstellbar ist. *Dal/ van den Abbeele*, R.P.S. 92 (1993), 189, 204 ff. (noch zur Rechtslage vor Einführung des *Code des Sociétés*, an der sich aber insofern nichts geändert hat).

3. *Die Regelung der verschiedenen Verschmelzungs- und Spaltungsarten im Sinne der VRL bzw. SpRL und der ihnen gleichgestellten Vorgänge im belgischen Recht*

Der gesetzlichen Struktur des *Code des Sociétés* folgend, werden nach der Regelung des persönlichen Anwendungsbereichs, Art. 670 C.S., die beiden Grundtypen der Verschmelzung, die Verschmelzung durch Aufnahme (*fusion par absorption*), Art. 671 C.S., und die Verschmelzung durch Neugründung (*fusion par constitution d'une nouvelle société*), Art. 672 C.S., definiert, im Anschluss daran die beiden Grundtypen der Spaltung, die Spaltung zur Aufnahme (*scission par absorption*) in Art. 673 C.S., und die Spaltung zur Neugründung (*scission par constitution de nouvelles sociétés*) in Art. 674 C.S. Den genannten Normen sind auch die drei charakteristischen Elemente der Verschmelzung zu entnehmen.[228]

In Art. 676 Nr. 1 C.S. erfüllt der belgische Gesetzgeber die Pflicht aus Art. 24 VRL, Verschmelzungen von 100%igen Tochtergesellschaften auf ihre Muttergesellschaften vorzusehen.[229] Die darin geforderten Verfahrenserleichterungen werden zentral für alle der Verschmelzung (durch Aufnahme) gleichgestellten Vorgänge und so auch für die Verschmelzung einer 100%igen Tochtergesellschaft auf ihre Muttergesellschaft durch Art. 719 ff. C.S. geregelt.[230] Den nach Art. 30 VRL der Verschmelzung im Sinne des Art. 2 VRL gleich gestellten Vorgang, bei dem eine bare Zuzahlung gewährt wird, die über der 10%-Grenze liegt, lässt der belgische Gesetzgeber nicht zu.[231]

---

228 Dies sind wiederum: Auflösung ohne Abwicklung, (partielle) Gesamtrechtsnachfolge (Gesamtrechtsnachfolge bedeutet auch hier, dass die allgemeinen Regeln des Zivilrechts für die Übertragung nicht zur Anwendung kommen; dies sind insbesondere die Art. 1690 ff. C.C.) und Gewährung von Anteilen der übernehmenden oder neu gegründeten Gesellschaft(en) an die Anteilsinhaber der übertragenden Gesellschaft(en). Siehe hierzu vor allem zu den europarechtlichen Vorgaben oben *§ 3 I 3 a) aa) (3)*.

229 Von der Möglichkeit nach Art. 25 VRL, bei der Verschmelzung einer 100%igen Tochtergesellschaft auf ihre Muttergesellschaft unter bestimmten Bedingungen auf die Zustimmung der Hauptversammlung zu verzichten, wurde nicht Gebrauch gemacht. Den in Art. 26 VRL vorgesehenen Fall hingegen greift Art. 676 Nr. 2 C.S auf.

230 Dies geschieht, indem auf bestimmte, normalerweise für eine Verschmelzung erforderliche Voraussetzungen in dem Katalog der Anforderungen für diese speziellen Fälle verzichtet wird. Siehe zu den einzelnen Verfahrenserleichterungen genauer unten *3. Teil § 11 IV 1 e) aa)*. Erleichterungen des Verfahrens, wie sie nach Art. 27 ff. VRL fakultativ für Verschmelzungen vorgesehen werden können, bei denen die übernehmende Gesellschaft mindestens 90%, aber nicht alle Aktien der übertragenden Gesellschaft hält, wurden im belgischen Recht nicht eingeführt Vgl. *Dal/ van den Abbeele*, R.P.S. 92 (1993), 189, 254 f., deren Ausführungen sich zwar noch auf die LCSC beziehen, die jedoch auch noch im Rahmen des C.S. Gültigkeit haben.

231 Vgl. auch *Dal/ van den Abbeele*, R.P.S. 92 (1993), 189, 254.

Für den Fall, dass die bare Zuzahlung diese Grenze überschreitet, ordnet Art. 688 Abs. 1 C.S. die Nichtigkeit der Verschmelzung an. Hingegen wird die in Art. 31 VRL enthaltene Option genutzt, eine Verschmelzung vorzusehen, bei der sich nicht alle übertragenden Gesellschaften auflösen, Art. 677 C.S. i.V.m. Art. 671 C.S.

Die gemischte Spaltung, eine Kombination der beiden Grundtypen der Spaltung, erlaubt Art. 675 C.S. Für sie finden, je nach dem, welcher Teil betroffen ist, entweder die Vorschriften der Spaltung zur Aufnahme oder die der Spaltung zur Neugründung Anwendung, Art. 758 C.S. Die durch Art. 20 SpRL ermöglichte Verfahrenserleichterung für die Spaltung einer Tochtergesellschaft, bei der die übernehmenden Gesellschaften zusammen 100% der Anteile an der Tochtergesellschaft haben, wurde im belgischen Recht nicht umgesetzt. Eine Spaltung unter Aufsicht eines Gerichts und die für diesen Fall von Art. 23 SpRL gestatteten Verfahrenserleichterungen sieht das belgische Recht ebenfalls nicht vor. Ebenso wenig wie bei der Verschmelzung besteht bei der Spaltung die Möglichkeit, eine über der 10%-Grenze liegende bare Zuzahlung zu leisten. Vielmehr gilt auch für die Spaltung Art. 688 Abs. 1 C.S., der für eine Überschreitung des durch Art. 673 C.S. bzw. 674 C.S. vorgegebenen Limits von maximal 10% barer Zuzahlung die Nichtigkeit der Spaltung anordnet. Die durch Art. 25 SpRL eröffnete Möglichkeit, eine Spaltung ohne Auflösung der gespaltenen Gesellschaft einzuführen, nutzte der belgische Gesetzgeber in Art. 677 C.S. i.V.m. Art. 673 C.S.

4. *Überblick über das Verfahren der Verschmelzung und Spaltung*

a) Vorbereitungsphase

Auch im belgischen Recht sind zunächst die beteiligten Gesellschaften zu bewerten, um das Umtauschverhältnis festlegen zu können.[232] Es folgt die Erstellung des Verschmelzungs- bzw. Spaltungsplans (*projet de fusion* bzw. *scission*), Art. 693 C.S. bzw. Art. 728 C.S., der mindestens sechs Wochen vor Abhalten der betreffenden Hauptversammlung beim Registergericht zu hinterlegen ist, Art. 693 Abs. 3 C.S. bzw. Art. 728 Abs. 3 C.S. Hierauf ist in den Anhängen des belgischen Staatsblattes *Moniteur Belge* hinzuweisen, Art. 74 C.S. Ferner sind der Verschmelzungs- bzw. Spaltungsbericht, Art. 694 C.S. bzw. Art. 730 C.S., und der Verschmelzungs- bzw. Spaltungsprüfungsbericht, Art. 695 C.S. bzw. Art. 731 C.S. zu erstellen. Sollten die Jahresabschlüsse der Gesellschaften bei Erstellung des Verschmelzungs- bzw. Spaltungsplans mehr

232 *Malherbe/ Lambrecht/ Malherbe*, Droit des Sociétés, Tz. 1402; vgl. ferner *della Faille*, Fusions, acquisitions et évaluations d'entreprises, Rz. 914 und 918 ff. (zu den Anforderungen an die Bewertungsmethoden).

als sechs Monate zurückliegen, so ist eine Zwischenbilanz aufzustellen, Art. 697 § 2 Abs. 1 Nr. 5 C.S. bzw. Art. 733 § 2 Abs. 1 Nr. 5 C.S. Die genannten Unterlagen sind (neben Standardunterlagen) mindestens einen Monat vor Abhalten der betreffenden Hauptversammlung den Aktionären zur Einsichtnahme am Sitz der jeweiligen Gesellschaft zur Verfügung zu stellen, Art. 697 § 2 C.S. bzw. Art. 733 § 2 C.S. Gegebenenfalls ist in der oder den übernehmenden Gesellschaft(en) eine Kapitalerhöhung vorzubereiten, vgl. Art. 581 ff. C.S. Schließlich sind die Hauptversammlungen einzuberufen, vgl. Art. 532 ff. C.S.

b) Beschlussphase

Die Verschmelzung bzw. Spaltung wird in den jeweiligen Hauptversammlungen (*assemblées générales*) der beteiligten Gesellschaften beschlossen, Art. 699 C.S. bzw. Art. 736 C.S. Unmittelbar im Anschluss daran ist auch über eventuell notwendig werdende Satzungsänderungen, insbesondere aufgrund von Kapitalerhöhungen, zu entscheiden, Art. 701 Abs. 1 S. 1 C.S. bzw. Art. 738 Abs. 1 S. 1 C.S.[233] Geschieht dies nicht, bleibt die Verschmelzung bzw. Spaltung ohne Wirkung. Die Hauptversammlungsprotokolle sind – mit der Rechtsfolge der Nichtigkeit bei Missachtung – nach Art. 700 C.S. bzw. Art. 737 C.S. notariell zu beurkunden.[234] Damit wird der belgische Gesetzgeber den Anforderungen des Art. 16 VRL und Art. 14 SpRL i.V.m. Art 16 VRL gerecht.

c) Vollzugsphase

Die Teile der Niederschriften der Hauptversammlungen, aus denen der jeweilige Beschluss über die Verschmelzung bzw. Spaltung hervorgeht, sind nach Art. 702 C.S. bzw. Art. 739 C.S. beim Registergericht zu hinterlegen und nach Art. 74 C.S. zu veröffentlichen.[235]

5. Zeitpunkt des Wirksamwerdens der Verschmelzung und Spaltung

Die Verschmelzung bzw. Spaltung wird wirksam, wenn übereinstimmende Beschlüsse der Hauptversammlungen der beteiligten Gesellschaften vorliegen, mit anderen Worten, die Wirksamkeit tritt mit dem letzten (zustimmen-

233 *Malherbe/ Lambrecht/ Malherbe*, Droit des Sociétés, Tz. 1415.
234 *Malherbe/ Lambrecht/ Malherbe*, Droit des Sociétés, Tz. 1414.
235 Erst nach dieser Offenlegung kann die Verschmelzung bzw. Spaltung Dritten entgegengehalten werden.

den) Hauptversammlungsbeschluss ein, Art. 701 Abs. 2 C.S. bzw. Art. 738 Abs. 2 C.S.

6. Rechtswirkungen der Verschmelzung und Spaltung

Die Rechtswirkungen der Verschmelzung und Spaltung werden, wiederum den spezifischen Verfahrensvorschriften für die einzelnen Arten der Verschmelzung und Spaltung vorangestellt und für alle diese Maßnahmen geltend, in Art. 682 C.S. geregelt. Darin ist erstens angeordnet, dass die übertragende Gesellschaft aufhört zu bestehen, Art. 682 Abs. 1 Nr. 1 C.S., zweitens, dass die Aktionäre der übertragenden Gesellschaften Aktionäre der übernehmenden Gesellschaft werden, Art. 682 Abs. 1 Nr. 2 C.S., und drittens, dass das gesamte (Aktiv- und Passiv-) Vermögen jeder aufgelösten Gesellschaft auf die übernehmenden Gesellschaften übergeht, im Fall der Spaltung nach dem im Spaltungsplan festgelegten Aufteilungsmaßstab und unter Berücksichtigung der Regelungen über vergessene Gegenstände, Art. 682 Abs. 1 Nr. 3 C.S. Diese finden sich in Art. 729 C.S. Nach Art. 729 Abs. 1 C.S. sind vergessene Gegenstände des Aktivvermögens – wenn eine Auslegung des Spaltungsplans im Hinblick auf eine Zuteilung zu keinem Ergebnis führt – auf die übernehmenden Gesellschaften anteilig im Verhältnis zu dem nach dem Spaltungsplan auf sie entfallenden Nettoaktivvermögen zu übertragen. Für vergessene Gegenstände des Passivvermögens haften nach insofern fehlgeschlagener Auslegung des Spaltungsplans die übernehmenden Gesellschaften gesamtschuldnerisch, Art. 729 Abs. 2 C.S. Damit wird Art. 3 Abs. 2 lit. a und b S. 1 SpRL entsprochen. Von der Möglichkeit des Art. 3 Abs. 2 lit. b S. 2 SpRL, die Haftung der Gesellschaften auf das der jeder übernehmenden Gesellschaft zugeteilten Nettoaktivvermögen zu begrenzen, hat der belgische Gesetzgeber nicht Gebrauch gemacht.

II. Einbringung eines gesamten Unternehmens bzw. eines Unternehmensteils (*apport d'universalité bzw. apport d'une branche d'activité)* als wichtiger nicht von der VRL und SpRL erfasster ähnlicher Vorgang im belgischen Recht

Im Bereich der Umstrukturierungen ist im belgischen Recht auch die Einbringung eines gesamten Unternehmens sowie eines Unternehmensteils, *apport d'universalité* bzw. *apport d'une branche d'activité*, vorgesehen. Diese Vorgänge sind in Art. 678 C.S. bzw. in Art. 679 C.S. definiert. Die auf sie anwendbaren Verfahrensvorschriften ergeben sich aus Art. 759 C.S.[236] Mit der Verschmelzung bzw. Spaltung verbindet sie die Übertragung von Vermögen im Wege der Gesamtrechtsnachfolge, vgl. Art. 763 C.S. Von diesen unterscheidet sich die Einbringung jedoch bereits gesetzestechnisch durch die separate Regelung und inhaltlich vor allem durch den Adressaten der Gegenleistung für die Vermögensübertragung. Dies ist bei der Einbringung eines Unternehmens bzw. eines Unternehmensteils die übertragende Gesellschaft selbst und es sind nicht wie bei Verschmelzung und Spaltung im Sinne der VRL bzw. SpRL deren Aktionäre. Damit fehlt eines der drei charakteristischen Elemente der Verschmelzung bzw. Spaltung. Da auch keine gleichgestellter Vorgang vorliegt, fallen die beiden letztgenannten Maßnahmen nicht in den Anwendungsbereich der VRL und SpRL. Sie sind daher auch nicht Gegenstand der folgenden Ausführungen.

§ 7 Der Regelungsrahmen im britischen Recht

Vorweg sei kurz erläutert, wie sich das Gebilde Großbritannien in gesellschaftsrechtlicher Hinsicht darstellt. Ein einheitliches Gesellschaftsrecht gilt in Großbritannien für England, Wales und Schottland.[237] Zentraler Rechtsakt ist der *Companies Act* von 1985 (CA), der durch den *Companies Act* von 1989 wichtige Änderungen erfuhr.[238] In Nordirland gilt der *Companies Act* nach s. 745 CA 1985 nicht direkt, wohl aber im Wege besonderer Verordnungen (*Orders in Council*), was insgesamt zu einer weit gehenden Parallelität zur Rechtslage in England, Wales und Schottland führt.[239] Etwaige Besonderheiten nach nordirischem Recht sollen bei der Untersuchung außer Betracht bleiben.

---

236 Es sind dies die Art. 760 ff. C.S., wenn nicht die betroffenen Gesellschaften bei der Einbringung eines Unternehmensteils, (*apport d'une branche d'activité*) nach Art. 759 Abs. 2 C.S. beschließen, den Vorgang nicht unter diese Vorschriften zu stellen. In diesem Fall gilt die in Art. 763 C.S. angeordnete Gesamtrechtsnachfolge nicht.

237 *Baums* in Hopt/ Kanda/ Roe/ Wymeersch/ Prigge (Hrsg.), Comparative Corporate Governance, 545, 562; *Grundmann*, Europäisches Gesellschaftsrecht, Rz. 76; *Hohloch* in Hohloch (Hrsg.), EU-Handbuch Gesellschaftsrecht, Rz. 3 f.

238 Vgl. zu den Änderungen *Herrmann*, RIW 1991, 378, 381.

239 Vgl. *Triebel/ Hodgson/ Kellenter/ Müller*, Englisches Handels- und Wirtschaftsrecht, Rz. 559; vgl. ferner *Grundmann*, Europäisches Gesellschaftsrecht, Rz. 76.

I. Verschmelzung (*merger*)[240] und Spaltung (*division*)[241] im Sinne der VRL bzw. SpRL

1. *Überblick über die (jüngere) Entwicklung des Verschmelzungsrechts und (heutige) Gesetzessystematik*

Wenn es um die Konzentration von Unternehmen geht, steht die Verschmelzung im Sinne der VRL seit jeher im Schatten der Übernahme (*takeover*),[242] die im britischen Recht traditionell die mit Abstand beliebtere Maßnahme darstellt.[243] Noch weniger gebräuchlich ist im britischen Recht die Spaltung im Sinne der SpRL.[244] Beide Maßnahmen konnten im Grunde bereits vor Verabschiedung der VRL und SpRL mit Hilfe eines *compromise* bzw. eines *arrangement* nach den s. 425- 427 CA 1985 bewerkstelligt werden. Darunter ist ein Vergleich oder eine Vereinbarung zwischen den Gesellschaften und

---

240 Die Verschmelzung ist im britischen Recht nicht legaldefiniert. Es findet sich zudem auch keine einheitliche Bezeichnung für sie in dem hier untersuchten Sinne, nämlich dass der übertragende Rechtsträger aufhört zu existieren. Vielmehr wird dieser Vorgang unter den verschiedensten Bezeichnungen geführt. *Amalgamation* ist eine davon (so verwendet in s. 427A Abs. 1 lit. a C.A). Aber auch unter den Begriff *merger* wird die Verschmelzung gefasst (vgl. *Davies*, Gower's and Davies' Principles of Modern Company Law, S. 793: „*...merger, amalgamation or fusion [none of these terms has a precise technical meaning] of companies...*" und *Farrar/ Hannigan*, Farrar's Company Law, 516, die unter den Oberbegriff *merger* sowohl *takeover bid* als auch *amalgamation* fassen; siehe auch *Grundmann*, Europäisches Gesellschaftsrecht, Rz. 845, Fn. 1). Am korrektesten wäre es wohl, die Verschmelzung im Sinne der VRL als *merger* oder *amalgamation* unter einem *scheme of arrangement* (nach s. 425 ff. CA 1985; siehe hierzu sogleich) zu bezeichnen. Im Folgenden soll – im Wissen um die verschiedenen Begrifflichkeiten – der Begriff *merger* zu Grunde gelegt werden, wie dies auch in der englischen Sprachfassung der VRL geschieht.

241 Die Bezeichnungen für das, was man im deutschen Recht unter einer Spaltung im Sinne der Richtlinie versteht, variieren ähnlich wie bei der Verschmelzung. Verwendet werden insbesondere *division*, *demerger* (vgl. nur *Grotherr* in Schaumburg/ Piltz, Internationales Umwandlungssteuerrecht, 152, 165; *Morse* in Morse (Hrsg.), Palmer's Company Law, Rz. 12.010) und – parallel zum französischen Begriff – *scission*. Im Folgenden soll der Begriff *division* zu Grunde gelegt werden, wie er auch in der englischen Sprachfassung der SpRL verwendet wird.

242 Siehe hierzu unten *II. 2.*

243 *Davies* in Morse (Hrsg.), Palmer's Company Law, Rz. 16.104; *Edwards*, EC Company Law, 91; *Chapman/ Ballard*, Tolley's Company Law, Tz. R 2017; *Triebel/ Hodgson/ Kellenter/ Müller*, Englisches Handels- und Wirtschaftsrecht, Rz. 771. Vgl. zur prognostizierten geringen Bedeutung der britischen Regelung der Verschmelzung im Sinne der VRL *Department of Trade*, Implementation of the Third EC Directive on company law, 1.

244 Vgl. *Department of Trade and Industry*, Implementation of the Sixth EC Directive on Company Law, 2.

ihren Anteilseignern (und Gläubigern) zu verstehen, die bei Einhaltung eines bestimmten Plans (*scheme of compromise or arrangement*) unter (ständiger) Leitung des Gerichts und schließlich dessen Genehmigung durchgeführt wird. Dadurch wird die sonst bei Strukturmaßnahmen wie der Verschmelzung oder Spaltung, die in den Kern des gesellschaftsrechtlichen Mitgliedschaftsrecht eingreifen, grundsätzlich übliche Zustimmung aller betroffenen Gesellschafter (und Gläubiger) überflüssig.[245] Schließlich wurden in s. 427A CA 1985 und dem dazugehörigen *Schedule* (Sch) *15B*,[246] die durch die *Companies (Merger and Divisions) Regulations 1987*[247] mit Wirkung zum 1.1.1988 eingeführt wurden, zusätzliche Voraussetzungen für eine Verschmelzung und Spaltung im Sinne der VRL bzw. SpRL aufgestellt, um den Vorgaben dieser beiden Richtlinien gerecht zu werden.[248]

Die Vorschriften der s. 425 ff. CA können – zusammengefasst dargestellt – als Schachtelsystem begriffen werden: Umstrukturierungen sind mit gerichtlicher Genehmigung nach s. 425 CA möglich, sofern den darin und den in s. 426 CA aufgestellten Anforderungen entsprochen wird. Handelt es sich dabei um Umstrukturierungen, in deren Zuge das Vermögen einer Gesellschaft ganz oder teilweise auf eine andere Gesellschaft übertragen wird, so kann das Gericht diesen Vorgang erleichtern, indem es z.B. eine Gesamtrechtsnachfolge oder die Auflösung der übertragenden Gesellschaft(en) ohne deren Ab-

245 Vgl. *Morse* in Morse (Hrsg.), Palmer's Company Law, Rz. 12.010; *Sealy*, Cases and Materials in Company Law, 499. Bei einem *scheme of arrangement* nach s. 425 CA 1985 handelt es sich um ein Rechtsinstitut, das für eine ganze Bandbreite von Maßnahmen herangezogen werden kann (vgl. *Morse* in Morse (Hrsg.), Palmer's Company Law, Rz. 12.033: „*The possible types of scheme under section 425 are of a wide variety.*"), neben Verschmelzung und Spaltung z.B. auch für eine Umstrukturierung des Kapitals oder eine Änderung von Aktiengattungen, siehe *Atkin's* Encyclopaedia of Court Forms in Civil Proceedings, Band 9 (1), 123 f.

246 Zunächst trug dieser *Schedule* die Bezeichnung 15A, wurde jedoch dann mit dem CA 1989 (s. 114 Abs. 2) in Sch. 15B umbenannt.

247 SI 1987 No 1991. Zweifel hinsichtlich der Wirksamkeit der Vorschriften wurden geäußert, da diese auf der Grundlage von s. 2 Abs. 2 des *European Communities Act 1972* erlassen wurden, der wiederum nur von Richtlinien geforderte Änderungen deckt. Die britischen Vorschriften zur Umsetzung der VRL (und SpRL) beziehen jedoch (teilweise) auch *private companies* mit ein, was außerhalb des zwingenden Anwendungsbereich der beiden Richtlinien liegt. *Morse* in Morse (Hrsg.), Palmer's Company Law, Rz. 12.010, Fn. 4.

248 Die fehlende Akzeptanz der Rechtsinstitute der Verschmelzung und Spaltung im Sinne der VRL bzw. SpRL kann man unter anderem daran erkennen, dass in der Literatur regelrecht Vorschläge gemacht werden, wie die Vorschriften der s. 427A CA und des Sch. 15B, mit denen die Vorgaben der beiden Richtlinien umgesetzt wurden (siehe hierzu sogleich näher), am besten umgangen werden können. Vgl. *Boyle/ Potts/ Sealy*, Gore-Brown on Companies, Tz. 30.11B und 30.11C. Das Regelwerk gilt als zu schwerfällig und komplex.

wicklung gestattet, s. 427 CA 1985. Ist nun an diesem Vorgang eine *public limited company* (*plc*, Pendant zur Aktiengesellschaft) beteiligt, so müssen, sofern einer der drei in s. 427A CA 1985 genannten Fälle vorliegt, die in dieser Vorschrift und dem Sch. 15B aufgestellten Anforderungen beachtet werden. Fall 1 von s. 427A CA 1985 beschreibt dabei die Verschmelzung durch Aufnahme, Fall 2 die Verschmelzung durch Neugründung. Fall 3 betrifft die Spaltung, in lit. a zur Aufnahme, in lit. b zur Neugründung.

2. *Die Aktiengesellschaft (das britische Pendant:* public limited company*) als verschmelzungs- und spaltungsfähiger Rechtsträger*

Beteiligungsfähig an einem *merger* ist, wie sich aus s. 425 Abs. 1 CA 1985 ergibt, jede Gesellschaft (*company*). Was unter einer *company* in diesem Zusammenhang zu verstehen ist, geht aus s. 425 Abs. 6 lit. a CA 1985 hervor. Es muss sich um eine Gesellschaft handeln, die nach den Bestimmungen des Gesetzes über die Kapitalgesellschaften (dies ist der CA 1985) abgewickelt werden muss.[249] Dies ist bei der *plc* der Fall.[250] Darüber hinaus nennt s. 427A Abs. 1 lit. a CA 1985 die *public company* explizit.[251]

Aus s. 427A Abs. 4 CA 1985 geht hervor, dass die Regelungen der s. 427A CA 1985 auf sich – ob freiwillig oder zwingend – in Abwicklung befindliche Gesellschaften keine Anwendung finden. Der britische Gesetzgeber nutzt daher – getreu seiner minimalistischen Umsetzungslinie[252] – die ihm durch Art. 3 Abs. 2 bzw. Art. 4 Abs. 2 VRL bzw. Art. 2 Abs. 2 SpRL i.V.m. Art. 3 Abs. 2 VRL und Art. 21 Abs. 2 SpRL i.V.m. 4 Abs. 2 VRL eröffnete Möglichkeit nicht. Genossenschaften in der Rechtsform der Aktiengesellschaft kennt das britische Recht nicht, so dass die Möglichkeit des Art. 1 Abs. 2 VRL bzw. Art. 1 Abs. 4 SpRL i.V.m. Art. 1 Abs. 2 VRL keine Rolle spielt.[253]

---

[249] Siehe ferner s. 735 Abs. 1 lit. a CA 1985.

[250] Daneben ist insbesondere auch die *private limited company* (*ltd*) beteiligungsfähig. Insgesamt gilt, dass die *plc* und *ltd* weitest gehend parallel geregelt sind. Siehe *Grundmann*, Europäisches Gesellschaftsrecht, Rz. 76.

[251] Eine *public company* ist nach s. 1 Abs. 3 CA 1985 dabei insbesondere eine *company limited by shares*, also eine *public limited company*.

[252] *Morse* in Morse (Hrsg.), Palmer's Company Law, Rz. 12. 010.

[253] Vgl. *Department of Trade and Industry*, Implementation of the Sixth EC Directive on Company Law, 3.

3. *Die Regelung der verschiedenen Verschmelzungs- und Spaltungsarten im Sinne der VRL bzw. SpRL und der ihnen gleichgestellten Vorgänge im britischen Recht*

Die zusätzlichen Anforderungen, die s. 427A CA 1985 an Verschmelzungen unter Beteiligung von Aktiengesellschaften stellt, finden lediglich in zwei genau umrissenen Fällen Anwendung. Es handelt sich dabei um die beiden Grundtypen der Verschmelzung im Sinne der VRL. Dies ist zum einen die Verschmelzung durch Aufnahme, s. 427A Abs. 2 Fall 1 CA 1985, zum anderen die Verschmelzung durch Neugründung, s. 427A Abs. 2 Fall 2 CA 1985.[254] Die beiden Grundtypen der Spaltung sind in s. 427A Abs. 2 Fall 3 CA1985 geregelt, die Spaltung zur Aufnahme in lit. a, die Spaltung zur Neugründung in lit. b. Nach s. 427A Abs. 1 lit. c CA 1985 ist eine bare Zuzahlung gestattet. Eine Beschränkung in der Höhe ist dem Gesetzestext dabei nicht zu entnehmen, weshalb wohl von der Möglichkeit einer unbegrenzten baren Zuzahlung ausgegangen werden kann. Eine Verschmelzung bzw. Spaltung, bei der die 10% Grenze der baren Zuzahlung überschritten wird, ist dann aber in gleicher Weise den (erhöhten) Anforderungen von s. 427A CA 1985 zu unterstellen. Art. 30 VRL bzw. Art. 24 SpRL wird damit entsprochen.

Der britische Gesetzgeber hat die von Art. 24 VRL vorgeschriebenen Verfahrenserleichterungen für den Fall der Verschmelzung einer 100%igen Tochtergesellschaft auf ihre Muttergesellschaft mit Hilfe verschiedener Vorschriften umgesetzt.[255] Fraglich ist, ob Vorgänge im Sinne des Art. 31 VRL möglich sind, bei denen nicht alle übertragenden Gesellschaften aufhören zu bestehen. Das britische Recht hat diesen Fall zwar nicht explizit geregelt. Aus s. 427 Abs. 3 lit. a CA 1985 geht jedoch hervor, dass das Gericht, dem bei der

---

[254] Die von s. 427A CA 1985 zusätzlich gestellten Anforderungen für den Fall der Verschmelzung durch Neugründung (Fall 2) gelten auch dann, wenn zwei oder mehr *public limited companies* auf eine Gesellschaft verschmolzen werden, die keine *public limited company* ist. Dies geht explizit aus s. 427A Abs. 2 Fall 2 CA 1985 hervor: „*...are to be transferred to a company (whether or not a public company...*"). Vgl. zudem *Morse* in Morse (Hrsg.), Palmer's Company Law, Rz. 12.010.

[255] Vgl. § 12 Abs. 1 i.V.m. Abs. 2 Sch. 15B CA 1985; § 12 Abs. 1 und 3 Sch. 15B CA 1985 i.V.m. s. 426 CA 1985 und § 3 lit. a Sch. 15B CA 1985; § 12 Abs. 1 und 3 Sch. 15B CA 1985 i.V.m. s. 426 CA 1985 und § 3 lit. d Sch. 15B CA 1985. Von der in Art. 25 VRL eröffneten Möglichkeit, in diesem Fall weitere Verfahrenserleichterungen vorzusehen, wurde teilweise Gebrauch gemacht. Ferner wurde die Option des Art. 27 VRL genutzt, auf die Zustimmung durch die Hauptversammlung der übernehmenden Gesellschaft unter bestimmten Voraussetzungen zu verzichten, wenn diese mindestens 90%, aber nicht alle Anteile an der übertragenden Gesellschaft besitzt. Vgl. § 14 Abs. 2 lit. a und Abs. 3 Sch. 15B CA 1985. Siehe insgesamt zu den einzelnen Erleichterungen unten *3. Teil § 11 V 1. e) aa)* sowie *§ 12 V 7. b)* und *c)*.

Durchführung einer Verschmelzung umfangreiche Befugnisse zukommen,[256] bei entsprechendem Antrag der Gesellschaften auch den Übergang lediglich eines Teils des Vermögens der übertragenden Gesellschaft anordnen kann. Tut es das, so existiert die übertragende Gesellschaft weiter und hört eben nicht auf zu bestehen.

Die gemischte Spaltung erlaubt s. 427A Abs. 2 Fall 3 CA 1985, indem er die beiden Grundformen der Spaltung nicht in ein Alternativverhältnis stellt. Sie können daher bei einem Vorgang gleichzeitig zur Anwendung kommen. Von der in Art. 23 SpRL ermöglichte Verfahrenserleichterung, wenn die Spaltung unter Aufsicht eines Gerichts durchgeführt wird, wurde Gebrauch gemacht.[257] Weiterhin sind – wie es Art. 25 SpRL gestattet – aufgrund der weiten Befugnisse, die dem Gericht eingeräumt sind, auch Spaltungen möglich, bei denen die übertragende Gesellschaft nicht erlischt. Schließlich sieht der britische Gesetzgeber für den Fall, dass eine Gesellschaft gespalten wird, an der die übernehmenden Gesellschaften zusammen insgesamt 100% der Anteile besitzen, den von Art. 20 SpRL gestatteten Verzicht auf die Zustimmung durch die Hauptversammlung vor, § 13 Abs. 2 lit. a und Abs. 3 Sch. 15B CA 1985.

4. Überblick über das Verfahren der Verschmelzung und Spaltung

Das Verfahren der Verschmelzung und Spaltung im britischen Recht unterscheidet sich grundlegend von dem der übrigen hier zu untersuchenden Rechtsordnungen. Dies ist darauf zurückzuführen, dass es unter Aufsicht des Gerichts stattfindet, das die jeweilige Maßnahme zudem zu genehmigen hat und dabei über einen großen Beurteilungsspielraum verfügt.

a) Vorbereitungsphase

Wenn das Ende des Geschäftsjahres bei der ersten Hauptversammlung der beteiligten Gesellschaften mehr als sechs Monate zurückliegt, ist – so ist auch die Vorgabe des Art. 11 Abs. 1 lit. c VRL bzw. Art. 9 Abs. 1 lit. c SpRL – eine Zwischenbilanz aufzustellen, vgl. § 6 Abs. 1 lit. e und Abs. 2 Sch. 15B CA 1985. Um das Umtauschverhältnis festlegen zu können, sind die an der jeweiligen Maßnahme beteiligten Gesellschaften zu bewerten, vgl. § 5 Abs. 4-8 Sch. 15B CA 1985. Sodann werden der Verschmelzungs- bzw. Spaltungsplan, § 2 Sch. 15B CA 1985, der Verschmelzungs- bzw. Spaltungsbericht, § 4 Sch. 15B CA 1985, und der Verschmelzungs- bzw. Spaltungsprüfungsbericht,

---

[256] Vgl. *Department of Trade*, Implementation of the third EC Directive on company law, 15.

[257] Siehe unten *3. Teil § 11 1. e) cc)*.

§ 5 Sch. 15B CA 1985 erstellt. Der Verschmelzungs- bzw. Spaltungsplan ist beim Gesellschaftsregister einzureichen, woraufhin der *registrar of companies*, der Registerbeamte, über den Erhalt des Plans eine Mitteilung im staatlichen Anzeiger, der *Gazette*, veröffentlicht, § 2 Abs. 1 lit. b Sch. 15B CA 1985. Ferner sind gegebenenfalls erforderliche Kapitalerhöhungen, s. 121 ff. CA 1985, vorzubereiten. Schließlich ist ein Antrag an das Gericht zu stellen, die Hauptversammlungen (und gegebenenfalls Versammlungen der Gesellschaftsgläubiger) einzuberufen, s. 425 Abs. 1 CA 1985 für die übertragende(n) Gesellschaft(en) und s. 427A Abs. 3 CA 1985 für die übernehmende(n) Gesellschaft(en). Daraufhin finden gerichtliche Anhörungen statt, die – sofern das Gericht die Voraussetzungen hierfür für gegeben hält[258] – dazu führen, dass das Gericht das Abhalten der Hauptversammlungen anordnet, s. 425 Abs. 1 CA 1985 und s. 427A Abs. 3 CA 1985.[259]

b) Beschlussphase, nachfolgende Anträge, gerichtliche Genehmigung, Veröffentlichung

In den Hauptversammlungen (gegebenenfalls nach Gesellschafterklassen getrennt) werden die Verschmelzungs- bzw. Spaltungsbeschlüsse gefasst, s. 425 CA 1985 und § 1 Sch. 15B CA 1985. Gegebenenfalls ist zudem die Zustimmung zu einer Kapitalerhöhung, s. 121 Abs. 2 lit. a CA 1985, und zu Satzungsänderungen erforderlich.[260] Wurde mit der notwendigen Mehrheit der Verschmelzung bzw. Spaltung zugestimmt, so ist deren Genehmigung beim zuständigen Gericht zu beantragen. Es folgen eine gerichtliche Anhörung, die Prüfung der Maßnahme und – sofern das Gericht die Anforderungen für erfüllt ansieht – deren Genehmigung durch das Gericht, gegebenenfalls unter Auflagen.[261] Eine Ausfertigung der gerichtlichen Genehmigung ist dann zur Eintragung beim Handelsregister einzureichen, s. 425 Abs. 3 HS 1 CA 1985. Der *registrar of companies* veröffentlicht nach s. 711 Abs. 1 lit. t CA 1985 eine Mitteilung über die Verschmelzung bzw. Spaltung in der *Gazette*. Gegebenenfalls ist eine Kapitalerhöhung ebenfalls beim Handelsregister anzumelden, vgl. s. 123 Abs. 1 CA 1985. Sodann ist die Anordnung der besonderen Verschmelzungs- bzw. Spaltungsfolgen nach s. 427 Abs. 3 CA 1985 gesondert beim Handelsregister zu beantragen. Nach einer Anhörung beim *registrar*

---

258 Siehe hierzu *Atkin's* Encyclopaedia of Court Forms in Civil Proceedings, Band 9 (1), 125 f.

259 Nach s. 744 CA 1985 ist der Antrag auf die Anordnung an das Gericht zu richten, das auch für die Auflösung der Gesellschaft zuständig ist. Dies wird in der Regel die *Chancery Division* des *High Court* sein, vgl. s. 117 Abs. 1 Insolvency Act 1986 (IA).

260 Vgl. *Atkin's* Encyclopaedia of Court Forms in Civil Proceedings, Band 9 (1), 128.

261 *Atkin's* Encyclopaedia of Court Forms in Civil Proceedings, Band 9 (1), 130.

of companies können diese Folgen dann schließlich vom *Companies Court* angeordnet werden.[262] Jede Gesellschaft, auf die sich die gerichtliche Anordnung der besonderen Folgen bezieht, muss dann innerhalb von sieben Tagen nach deren Erlass eine Ausfertigung der Anordnung beim *registrar of companies* einreichen, s. 427 Abs. 5 HS 1 CA 1985. Dieser wiederum veranlasst nach s. 711 Abs. 1 lit. t CA 1985 eine Mitteilung über die Anordnung der besonderen Verschmelzungs- bzw. Spaltungsfolgen in der *Gazette*.

5. Zeitpunkt des Wirksamwerdens der Verschmelzung und Spaltung

Die Genehmigung der Verschmelzung bzw. Spaltung durch das Gericht (vgl. s. 425 Abs. 2 CA 1985) wird nach s. 425 Abs. 3 CA 1985 wirksam, wenn eine Ausfertigung der entsprechenden Anordnung beim Handelsregister eingereicht worden ist. Erst danach treten die Verschmelzungs- bzw. Spaltungsfolgen zu dem vom Gericht festgesetzten Stichtag, § 9 Abs. 2 (gegebenenfalls i.V.m. Abs. 3 und 4) Sch. 15B CA 1985, in Kraft.

6. Rechtswirkungen der Verschmelzung und Spaltung

Der Übergang des Vermögens von der oder den übertragenden auf die übernehmende(n) Gesellschaft(en) erfolgt auf Anordnung des Gerichts, siehe s. 427 Abs. 3 lit. a CA 1985. Das Gericht ordnet nach s. 427 Abs. 3 lit. b CA 1985 auch die Ausgabe der Aktien an der oder den übernehmenden Gesellschaft(en) an die Gesellschafter der übertragenden Gesellschaft(en) an (nach der im Verschmelzungs- bzw. Spaltungsplan enthaltenen Regelung). § 7 Sch. 15B CA 1985 verbietet dabei in Übereinstimmung mit Art. 19 Abs. 2 lit. b VRL bzw. Art. 17 Abs. 2 lit. b SpRL explizit die Ausgabe von Aktien an der übernehmenden Gesellschaft für Aktien, die sich im Besitz der übertragenden Gesellschaft(en) selbst befinden. Ferner ist eine Ausgabe dann nicht erlaubt, wenn die übernehmende(n) Gesellschaft(en) Aktien an der oder den übertragenden besitzt. Dies würde zu einem Erwerb eigener Anteile führen, der aber grundsätzlich nur dann erlaubt ist, wenn er ohne Gegenleistung stattfindet, s. 143 Abs. 3 HS 1 i.V.m. Abs. 1 CA 1985. Schließlich erlöschen die übertragenden Gesellschaften, s. 427 Abs. 3 lit. d CA 1985, zu dem vom Gericht festgelegten Stichtag. Voraussetzung für die Anordnung der Rechtswirkungen ist, dass die Bedingungen der s. 427 Abs. 2 CA 1985 erfüllt sind.[263]

---

262 Vgl. *Atkin's* Encyclopaedia of Court Forms in Civil Proceedings, Band 9 (1), 131 ff.

263 Es muss dabei zum einen nachgewiesen werden, dass der *scheme* zum Zwecke der Verschmelzung von zwei oder mehr Gesellschaften vorgeschlagen und dass im Rahmen dieses *scheme* das Vermögen (zumindest) einer der beteiligten Gesellschaften oder Teile davon auf eine andere Gesellschaft übertragen wird.

Für Gegenstände des Aktiv- und Passivvermögens der übertragenden Gesellschaft, die bereits bei Erstellung des Spaltungsplans vorhanden waren, die aber bei der Zuteilung keine Berücksichtigung gefunden haben, weil man von ihrer Existenz nichts wusste, ist nach § 2 Abs. 3 lit. b Sch. 15B CA 1985 i.V.m. § 2 Abs. 3 lit. a Sch. 15B CA 1985 eine Regelung in den Spaltungsplan aufzunehmen, wie diese Gegenstände auf die übernehmenden Gesellschaften aufgeteilt und übertragen werden.[264] Ohne eine solche Zweifelsregelung für „vergessene" Gegenstände genehmigt das Gericht den Plan nicht. Damit wird Art. 3 Abs. 3 lit. a und b SpRL entsprochen.

II. Wichtige nicht von der VRL und SpRL erfasste ähnliche Vorgänge

1. *Freiwillige Abwicklung* (voluntary liquidation)

Nach s. 110, 111 IA 1986 kann eine Verschmelzung oder Spaltung auch im Rahmen einer freiwilligen Abwicklung (*voluntary liquidation*) durchgeführt werden. Die Gesellschaft wird in diesem Fall aufgelöst und ein durch außerordentlichen Beschluss (s. 378 Abs. 2 CA 1985) ermächtigter Liquidator überträgt das gesamte Gesellschaftsvermögen auf die übernehmende Gesellschaft und nimmt die als Gegenleistung zu gewährenden Anteile an dieser Gesellschaft in Empfang, um sie anschließend unter den Anteilsinhabern der aufgelösten Gesellschaft zu verteilen. Auf diese Weise kann wirtschaftlich dasselbe Ergebnis wie mit einer Verschmelzung bzw. Spaltung im Sinne der VRL bzw. SpRL nach s. 425 ff. CA 1985 erzielt werden. Dennoch fällt das Vorgehen nach s. 110, 111 IA 1986 bereits deshalb nicht in den Anwendungsbereich der VRL und SpRL, weil sich in (freiwilliger) Abwicklung befindliche Gesellschaften vom Anwendungsbereich ausgeklammert sind, s. 427A Abs. 4 CA 1985.[265]

---

264 Das Zusammenspiel stellt sich wie folgt dar: § 2 Abs. 3 lit. b Sch. 15B CA 1985 regelt die Aufteilung von Gegenständen des Aktiv- und Passivvermögens, die der übertragenden Gesellschaft bekannt sind („*to the extent these are known to the transferor company*"). § 2 Abs. 3 lit. a Sch. 15B CA 1985 nimmt sich aller anderen Gegenstände des Aktiv- und Passivvermögens („*any other property and liabilities*") an.

265 Unterschiede im Verfahren ergeben sich insbesondere dadurch, dass ein Vorgehen nach s. 110, 111 I.A. 1986 nicht die Mitwirkung des Gerichts erfordert und dieses daher auch nicht prüfen kann, ob das Vorgehen *fair* ist. Sozusagen als Ausgleich steht dem dissentierenden Gesellschafter das Recht zu, dem erforderlichen außerordentlichen Beschluss innerhalb von sieben Tagen zu widersprechen. Der Liquidator kann dann von der Übertragung absehen oder die Anteile des Widersprechenden aufkaufen, s. 111 Abs. 2 und 3 I.A. 1986. Vergleichbare Rechte werden den Anteilseignern im Rahmen eines Verfahrens nach s. 425 ff. CA 1985 nicht eingeräumt. Ist also dort die erforderliche Mehrheit erreicht und hat das Gericht den Vergleichsplan ge-

2. *Übernahme* (takeover)

Die Übernahme (*takeover*) ist neben der Verschmelzung eines der Hauptinstrumente für die Konzentration von Unternehmen. Dies gilt für alle der zu untersuchenden Mitgliedstaaten, in besonderem Maße aber für Großbritannien. Dort stellt die Übernahme in diesem Zusammenhang sogar die mit Abstand am häufigsten angewandte Maßnahme dar.[266] Funktional ist sie (weitgehend) mit der Verschmelzung vergleichbar.[267] Beide Instrumente können insbesondere für den soeben genannten Zweck der Unternehmenskonzentration eingesetzt werden.[268] Davon abgesehen unterscheidet sich die Übernahme insbesondere dadurch von der Verschmelzung im Sinne der VRL, dass die übernehmende Gesellschaft lediglich die Anteile der Zielgesellschaft – gegen Barzahlung oder die Ausgabe eigener Anteile – erwirbt. Dies führt nur zu einer anderen Zusammensetzung der Anteilsinhaber in der Zielgesellschaft, die als rechtliche Person aber bestehen bleibt.[269] Das für eine Verschmelzung im Sinne der VRL charakteristische Element der Auflösung der übertragenden Gesellschaften ohne deren Abwicklung liegt also nicht vor. Vielmehr entsteht, wenn man die Beziehung der beteiligten Gesellschaften zueinander nach einer Übernahme betrachtet, eine Unternehmensgruppe. Bei einer Verschmelzung hingegen wird auch das Vermögen selbst (*en bloc*) auf die übernehmende Gesellschaft übertragen. Liegt einer der beiden Grundtypen der Verschmelzung vor, d.h. wird das gesamte Vermögen übertragen, beendet dies die rechtliche Existenz der übertragenden Gesellschaften. Es entsteht (rechtlich) ein einheitliches Gebilde, eine Einheitsgesellschaft.[270] Da die Übernahme – zusammengefasst – keines der charakteristischen Merkmale des Grundtyps der Verschmelzung im Sinne der VRL aufweist, unterliegt sie nicht den Vorgaben der VRL.[271]

---

nehmigt, steht den Aktionären kein explizites Austrittsrecht zu (siehe hierzu unten *3. Teil § 13 V.*). Den Hauptunterschied bei den Rechtsfolgen stellt die Abwicklung im Verfahren nach s. 110, 111 I.A. 1986 dar. Das Vermögen der liquidierten Gesellschaft geht nicht „nahtlos" auf eine andere Gesellschaft über.

266 Die gesetzlichen Regelungen der s 428 ff. CA 1985 regeln nur ein Minimum. Ausführliche Bestimmungen enthält jedoch der *City Code on Takeovers and Mergers*.

267 Siehe bereits oben *Einführung § 1*. Vgl. ferner *Triebel/ Hodgson/ Kellenter/ Müller*, Englisches Handels- und Wirtschaftsrecht, Rz. 771.

268 Vgl. allgemein *Grundmann*, Europäisches Gesellschaftsrecht, Rz. 919.

269 *Morse* in Morse (Hrsg.), Palmer's Company Law, Rz. 12.006; vgl. auch *Davies*, Gower's and Davies' Principles of Modern Company Law, 799.

270 *Grundmann*, Europäisches Gesellschaftsrecht, Rz. 921.

271 Siehe bereits oben *Einführung § 1*, zudem *Edwards*, EC Company Law, 91 und (bezogen auf den zweiten Teil der Aussage) *Barbaso*, The Journal of Business Law 1984, 176, 178; *Farmery*, (1987) Business Law Review 35, 35; *Farrar/ Hannigan*,

§ 8 Vergleich der Regelungsrahmen

Die Regelungsrahmen der Verschmelzung und Spaltung in den zu untersuchenden Rechtsordnungen sind aufgrund der diesbezüglich wenig Spielraum gewährenden Vorgaben des Gemeinschaftsrechts in großem Maße übereinstimmend. Dem wohl größten Unterschied begegnet man im Verfahren. Einzig das britischen Recht hat es für die Verschmelzung und Spaltung unter gerichtliche Aufsicht gestellt. Dies wirkt sich zum Teil auch auf die Gestaltung der einzelnen Aktionärsrechte aus, da das Gericht, das laufend das Verfahren überwacht und seine notwendige Genehmigung zu der jeweiligen Maßnahme nur gibt, wenn die entsprechenden Anforderungen eingehalten worden sind, bestimmte Rechte den Aktionären zusprechen kann.[272] Auswirkungen hat das britische Verfahren auch für die Rechtspraxis. Die Durchführung von Verschmelzungen und Spaltungen im Sinne der VRL bzw. SpRL ist im britischen Recht sehr aufwändig und zeitintensiv, was sicherlich auch einen Grund dafür darstellt, dass diese beiden Möglichkeiten der Umstrukturierung einer Gesellschaft keine große Bedeutung in ihrer Rechtsordnung erlangt haben.

Betrachtet man nunmehr innerhalb des Regelungsrahmens einzelne Eckpunkte, so stellt man für den personellen Anwendungsbereich fest, dass sich die soeben geschilderte Zweiteilung der Rechtsordnungen fortsetzt. Während die drei zu untersuchenden kontinentaleuropäischen Rechtsordnungen auch sich in Auflösung befindliche Aktiengesellschaften mit in die Verschmelzungs- bzw. Spaltungsregelungen einbeziehen, nimmt sie das britische Recht hiervon aus. Dies liegt sicherlich auch daran, dass im britischen *Insolvency Act* ein eigenes, bedeutsames Verfahren für Restrukturierungen vorgesehen ist. Hinsichtlich des sachlichen Anwendungsbereichs ergibt sich folgendes Bild: Die Grundformen der Verschmelzung mussten geregelt werden und sind daher in allen Rechtsordnungen enthalten. Doch auch die nicht verpflichtend einzuführende Spaltung findet sich in allen der zu untersuchenden Rechtsordnungen. Die fakultative gemischte Spaltung (Art. 1 Abs. 3 SpRL) kennt ebenfalls jede der zu untersuchenden Rechtsordnungen, auch wenn dies im französischen Recht nicht direkt dem Gesetz zu entnehmen ist. Die 100%ige Kon-

---

Farrar's Company Law, 31; *Heenen*, CDE 1981, 15, 17; *Wooldridge*, (1980) 1 The Company Lawyer 75, 75. Davon zu unterscheiden ist die Frage, ob im Zuge einer Verschmelzung die Regelungen des Übernahmerechts und dabei insbesondere dessen Schutzvorschriften Anwendung finden. In diesem Zusammenhang wird vor allem diskutiert, ob in bestimmten Fällen die (strengeren) Voraussetzungen von s. 428 ff. (und dabei in erster Linie s. 429 Abs. 1) CA 1985 gelten, um 100% der Anteile einer zu übernehmenden Gesellschaft zu erlangen. Vgl. hierzu *Morse* in Morse (Hrsg.), Palmer's Company Law, Rz. 12.013.2.

272 Siehe hierzu später bei den einzelnen Aktionärsrechten.

zernverschmelzung (mit den dafür vorzusehenden Verfahrenserleichterungen) musste nach den Vorgaben des Gemeinschaftsrechtsgebers eingeführt werden und wurde auch in allen Rechtsordnungen eingeführt. Für Verfahrenserleichterungen beim fakultativen spaltungsrechtlichen Pendant hierzu haben sich nur das britische und deutsche Recht entschieden. Diese beiden Rechtsordnungen haben auch als einzige Erleichterungen für den Fall vorgesehen, dass bei einer Verschmelzung die Muttergesellschaft zwischen 90 und weniger als 100% der Anteile an der jeweiligen Tochtergesellschaft hält.

Unterschiede ergeben sich auch bei den von der VRL und SpRL der Verschmelzung und Spaltung gleichgestellten Maßnahmen, die nicht zwingend vorzusehen sind. So sind Verschmelzungen und Spaltungen mit einer höheren baren Zuzahlung als 10% (Art. 30 VRL bzw. Art. 24 SpRL) in den drei kontinentaleuropäischen Rechtsordnungen nicht gestattet, nach britischem Recht dürften sie wohl zulässig sein. Eine Verschmelzung ohne Auflösung aller übertragenden Gesellschaften (Art. 31 VRL) gestattet explizit nur das belgische Recht. Aber auch nach britischem Recht müsste dies möglich sein. Das spaltungsrechtliche Pendant hierzu (Art. 25 SpRL) halten ebenfalls das belgische sowie britische Recht und daneben auch das deutsche Recht vor. Dabei handelt es sich nach deutscher Terminologie um die Abspaltung.

2. Teil: Die Schutzbedürftigkeit der Aktionäre bei der nationalen Verschmelzung und Spaltung und das Schutzkonzept der VRL und SpRL

§ 9 Die Schutzbedürftigkeit der Aktionäre bei der nationalen Verschmelzung und Spaltung

Aus den Rechtswirkungen der Verschmelzung und Spaltung[273] ergibt sich die Schutzbedürftigkeit der Aktionäre von Gesellschaften, die an einer dieser Maßnahmen beteiligt sind. Für die Aktionäre der übertragenden Gesellschaft(en) erscheint – zumindest vordergründig – ein solcher Schutz am dringlichsten: Die Gesellschaft, deren Anteile sie halten, löst sich auf und sie werden von Gesetzes wegen Aktionäre der übernehmenden Gesellschaft(en).[274] Ihr ursprüngliches Engagement in der von ihnen ausgewählten Gesellschaft endet. Die daran geknüpften Erwartungen müssen sich nicht zwangsläufig in der oder den neuen Gesellschaften fortsetzen. Doch auch die Interessen der Aktionäre der übernehmenden Gesellschaften können in dieser Hinsicht berührt sein: Mit der Verschmelzung oder Spaltung kann eine inhaltliche Neuausrichtung der im Zuge dieser Maßnahmen entstandenen Gesellschaften einhergehen, die von den Aktionären nicht gewollt ist. Darüber hinaus sind sowohl die Aktionäre der übertragenden als auch der übernehmenden Gesellschaften dadurch betroffen, dass sich der Anteil, den jeder Aktionär nach Durchführung der jeweiligen Maßnahme an der oder den dann größer gewordenen Gesellschaft(en) hält, in der Regel verringert.[275] So ist es möglich, dass in bestimmt gelagerten Konstellationen Rechte, deren Ausübung einen gewissen Prozentsatz des Grundkapitals erfordern, nicht mehr wahrgenommen werden können, weil diese Schwelle nicht mehr erreicht wird.[276]

---

273 Vgl. hinsichtlich der vom Gemeinschaftsrechtsgeber vorgegebenen Rechtswirkungen Art. 19 Abs. 1 lit. a bis c VRL sowie Art. 17 Abs. 1 lit. a bis c SpRL. Siehe zudem hierzu bereits oben *1. Teil § 3 I 6.*

274 Siehe zu den europarechtlichen Vorgaben oben *§ 3 I 3. a) aa) (3).*

275 Größer geworden meint in diesem Zusammenhang, dass sich die Anzahl der Aktionäre in der übernehmenden Gesellschaft aufgrund der in der Regel als Gegenleistung angebotenen Anteile an der übernehmenden Gesellschaft erhöht. Diese stammen in den meisten Fällen aus einer Kapitalerhöhung unter Ausschluss des Bezugsrechts der eigenen Gesellschafter. Eine Kapitalerhöhung ist nur dann nicht erforderlich, wenn die Aktionäre der übertragenden Gesellschaften mit Anteilen abgefunden werden können, die sich bereits im Besitz einer der beteiligten Gesellschaften befinden und voll eingezahlt sind. Für das deutsche Recht: § 68 Abs. 1 S. 2 Nr. 1-2 UmwG. Siehe hierzu *Raiser/ Veil*, Recht der Kapitalgesellschaften, § 48, Rz. 34.

276 Es handelt sich hierbei – nach deutscher Terminologie – um so genannte Minderheitsrechte im technischen Sinne, also Rechte, die das Gesetz einer Minderheit als

Ebenfalls denkbar ist, dass ein Aktionär nach der Verschmelzung „seiner" Gesellschaft mit einer oder mehreren anderen Gesellschaften oder der Spaltung „seiner" Gesellschaft auf mehrere andere Gesellschaften mit den dann auf ihn fallenden Stimmrechten nicht mehr wie zuvor in der Lage ist, den Ausgang einer Abstimmung zu seinen Gunsten zu beeinflussen.[277]

In vermögensrechtlicher Hinsicht besteht im Rahmen einer Verschmelzung oder Spaltung die Gefahr der Verwässerung des Anteilswertes.[278] Es gilt die richtige Relation der Unternehmenswerte der an der jeweiligen Maßnahme beteiligten Gesellschaften zu ermitteln und so das korrekte Verhältnis festzulegen, in dem die Aktionäre der übertragenden Gesellschaft(en) mit Aktien der übernehmenden Gesellschaft(en) für den Verlust ihrer Anteile entschädigt werden. Ist dieses Umtauschverhältnis zu niedrig bemessen, sind die Aktionäre der übertragenden Gesellschaft(en) benachteiligt, ist es zu hoch bemessen, die der übernehmenden Gesellschaft(en). Oder anders ausgedrückt, die Interessen der Aktionäre sind jedes Mal dann beeinträchtigt, wenn diese ihren bisherigen relativen Anteil an der Vermögensmasse nach Durchführung der jeweiligen Maßnahme nicht behalten. Der Festlegung des Umtauschverhältnisses kommt daher bei einer Verschmelzung oder Spaltung zentrale Bedeutung zu. Es gibt Aufschluss darüber, welchen Gegenwert die Aktionäre der übertragenden Gesellschaft(en) für ihre Anteile erhalten bzw. welchen Preis die Aktionäre der übernehmenden Gesellschaft(en) für die Einbringung der neuen Gesellschaft(en) zahlen.

§ 10 Das Schutzkonzept der VRL und SpRL

Die soeben angeführten Auswirkungen der Verschmelzung und Spaltung auf die mitgliedschaftlichen Rechte der Aktionäre verdeutlichen die grundlegende Bedeutung der jeweiligen Maßnahme für die Anteilsinhaber. Der Gemeinschaftsrechtsgeber erachtet es daher im Sinne des Eignerschutzes für erforderlich, die Gesellschafter durch einen Beschluss der Hauptversammlung über

---

solcher gibt, meist einem bestimmten Anteilsquorum – z.B. einer 10% Minderheit. Vgl. (zur Kapitalerhöhung) *Habersack*, Europäisches Gesellschaftsrecht, Rz. 187.

277 Reichten z.B. einem Aktionär in „seiner" Ausgangsgesellschaft die auf ihn fallenden Stimmrechte noch aus, um die für einen Beschluss erforderliche Mehrheit entweder zustande zu bringen oder zu verhindern, kann es sein, dass ihm dies in der verschmolzenen Gesellschaft nicht mehr gelingt. Vgl. zu dem Verlust des in der Ausgangsgesellschaft bestehenden Anteilsverhältnisses (Proportionalitätsgrundsatz) nach Durchführung der Verschmelzung bzw. Spaltung *Hommelhoff/ Riesenhuber*, in: Grundmann (Hrsg.), Systembildung und Systemlücken in Kerngebieten des Europäischen Privatrechts, 259, 275 f.

278 Vgl. *Pannier*, Harmonisierung der Aktionärsrechte in Europa – insbesondere der Verwaltungsrechte –, 112.

diese beiden Strukturmaßnahmen in der Regel entscheiden zu lassen, Art. 7 VRL bzw. Art. 5 SpRL.[279] So wird sichergestellt, dass die Verschmelzung oder Spaltung nicht an den Aktionären vorbei durchgeführt werden kann.[280] Damit wird insbesondere dem strukturellen Charakteristikum einer Publikumsgesellschaft begegnet: Durch die Streuung des Anteilsbesitzes verselbständigt sich die Unternehmensleitung, was dazu führt, dass die Aktionäre die durch ihr Eigentum vermittelte Möglichkeit zur Unternehmenssteuerung verlieren.[281] Hinsichtlich der Möglichkeit, nach der kollektiven Entscheidung im Rahmen des Hauptversammlungsbeschlusses den außenstehenden Aktionären nochmals anzubieten, individuell ihr Investment zu überdenken und ihnen ein Austrittsrecht einzuräumen, zeigt sich der Gemeinschaftsrechtsgeber bei der Verschmelzung und Spaltung sehr zurückhaltend. Allgemein sieht keine der beiden Richtlinien ein solches Austrittsrecht vor. Die VRL zwingt die Mitgliedstaaten nur dann, den Aktionären den Austritt zu ermöglichen, wenn sie bei einer Konzernverschmelzung bestimmte Verfahrenserleichterungen vorsehen wollen, Art. 28 lit. a VRL. Die SpRL schlägt ein Austrittsrecht lediglich für den Fall der nichtverhältniswahrenden Spaltung vor, Art. 5 Abs. 2 SpRL. Die Mitgliedstaaten sind jedoch nicht gehindert, darüber hinausgehend ein Austrittsrecht anzubieten.

Um eine den Grundsätzen der Privatautonomie genügende Ausübung des Stimmrechts zu ermöglichen und die Richtigkeit der Willensbildung sicherzustellen,[282] müssen die Entscheidungsträger – hier die Aktionäre – in Kenntnis aller relevanten Tatsachen handeln können.[283] Dies erfordert eine ausreichen-

---

279 Dies gilt auch für andere sogenannte Grundlagenentscheidungen, z.B. für Satzungsänderungen nach dem SE-Statut (Art. 97) oder Kapitalerhöhung und Kapitalherabsetzung (Art. 25 und 30 KapRL). Dieselbe Linie – subjektives Recht des Aktionärs auf Teilhabe an der Entscheidungsgewalt der Gesellschaft – hat auch der EuGH in mehreren Entscheidungen betont. EuGH 30.5.1991 – Rs C 19, 20/90 (*Karella*), Slg. 1991, I-2691; 24.3.1992 – Rs C-381/89 (*Evangeliki Ekklesia*), Slg. 1992, I-2112, 2134; 12.11.1992 – Rs C-134, 135/91 (*Kerafina*), Slg. 1992, I-5699, 5713; 12.3.1996 Rs C-441/93 (*Panagis Pafitis*), Slg. 1996, I-1347; *Schön*, RabelsZ 64 (2000), 1, 27.

280 *Hommelhoff/ Riesenhuber*, in: Grundmann (Hrsg.), Systembildung und Systemlücken in Kerngebieten des Europäischen Privatrechts, 259, 272.

281 *Berle/ Means*, The Modern Corporation and Private Property, 84 ff.; *Jensen/ Meckling*, Journal of Financial Economics 3 (1976), 305 ff.; *Ebke* in Sandrock/ Jäger (Hrsg.), Internationale Unternehmenskontrolle und Unternehmenskultur, 7, 8.

282 *Habersack*, Europäisches Gesellschaftsrecht, Rz. 222; *Hommelhoff/ Riesenhuber*, in: Grundmann (Hrsg.), Systembildung und Systemlücken in Kerngebieten des Europäischen Privatrechts, 259, 274; in Anlehnung an die vertragsrechtliche Lehre von der „Richtigkeitsgewähr" von *Schmidt-Rimpler*, AcP 147 (1941), 130 ff.

283 *Habersack*, Europäisches Gesellschaftsrecht, Rz. 222. Den Grundsätzen der Privatautonomie kann freilich nur in eingeschränktem Maße genügt werden, da es sich bei einem Hauptversammlungsbeschluss nicht um einen Vertrag handelt. Vielmehr muss

de Information der Aktionäre über das Vorhaben der Verschmelzung bzw. Spaltung. Die VRL und die SpRL setzen entscheidend auf diesen Zusammenhang und sehen entsprechend umfangreiche Informationsrechte vor.[284] Sie übertragen die Entscheidungsverantwortung voll den Aktionären, sichern diese aber durch ein *„weitreichendes und feingesponnenes Informationssystem“*[285] ab.[286] Dieses als Vorbereitung der Entscheidung vorgesehene System besteht aus der Informationsvermittlung einerseits und der Informationsverifikation andererseits.[287] Die Vermittlung der für die Entscheidungsfindung der Aktionäre maßgebenden Informationen besteht aus dem von den Verwaltungs- oder Leitungsorganen mit einem vorgeschriebenen Mindestinhalt zu erstellenden Verschmelzungs- bzw. Spaltungsplan (Art. 5 VRL bzw. Art. 3 SpRL) und dem hierzu von diesen zu verfassenden ausführlichen Bericht, dem Verschmelzungs- bzw. Spaltungsbericht (Art. 9 VRL bzw. Art. 7 SpRL). Um diese Informationsvermittlung in einem ersten Schritt abzusichern, werden die Informationen durch unabhängige Sachverständige verifiziert. Sie halten das Ergebnis ihrer Prüfung in dem Verschmelzungs- bzw. Spaltungsprüfungsbericht – ebenfalls mit vorgeschriebenem Mindestinhalt – fest, Art. 10 VRL bzw. Art. 8 SpRL. Im Mittelpunkt der beiden Berichte steht die Angemessenheit des Umtauschverhältnisses. Ist diese gewahrt, stehen die Aktionäre der beteiligten Gesellschaften vermögensmäßig auch nach der Verschmelzung bzw. Spaltung gleich. Informationsvermittlung und -verifikation stellen die beiden Säulen dar, auf die der *ex-ante* Schutz der Aktionäre bei einer Verschmelzung bzw. Spaltung gestützt wird.[288] Die in diesen beiden Säulen enthaltenen Informationen sind schließlich – neben Standardunterlagen – für die

---

aufgrund des Charakters der Mehrheitsentscheidung nicht unbedingt das Votum aller Gesellschafter Wirkung zeigen.

284 *Grundmann* in FS Lutter, 61, 62 ff. spricht von „Informationsmodell“; ebenso *Hommelhoff/ Riesenhuber*, in: Grundmann (Hrsg.), Systembildung und Systemlücken in Kerngebieten des Europäischen Privatrechts, 259, 272. Dass eine entsprechende Unterrichtung der Aktionäre der an einer Verschmelzung oder Spaltung beteiligten Gesellschaften ein Hauptanliegen sowohl der VRL als auch der SpRL ist, geht bereits aus dem 4. Erwägungsgrund der VRL bzw. dem 6. Erwägungsgrund der SpRL hervor.

285 *Hommelhoff/ Riesenhuber*, in: Grundmann (Hrsg.), Systembildung und Systemlücken in Kerngebieten des Europäischen Privatrechts, 259, 272.

286 *Grundmann*, Europäisches Gesellschaftsrecht, Rz. 865.

287 Vgl. *Grundmann*, Europäisches Gesellschaftsrecht, Rz. 865 und 870.

288 *Grundmann*, Europäisches Gesellschaftsrecht, Rz. 865 und 870; vgl. zudem (insbesondere zur Bedeutung der Verschmelzungsprüfung) *Ganske*, DB 1981, 1551, 1552 f.; ferner *Grundmann* in FS Lutter, 61, 76 f.; *Hommelhoff/ Riesenhuber*, in: Grundmann (Hrsg.), Systembildung und Systemlücken in Kerngebieten des Europäischen Privatrechts, 259, 272 ff.

Aktionäre mindestens einen Monat vor Abhalten der jeweiligen Hauptversammlung bereitzustellen, Art. 11 VRL bzw. Art. 9 SpRL.

Die Einhaltung dieser Informationsvorschriften insbesondere im Hinblick auf die inhaltliche und methodische Richtigkeit der zur Verfügung zu stellenden Informationen[289] wird in verschiedener Hinsicht abgesichert. So sind die Verwaltungs- bzw. Leitungsorgane aufgrund der Verpflichtung, die jeweiligen Informationen den Aktionären zugänglich machen zu müssen, gezwungen, das Umstrukturierungsvorhaben sorgfältig zu überdenken und zu begründen.[290] Ferner setzt man darauf, dass sie in Kenntnis der – soeben bereits erwähnten - späteren unabhängigen Bewertung des Umtauschverhältnisses durch die Sachverständigen mit entsprechender Sorgfalt ihren Verpflichtungen nachgehen. Eine weitere Absicherung bedeutet die amtliche Überprüfung des gesamten Verfahrens der Verschmelzung bzw. Spaltung vor deren Wirksamwerden, Art. 16 VRL bzw. Art. 14 SpRL i.V.m. Art. 16 VRL. Schließlich soll auch die zivilrechtliche Haftung der Mitglieder des Verwaltungs- oder Leitungsorgans und der unabhängigen Sachverständigen auf Seiten der übertragenden Gesellschaft(en) für schuldhaftes Verhalten bei der Erfüllung ihrer Pflichten (Art. 20 und 21 VRL bzw. Art. 18 SpRL) zur gewissenhaften Ausführung ihrer Aufgaben anhalten.[291] Allen Mechanismen kommt eine gewisse disziplinierende Wirkung zu.[292] Mit der Vorabkontrolle soll zudem der Vollzug einer rechtswidrigen, aber dennoch grundsätzlich bestandskräftigen Maßnahme verhindert werden. Grundsätzlich bestandskräftig sind die Maßnahmen deshalb, weil der Nichtigkeit der Verschmelzung bzw. Spaltung in beiden Richtlinien enge Grenzen gesteckt sind. Sie darf lediglich bei Vorliegen einer der beiden folgenden Gründe eintreten: Fehlen der Vorabkontrolle sowie Nichtigkeit oder Anfechtbarkeit des Hauptversammlungsbeschlusses nach nationalem Recht, Art. 22 Abs. 1 lit. b VRL bzw. Art. 19 Abs. 1 lit. b SpRL. Auch dies ist charakteristisch für das Schutzkonzept: Die durch umfangreiche, abgesicherte Information vorbereitete Entscheidung der Aktionäre soll nur in stark eingegrenzten Fällen keinen Bestand haben.

---

289 *Hommelhoff/ Riesenhuber*, in: Grundmann (Hrsg.), Systembildung und Systemlücken in Kerngebieten des Europäischen Privatrechts, 259, 278.

290 *Hommelhoff/ Riesenhuber*, in: Grundmann (Hrsg.), Systembildung und Systemlücken in Kerngebieten des Europäischen Privatrechts, 259, 274.

291 *Habersack*, Europäisches Gesellschaftsrecht, Rz. 225; vgl. zu dieser Präventionswirkung einer Verhaltenshaftung allgemein für das deutsche Recht *Wiedemann*, Gesellschaftsrecht I, S. 537.

292 Vgl. *Hommelhoff/ Riesenhuber*, in: Grundmann (Hrsg.), Systembildung und Systemlücken in Kerngebieten des Europäischen Privatrechts, 259, 274 (ausschließlich bezogen auf das Informationsmodell).

3. Teil: Die einzelnen Aktionärsrechte bei der nationalen Verschmelzung und Spaltung

Die Aktionärsrechte bei Verschmelzung und Spaltung sind, was wegen der Ähnlichkeit beider Maßnahmen nicht weiter verwundert,[293] in weiten Teilen identisch. Soweit dies der Fall ist, werden sie im Folgenden in Einem dargestellt. Dort, wo es Unterschiede gibt, werden diese gesondert abgehandelt.

§ 11 Informationsrechte

I. Europarechtliche Vorgaben

1. Verschmelzungs- bzw. spaltungsrechtsspezifische Informationsrechte

Innerhalb der verschmelzungs- und spaltungsrechtsspezifischen Informationsrechte werden zunächst die Informationsvermittlung (unten *a*) und die Informationsverifikation (unten *b*) behandelt, im Anschluss hieran die Informationsbereitstellung (unten *c*). Die besondere Informierung der Aktionäre bei Vermögensänderungen im Rahmen von Spaltungen wird unten unter *d)* erörtert, gefolgt von der Darstellung der in bestimmten Konstellationen möglichen Verfahrenserleichterungen (unten *e*).

a) Informationsvermittlung: Verschmelzungs- bzw. Spaltungsplan und Verschmelzungs- bzw. Spaltungsbericht

aa) Verschmelzungs- bzw. Spaltungsplan

(1) Allgemeines und Bedeutung

Mit dem in schriftlicher Form zu erstellenden Verschmelzungs- bzw. Spaltungsplan,[294] Art. 5 VRL bzw. Art. 3 SpRL, sollen den Aktionären die we-

---

293 Siehe hierzu bereits oben *Einführung § 1.*

294 Der Begriff „Verschmelzungsplan“ wurde bewusst neutral gewählt, damit die in den Mitgliedstaaten zum Teil bereits bestehenden unterschiedlichen Verfahren beibehalten werden konnten (vgl. Erläuterung zu Art. 3 des Vorschlags für eine Dritte Richtlinie 1970, BT-Drucks. VI/1027, S. 10). So wurde in den Rechtsordnungen der Abschluss eines Verschmelzungsvertrags durch die Verwaltungs- oder Leitungsorgane der beteiligten Gesellschaften zum Teil bereits vor der Hauptversammlung vorgesehen, die über die Verschmelzung zu beschließen hat, zum Teil war der Vertragsabschluss erst nach der Zustimmung zu dem Vorhaben in der entsprechenden Hauptversammlung möglich (vgl. *Edwards*, EC Company Law, S. 103; *Keutgen*, R.P.S. 1979, 98, 104). Dann handelte es sich um einen Entwurf des Vertrags, welcher der Haupt-

sentlichen Bedingungen der Verschmelzung bzw. Spaltung – festgehalten in einem besonderen Dokument – rechtzeitig vor der Beschlussfassung der Hauptversammlungen zugänglich gemacht werden.[295] Durch die Kenntnisgabe der zentralen Daten der Verschmelzung bzw. Spaltung sollen die Aktionäre in die Lage versetzt werden, sich relativ schnell ein Bild über den geplanten Vorgang machen zu können.[296]

(2) Informationsschuldner: Verwaltungs- oder Leitungsorgane

Informationsschuldner sind die Verwaltungs- oder Leitungsorgane der sich verschmelzenden bzw. der sich spaltenden Gesellschaft(en). Art. 5 VRL bzw. Art. 3 SpRL sieht vor, dass sie den Verschmelzungs- bzw. Spaltungsplan zu erstellen haben.[297] Im dualistischen System ist es dem nationalen Gesetzgeber überlassen, die Kompetenzzuweisung innerhalb des Leitungsorgans vorzunehmen.[298]

---

versammlung vorgelegt wurde. Darüber hinaus kann man bei einer Spaltung zur Neugründung nicht von einem Vertrag sprechen, da bei diesem Vorgang nur eine bereits bestehende Gesellschaft beteiligt ist. Ein Vertrag kann – mangels (noch) nicht existierenden Vertragspartners - demnach nicht geschlossen werden. Auch hier muss daher die Bezeichnung „*Plan*" verwendet werden. Bei der Verschmelzung durch Neugründung kann es nach europäischem Recht – anders als z.B. nach französischem Recht, vgl. Art. 236-1 Abs. 1 C. com. - hingegen nicht vorkommen, dass nur eine bestehende Gesellschaft beteiligt ist. Denn Art. 4 Abs. 1 VRL verlangt „*mehrere*" Gesellschaften, die ihr gesamtes Aktiv- und Passivvermögen auf eine neue Gesellschaft, die sie gründen, übertragen. Darüber hinaus gab es Rechtsordnungen, in denen vor Umsetzung der VRL und SpRL überhaupt keine Regelungen hinsichtlich der Vereinbarungen der Verwaltungsorgane bestanden. Vgl. hierzu *Schwarz*, Europäisches Gesellschaftsrecht, Rz. 645.

295 *Edwards*, EC Company Law, 103; *Wooldridge*, (1980) 1 The Company Lawyer 75, 76.

296 Zwar ist nach der VRL und SpRL ein bestimmter Mindestinhalt in den Verschmelzungs- bzw. Spaltungsplan aufzunehmen [siehe hierzu sogleich unten *(3)*]. Im Interesse einer relativ schnellen Informationsaufnahme und -verarbeitung durch die Aktionäre dürfte es jedoch auf der anderen Seite auch nicht zulässig sein, diese mit einer undurchdringbaren Informationsflut zu belasten. So auch *Riesenhuber* (NZG 2004, 15, 20), der von einer „*Gefahr der Informationsüberlastung*" spricht. Siehe zu den Fristen für die Auslegung des Verschmelzungs- bzw. Spaltungsplans unten *c) aa)*.

297 Dies hat – sinnvollerweise – gemeinsam zu geschehen, da der Verschmelzungs- bzw. Spaltungsplan die gesamte Maßnahme betrifft. *Grundmann*, Europäisches Gesellschaftsrecht, Rz. 866. So auch (für das französische Recht) *Routier* in Encyclopédie Dalloz, Sociétés III, Fusion et Scission, Tz. 53.

298 *Grundmann*, Europäisches Gesellschaftsrecht, Rz. 866.

(3) Mindestinhalt

Um ausreichende Kenntnis der relevanten Daten zu gewährleisten, legt Art. 5 Abs. 2 VRL einen Mindestinhalt des Verschmelzungsplans fest. Folgende Informationen muss der Verschmelzungsplan nach Art. 5 Abs. 2 VRL zwingend enthalten:

- die Rechtsform, die Firma und den Sitz der sich verschmelzenden Gesellschaften, Art. 5 Abs. 2 lit. a VRL;[299]
- das Umtauschverhältnis der Aktien und gegebenenfalls die Höhe der baren Zuzahlung, Art. 5 Abs. 2 lit. b VRL;
- die Einzelheiten hinsichtlich der Übertragung der Aktien der übernehmenden Gesellschaft, Art. 5 Abs. 2 lit. c VRL;
- den Zeitpunkt, von dem an diese Aktien das Recht auf Teilnahme am Gewinn gewähren, sowie alle Besonderheiten in bezug auf dieses Recht, Art. 5 Abs. 2 lit. d VRL;
- den Zeitpunkt, von dem an die Handlungen der übertragenden Gesellschaft unter dem Gesichtspunkt der Rechnungslegung als für Rechnung der übernehmenden Gesellschaft vorgenommen gelten, Art. 5 Abs. 2 lit. e VRL;
- die Rechte, welche die übernehmende Gesellschaft den Aktionären mit Sonderrechten und den Inhabern anderer Wertpapiere als Aktien gewährt, oder die für diese Personen vorgeschlagenen Maßnahmen, Art. 5 Abs. 2 lit. f VRL;
- jeden besonderen Vorteil, der den Sachverständigen im Sinne des Art. 10 Absatz 1 sowie den Mitgliedern der Verwaltungs-, Leitungs-, Aufsichts-, oder Kontrollorgane der sich verschmelzenden Gesellschaften gewährt wird, Art. 5 Abs. 2 lit. g VRL.

Die in Art. 3 Abs. 2 lit. a bis g SpRL enthaltenen Anforderungen an den Spaltungsplan sind inhaltlich identisch mit den in Art. 5 Abs. 2 lit. a bis g VRL festgelegten Mindestangaben.[300] Speziell für den Spaltungsplan sind zusätzlich folgende Angaben verpflichtend:

---

[299] Die Angaben zur Identität einer neu zu gründenden Gesellschaft fordert Art. 23 Abs. 2 VRL.

[300] Unterschiede ergeben sich nur aufgrund der anderen Terminologie bei der Spaltung. Das Erfordernis, auch die Angaben zur Identität einer neu zu gründenden Gesellschaft machen zu müssen, findet sich in Art. 22 Abs. 2 SpRL.

- die genaue Beschreibung und Aufteilung der Gegenstände des Aktiv- und Passivvermögens, das an jede der begünstigten Gesellschaften zu übertragen ist, Art. 3 Abs. 2 lit. h SpRL;[301]
- die Aufteilung der begünstigten Gesellschaften auf die Aktionäre der gespaltenen Gesellschaft sowie den Aufteilungsmaßstab, Art. 3 Abs. 2 lit. i SpRL.[302]

Alle genannten Punkte sind in der Regel für die Aktionäre von Interesse. Als besonders bedeutsam sind jedoch hervorzuheben das Umtauschverhältnis der Aktien, die Einzelheiten hinsichtlich der Übertragung der Aktien der übernehmenden Gesellschaft und der Zeitpunkt, von dem an diese Aktien das Recht auf Teilnahme am Gewinn gewähren. Diese Informationen betreffen den Kern der Interessen der Aktionäre, da sie das Schicksal ihrer Mitgliedschaftsrechte unmittelbar und am intensivsten anbelangen.

bb) Verschmelzungs- bzw. Spaltungsbericht

(1) Allgemeines und Bedeutung

Nach Art. 9 VRL bzw. Art. 7 SpRL ist jede an einer Verschmelzung bzw. Spaltung beteiligte Gesellschaft verpflichtet, einen ausführlichen schriftlichen Bericht anzufertigen, der den Verschmelzungs- bzw. Spaltungsplan und insbesondere das Umtauschverhältnis der Aktien rechtlich und wirtschaftlich erläutert. Dieses Erfordernis stellt einen weiteren Baustein im Schutzsystem für die Aktionäre dar, auf deren frühzeitige Unterrichtung im Hinblick auf die von ihnen zu treffende Entscheidung in der Hauptversammlung besonderes Gewicht gelegt wird. Sie sollen aufgrund der Komplexität der Maßnahme bereits vor Beschlussfassung in die Lage versetzt werden, die relevanten Infor-

---

301 Die Notwendigkeit dieses Erfordernisses erklärt sich aus der in Art. 17 Abs. 1 lit. a SpRL angeordneten partiellen Gesamtrechtsnachfolge. Da das gesamte Vermögen nicht nur auf einen – wie bei der Verschmelzung -, sondern mindestens zwei Rechtsträger *ipso iure* übergeht, muss klar geregelt sein, welcher Einzelgegenstand auf welche der übernehmenden Gesellschaften übertragen werden soll. Nur so informiert, kann der Aktionär sich eine fundierte Meinung über die zur Abstimmung stehende Spaltung bilden. Zudem ist diese Vorgehensweise auch aus Gründen der Rechtssicherheit geboten. Vgl. *Habersack*, Europäisches Gesellschaftsrecht, Rz. 248.

302 Beide Punkte sind weitere, speziell für Spaltungen geltende, im soeben beschriebene Sinne besonders wichtige Informationen für die Aktionäre. Denn sowohl die Aufteilung des Vermögens als auch die Zuordnung der Aktionäre haben unmittelbar Einfluss auf die Mitgliedschaftsrechte der Aktionäre. Sie berühren das Mitgliedschaftsrecht des Aktionärs in seiner herrschaftsrechtlichen wie vermögensrechtlichen Ausprägung.

mationen aufnehmen und so den geplanten Konzentrationsvorgang beurteilen zu können.[303] Hierzu dient zum einen der Verschmelzungs- bzw. Spaltungsplan,[304] mit dessen Hilfe sich die Aktionäre aufgrund der darin vorgeschriebenen Mindestangaben bereits über die geplante Verschmelzung informieren können.[305] Diese Informationen stellen jedoch „nur" das Ergebnis der Verhandlungen dar, an denen die Aktionäre selbst nicht beteiligt waren. Es ist für sie damit nicht nachvollziehbar, wie die im Verschmelzungs- bzw. Spaltungsplan getroffenen Festsetzungen zustande gekommen sind. Diese Hintergrundinformationen zu liefern, ist Aufgabe des Verschmelzungs- bzw. Spaltungsberichts.[306]

(2) Informationsschuldner: Verwaltungs- oder Leitungsorgane

Nach Art. 9 VRL bzw. Art. 7 SpRL haben die Verwaltungs- oder Leitungsorgane jeder der beteiligten Gesellschaften den Verschmelzungs- bzw. Spaltungsbericht zu erstellen. Sie sind daher insofern die Informationsschuldner. Auch hier gilt, dass es dem nationalen Gesetzgeber überlassen ist, im dualistischen System die Kompetenzzuweisung innerhalb des Verwaltungs- oder Leitungsorgans zu regeln.[307]

(3) Anforderungen an den Inhalt

Im Verschmelzungs- bzw. Spaltungsbericht sind die Festsetzungen des Verschmelzungs- bzw. Spaltungsplans im Wesentlichen rechtlich und wirtschaftlich zu erläutern und zu begründen.[308] Im Mittelpunkt steht dabei – wie sich aus der Hervorhebung in Art. 9 VRL bzw. Art. 7 SpRL ergibt – das Umtauschverhältnis[309] und damit wiederum der Kern des Interesses der Aktionäre. Die Bedeutung, die dieser Information beigemessen wird, zeigt sich auch daran, dass nach Art. 9 UA 2 VRL bzw. Art. 7 Abs. 2 UA 1 SpRL auf bei der Bewertung aufgetretene besondere Schwierigkeiten eigens hinzuweisen ist.

---

303 Vgl. *Harrer* in Koppensteiner (Hrsg.), Österreichisches und europäisches Wirtschaftsprivatrecht, Teil 1: Gesellschaftsrecht, 307, 319; vgl. ferner (für das deutsche Recht) *Grunewald* in G/ H/ E/ K, § 340 a AktG, Rz. 2 m.w.N.

304 Siehe oben *aa).*

305 *Ganske*, DB 1981, 1551, 1553.

306 Vgl. (für das deutsche Recht) *Stratz* in Schmitt/ Hörtnagl/ Stratz, § 8 UmwG, Rz. 4.

307 Vgl. (zur parallelen Situation beim Verschmelzungs- bzw. Spaltungsplan) *Grundmann*, Europäisches Gesellschaftsrecht, Rz. 866.

308 Vgl. *Grundmann*, Europäisches Gesellschaftsrecht, Rz. 869. Nicht ausreichend ist es daher wohl, in diesem Bericht lediglich den Verschmelzungsplan wiederzugeben.

309 *Grundmann*, Europäisches Gesellschaftsrecht, Rz. 869.

Die Aktionäre sollen in diesem Fall „*hellhörig*"[310] gemacht werden. Darüber hinausgehende Hinweise auf die inhaltliche Ausgestaltung des Verschmelzungsberichts enthält die Richtlinie nicht.[311] Es ist daher den Mitgliedstaaten überlassen, dies zu regeln.[312] Man kann jedoch das Kriterium der Ausführlichkeit wohl insofern präzisieren, als die gegebenen Informationen zwar umfangreich genug sein müssen, um die geplante Transaktion ausreichend beurteilen zu können, sie aber nicht so umfangreich sein dürfen, dass die wesentlichen Aspekte nicht mehr ohne weiteres für einen Durchschnittsaktionär zu erkennen und zu verstehen sind.[313]

An den Inhalt des Spaltungsberichts sind neben den soeben genannten Punkten weitere Anforderungen zu stellen, die sich aus Besonderheiten der Spaltung ergeben. So muss nach Art. 7 Abs. 1 SpRL neben dem Umtauschverhältnis der Aktien auch der Maßstab für ihre Aufteilung rechtlich und wirtschaftlich erläutert und begründet werden. Dies ist wiederum dadurch bedingt, dass bei der Spaltung – anders als bei der Verschmelzung – nicht alle beteiligten Anteilseigner am Ende Aktionäre einer Gesellschaft sind, sondern – den Grundfall der verhältniswahrenden Spaltung vorausgesetzt – Anteile von mindestens zwei Gesellschaften erhalten.[314] In welchem Verhältnis dies geschieht, ist von grundlegendem Interesse für die betroffenen Anteilsinhaber. Daher muss gesichert sein, dass sie hierüber informiert werden. Im Spaltungsbericht ist nach Art. 7 Abs. 2 UA 2 SpRL darüber hinaus zu erwähnen die Erstellung des Berichts über die Prüfung der Einlagen, die nicht Bareinlagen sind (also Sacheinlagen) nach Art. 27 Abs. 2 KapRL für die begünstigten Gesellschaften sowie das Register, bei dem dieser Bericht zu hinterlegen ist.[315]

---

310 *Grundmann*, Europäisches Gesellschaftsrecht, Rz. 869.

311 *Harrer*, in: Koppensteiner (Hrsg.), Österreichisches und europäisches Wirtschaftsprivatrecht, Teil 1: Gesellschaftsrecht, 307, 317.

312 Die Bestimmung, was unter „ausführlich" zu verstehen ist, hat insbesondere im deutschen Recht zu Problemen geführt. Siehe unten *II. 1. a) bb) (3)*.

313 Vgl. *Grundmann*, Europäisches Gesellschaftsrecht, Rz. 869; *Riesenhuber*, NZG 2004, 15, 20.

314 Siehe zur parallelen Problematik beim Spaltungsplan oben *aa)*.

315 Auf diesen Themenkomplex soll im Hinblick auf die Aktionärsrechten nicht näher eingegangen werden, da die Sacheinlagenprüfung vor allem dem Gläubigerschutz dient. Vgl. *Grundmann*, Europäisches Gesellschaftsrecht, Rz. 887, Fn. 63.

(4) Gesonderte Erstellung für jede beteiligte Gesellschaft

Die Erstellung des Berichts erfolgt für jede Gesellschaft jeweils gesondert.[316] Grund hierfür ist, dass der Verschmelzungs- bzw. Spaltungsplan aus Sicht und Interessenlage jedes Partners zu erläutern ist.[317]

b) Informationsverifikation: Verschmelzungs- bzw. Spaltungsprüfung und -prüfungsbericht

aa) Allgemeines und Bedeutung

Das umfangreiche Informationskonzept der VRL und SpRL sieht verschiedene Bestandteile vor, die aufeinander aufbauen und sich gegenseitig ergänzen. Ausgangspunkt ist dabei der Verschmelzungs- bzw. Spaltungsplan. Zum einen ist er, wie oben dargestellt,[318] in einem Bericht durch dieselben Personen, die den Plan erstellt haben, nämlich die jeweiligen Verwaltungs- bzw. Leitungsorgane, zu erläutern – wenn auch im zweiten Fall aus deren jeweiliger Sicht und Interessenlage.[319] Zum anderen ist der jeweilige Plan von objektiver Seite zu überprüfen und hierüber ein Bericht zu erstellen. Der Verschmelzungs- bzw. Spaltungsbericht erläutert, der Verschmelzungs- bzw. Spaltungsprüfungsbericht prüft den Plan. Bei beiden steht das Umtauschverhältnis im Mittelpunkt.[320] Bericht und Prüfungsbericht sind also als sich gegenseitig ergänzende Instrumente konzipiert. So stellt die Informationsverifikation neben der Informationsvermittlung die zweite Säule dar, auf die sich der *ex-ante* Schutz der Aktionäre stützt.[321] Sie soll die Verlässlichkeit der im Rahmen der Informationsvermittlung den Aktionären zur Verfügung gestellten Informationen sichern. Dieses Instrument des Aktionärsschutzes ist im Europäischen Gesellschaftsrecht spezifisch für Strukturmaßnahmen vorgesehen, bei denen ein Aktientausch auf der Grundlage einer Kollektiventscheidung erfolgt.[322]

---

316 *Grundmann*, Europäisches Gesellschaftsrecht, Rz. 869.

317 *Grundmann*, Europäisches Gesellschaftsrecht, Rz. 869.

318 Siehe oben *a) aa).*

319 Hinsichtlich letzter Aussage *Grundmann*, Europäisches Gesellschaftsrecht, Rz. 869.

320 Siehe hinsichtlich des Prüfungsberichts sogleich unten *ee).*

321 *Grundmann*, Europäisches Gesellschaftsrecht, Rz. 870. Siehe bereits oben *§ 10. Ganske* (DB 1981, 1551, 1553) bezeichnet die Verschmelzungsprüfung sogar als „*Kernstück des Gesellschafterschutzes nach der [Verschmelzungs-] Richtlinie*".

322 *Grundmann*, Europäisches Gesellschaftsrecht, Rz. 870.

Die durch die Prüfung geschaffene objektive Instanz[323] soll dabei zur Richtigkeit der Informationen beitragen. Erreicht werden soll dies dadurch, dass die Verwaltungs- oder Leitungsorgane in dem Wissen handeln, dass der von ihnen erstellte Verschmelzungs- bzw. Spaltungsplan einer Überprüfung durch unabhängige Sachverständige unterzogen wird. Dies entfaltet eine gewisse disziplinierende Wirkung.[324] Denn die für den Plan Verantwortlichen werden alles daran setzen, Ungereimtheiten zu vermeiden, da deren Aufdeckung im Prüfungsbericht zur Folge haben könnte, dass die geplante Transaktion in der Beschlussfassung nicht die erforderliche Mehrheit findet.

bb) Informationsschuldner: Unabhängige Sachverständige als Prüfer

Nach Art. 10 Abs. 1 S. 1 VRL bzw. 8 Abs. 1 S. 1 SpRL müssen für jede der an einer Verschmelzung bzw. Spaltung beteiligten Gesellschaften ein oder mehrere von diesen unabhängige Sachverständige den Verschmelzungs- bzw. Spaltungsplan prüfen und einen schriftlichen Bericht für die Aktionäre erstellen. Informationsschuldner sind also unabhängige Sachverständige.

cc) Bestellung der Prüfer

Die Unabhängigkeit der Prüfer und ihre Sachverständigkeit sowie Professionalität sollen dadurch sicher gestellt werden, dass sie durch ein Gericht oder eine Verwaltungsbehörde bestellt oder – wenn die Bestellung durch die beteiligten Gesellschaft selbst erfolgt – zumindest von einer dieser beiden Stellen zugelassen sind.[325] Als Prüfer kommen sowohl natürliche oder juristische Personen als auch Gesellschaften in Frage, Art. 10 Abs. 1 S. 3 VRL bzw. Art. 8 Abs. 1 S. 3 SpRL.

---

323 Freilich hat die Sicherung der Objektivität ihre Grenzen. Für den Fall, dass die Prüfer nicht gerichtlich bestellt werden müssen und diese Aufgabe der Hauptversammlung oder dem Verwaltungs- oder Leitungsorgan obliegt, kommen zwar nur staatlich zugelassene Prüfer in Frage [siehe zur Bestellung sogleich unten *bb)*]. Die konkrete Auswahl aus diesen Prüfern kann jedoch dann von (einer Mehrheit) der Hauptversammlung oder sogar dem Verwaltungs- oder Leitungsorgan in einem gewissen Rahmen gesteuert werden.

324 Siehe hierzu bereits oben *2. Teil § 10.*

325 Vgl. *Grundmann*, Europäisches Gesellschaftsrecht, Rz. 872. Eine weitere Absicherung, insbesondere der Unabhängigkeit und Professionalität der Prüfer, wird durch die disziplinierende Wirkung der Haftung (siehe hierzu unten *§ 14 I.*) erreicht, die für schuldhaftes Verhalten der Sachverständigen bei der Erfüllung ihrer Aufgaben von den Mitgliedstaaten vorzuhalten ist.

dd) Gemeinsame Prüfer für alle beteiligten Gesellschaften

Die Mitgliedstaaten können in ihren Rechtsvorschriften vorsehen, dass einer oder mehrere gemeinsame Prüfer für alle an der Verschmelzung bzw. Spaltung beteiligten Gesellschaften bestellt werden, Art. 10 Abs. 1 S. 2 VRL bzw. Art. 8 Abs. 1 S. 2 SpRL Nutzen die Mitgliedstaaten diese Möglichkeit, so müssen sie – wie sich ebenfalls aus den soeben genannten Vorschriften ergibt – zur Voraussetzung machen, dass der oder die Prüfer nur auf gemeinsamen Antrag der Gesellschaften durch ein Gericht oder eine Verwaltungsbehörde bestellt werden dürfen.[326] Eine Bestellung durch die beteiligten Gesellschaften selbst ist für diesen Fall nicht vorgesehen.

ee) Prüfungsgegenstand und Inhalt des Prüfungsberichts

Prüfungsgegenstand ist nach Art. 10 Abs. 1 VRL bzw. Art. 8 Abs. 1 SpRL der (gesamte) Verschmelzungs- bzw. Spaltungsplan. Nach Art. 10 Abs. 2 S. 1 VRL, auf den Art. 8 Abs. 2 SpRL (unter anderem) verweist, muss der Bericht dabei zwingend die Erklärung der Prüfer enthalten, ob sie das Umtauschverhältnis für angemessen halten. Auch bei der Prüfung und dem daraufhin zu erstellenden Bericht steht mithin – ebenso wie beim Verschmelzungs- bzw. Spaltungsbericht[327] – das Umtauschverhältnis im Mittelpunkt. Um dessen Angemessenheit zu ermitteln, wenden die Prüfer eine oder mehrere von ihnen selbst gewählte Methoden an. Es wird von ihnen eine eigene Gesamtbewertung erwartet.[328] Um nachvollziehen zu können, wie sie zu ihrem Ergebnis gekommen sind, müssen sie im Prüfungsbericht angegeben, nach welcher oder welchen Methode(n) das vorgeschlagene Umtauschverhältnis bestimmt worden ist, Art. 10 Abs. 2 S. 2 lit. a VRL bzw. Art. 8 Abs. 2 SpRL i.V.m. Art. 10 Abs. 2 S. 2 lit. a VRL,[329] ob diese Methoden im vorliegenden Fall angemessen sind und welche Werte sich bei jeder dieser Methoden ergeben. Ferner ist dazu Stellung zu nehmen, welche relative Bedeutung diesen Methoden bei der Bestimmung des zu Grunde gelegten Wertes beigemessen wurde. Diese Anforderungen sind Art. 10 Abs. 2 S. 2 lit. b VRL bzw. Art. 8 Abs. 2 SpRL i.V.m. Art. 10 Abs. 2 S. 2 lit. b VRL zu entnehmen. Treten besondere

326 Der Passus wurde auf Betreiben Großbritanniens und Deutschlands (vgl. Begründung zum Regierungsentwurf für ein Verschmelzungsrichtlinie-Gesetz, BT-Drucks. 9/1065, S. 16) eingefügt. Siehe auch *Ganske*, DB 1981, 1551, 1553.

327 Siehe hierzu oben *a) bb) (3).*

328 *Grundmann*, Europäisches Gesellschaftsrecht, Rz. 871.

329 Für die Bestimmung kommt dabei insbesondere die Substanzwertmethode, die Ertragswertmethode und der Börsenkurs in Betracht. Vgl. hierzu *della Faille*, Fusions, acquisitions et évaluations d'entreprises, 37-115 sowie 117-136.

Schwierigkeiten bei der Bewertung auf, so ist hierauf ebenso wie auf die Art der Schwierigkeit hinzuweisen, Art. 10 Abs. 2 UA 2 VRL bzw. Art. 8 Abs. 2 SpRL i.V.m. Art. 10 Abs. 2 UA 2 VRL.

ff) Rechte der Prüfer

Um ihrem Prüfungsauftrag gerecht werden zu können, ist nach Art. 10 Abs. 3 VRL bzw. Art. 8 Abs. 2 SpRL i.V.m. Art. 10 Abs. 3 VRL sicher zu stellen, dass die Sachverständigen bei den beteiligten Gesellschaften alle zweckdienlichen Auskünfte und Unterlagen erhalten und alle erforderlichen Nachprüfungen vornehmen dürfen.

gg) Besonderheit bei der Spaltung

In Art. 8 Abs. 3 SpRL ist speziell für die Spaltung vorgesehen, dass der Bericht über die Prüfung von Einlagen, die nicht Bareinlagen sind (nach Art. 27 Abs. 2 KapRL) und der Bericht über den Spaltungsplan (nach Art. 8 Abs. 1 SpRL) von demselben Prüfer bzw. denselben Prüfern erstellt werden können.

c) Informationsbereitstellung

aa) Recht der Aktionäre auf Kenntnisnahme aller relevanten Unterlagen am Sitz der jeweiligen Gesellschaft

Art. 11 VRL bzw. Art. 9 SpRL sieht vor, dass die Aktionäre mindestens einen Monat vor dem Tag der Hauptversammlung, die über den Verschmelzungs- bzw. Spaltungsplan zu beschließen hat, das Recht haben müssen, am Sitz ihrer Gesellschaft von allen vorstehend dargestellten Dokumenten Kenntnis zu nehmen, im Einzelnen also von dem Verschmelzungs- bzw. Spaltungsplan (Art. 11 Abs. 1 lit. a VRL bzw. Art. 9 Abs. 1 lit. a SpRL), den Verschmelzungs- bzw. Spaltungsberichten (Art. 11 Abs. 1 lit. d VRL bzw. Art. 9 Abs. 1 lit. d SpRL) und den Verschmelzungs- bzw. Spaltungsprüfungsberichten (Art. 11 Abs. 1 lit. e VRL bzw. Art. 9 Abs. 1 lit. e SpRL). Zudem sind den Aktionären eine Reihe von Standardunterlagen zur Verfügung zu stellen, namentlich die Jahresabschlüsse und Geschäftsberichte für die letzten drei Geschäftsjahre (Art. 11 Abs. 1 lit. b VRL bzw. Art. 9 Abs. 1 lit. b SpRL) sowie ggf. eine Zwischenbilanz (Art. 11 Abs. 1 lit. c VRL bzw. Art. 9 Abs. 1 lit. c SpRL).[330] Den Aktionären wird so der (rechtzeitige) Informationszugang ge-

330 Die Zwischenbilanz muss für einen höchstens drei Monate zurück liegenden Zeitpunkt erstellt werden, sofern sich der letzte Jahresabschluss auf ein mehr als sechs Monate vor der Aufstellung des Verschmelzungsplans abgelaufenes Geschäftsjahr

sichert. Hervorzuheben ist, dass den Aktionären nicht nur die Dokumente der eigenen Gesellschaft an deren Sitz zur Verfügung zu stellen sind, sondern am selben Ort auch – wie sich aus dem Wortlaut von Art. 11 VRL bzw. Art. 9 SpRL ergibt – diejenigen der anderen an dem jeweiligen Vorgang beteiligten Gesellschaften.

Die (bloße) Informationsbereitstellung wird schließlich ergänzt durch ein Recht der Aktionäre, von den in Art. 11 Abs. 1 VRL bzw. Art. 9 Abs. 1 SpRL genannten Unterlagen auf formlosen Antrag kostenlos vollständige oder auszugsweise Abschriften zu erhalten, Art. 11 Abs. 3 VRL bzw. Art. 9 Abs. 3 SpRL. Hintergrund dieser Regelung ist, dass von den Aktionären nicht verlangt werden kann, an den Ort der Geschäftsräume der Gesellschaft zu kommen, um Einsicht in die Unterlagen zu nehmen.[331] Dies würde den Informationszugang zu sehr erschweren und in einigen Fällen sicherlich de facto sogar verhindern. Damit würde dem Informationskonzept nicht entsprochen.[332]

bb) Bereitstellung des Verschmelzungs- bzw. Spaltungsplans für jedermann

Neben der ausschließlich für Aktionäre vorgesehenen Bereitstellung des Verschmelzungs- bzw. Spaltungsplans nach Art. 11 Abs. 1 lit. a VRL bzw. Art. 9 Abs. 1 lit. a SpRL[333] ist dieser zudem nach Art. 6 VRL bzw. Art. 4 SpRL für jede der an einer Verschmelzung bzw. Spaltung beteiligten Gesellschaften mindestens einen Monat vor dem Tag der Hauptversammlung, die über den Verschmelzungs- bzw. Spaltungsplan zu beschließen hat, nach dem Verfahren offen zu legen, das die Mitgliedstaaten in Umsetzung des Art. 3 der Ersten gesellschaftsrechtlichen Richtlinie[334] in ihrer jeweiligen Rechtsordnung vorgesehen haben.[335] Konkret bedeutet dies die Hinterlegung des

---

bezieht, vgl. Art. 11 Abs. 1 lit. b und c VRL bzw. Art. 9 Abs. 1 lit. b und c SpRL. Nach Art. 11 Abs. 2 UA 1 VRL bzw. Art. 9 Abs. 2 UA 1 SpRL ist die Zwischenbilanz nach denselben Methoden und derselben Gliederung zu erstellen wie die letzte Jahresbilanz. Ferner räumt Art. 11 Abs. 2 UA 2 VRL bzw. Art. 9 Abs. 2 UA 2 SpRL den Mitgliedstaaten ein, gewisse Erleichterungen für die Erstellung der Zwischenbilanz zuzulassen.

331 Vgl. für das deutsche Recht *Marsch-Barner* in Kallmeyer, § 63 UmwG, Rz. 8.

332 Vgl. ausführlich hierzu für das deutsche Recht *Diekmann* in Semler/ Stengel, § 63 UmwG, Rz. 19 ff.

333 Siehe soeben oben *aa)*.

334 Erste Richtlinie 68/151/EWG des Rates vom 9.3.1968 zur Koordinierung der Schutzbestimmungen, die in den Mitgliedstaaten den Gesellschaften im Sinne des Art. 58 Abs. 2 des Vertrages im Interesse der Gesellschafter sowie Dritter vorgeschrieben sind, um diese Bestimmungen gleichwertig zu gestalten, ABl. 1968 L 65/8 (Publizitätsrichtlinie, PRL).

335 Die Vorgaben der PRL waren bis zum 1. Januar 1992 umzusetzen, Art. 16 Abs. 1 PRL (die entsprechenden mitgliedstaatlichen Vorschriften waren jedoch erst etwas später zur Anwendung zu bringen, Art. 16 Abs. 2 PRL).

Verschmelzungs- bzw. Spaltungsplans beim Handelsregister,[336] einen Hinweis im nationalen Amtsblatt[337] sowie das Recht, Abschriften zu erhalten.[338] Dieser allgemeine Zugang zum Verschmelzungs- bzw. Spaltungsplan steht selbstverständlich auch den Aktionären offen, so dass diese eine weitere Möglichkeit erhalten, vom Plan Kenntnis zu erlangen.

d) Besondere Unterrichtung über wesentliche Vermögensveränderungen bei Spaltungen

Speziell im Rahmen einer Spaltung besteht ein weiteres Informationsrecht der Aktionäre, das anders als die bisher dargestellten Rechte nicht Teil des *ex-ante* Schutzes ist, sondern – aus der Natur der Sache heraus – erst in der Hauptversammlung zum Tragen kommt. Es handelt sich dabei um die Unterrichtung über wesentliche Veränderungen des Aktiv- und Passivvermögens der übertragenden Gesellschaft, die sich zwischen Aufstellung des Spaltungsplans und dem Tag der Hauptversammlung der übertragenden Gesellschaft, die über den Spaltungsplan beschließt, ergeben haben, Art. 7 Abs. 3 SpRL.[339] Hierüber müssen die Verwaltungs- oder Leitungsorgane dieser Gesellschaft zum einen deren Hauptversammlung unterrichten, zum anderen aber auch die Verwaltungs- und Leitungsorgane der übernehmenden Gesellschaften, damit diese wiederum die Hauptversammlung ihrer jeweiligen Gesellschaft unterrichten können. Durch diese Pflicht zur Weiterleitung der Information von einer Gesellschaft zur anderen entsteht das, was *Hommelhoff/ Schwab* (in Bezug auf das deutsche Recht) eine „neuartige Vernetzung der Informationsströme“[340] nennen. Sie soll helfen, Lücken zu schließen, welche die Entscheidung der Anteilsinhaber beeinträchtigen können.[341] Denn Vermögensverände-

---

336 Vgl. Art. 3 Abs. 1 PRL. Ein Recht, das Register einzusehen, ist in der PRL jedoch nicht enthalten. Den Mitgliedstaaten bleibt es aber unbenommen, ein solches Recht vorzusehen. Vgl. *Habersack*, Europäisches Gesellschaftsrecht, Rz. 86.

337 Vgl. Art. 3 Abs. 4 PRL. Auf den Verschmelzungs- bzw. Spaltungsplan bezogen bedeutet dies, dass dieser selbst (vollständig oder auszugsweise) in einem von dem Mitgliedsstaat zu bestimmenden Amtsblatt bekannt zu machen oder zumindest der Hinweis zu geben ist, dass die Hinterlegung des Dokuments in der Akte oder die Eintragung in das Register erfolgt ist.

338 Vgl. Art. 3 Abs. 3 PRL.

339 Es kann sich hierbei um eine beträchtliche Zeitspanne handeln, da der Plan sachverständig geprüft werden muss, hierüber ein Bericht anzufertigen ist und dieser Bericht dann – zusammen mit den anderen Dokumenten - zudem mindestens einen Monat vor Abhalten der Hauptversammlung den Aktionären zur Verfügung zu stellen ist (siehe zu den einzelnen Schritten bereits oben *1. Teil § 3 I. 4.*). Vgl. für das deutsche Recht *Hommelhoff/ Schwab* in Lutter, § 143 UmwG, Rz. 1.

340 Vgl. für das deutsche Recht *Hommelhoff/ Schwab* in Lutter, § 143 UmwG, Rz. 9.

341 Vgl. für das deutsche Recht *Hommelhoff/ Schwab* in Lutter, § 143 UmwG, Rz. 9.

rungen wirken sich auf den Wert des Unternehmens aus und haben somit direkten Einfluss auf das Umtauschverhältnis der Anteile.[342]

e) Verfahrenserleichterungen

aa) Verfahrenserleichterungen bei Verschmelzungen von 100%igen Tochtergesellschaften

Bei der nach Art. 24 VRL verpflichtend einzuführenden Verschmelzung einer oder mehrerer 100%iger Tochtergesellschaften auf ihre Muttergesellschaft[343] sind nach Art. 24 S. 2 VRL einige der beim Grundfall der Verschmelzung erforderlichen Informationen entbehrlich. Alle hier geregelten Erleichterungen sind auf den Umstand zurückzuführen, dass dann, wenn die übernehmende Gesellschaft bereits alle Anteile an der oder den übertragenden Gesellschaft(en) hält, kein Aktientausch durchgeführt wird und es daher auch kein Umtauschverhältnis festzulegen gilt.[344] So entfallen zunächst im Verschmelzungsplan die Angaben zum Umtauschverhältnis der Aktien und zur Höhe einer (etwaigen) baren Zuzahlung, Art. 5 Abs. 2 lit. b VRL, zu den Einzelheiten hinsichtlich der Übertragung der Aktien der übernehmenden Gesellschaft, Art. 5 Abs. 2 lit. c VRL, sowie zum Beginn eines Teilnahmerechts am Gewinn und Besonderheiten in Bezug auf dieses Recht, Art. 5 Abs. 2 lit. d VRL. Darüber hinaus sind nach Art. 24 S. 2 VRL weder ein Verschmelzungsbericht (Art. 9 VRL) noch ein Verschmelzungsprüfungsbericht (Art. 10 VRL) zu erstellen. Dies erklärt sich damit, dass beide Dokumente schwerpunktmäßig gerade das Umtauschverhältnis zum Gegenstand haben. In logischer Konsequenz bestimmt Art. 24 S. 2 VRL, dass auch die Regeln über die Bereitstel-

---

342 Vgl. für das deutsche Recht *Hommelhoff/ Schwab* in Lutter, § 143 UmwG, Rz. 13. Dieses wiederum stellt das zentrale Interesse der Aktionäre bei der Transaktion dar Siehe hierzu oben *2. Teil § 9.* Umso unverständlicher ist es, dass der Anwendungsbereich dieses speziellen Informationsrechts in zweifacher Hinsicht zu eng gesteckt ist. Erstens sind Vermögensveränderungen in den übernehmenden Gesellschaften nicht erfasst, obwohl diese in gleicher Weise zu einer Verschiebung der Wertrelation führen und so Auswirkungen auf das Umtauschverhältnis zeitigen können. Und zweitens ist eine vergleichbare Regelung für Verschmelzungen in der VRL nicht vorgesehen, obwohl sich auch im Rahmen einer Verschmelzung Veränderungen zwischen der Aufstellung des Verschmelzungsplans und der Hauptversammlung ergeben können - mit entsprechenden Folgen für das Umtauschverhältnis.

343 Auch *up stream merger* genannt. Siehe zur Einführungsverpflichtung oben *§ 3 I. 3. a) bb)*.

344 Zum nicht stattfindenden Aktientausch *Grundmann*, Europäisches Gesellschaftsrecht, Rz. 858; vgl. auch *Habersack*, Europäisches Gesellschaftsrecht, Rz. 217.

lung dieser Unterlagen, Art. 11 Abs. 1 lit. d und e VRL, in diesen Fällen keine Anwendung finden.

bb) Verfahrenserleichterungen bei Spaltungen

(1) Bei Verzicht durch alle Aktionäre

Nach Art. 10 SpRL können die Mitgliedstaaten es gestatten, bei einer Spaltung von der Pflicht zur Erstellung eines Spaltungsberichts (Art. 7 SpRL) und eines Spaltungsprüfungsberichts (Art. 8 Abs. 1 und 2 SpRL) sowie deren Bereitstellung (Art. 10 SpRL i.V.m. Art. 9 Abs. 1 lit. c und d SpRL) abzusehen. Voraussetzung hierfür ist, dass alle Aktionäre und Inhaber anderer mit einem Stimmrecht verbundenen Wertpapiere der an der Spaltung beteiligten Gesellschaften darauf verzichtet haben. Es reicht also nicht aus, dass die Aktionäre und sonstige Stimmberechtigte einer Gesellschaft auf die Erstellung des Spaltungsberichts bzw. -prüfungsberichts verzichtet haben. Vielmehr erstreckt sich das Erfordernis auf die genannten Personengruppen aller beteiligten Gesellschaften. Grund hierfür ist, dass es den Aktionären einer an der Spaltung beteiligten Gesellschaft zusteht, Einsicht in die Dokumente der jeweils anderen Gesellschaft zu nehmen.[345] Die Aktionäre der anderen Gesellschaft können daher nicht über ein Recht disponieren, das ihnen nicht alleine zusteht. Darüber hinaus bestimmt Art. 10 SpRL i.V.m. Art. 9 Abs. 1 lit. e SpRL, dass auch eine sonst gegebenenfalls erforderliche Zwischenbilanz nicht bereit gestellt werden muss.

Eine Parallelvorschrift für Verschmelzungen sieht die VRL nicht vor.[346] Ob dies die Einführung einer entsprechenden Verzichtsregel für den Verschmelzungsbericht in den jeweiligen Rechtsordnungen ausschließt, wird kontrovers diskutiert.[347] Die Frage müsste daher gegebenenfalls dem EuGH vorgelegt werden.[348]

(2) Bei Spaltungen unter Aufsicht eines Gerichts

Sehen die Mitgliedstaaten die Möglichkeit vor, eine Spaltung unter Aufsicht eines Gerichts durchführen zu lassen, so können sie bestimmte Verfahrenserleichterungen zulassen, Art. 23 SpRL. Voraussetzung hierfür ist, dass das Gericht mit bestimmten Befugnissen ausgestattet ist. Im Einzelnen muss es dazu berechtigt sein, sowohl die Hauptversammlung der Aktionäre der übertragen-

345 Siehe oben *c) aa)*.
346 Vgl. hierzu *Habersack*, Europäisches Gesellschaftsrecht, Rz. 230.
347 Hierauf ist später bei den länderspezifischen Regelungen näher einzugehen.
348 Vgl. *Habersack*, Europäisches Gesellschaftsrecht, Rz. 230.

den Gesellschaft als auch eine Versammlung der Gläubiger jeder der an der Spaltung beteiligten Gesellschaften einzuberufen, damit diese jeweils über die Spaltung entscheiden, Art. 23 Abs. 1 lit. a und c SpRL. Das Gericht muss sich zudem darüber zu vergewissern in der Lage sein, ob diesen beiden Personengruppen bestimmte Unterlagen rechtzeitig zugänglich gemacht worden sind, den Aktionären alle in Art. 9 SpRL aufgeführten Unterlagen, Art. 23 Abs. 1 lit. b SpRL, den Gläubigern zumindest der Spaltungsplan, Art. 23 Abs. 1 lit. d SpRL. Schließlich muss das Gericht befugt sein, den Spaltungsplan zu genehmigen, Art. 23 Abs. 1 lit. e SpRL. Hat das Gericht zum einen festgestellt, dass Aktionären und Gläubigern die genannten Informationen zur Verfügung gestellt worden sind, zum anderen, dass beiden Personengruppen kein Schaden entstehen kann, so kann es die an der Spaltung beteiligten Gesellschaften von der Pflicht zur Offenlegung des Plans nach Art. 4 SpRL befreien, sofern das in Art. 12 SpRL vorgesehene Schutzsystem für die Gläubiger sich auf alle Forderungen erstreckt, unabhängig von dem Zeitpunkt ihrer Entstehung, Art. 23 Abs. 2 lit. a SpRL.

Das Gericht kann ferner von der in Art. 9 SpRL vorgesehenen Frist und dort geregelten Einzelheiten hinsichtlich der Möglichkeit der Aktionäre, von den in Art. 9 SpRL aufgeführten Unterlagen Kenntnis zu nehmen, befreien, Art. 23 Abs. 2 lit. c SpRL.

(3) Bei verhältniswahrender Spaltung zur Neugründung

Eine weitere Erleichterung des Verfahrens können die Mitgliedstaaten nach Art. 22 Abs. 5 SpRL für den Fall einer verhältniswahrenden Spaltung zur Neugründung vorsehen. Werden die Anteile jeder der neuen Gesellschaften den Aktionären der übertragenden Gesellschaft im Verhältnis zu ihren Rechten am Kapital dieser Gesellschaft gewährt (verhältniswahrende Spaltung),[349] so muss keine Spaltungsprüfung erfolgen und demzufolge auch kein Spaltungsprüfungsbericht (Art. 8 SpRL) erstellt werden. Die Bereitstellung (Art. 9 Abs. 1 lit. e SpRL) entfällt dann ebenfalls.

2. *Allgemeine Informationsrechte nach dem Vorschlag für eine Richtlinie über Rechte von Aktionären börsennotierter Gesellschaften*

Neben den von der VRL und SpRL vorgegebenen Informationsrechten enthält der ARL-V Informationsrechte, die allgemein im Zusammenhang mit dem Abhalten einer Hauptversammlung vorgesehen sind. Dazu zählen insbesondere die auch im Rahmen einer Verschmelzung bzw. Spaltung relevante Infor-

---

[349] Siehe hierzu bereits oben *1. Teil § 3 I. 3. a) aa) (3) (c)*.

mationsvermittlung über die Einberufung der Hauptversammlung bzw. Einladung zur Hauptversammlung und das allgemeine Auskunftsrecht in der Hauptversammlung.

a) Einladung zur Hauptversammlung – Mindestinhalt

Von den von Art. 5 Abs. 2 ARL-V vorgegebenen Punkten, welche die Einladung zur Hauptversammlung mindestens enthalten muss, sind die folgenden von besonderem Interesse im Sinne zusätzlicher Möglichkeiten für die Aktionäre, Informationen über eine bevorstehende Verschmelzung oder Spaltung zu erhalten: Dies ist zunächst Art. 5 Abs. 1 lit. a ARL-V, wonach unter anderem die Tagesordnung der Versammlung in der Einladung enthalten sein muss. Der Aktionär kann also auf diesem Wege von einer bevorstehenden Verschmelzung bzw. Spaltung erfahren. Zudem ist dies Art. 5 Abs. 2 lit. d ARL-V. Danach muss die Einladung eine Angabe dahingehend enthalten, wo und wie der vollständige und ungekürzte Text der Beschlüsse und der Unterlagen, die auf der Hauptversammlung zwecks Annahme eingebracht werden sollen, erhältlich ist. Schließlich ist als weiteres, keinesfalls zu unterschätzendes Informationsinstrument Art. 5 Abs. 2 lit. e ARL-V zu nennen, wonach eine Internet-Webseite in der Einladung anzugeben ist, unter der alle in Art. 5 Abs. 3 ARL-V genannten Informationen abrufbar sind. Hierunter finden sich unter anderem die Einladung (mit den entsprechenden Informationen, siehe – teilweise – oben) und die nach Art. 5 Abs. 2 lit. d ARL-V genannten Texte der Beschlüsse und Unterlagen, die auf der Hauptversammlung zwecks Annahme eingebracht werden sollen, wieder. Dies stellt eine erhebliche Erleichterung des Informationszugangs dar.

b) Fragerecht

Art. 9 ARL-V enthält Vorgaben hinsichtlich des Fragerechts in der Hauptversammlung. Nach Art. 9 Abs. 1 ARL-V haben die Aktionäre das Recht, auf der Hauptversammlung mündlich Fragen zu stellen und/oder dies vor der Hauptversammlung in schriftlicher oder elektronischer Form zu tun. Art. 9 Abs. 2 des Vorschlags bestimmt, dass die Emittenten auf die Fragen der Aktionäre antworten, stellt diese Pflicht aber unter den Vorbehalt der Maßnahmen, welche die Mitgliedstaaten unter Umständen ergreifen oder den Emittenten zu ergreifen gestatten, um den ordnungsgemäßen Ablauf der Hauptversammlungen sowie ihre Vorbereitung und den Schutz der Vertraulichkeit und der Geschäftsinteressen der Emittenten zu gewährleisten. Art. 9 Abs. 2 ARL-V lässt also ein Auskunftsverweigerungsrecht zu und verweist insofern auf das nationale Recht. Schließlich sind die Antworten auf Aktionärsfragen, die mündlich in der Hauptversammlung erteilt wurden, auf der Internetseite des Emittenten zur Verfügung zu stellen, Art. 9 Abs. 3 ARL-V.

II. Rechtslage in Deutschland

1. Verschmelzungs- bzw. spaltungsrechtsspezifische Informationsrechte

a) Informationsvermittlung: Verschmelzungs- bzw. Spaltungsvertrag oder deren Entwürfe und Verschmelzungs- bzw. Spaltungsbericht

aa) Verschmelzungs- bzw. Spaltungsvertrag[350] bzw. deren Entwürfe

(1) Allgemeines

Sowohl Verschmelzung als auch Spaltung setzen den Abschluss eines entsprechenden Vertrags zwischen den beteiligten Aktiengesellschaften voraus. Es handelt sich dabei um den Verschmelzungsvertrag nach §§ 4 ff. UmwG, bzw. den Spaltungsvertrag nach § 126 Abs. 1 UmwG und (ergänzend) §§ 125 S. 1 i.V.m. 4 ff. UmwG.[351] Bei der Spaltung zur Neugründung, §§ 135 ff. UmwG, tritt an die Stelle des Spaltungsvertrags der Spaltungsplan, § 136 UmwG. Grund hierfür ist, dass bei diesem Vorgang zunächst nur eine Gesellschaft existiert – die zu spaltende. Die (neuen) übernehmenden Gesellschaften entstehen erst mit Wirksamwerden der Spaltung.[352] Mangels Vertragspartners für die übertragende Gesellschaft kommt nur ein einseitiger Akt in Frage. Es wird daher ein Plan aufgestellt.[353]

---

[350] Das UmwG verwendet bei der Spaltung den Begriff Spaltungs- und Übernahmevertrag. Damit soll wohl zum Ausdruck kommen, dass der Vertrag nicht nur die Spaltung des Vermögens der übertragenden Gesellschaft regelt, sondern auch die Übernahme des aufgeteilten Vermögens durch die übernehmenden Gesellschaften. Aus Vereinfachungsgründen wird im Folgenden schlicht der Begriff „Spaltungsvertrag" verwendet.

[351] Auch wenn der Vermögensübergang nicht durch den Vertrag bewirkt wird, bedarf er zumindest einer vertraglichen Grundlage. Vgl. RegEBegr. zu § 3 UmwG, bei *Ganske*, Umwandlungsrecht, 47.

[352] *Priester* in Lutter, § 137 UmwG, Rz. 2. Siehe zum Zeitpunkt des Wirksamwerdens oben *1. Teil § 4 I. 5.*

[353] Siehe bereits oben zu den europarechtlichen Vorgaben *I. 1. a) aa) (1)*. Es handelt sich beim Spaltungsplan um eine einseitige, nicht empfangsbedürftige Willenserklärung. Siehe nur *Priester* in Lutter, UmwG, § 136, Rz. 4 m.w.N. Bei der Verschmelzung durch Neugründung hingegen kommt ein einseitiger Akt, also die Aufstellung eines Plans, nicht in Betracht, da in diesem Fall immer mindestens zwei übertragende Rechtsträger existieren müssen (§ 2 Nr. 2 UmwG), zwischen denen ein Vertrag geschlossen werden kann oder die zumindest (zunächst) einen Entwurf aufstellen kön-

Nach § 6 UmwG bzw. §§ 125 S. 1 i.V.m. 6 UmwG sind der Verschmelzungs- bzw. Spaltungsvertrag notariell zu beurkunden. Damit wird Art. 16 VRL bzw. Art. 14 SpRL entsprochen.[354] Die Vertretungsorgane der beteiligten Gesellschaften haben die Möglichkeit, den entsprechenden Vertrag entweder bereits vor den Beschlussfassungen in den einzelnen Hauptversammlungen zu schließen, § 4 Abs. 1 S. 1 UmwG bzw. §§ 125 S. 1 i.V.m. 4 Abs. 1 S. 1 UmwG,[355] oder zunächst nur einen schriftlichen Entwurf aufzustellen, § 4 Abs. 2 UmwG bzw. §§ 125 S. 1 i.V.m. 4 Abs. 2 UmwG. Dieser dient der Hauptversammlung dann als Grundlage für die Beschlussfassung.[356] Vertragsschluss und Beurkundung finden in diesem Fall erst nach der Beschlussfassung statt.[357] So lassen sich für den Fall, dass die Hauptversammlung ihre

---

nen. Ist im Folgenden von Spaltungsvertrag die Rede, so ist für den Fall, dass es sich um eine Spaltung zur Neugründung handelt, in gleicher Weise der Spaltungsplan gemeint – sofern dieser nicht schon ausdrücklich so genannt ist.

354 Das deutsche Recht sieht insofern eine doppelte Absicherung vor. Neben der notariellen Beurkundung erfolgt auch eine gerichtliche Kontrolle durch das registergerichtliche Verfahren. Vgl. *Habersack*, Europäisches Gesellschaftsrecht, Rz. 227.

355 Ein bereits geschlossener Vertrag ist, da die Entscheidung bei den Aktionären liegt, bis zum vollständigen Vorliegen aller notwendigen Beschlüsse schwebend unwirksam. *Grunewald* in G/ H/ E/ K, § 340 AktG, Rz. 5, § 340 c AktG, Rz. 24; *Heckschen* in Widmann/ Mayer, § 13 UmwG, Rz. 235; *Kraft* in KK, § 340 c AktG, Rz. 6; *Lutter/ Drygala* in Lutter, § 13 UmwG, Rz. 8; *Stratz* in Schmitt/ Hörtnagl/ Stratz, § 13 UmwG, Rz. 8; *Zimmermann* in Kallmeyer, § 13 UmwG, Rz. 2. In diesem Fall stellt der Beschluss die (nachträgliche) Genehmigung dar. Siehe nur *Lutter/ Drygala* in Lutter, § 13 UmwG, Rz. 8. Diese Konstruktion spiegelt die Kompetenzzuteilung, wie sie die VRL bzw. SpRL vorgibt, wider: Über die Zustimmung zur Verschmelzung bzw. Spaltung beschließt die Hauptversammlung (siehe hierzu eingehend unten *§ 12*) und nicht das jeweilige Verwaltungs- bzw. Leitungsorgan.

356 Fraglich ist, ob auch für den Spaltungsplan zunächst nur ein Entwurf aufgestellt werden kann. Der Wortlaut des Gesetzes schließt dies aus, da § 135 Abs. 1 S. 1 UmwG (Verweisungsnorm für die Spaltung zur Neugründung) den § 4 UmwG, der in seinem Abs. 2 die Möglichkeit des Entwurfes vorsieht, ausdrücklich von der Verweisung über § 125 UmwG (zusätzlich geltende allgemeine Verweisungsnorm für alle Formen der Spaltung auf die Vorschriften der Verschmelzung) ausnimmt. *Priester* in Lutter, § 136 UmwG, Rz. 3, hält dies für ein Redaktionsversehen, ebenso *Hörtnagl* in Schmitt/ Hörtnagl/ Stratz, § 135 UmwG, Rz. 8 sowie *D. Mayer* in Widmann/ Mayer, UmwG, § 136 UmwG, Rz. 6 und *Schröer* in Semler/ Stengel, § 136 UmwG, Rz. 5. Dem ist zuzustimmen. Für eine unterschiedliche Handhabung der beiden Möglichkeiten (Vertrag oder Plan) ist kein Grund ersichtlich. Anders noch: *Dehmer*, § 135 UmwG, Rz. 7.

357 Die Beurkundung ist der einzige Punkt, in dem sich Vertrag und Entwurf unterscheiden, d.h. auch der Entwurf muss von den zuständigen Organen erstellt werden und inhaltlich vollständig sein. *Lutter/ Drygala* in Lutter, § 4 UmwG, Rz. 14; *Marsch-Barner* in Kallmeyer, § 4 UmwG, Rz. 8. Zwar resultiert aus der jeweiligen Beschlussfassung, wenn dieser lediglich ein Entwurf zugrunde liegt, noch keine Bin-

Zustimmung verweigert oder sich Änderungen ergeben, Kosten für (Nachtrags-)Beurkundungen vermeiden.[358] Allerdings ist bei nachträglichen Änderungen zu beachten, dass die Hauptversammlungen nochmals mit dem abgeänderten Entwurf (oder dann gegebenenfalls bereits mit dem Vertrag) zu befassen sind. Andernfalls wären die Aktionäre nicht ordnungsgemäß unterrichtet und es bestünde die Gefahr, dass die Beschlussfassung nach § 245 Nr. 1, 2 AktG angefochten wird.[359]

(2) Informationsschuldner: Vorstand

Nach § 4 Abs. 1 S. 1 UmwG bzw. §§ 125 S. 1 i.V.m. 4 Abs. 1 S. 1 UmwG schließen die Vertretungsorgane der an der Verschmelzung bzw. Spaltung beteiligten Rechtsträger den Verschmelzungs- bzw. Spaltungsvertrag. Bei einer Aktiengesellschaft ist das Vertretungsorgan der Vorstand. Er vertritt nach § 78 Abs. 1 AktG die Aktiengesellschaft gerichtlich und außergerichtlich. Informationsschuldner des Verschmelzungs- bzw. Spaltungsvertrags ist bei der Aktiengesellschaft also der Vorstand.

(3) Mindestinhalt

Den Mindestinhalt des Verschmelzungsvertrags gibt § 5 Abs. 1 UmwG vor. Es besteht dabei weitgehende, größtenteils sogar wortgleiche Übereinstimmung mit Art. 5 Abs. 2 VRL.[360] Lediglich die Vereinbarung über die Übertragung des Vermögens jedes übertragenden Rechtsträgers als Ganzes gegen Gewährung von Anteilen an dem übernehmenden Rechtsträger, § 5 Abs. 1 Nr. 2 UmwG,[361] sowie die (hier nicht relevante) Nennung der Folgen der Ver-

---

dungswirkung gegenüber den Vertragspartnern, d.h. gegenüber den anderen an der Verschmelzung oder Spaltung beteiligten Gesellschaften. Die Vertretungsorgane sind jedoch im Innenverhältnis der betreffenden Gesellschaft gebunden. Sie sind dazu verpflichtet, die Verschmelzung bzw. Spaltung durchzuführen, also den Vertrag abzuschließen und zwar genau mit dem Inhalt und Wortlaut des – der Hauptversammlung zur Abstimmung vorgelegten – Entwurfs (*Bermel/ Hannappel* in Goutier/ Knopf/ Tulloch, § 4 UmwG, Rz. 21; vgl. auch *Stratz* in Schmitt/ Hörtnagl/ Stratz, § 4 UmwG, Rz. 20). So ist dieser dann auch zu beurkunden (*Lutter/ Drygala* in Lutter, § 4 UmwG, Rz. 15; *Priester* in Lutter, § 126 UmwG, Rz. 9; *Sagasser/ Ködderitzsch* in Sagasser/ Bula/ Brünger, Rz. J 15; BHGZ 82, 188, 194 f. „Hoesch/ Hoogovens").

358 Vgl. *Priester*, NJW 1983, 1459, 1460 (Fn. 41).

359 Vgl. *Bermel* in Goutier/ Knopf/ Tulloch, § 4 UmwG, Rz. 21; *Lutter/ Drygala* in Lutter, § 4 UmwG, Rz. 15, Fn. 8. Auf die Anfechtung des Hauptversammlungsbeschlusses ist später noch näher einzugehen. Siehe unten *§ 15 II. 1. c)*.

360 Siehe oben *I. 1. a) aa) (3)*.

361 Dieses Erfordernis dient der Klarstellung. Aus dem Verschmelzungsvertrag muss deutlich ersichtlich sein, dass Gegenstand des Vertrags eine Verschmelzung im Sinne

schmelzung für die Arbeitnehmer und ihre Vertretungen sowie die insoweit vorgesehenen Maßnahmen, § 5 Abs. 1 Nr. 9 UmwG, gehen (zulässigerweise) über den von der VRL geforderten Mindestinhalt hinaus.[362] Eine Unterschreitung dieses Mindestinhalts kann bei der Umsetzung in das deutsche Recht hingegen nicht festgestellt werden.

Neben den soeben geschilderten Mindestanforderungen an den Verschmelzungsvertrag, die inhaltlich übereinstimmend auch für den Spaltungsvertrag gelten,[363] müssen in diesem nach § 126 Abs. 1 Nr. 9 und 10 UmwG zwei weitere (spaltungsspezifische) Angaben enthalten sein. Zum einen sind die genaue Bezeichnung und Aufteilung der Gegenstände des Aktiv- und Passivvermögens, die an jede der übernehmenden Gesellschaften übertragen werden, sowie der übergehenden Betriebe und Betriebsteile unter Zuordnung zu den übernehmenden Gesellschaften aufzuführen, § 126 Abs. 1 Nr. 9 UmwG. Zum anderen sind bei der hier ausschließlich zu untersuchenden Auf- und

---

des UmwG ist mit den für diese typischen Merkmalen, nämlich der Übertragung des gesamten Vermögens der beteiligten übertragenden Rechtsträger gegen Gewährung von Anteilen. Idealerweise sollte dabei der jeweilige *terminus technicus* des UmwG verwendet (z.B. „Verschmelzung durch Aufnahme“) und die einschlägigen Normen aufgenommen werden. Ferner sollte darauf hingewiesen werden, dass die Übertragung des Vermögens unter Ausschluss der Abwicklung erfolgt. *Lutter/ Drygala* in Lutter, § 5 UmwG, Rz. 8. Darüber hinaus hat der Verschmelzungsvertrag Angaben über die Art bzw. Gattung der als Gegenleistung gewährten Anteile zu enthalten und ob diese Verfügungsbeschränkungen unterliegen. *Lutter/ Drygala* in Lutter, § 5 UmwG, Rz. 9. Diese Angaben dienen dem Schutz der Aktionäre, die möglichst deutlich und genau darüber informiert werden sollen, welche Folgen die Transaktion für sie haben wird. Besonders wichtig ist in diesem Zusammenhang die Angabe über die Gegenleistung für die Aktionäre der übertragenden Gesellschaften. Während sie (ebenso wie die Aktionäre der übernehmenden Gesellschaft) mit dem Umtauschverhältnis über das Schicksal ihrer Anteile in vermögensrechtlicher Hinsicht informiert werden, erhalten sie mit den detaillierten Angaben über Art bzw. Gattung von Anteilen, welche die Gegenleistung darstellen, auch wichtige Informationen insbesondere über ihre zukünftigen Herrschaftsrechte. *Lutter/ Drygala* in Lutter, § 5 UmwG, Rz. 10.

362 Die (zuletzt genannte) ist Regelung nicht durch eine Vorgabe der VRL oder SpRL veranlasst; sie beruht vielmehr allein auf der Entscheidung des deutschen Gesetzgebers. *Lutter/ Drygala* in Lutter, § 5 UmwG, Rz. 50.

363 § 126 Abs. 1 Nr. 1 bis 8 UmwG für den Spaltungsvertrag entsprechen § 5 Abs. 1 Nr. 1 bis 8 UmwG für den Verschmelzungsvertrag. Ferner besteht inhaltliche Übereinstimmung zwischen § 126 Abs. 1 Nr. 11 UmwG und § 5 Abs. 1 Nr. 9 UmwG. Vgl. hierzu *Priester* in Lutter (Hrsg.), Kölner Umwandlungsrechtstage, 101. Es besteht hinsichtlich dieser Punkte auch Übereinstimmung mit den Vorgaben des Art. 3 Abs. 2 lit. a bis g SpRL (Mindestinhalt des Spaltungsplans).

Abspaltung[364] die Aufteilung der Anteile jeder der beteiligten Gesellschaften auf die Anteilsinhaber der übertragenden Gesellschaft sowie der Maßstab für die Aufteilung zu erwähnen, § 126 Abs. 1 Nr. 10 UmwG.[365] Mit diesen beiden zusätzlichen Anforderungen wird den Vorgaben des Art. 3 Abs. 2 lit. h und i SpRL Genüge getan.

(4) Zusätzliche Anforderung an den Vertrag bzw. Plan bei Verschmelzung bzw. Spaltung mit dem Angebot einer Barabfindung

Nach § 29 UmwG bzw. §§ 125 S. 1 i.V.m. 29 UmwG ist der übernehmende Rechtsträger in genau umrissenen Fällen verpflichtet, den Anteilsinhabern der übertragenden Gesellschaft(en) unter bestimmten Voraussetzungen eine Barabfindung anzubieten.[366] Dieses Angebot muss nach § 29 Abs. 1 UmwG bzw. §§ 125 S. 1 i.V.m. 29 Abs. 1 UmwG im Verschmelzungs- bzw. Spaltungsvertrag bzw. -plan enthalten sein.

(5) Zusätzliche Anforderung an den Vertrag bzw. Plan bei Verschmelzung durch bzw. Spaltung zur Neugründung

Bei der Verschmelzung durch Neugründung ist ebenso wie bei der Spaltung zur Neugründung nach § 37 UmwG bzw. §§ 135 Abs. 1 S. 1, 125 S. 1, 37 UmwG in dem jeweiligen Vertrag zusätzlich die Satzung der neuen Aktiengesellschaft(en) festzustellen.[367]

---

364 Die Ausgliederung ist nicht Gegenstand der Untersuchung. Siehe oben *1. Teil § 4 II. 1.*

365 § 126 Abs. 1 Nr. 9 UmwG hat § 2 Abs. Nr. 9 SpTrUG zum Vorbild, § 126 Abs. 1 Nr. 10 UmwG hingegen ist ohne Vorläufer. Siehe *Priester* in Lutter (Hrsg.), Kölner Umwandlungsrechtstage, 101.

366 Es handelt sich dabei zum einen um den (hier bei der Untersuchung von Verschmelzungen und Spaltungen unter ausschließlicher Beteiligung von Aktiengesellschaften nicht relevanten) Fall, dass ein Rechtsträger auf einen Rechtsträger anderer Rechtsform übertragen wird, § 29 Abs. 1 S. 1 UmwG bzw. §§ 125 S. 1 i.V.m. 29 Abs. 1 S. 1 UmwG, zum anderen um den (hier relevanten) Fall, dass die Anteile des übernehmenden Rechtsträgers Verfügungsbeschränkungen unterliegen, § 29 Abs. 1 S. 2 UmwG. Siehe hierzu unten *§ 13 II. 2.*

367 Unter Feststellung der Satzung ist der Abschluss des Gesellschaftsvertrags zu verstehen, wenn die Aktiengesellschaft mehrere Gesellschafter haben soll. Vgl. *Hüffer*, § 23 AktG, Rz. 6 und § 2, Rz. 3. Bei Einmanngründung tritt an die Stelle des Vertrags eine einseitige Gründungserklärung. Vgl. *Hüffer*, § 2 AktG, Rz. 4a. Die Satzung kann dabei entweder in den Verschmelzungs- bzw. Spaltungsvertrag aufgenommen oder ihm als Bestandteil beigefügt und mitbeurkundet werden. *Grunewald* in Lutter, § 37 UmwG, Rz. 5.

bb) Verschmelzungs- bzw. Spaltungsbericht

(1) Allgemeines und Bedeutung

Nach § 8 UmwG bzw. § 127 S. 1 und S. 2 i.V.m. § 8 Abs. 1 S. 1 bis 4, Abs. 2 und 3 UmwG (entsprechend) ist ein ausführlicher schriftlicher Verschmelzungs- bzw. Spaltungsbericht zu erstellen. Er dient dem Schutz der Gesellschafter.[368] Was den Umfang der Berichtspflichten anbelangt, ist zu berücksichtigen, dass zwischen den Gesellschafts- und Gesellschafterinteressen abgewogen werden muss.[369] Während der Gesellschafter in der Regel – zumindest in gewissen Grenzen – so genau wie möglich informiert werden will, besteht seitens der Gesellschaft meist das Interesse, insbesondere mit sensiblen – aber noch unterhalb der Schwelle des § 8 Abs. 2 S. 1 UmwG einzustufenden – Informationen Zurückhaltung zu üben. Als genügend wird daher ein Informationsumfang angesehen, der als ausreichende Entscheidungsgrundlage für das Abstimmungsverhalten eines vernünftig denkenden Gesellschafters angesehen werden kann.[370]

(2) Informationsschuldner: Vorstand

Informationsschuldner des Verschmelzungs- bzw. Spaltungsberichts sind – wie bereits hinsichtlich des Verschmelzungs- bzw. Spaltungsvertrags – die Vertretungsorgane jedes der an der Verschmelzung bzw. Spaltung beteiligten Rechtsträgers. Dies bestimmt § 8 Abs. 1 S. 1 HS 1 UmwG bzw. § 127 S. 1 HS 1 UmwG. Bei der Aktiengesellschaft ist das der Vorstand, vgl. § 78 Abs. 1 AktG.[371]

---

368 Und nicht dem der Gläubiger oder Arbeitnehmer. *Gehling* in Semler/ Stengel, § 8 UmwG, Rz. 2; *Lutter/ Drygala* in Lutter, § 8 UmwG, Rz. 5; *Stratz* in Schmitt/ Hörtnagl/ Stratz, § 8 UmwG, Rz. 1.

369 *Lutter/ Drygala* in Lutter, § 8 UmwG, Rz. 14.

370 *Lutter/ Drygala* in Lutter, § 8 UmwG, Rz. 14. Dies sagt freilich in der Sache noch nicht viel aus. Es kommt auf den Einzelfall an.

371 Siehe bereits oben *aa) (2)*. Anzumerken ist, dass die Vertretungsorgane auch aufgrund ihres Dienstvertrags zur Erstattung des Verschmelzungsberichts verpflichtet sind (*Stratz* in Schmitt/ Hörtnagl/ Stratz, § 8 UmwG, Rz. 5) und dass die persönliche Mitwirkung jedes Organmitglieds obligatorisch ist, eine Vertretung insofern ausscheidet. Letzteres liegt darin begründet, dass es sich bei dem Bericht um eine Wissens- und keine Willenserklärung handelt (statt aller: *Lutter/ Drygala* in Lutter, § 8 UmwG, Rz. 9). Das Erfordernis der Schriftform des Verschmelzungs- bzw. Spaltungsberichts [siehe oben (1)] ist dabei nur dann erfüllt, wenn dieser jeweils von allen Mitgliedern des Vertretungsorgans der jeweiligen Rechtsträger unterzeichnet ist (*Lutter/ Drygala* in Lutter, § 8 UmwG, Rz. 8).

(3) Anforderungen an den Inhalt

Nach der Legaldefinition des Verschmelzungsberichts in § 8 Abs. 1 S. 1 HS 1 UmwG und des Spaltungsberichts in § 127 S. 1 HS 1 UmwG haben die Vertretungsorgane jedes der an der Verschmelzung bzw. Spaltung beteiligten Rechtsträgers einen ausführlichen schriftlichen Bericht zu erstatten, in dem die Verschmelzung bzw. Spaltung, der Verschmelzungs- bzw. Spaltungsvertrag oder sein Entwurf im Einzelnen und insbesondere das Umtauschverhältnis der Anteile sowie die Höhe einer anzubietenden Barabfindung rechtlich und wirtschaftlich erläutert und begründet werden. Sollten besondere Schwierigkeiten bei der Bewertung der Rechtsträger auftreten, so ist hierauf nach § 8 Abs. 1 S. 2 UmwG bzw. § 127 S. 1 UmwG ebenso wie auf die Folgen für die Beteiligung der Anteilsinhaber hinzuweisen.[372] Eine über diese Vorgaben hinausgehende nähere Konkretisierung der Anforderungen an den Inhalt der Berichtspflicht enthalten die genannten Normen nicht.

Diese Aufgabe übernahmen Rechtsprechung und Literatur. So ist im Rahmen der von § 8 Abs. 1 S. 1 HS 1 UmwG bzw. § 127 S. 1 HS 1 UmwG zunächst geforderten Erläuterung der Verschmelzung bzw. Spaltung an sich die rechtlichen und unternehmerischen Vor- und Nachteile der gewählten Umwandlungsmaßnahme darzustellen.[373] Dies hat in drei Schritten zu erfolgen: Zunächst ist über die wirtschaftliche Ausgangslage der beteiligten Gesellschaften zu berichten,[374] anschließend über die wirtschaftlichen Folgen der Verschmelzung[375] bzw. Spaltung. Die sich insofern ergebenden Vor- und

372 Damit orientiert sich der deutsche Gesetzestext weitgehend an den Vorgaben nach Art. 9 VRL bzw. Art. 7 SpRL.

373 Das Erfordernis, die Verschmelzung an sich zu erläutern, ist im Vergleich zu der Vorgängernorm des § 8 UmwG (die Spaltung war vor Inkrafttreten des UmwG nicht allgemein geregelt), dem § 340 a AktG a.F., neu. Es wurde zwar auch bereits nach altem Recht angenommen. Nun wurde es Gesetz. Vgl. *Lutter/ Drygala* in Lutter, § 8 UmwG, Rz. 15.

374 Es ist über Umsatz, Tätigkeitsfeld, Marktanteil, wesentliche Beteiligungen, Mitarbeiter sowie Kapital und Gesellschaftsstruktur zu berichten. *Lutter/ Drygala* in Lutter, § 8 UmwG, Rz. 16. Ob dies bei (wie von VRL bzw. SpRL gefordert) getrennten Berichten nur in Bezug auf die anderen beteiligten Gesellschaften erforderlich ist, da die Kenntnis der eigenen Gesellschaft (auch bei außenstehenden Gesellschaftern) vorausgesetzt werden kann, ist streitig. Für die Entbehrlichkeit der entsprechenden Informationen: *Keil*, Der Verschmelzungsbericht nach § 340a AktG, 81; *Lutter/ Drygala* in Lutter, § 8 UmwG, Rz. 16; dagegen: *Grunewald* in G/ H/ E/ K, § 340 a AktG, Rz. 16 und wohl auch *Gehling* in Semler/ Stengel, § 8 UwmG, Rz. 16.

375 Es ist hier über die angestrebten Ziele und die sich aus der Verschmelzung ergebenden Vorteile (z. B. Verbesserung der Einkaufsmöglichkeiten, rentablere Produktion, vermeidbare Doppelinvestitionen, stärkere Stellung im Wettbewerb, Sicherung von Arbeitsplätzen, umweltfreundlichere Produktionsverfahren) zu berichten, gleicher-

Nachteile sind in einem dritten Schritt abzuwägen. Es ist darzulegen, weshalb die Verschmelzung bzw. Spaltung zur Verfolgung des unternehmerischen Zwecks am besten geeignet ist und warum die Gesellschafter ihr zustimmen sollten;[376] kurz: es ist die Zweckmäßigkeit des Vorhabens zu erläutern.

Hinsichtlich der Erläuterungen zum Verschmelzungs- bzw. Spaltungsvertrag oder dem Entwurf hierzu wird verlangt, den Anteilsinhabern die einzelnen darin enthaltenen Punkte so näher zu bringen, dass der rechtstechnische Vorgang der Verschmelzung bzw. Spaltung ebenso wie die Rechtswirkungen der vollzogenen Transaktion auch einem juristisch nicht vorgebildeten Gesellschafter verständlich werden können.[377] Als Anhaltspunkte für die Vollständigkeit des Berichts können dabei die Tatbestände der §§ 5 Abs. 1, 20 ff. UmwG bzw. §§ 126 Abs. 1 und 131 ff. UmwG herangezogen werden.[378] Die vom Gesetz geforderte Ausführlichkeit des Berichts bedeutet jedoch, dass die Erläuterungen sich nicht auf die bloßen Angaben im Verschmelzungs- bzw. Spaltungsvertrag oder dem Entwurf hierzu beschränken dürfen, sondern darüber hinausgehen müssen.[379] Unter der Erläuterung in wirtschaftlicher Hinsicht ist vor allem eine Kommentierung der rechtlichen Erläuterung aus bilanzieller, steuerlicher und betriebswirtschaftlicher Sicht zu verstehen.[380]

Zum inhaltlichen Schwerpunkt der Erläuterungen hat der deutsche Gesetzgeber dabei ausdrücklich („insbesondere" in § 8 Abs. 1 S. 1 HS 1 UmwG bzw. § 127 S. 1 HS 1 UmwG) das Umtauschverhältnis bestimmt. Damit folgt er der Vorgabe des Art. 9 VRL bzw. 7 SpRL und bringt auf diese Weise eben-

---

maßen wie über eventuell zu erwartende Nachteile (z. B. Betriebsstilllegungen, Aufgabe von Produktionslinien). *Lutter/ Drygala* in Lutter, § 8 UmwG, Rz. 17; vgl. auch *Grunewald* in G/ H/ E/ K, § 340 a AktG, Rz. 7. Die Erwähnung von Einzelheiten zu den angestrebten Synergien ist hingegen nicht erforderlich. Vielmehr ist eine grobe Schätzung insofern ausreichend. Vgl. OLG Düsseldorf, Urteil v. 15.3.1999 – 17 W 18/99, ZIP 1999, 793, 795. Ferner muss der Verschmelzungs- bzw. Spaltungsbericht Angaben darüber enthalten, wie sich die wirtschaftliche Verfassung der übernehmenden Gesellschaft(en) in bilanzieller und finanzwirtschaftlicher Hinsicht darstellt. Bei börsennotierten Gesellschaften sind Auswirkungen auf die Handelbarkeit der Aktien sowohl während der Umtauschphase als auch danach darzustellen. Siehe zu beidem *Lutter/ Drygala* in Lutter, § 8 UmwG, Rz. 17.

376 *Lutter/ Drygala* in Lutter, § 8 UmwG, Rz. 18.

377 *Stratz* in Schmitt/ Hörtnagl/ Stratz, § 8 UmwG, Rz. 12; Selbstverständlichkeiten müssen dabei nicht noch einmal in anderen Worten wiedergegeben werden. *Lutter/Drygala* in Lutter, § 8 UmwG, Rz. 19.

378 *Stratz* in Schmitt/ Hörtnagl/ Stratz, § 8 UmwG, Rz. 15.

379 Vgl. für die Spaltung *Engelmeyer*, Spaltung von Aktiengesellschaften, 78.

380 *Stratz* in Schmitt/ Hörtnagl/ Stratz, § 8 UmwG, Rz. 15; vgl. ferner *Ossadnik/ Maus*, DB 1995, 105, 105 f. *Lutter/ Drygala* in Lutter, § 8 UmwG, Rz. 19 und *Mayer* in Widmann/ Mayer, § 8 UmwG, Rz. 23 stellen an die Erläuterung in wirtschaftlicher Hinsicht niedrigere Anforderungen.

falls das Hauptinteresse der Anteilsinhaber zum Ausdruck, denen vor allem daran liegt zu erfahren, in welchem Verhältnis sich ihre Beteiligung in dem neuen Rechtsträger fortsetzt.[381] Dem Anteilsinhaber muss es möglich sein, die Plausibilität der Darstellung dieser Relation nachzuvollziehen.[382] Dies bedeutet, dass das im Bericht enthaltene Datenmaterial nicht derart umfassend sein muss (und gerade eben auch nicht darf), dass der Anteilsinhaber in die Lage versetzt wird, die dem Verschmelzungs- bzw. Spaltungsvertrag zugrunde liegenden Unternehmensbewertungen selbst – gegebenenfalls unter Mitwirkung eines Sachverständigen[383] – vorzunehmen.[384] Hierin verbirgt sich auch die Erkenntnis, dass eine Überversorgung mit Informationen das Gegenteil einer adäquaten Informierung bedeuten kann, wenn es nämlich dem Informationsadressaten nicht mehr gelingt, mit angemessenem Zeitaufwand das Wesentliche herauszufiltern. Andererseits ist es nicht damit getan, lediglich die angewandte Bewertungsmethode und die einzelnen Rechenansätze zu erwähnen.[385] Dies ist zwar erforderlich,[386] aber nicht genügend. Genauso wenig reicht es aus, lediglich die Wertrelation der beteiligten Rechtsträger anzugeben[387] oder sich auf nicht näher begründete Erläuterungen von Wirtschaftsprüfern hinsichtlich der Angemessenheit des Umtauschverhältnisses zu berufen.[388] Der Bericht muss daneben die wesentlichen Zahlen, die der Bewertung zu Grunde gelegt wurden, enthalten.[389] Weiterhin regelt § 8 Abs. 1

---

381 So genannte Verschmelzungswertrelation. *Lutter/ Drygala* in Lutter, § 8 UmwG, Rz. 5 und 20; *Stratz* in Schmitt/ Hörtnagl/ Stratz, § 8 UmwG, Rz. 20; vgl. auch *Ganske*, WM 1993, 1117, 1122; *Lüttge*, NJW 1995, 417, 419; *Schöne*, GmbHR 1995, 325, 330 f.

382 Die Kontrolle der rechtlichen Korrektheit und Angemessenheit des Umtauschverhältnisses hingegen bleibt den Verschmelzungsprüfern vorbehalten, vgl. §§ 9 ff. UmwG. *Lutter/ Drygala* in Lutter, § 8 UmwG, Rz. 20. Die Erläuterungen im Verschmelzungs- bzw. Spaltungsbericht und die Verschmelzungs- bzw. Spaltungsprüfung, dokumentiert in einem Prüfungsbericht [siehe hierzu näher unten b)], stehen in einem Ergänzungsverhältnis. Auf diese Weise soll dazu beigetragen werden, den Schutz der Aktionäre so vollkommen wie möglich auszugestalten. BGHZ 107, 296, 303 (Kochs Adler).

383 Vgl. *Keil*, Der Verschmelzungsbericht nach § 340 a AktG, 76.

384 OLG Karlsruhe, DB 1989, 1616, 1617; *Stratz* in Schmitt/ Hörtnagl/ Stratz, § 8 UmwG, Rz. 17, 21.

385 BHGZ 107, 296, 302 (*Kochs Adler*); BGH, WM 1990, 2073, 2074 f.; OLG Köln, AG 1989, 101, 102.

386 Hinsichtlich der Angaben zur Bewertungsmethode ist bei börsennotierten Aktiengesellschaften gegebenenfalls zusätzlich ein Vergleich nach gemittelten Börsenwerten erforderlich. *Lutter/ Drygala* in Lutter, § 8 UmwG, Rz. 21.

387 OLG Karlsruhe, DB 1989, 1616, 1617.

388 *Mayer* in Widmann/ Mayer, § 8 UmwG, Rz. 24 ff.

389 *Lutter/ Drygala* in Lutter, § 8 UmwG, Rz. 22. Hierzu gehören neben der Nennung der Ergebnisse für die Vergangenheit auch die Prognosen für die Zukunft (so genann-

S. 1 HS 1 UmwG bzw. § 127 S. 1 HS 1 UmwG die Pflicht, die Höhe einer etwa anzubietenden Barabfindung (§§ 29 ff. UmwG) zu erläutern und zu begründen, § 8 Abs. 1 S. 1 HS 1 UmwG.[390] Insbesondere der Grund für das Angebot einer Barabfindung und ihre Angemessenheit sind in diesem Zusammenhang darzulegen.[391]

Unter den besonderen Schwierigkeiten bei der Unternehmensbewertung, auf die nach § 8 Abs. 1 S. 2 UmwG bzw. § 127 S. 2 i.V.m. § 8 Abs. 1 S. 2 UmwG (entsprechend) hinzuweisen ist, sind solche zu verstehen, die über die bei jeder Unternehmensbewertung auftretenden Schwierigkeiten und Unsicherheiten hinausgehen.[392] Hauptsächlich treten solche Schwierigkeiten im Rahmen der Unternehmensbewertungen bei den Prognoseentscheidungen auf. Sind diese über das gewöhnliche Maß hinaus mit Unsicherheiten belastet, so ist dies offen zu legen. Gründe hierfür können z.B. Sanierungsmaßnahmen sein, die keine genaue Prognose erlauben, genauso wie es bei jungen Gesellschaften problematisch sein kann, ihr Ertragspotential vorherzusehen.[393] Schließlich ist nach § 8 Abs. 1 S. 2 UmwG bzw. § 127 S. 2 i.V.m. § 8 Abs. 1 S. 2 UmwG (entsprechend) auf die Folgen der Verschmelzung bzw. Spaltung für die Beteiligung der Anteilsinhaber hinzuweisen, § 8 Abs. 1 S. 2 UmwG.[394] Hier ist vor allem darzustellen, ob sich die Beteiligungsquote ändert, was für Sperrminoritäten und die zukünftige Ausübung von Minderheitsrechten von großer Bedeutung sein kann.[395]

---

te Planzahlen); *Lutter/ Drygala* in Lutter, § 8 UmwG, Rz. 23. Nicht so genau hinsichtlich der Anforderungen an den Inhalt äußert sich der BGH. Er stellt lediglich fest, dass man die rechtliche und wirtschaftliche Erläuterung und Begründung des Umtauschverhältnisses der Aktien nicht auf die Darlegung der Grundsätze reduzieren kann, nach denen es ermittelt worden ist (BGHZ 107, 296, 302, Kochs Adler). Welchen Anforderungen der Verschmelzungsbericht genau genügen muss, lässt er freilich (bewusst) offen (BGHZ 107, 296, 304, Kochs Adler).

390 Auch dieses Erfordernis ist im Vergleich zu der Vorgängernorm des § 8 UmwG, dem § 340 a AktG a.F., neu.

391 *Stratz* in Schmitt/ Hörtnagl/ Stratz, § 8 UmwG, Rz. 23. Die Angemessenheit der Barabfindung ist nach denselben Grundsätzen wie die des Umtauschverhältnisses zu erläutern; *Stratz* in Schmitt/ Hörtnagl/ Stratz, § 8 UmwG, Rz. 23.

392 *Lutter/ Drygala* in Lutter, § 8 UmwG, Rz. 29.

393 *Lutter/ Drygala* in Lutter, § 8 UmwG, Rz. 29; *Stratz* in Schmitt/ Hörtnagl/ Stratz, § 8 UmwG, Rz. 25.

394 Auch dieses Erfordernis ist im Vergleich zu der Vorgängernorm des § 8 UmwG, dem § 340 a AktG a.F., neu.

395 RegEBgr. zu § 8 UmwG, bei *Ganske*, Umwandlungsrecht, 53 f.; *Lutter/ Drygala* (in Lutter, § 8 UmwG, Rz. 32) raten hinsichtlich der Form, in der dieser Hinweis zu erbringen ist, wie folgt zu unterscheiden (ebenso *Gehling* in Semler/ Stengel, § 8 UmwG, Rz. 52): Bei kleineren Gesellschaften mit überschaubarem Aktionärskreis solle der Bericht für sämtliche Beteiligte eine konkrete, auf die jeweilige Person be-

Im Spaltungsbericht ist, wie sich aus § 127 S. 1 HS 1 UmwG ergibt, im Vergleich zum Verschmelzungsbericht zusätzlich der Maßstab für die Aufteilung der Anteile rechtlich und wirtschaftlich zu erläutern und zu begründen. Handelt es sich dabei um eine verhältniswahrende Spaltung,[396] so reicht es in der Regel aus anzugeben, dass Maßstab für die Aufteilung das bisherige Beteiligungsverhältnis war.[397] Wird bei einer nichtverhältniswahrenden Spaltung[398] der Aufteilungsmaßstab der bisherigen Beteiligung wertmäßig beibehalten und nur bei der jeweiligen Beteiligung an den übernehmenden Rechtsträgern vom bisherigen Beteiligungsverhältnis abgewichen, so ist zu erläutern, weshalb gerade die gewählte Aufteilung wertmäßig der bisherigen Beteiligung entspricht.[399] Wird bei einer nichtverhältniswahrenden Spaltung auch noch die Wertrelation verändert, müssen zusätzlich die Gründe hierfür im Einzelnen angegeben werden. Ferner ist auch hier zu erläutern und zu begründen, weshalb die getroffene Aufteilung dem gewählten nichtverhältniswahrenden Maßstab entspricht.[400] Schließlich ist nach § 142 Abs. 2 UmwG – in Übereinstimmung mit Art. 7 Abs. 2 UA 2 SpRL – im Spaltungsbericht gegebenenfalls auf den Bericht über die Prüfung von Sacheinlagen bei einer übernehmenden Aktiengesellschaft nach § 183 Abs. 3 AktG sowie auf das Register, bei dem dieser Bericht zu hinterlegen ist, hinzuweisen.

(4) Erweiterte Berichtspflicht bei verbundenen Unternehmen

Für den Fall, dass an der Verschmelzung bzw. Spaltung ein verbundenes Unternehmen im Sinne des § 15 AktG beteiligt ist, sieht § 8 Abs. 1 S. 3 UmwG bzw. §§ 127 S. 2 UmwG i.V.m. 8 Abs. 1 S. 3 UmwG (entsprechend) eine

---

zogene Gegenüberstellung der Beteiligung am Vermögen und am Stimmrecht im alten und im neuen Rechtsträger enthalten. Ist der Aktionärskreis nicht überschaubar oder handelt es sich sogar um eine Publikumsgesellschaft, bei der die Gesellschafter meist nicht bekannt sind, so solle der Bericht statt einer individuellen Berechnung ein allgemeines Rechenbeispiel enthalten, das den Vermögens- und Stimmrechtsanteil im alten und im neuen Rechtsträger anhand einer einfach hochzurechnenden, beispielhaften Beteiligung demonstriert. Weiter sind insbesondere (gegebenenfalls) steuerrechtliche Folgen, Satzungsunterschiede sowie Änderungen in der Fungibilität der Anteile zu nennen. *Gehling* in Semler/ Stengel, § 8 UmwG, Rz. 54. Vgl. auch (ausführlicher) *Lutter/ Drygala* in Lutter, § 8 UmwG, Rz. 36 f.

396 Siehe oben *1. Teil § 3 a) aa) (1) (c).*

397 *Hörtnagl* in Schmitt/ Hörtnagl/ Stratz, § 127 UmwG, Rz. 5 f.

398 Siehe oben *1. Teil § 3 I. 3. a) aa) (3) (c).*

399 *Hörtnagl* in Schmitt/ Hörtnagl/ Stratz, § 127 UmwG, Rz. 7.

400 *Hörtnagl* in Schmitt/ Hörtnagl/ Stratz, § 127 UmwG, Rz. 8.

Erstreckung der Berichtspflicht auf die für die Verschmelzung bzw. Spaltung wesentlichen Angelegenheiten der anderen verbundenen Unternehmen vor.[401]

(5) Beschränkung der Berichtspflicht

Eine Beschränkung der Berichtspflicht kann auf § 8 Abs. 2 S. 1 UmwG bzw. §§ 127 S. 2 UmwG i.V.m. 8 Abs. 2 S. 1 UmwG (entsprechend) gestützt werden, sofern es sich um Tatsachen handelt, deren Bekanntwerden geeignet ist, einem der beteiligten Rechtsträger oder einem verbundenen Unternehmen einen nicht unerheblichen Nachteil zuzufügen.[402] In diesem Fall ist eine Aufnahme dieser Tatsachen in den Bericht nicht verpflichtend. Mit Einführung dieser Regelung muss nun nicht mehr auf § 131 Abs. 3 Nr. 1 AktG zurückgegriffen werden, der wegen der dem Vorläufer von § 8 UmwG, § 340 a AktG a.F., fehlenden ausdrücklichen Beschränkung ergänzend herangezogen wurde.[403] Die neue Regelung knüpft jedoch inhaltlich an § 131 Abs. 3 Nr. 1 AktG an. Wie aus dem Gesetzestext hervorgeht („geeignet“), muss der nicht unerhebliche Nachteil nicht als Folge der Offenlegung zwingend eintreten, es genügt vielmehr die Eignung der Offenlegung, eine gewichtige Beeinträchtigung der Gesellschaftsinteressen herbeizuführen.[404] Ob diese Eignung vorliegt, bestimmt sich für den Einzelfall nach vernünftiger kaufmännischer Be-

401 Ist die an der Verschmelzung bzw. Spaltung beteiligte Gesellschaft im Rahmen der Unternehmensverbindung Obergesellschaft, so ist die Berichtspflicht umfangreicher als wenn es sich um eine Untergesellschaft handelt. Während sich im zweiten Fall das Interesse der Anteilsinhaber vor allem darauf konzentriert, die Person des herrschenden Unternehmens sowie dessen Einflussmöglichkeiten nach Vollzug der Verschmelzung bzw. Spaltung zu erfahren (*Lutter/ Drygala* in Lutter, § 8 UmwG, Rz. 42), ist im ersten Fall ausführlich zu den Verhältnissen zu und in den Tochtergesellschaften Stellung zu nehmen. Denn die Anteilsinhaber der anderen an der Verschmelzung bzw. Spaltung beteiligten Rechtsträger sollen auch wissen, worauf sie sich im Hinblick auf Beteiligungen des Verschmelzungspartners einlassen. Deren wirtschaftliche Situation beeinflusst den gesamten wirtschaftlichen Hintergrund der Verschmelzung bzw. Spaltung. Vgl. zu den Einzelheiten: *Lutter/ Drygala* in Lutter, § 8 UmwG, Rz. 40 ff.

402 Vgl. hierzu ausführlich *Ebenroth/ Koos*, BB Beilage 8/1995, 2.

403 Vgl. BGHZ 107, 296, 305 (Kochs Adler); BGH DB 1990, 317, 318 (*Altana*); OLG Hamm, AG 1989, 31, 32 f. (*Kochs Adler*); OLG Köln, AG 1989, 101, 102 (*Altana*); OLG Karlsruhe, ZIP 1989, 988, 991 (*SEN*); LG Frankenthal, WM 1989, 1854, 1858 (*Pfälzische Hypothekenbank*); *Bayer*, AG 1988, 323, 329; *Engelmeyer*, Die Spaltung von Aktiengesellschaften, 84 (Fn. 68) und 85; *Keil*, Verschmelzungsbericht, S. 85 ff.; *Kraft* in KK, § 340 a AktG, Rz. 12 und 16; *Mayer* in Widmann/ Mayer, § 8 UmwG, Rz. 47 (Fn. 1); *Mertens*, AG 1990, 20, 27.

404 Vgl. *Bermel* in Goutier/ Knopf/ Tulloch, § 8 UmwG, Rz. 38; *Lutter/ Drygala* in Lutter, § 8 UmwG, Rz. 45; *Marsch-Barner* in Kallmeyer, § 8 UmwG, Rz. 30.

urteilung.[405] Es gilt dabei ein objektiver Maßstab, der einer gerichtlichen Nachprüfung in vollem Umfang zugänglich ist.[406] Als Nachteil ist jede einigermaßen gewichtige Beeinträchtigung der Interessen eines beteiligten Rechtsträgers anzusehen.[407]

Eine weitere Klarstellung und zugleich Verschärfung[408] im Vergleich zum früheren Recht liefert § 8 Abs. 2 S. 2 UmwG, der über die Verweisung des § 127 S. 2 UmwG wiederum auch für die Spaltung gilt. Danach sind die Gründe, weshalb die Tatsachen nicht aufgenommen worden sind, im Bericht darzulegen.[409] Wie bereits der Wortlaut („darzulegen") zu erkennen gibt, ist ein allgemeiner Hinweis auf die Geheimhaltungsbedürftigkeit nicht ausreichend. Vielmehr ist eine so detaillierte Begründung erforderlich, dass den Anteilsinhabern eine Plausibilitätskontrolle möglich ist. Andererseits muss die Begründung nicht so umfassend sein, dass die Informationen, die eigentlich zurückgehalten werden sollen, durch die Begründung für die Geheimhaltung preisgegeben werden.[410]

(6) Gemeinsamer Bericht

Die früher im Zusammenhang mit dem Verschmelzungsbericht umstrittene Frage, ob die Erstattung eines gemeinsamen Berichts zulässig ist, wurde mit Verabschiedung und Inkrafttreten des Umwandlungsgesetzes (auf nationaler Ebene) geklärt: Den Vertretungsorganen der beteiligten Rechtsträger ist die Erstattung eines gemeinsamen Berichts erlaubt, § 8 Abs. 1 S. 1 HS 2 UmwG.

---

405 *Bermel* in Goutier/ Knopf/ Tulloch, § 8 UmwG, Rz. 38; *Lutter/ Drygala* in Lutter, § 8 UmwG, Rz. 45; *Stratz* in Schmitt/ Hörtnagl/ Stratz, § 8 UmwG, Rz. 30. Auch die Verwendung dieses Maßstabes geht auf § 131 Abs. 3 Nr. 1 AktG zurück. Vgl. zur Lage im AktG *Hüffer*, § 131 AktG, Rz. 25.

406 *Lutter/ Drygala* in Lutter, § 8 UmwG, Rz. 45. Hinsichtlich § 131 Abs. 3 Nr. 1 AktG ganz herrschende Meinung, siehe OLG Düsseldorf, WM 1991, 2148, 2152; *Semler* in Münchener Hdb. des GesR, Band 4, Aktiengesellschaften, § 37, Rz. 24; *Hüffer*, § 131 AktG, Rz. 25 m.w.N.; a.A. *von Godin/ Wilhelmi*, § 131 AktG, Rz. 10.

407 *Marsch-Barner* in Kallmeyer, § 8 UmwG, Rz. 30.

408 *Lutter/ Drygala* in Lutter, § 8 UmwG, Rz. 47.

409 Dies ist im Rahmen des Auskunftsverweigerungsrechts nach § 131 Abs. 3 Nr. 1 AktG gesetzlich nicht geregelt. Die Rechtsprechung sieht jedoch in einem solchen Fall vor, dass die Gründe anzugeben sind. BGHZ 107, 296, 305 f. (*Kochs Adler*); BGH, ZIP 1990, 168, 169; BGH, ZIP 1990, 1560, 1561; vgl. zum Umwandlungsrecht *Lutter/ Drygala* in Lutter, § 8 UmwG, Rz. 47.

410 BGHZ 107, 296, 305 f. (*Kochs Adler*); *Marsch-Barner* in Kallmeyer, § 8 UmwG, Rz. 32.

Dies entspricht der bis dahin herrschenden Meinung.[411] Nach § 127 S. 1 HS 2 UmwG ist im Rahmen einer Spaltung ein gemeinsamer Spaltungsbericht ebenfalls statthaft. Zu beachten ist, dass in Fällen der Verschmelzung durch bzw. Spaltung zur Neugründung im Stadium vor der Eintragung noch kein neuer Rechtsträger existiert. Daher trifft die Berichtspflicht allein die übertragende(n) Gesellschaft(en).[412]

b) Informationsverifikation: Verschmelzungs- bzw. Spaltungsprüfung und Verschmelzungs- bzw. Spaltungsprüfungsbericht

aa) Allgemeines und Systematik

Der deutsche Gesetzgeber hat die Vorgabe des Art. 10 VRL, eine Prüfung des Verschmelzungsplans einzuführen, mit dem durch das Verschmelzungsrichtlinie-Gesetz vom 25.10.1982 neu eingefügten § 340 b AktG a.F. umgesetzt. Die gesetzliche Verankerung der Prüfungspflicht war ein Novum, die Prüfung an sich hingegen nicht. Sie wurde in der Praxis bereits auf freiwilliger Basis nicht selten durchgeführt.[413] Den Themenkomplex der Verschmelzungs- und auch der Spaltungsprüfung regeln nun die rechtsformunabhängigen allgemeinen §§ 9 bis 12 UmwG bzw. §§ 125 S. 1 i.V.m. 9 bis 12 UmwG und der bei Beteiligung von Aktiengesellschaften geltende § 60 UmwG bzw. §§ 125 S. 1 i.V.m. 60 UmwG. In § 9 Abs. 1 UmwG bzw. §§ 125 S. 1 i.V.m. § 9 Abs. 1 UmwG ist bestimmt, dass der Verschmelzungs- bzw. Spaltungsvertrag oder dessen Entwurf zu prüfen ist, soweit das Umwandlungsgesetz dies vorschreibt. Für die Verschmelzung und Spaltung unter der Beteiligung einer Aktiengesellschaft gibt § 60 Abs. 1 UmwG bzw. §§ 125 S. 1 i.V.m. 60 Abs. 1 UmwG den erforderlichen (rechtsformabhängigen) Prüfungsbefehl. In dem Regelungskomplex der §§ 9 bis 12 UmwG findet sich die Zweiteilung in die Prüfung an sich, §§ 9 bis 11 UmwG, und den in deren Folge zu verfassenden schriftlichen Prüfungsbericht, § 12 UmwG. Besonderheiten, die sich aus der Beteiligung einer Aktiengesellschaft ergeben, sind in § 60 Abs. 2 und 3 UmwG enthalten.[414]

---

[411] Siehe nur *Grunewald* in G/ H/ E/ K, § 340a AktG, Rz. 8 f. m.w.N. Bei börsennotierten Aktiengesellschaften ist der gemeinsame Bericht in der Praxis die Regel. *Gehling* in Semler/ Stengel, § 8 UmwG, Rz. 6.

[412] Vgl. für die Spaltung *Hommelhoff/ Schwab* in Lutter, § 127 UmwG, Rz. 9.

[413] *Priester*, NJW 1983, 1459, 1461, Fn. 57 m.w.N.; RegEBegr. zu § 340 b AktG a.F., BT-Drucks. 9/1065, 15.

[414] Auf die Bedeutung der Verschmelzungs- bzw. Spaltungsprüfung sowie des jeweils zu erstattenden Prüfungsberichts als weiteren Baustein im Gefüge des präventiven Schutzes der Aktionäre durch Information weist ausdrücklich die Begründung des „Regierungsentwurfs eines Gesetzes zur Bereinigung des Umwandlungsgesetzes“ hin

bb) Informationsschuldner: Unabhängige Sachverständige als Prüfer

Aus § 9 Abs. 1 UmwG bzw. §§ 125 S. 1 i.V.m. 9 Abs. 1 UmwG geht hervor, dass sachverständige Prüfer (sogenannte Verschmelzungs- bzw. Spaltungsprüfer) für die Prüfung heranzuziehen sind. Zu solchen gemäß § 10 UmwG bzw. §§ 125 S. 1 i.V.m. 10 UmwG bestellt, sind sie nach § 12 Abs. 1 S. 1 UmwG bzw. §§ 125 S. 1 i.V.m. 12 Abs. 1 S. 1 UmwG zur Erstellung des Prüfungsberichts verpflichtet. Die Informationen werden daher von einer von den Vorständen verschiedenen Instanz geschuldet. Damit wird (einem Teil von) Art. 10 Abs. 1 VRL bzw. Art. 8 Abs. 1 SpRL entsprochen. Nach § 11 Abs. 1 S. 1 UmwG bzw. §§ 125 S. 1 i.V.m. 11 Abs. 1 S. 1 UmwG i.V.m. § 319 Abs. 1 S. 1 HGB können zu Prüfern von Gesellschaften, deren Jahresabschlüsse prüfungspflichtig sind,[415] nur Wirtschaftsprüfer und Wirtschaftsprüfungsgesellschaften bestellt werden. Für an der Verschmelzung bzw. Spaltung beteiligte Gesellschaften, deren Jahresabschlüsse nicht prüfungspflichtig sind, gilt § 319 Abs. 1 HGB nach § 11 Abs. 1 S. 2 UmwG bzw. §§ 125 S. 1 i.V.m. 11 Abs. 1 S. 2 UmwG entsprechend. Aus § 11 Abs. 1 S. 3 UmwG bzw. §§ 125 S. 1 i.V.m. 11 Abs. 1 S. 3 UmwG ergibt sich ferner, dass § 267 Abs. 1 bis 3 HGB für die Umschreibung der Größenklassen entsprechend anzuwenden ist. Dies wird (überzeugend) weitgehend so ausgelegt, dass die Größenklasse des § 267 HGB für die Auswahl der Verschmelzungs- bzw. Spaltungsprüfer maßgeblich ist.[416] Als Prüfer kommen daher bei mittleren und kleinen Gesellschaften und somit insbesondere auch bei kleinen Aktiengesellschaften neben den Wirtschaftsprüfern und Wirtschaftsprüfungsgesellschaften auch vereidigte Buchprüfer und Buchprüfungsgesellschaften in Betracht.[417]

(RegEBegr. BR-Drucks. 75/94 zu § 9 I UmwG). In dieselbe Richtung gehend äußerte sich bereits die Gesetzesbegründung zu § 340b AktG a.F., BT-Drucks. 9/1065, 15. Siehe näher zur Bedeutung des Prüfungsberichts und seiner Stellung innerhalb des Gefüges der Aktionärsrechte oben *§ 11 I. 1. b) aa).*

415 Dies sind nach § 316 HGB solche, die gemessen an § 267 HGB „nicht kleine" Gesellschaften sind.

416 *Zeidler* in Semler/ Stengel, § 11 UmwG, Rz. 3; vgl. auch *Hannappel* in Goutier/ Knopf/ Tulloch, § 11 UmwG, Rz. 4; *Müller* in Kallmeyer, § 11 UmwG, Rz. 2; *Stratz* in Schmitt/ Hörtnagl/ Stratz, § 11 UmwG, Rz. 4 ff.; a.A. *Lutter/ Drygala* in Lutter, § 11 UmwG, Rz. 5.

417 *Zeidler* in Semler/ Stengel, § 11 UmwG, Rz. 3; vgl. auch *Hannappel* in Goutier/ Knopf/ Tulloch, § 11 UmwG, Rz. 4; *Müller* in Kallmeyer, § 11 UmwG, Rz. 2; *Stratz* in Schmitt/ Hörtnagl/ Stratz, § 11 UmwG, Rz. 6; a.A. *Lutter/ Drygala* in Lutter, § 11 UmwG, Rz. 5, die bei der Auslegung des Begriffs „*entsprechende Anwendung*" aus § 11 Abs. 1 S. 3 UmwG auf die „*Strukturgleichheit der Rechtsträger*" abstellen und so vor allem hinsichtlich der (hier relevanten) kleinen AG zum Schluss kommen, dass diese ausschließlich von Wirtschaftsprüfern und Wirtschaftsprüfungsgesellschaften zu prüfen ist.

cc) Bestellung der Verschmelzungs- bzw. Spaltungsprüfer

Durch das Spruchverfahrensgesetz wurde der für die Bestellung der Verschmelzungs- bzw. Spaltungsprüfer maßgebliche § 10 UmwG dahingehend abgeändert, dass nun die Verschmelzungs- bzw. Spaltungsprüfer – auf Antrag des Vertretungsorgans – nur noch vom Gericht ausgewählt und bestellt werden können, § 10 Abs. 1 S. 1 UmwG. Nach alter Gesetzeslage (§ 10 Abs. 1 S. 1 Alt. 1 a.F. UmwG) war eine Bestellung auch durch das Vertretungsorgan selbst möglich. Mit der Änderung soll dem Eindruck der Parteinähe von vorneherein entgegengewirkt und so die Akzeptanz der Prüfungsergebnisse erhöht werden,[418] was wiederum dazu führen soll, dass gerichtliche Auseinandersetzungen in diesem Zusammenhang vermieden werden.[419] Insgesamt wird auf diese Weise die von Art. 10 Abs. 1 S. 1 VRL bzw. Art. 8 Abs. 1 S. 1 SpRL geforderte Unabhängigkeit der Prüfer gesichert. Auf gemeinsamen Antrag der Vertretungsorgane, bei Aktiengesellschaften der Vorstände, können nach § 10 Abs. 1 S. 2 UmwG bzw. §§ 125 S. 1 i.V.m. 10 Abs. 1 S. 2 UmwG für mehrere oder alle beteiligten Rechtsträger die Verschmelzungs- bzw. Spaltungsprüfer auch gemeinsam bestellt werden.[420] Damit macht der deutsche Gesetzgeber von der in Art. 10 Abs. 1 S. 2 VRL bzw. Art. 8 Abs. 1 S. 2 SpRL eröffneten Möglichkeit (nach den Änderungen durch das SpruchG nun in reduzierter Form) Gebrauch. Sachlich ausschließlich zuständig für die Bestellung ist nunmehr das Landgericht; in örtlicher Hinsicht dasjenige, in dessen Bezirk ein übertragender Rechtsträger seinen Sitz hat. Bei mehreren übertragenden Rechtsträgern besteht ein Wahlrecht, welches Gericht die Bestellung vornehmen soll.[421] Für das Bestellungsverfahren sind nach § 10 Abs. 3 UmwG die Vorschriften des FGG anzuwenden, soweit nicht in § 10 Abs. 4 bis 7 UmwG etwas anderes bestimmt ist.

---

418 Vgl. BT-Drucks. 15/ 371, 18.

419 Vgl. zu dieser Funktion der gerichtlichen Bestellung bereits RegEBegr, bei *Ganske*, Umwandlungsrecht, 57.

420 Werden mehrere Prüfer bestellt, so erstattet jeder Prüfer nach § 12 Abs. 1 S. 1 UmwG bzw. §§ 125 S. 1 i.V.m. 12 Abs. 1 S. 1 UmwG getrennt einen eigenen Bericht. Dies ist – wie sich aus der Zusammenschau mit § 12 Abs. 1 S. 2 UmwG bzw. §§ 125 S. 1 i.V.m. 12 Abs. 1 S. 2 UmwG ergibt - der Grundsatz. Nach § 12 Abs. 1 S. 2 UmwG bzw. §§ 125 S. 1 i.V.m. 12 Abs. 1 S. 2 UmwG kann der Bericht aber auch gemeinsam erstattet werden. Bei Bestellung eines oder mehrerer gemeinsamer Prüfer wird der Bericht berufsüblicherweise gemeinsam abgegeben. *Lutter/ Drygala* in Lutter, § 12 UmwG, Rz. 5; *Stratz* in Schmitt/ Hörtnagl/ Stratz, § 12 UmwG, Rz. 2.

421 Statt aller: *Lutter/ Drygala* in Lutter, § 10 UmwG, Rz. 7.

dd) Prüfungsgegenstand und Inhalt des Prüfungsberichts

Gegenstand der Verschmelzungs- bzw. Spaltungsprüfung ist, wie aus § 9 Abs. 1 UmwG bzw. §§ 125 S. 1 i.V.m. 9 Abs. 1 UmwG hervorgeht, allein der Verschmelzungs- bzw. Spaltungsvertrag bzw. dessen Entwurf. Dabei wird das jeweilige Dokument daraufhin überprüft, ob den in § 5 UmwG bzw. § 126 Abs. 1 UmwG aufgestellten Anforderungen hinsichtlich Vollständigkeit und Richtigkeit genügt ist.[422] Kernstück der Prüfung ist dabei die Kontrolle der Angemessenheit des Umtauschverhältnisses.[423] Gerade diesbezüglich ist der Anteilseigner auf den Sachverstand der Prüfer angewiesen. Denn insofern ergänzt der Verschmelzungs- bzw. Spaltungsprüfungsbericht den von den Vertretungsorganen zu erstattenden Verschmelzungs- bzw. Spaltungsbericht, der den Anteilsinhabern lediglich eine Plausibilitätskontrolle ermöglichen soll und sich aus diesem Grund nicht auf alle Einzelheiten der Verschmelzung bzw. Spaltung beziehen muss.[424] Hier soll die Prüfung durch den unabhängigen Sachverständigen näheren Aufschluss geben. Das bedeutet jedoch wiederum nicht, dass der Prüfer die beteiligten Unternehmen noch einmal vollständig neu zu bewerten hätte. Vielmehr obliegt es ihm lediglich, die bereits vorgenommene Bewertung anhand konkreten Zahlenmaterials zu überprüfen.[425] Eine Prüfung des Verschmelzungs- bzw. Spaltungsberichts ist nach dem klaren Wortlaut des § 9 Abs. 1 UmwG hingegen nicht vorgesehen.[426]

---

422 *Lutter/ Drygala* in Lutter, § 9 UmwG, Rz. 9.

423 Dies ergibt sich bereits aus dem Gesetz, zwar nicht aus § 9 UmwG, wohl aber aus § 12 Abs. 2 UmwG, der ausführlich regelt, welche Mindestinformationen der Prüfungsbericht hinsichtlich des Umtauschverhältnisses enthalten muss. Soll Schwerpunkt des Prüfungsberichts das Umtauschverhältnis sein, so erfordert dies, dass sich hierauf auch die Prüfung selbst konzentriert. Zudem ergibt sich die nähere Bestimmung des Prüfungsgegenstands aus dem Normzweck, der im Schutz der Anteilsinhaber zu sehen ist. Diesen ist vor allem daran gelegen, einen adäquaten Gegenwert für ihre Anteile zu erhalten. Dieser Gegenwert kommt eben durch das Umtauschverhältnis zum Ausdruck. Vgl. *Bayer*, ZIP 1997, 1613, 1621; *Kraft* in KK, § 340b AktG, Rz. 7; *Lutter/ Drygala* in Lutter, § 9 UmwG, Rz. 10; *Mayer* in Kallmeyer, § 9 UmwG, Rz. 22 ff.

424 Siehe oben *a) bb) (3).*

425 *Grunewald* in G/ H/ E/ K, § 340b AktG, Rz. 11; *Lutter/ Drygala* in Lutter, § 9 UmwG, Rz. 11; *Müller* in Kallmeyer, § 9 UmwG, Rz. 22; *Priester*, NJW 1983, 1459, 1462.

426 Die wohl h.M. lässt es daher mit der Prüfung des Verschmelzungs- bzw. Spaltungsvertrags bzw. seines Entwurfs auf dessen Vollständigkeit und Richtigkeit bewenden. *Grunewald* in G/ H/ E/ K, § 340 b AktG, Rz. 10; *Lutter/ Drygala* in Lutter, § 9 UmwG, Rz. 12; *Mayer* in Widmann/ Mayer, § 9 UmwG, Rz. 18; *Mertens*, AG 1990, 20, 31; *Sagasser/ Bula*, Umwandlungen, Rz. G 78; *Stratz* in Schmitt/ Hörtnagl/ Stratz, § 9 UmwG, Rz. 4; *Winter* in Lutter (Hrsg.), Kölner Umwandlungsrechtstage,

Dies schließt wiederum jedoch nicht aus, dass die Prüfer die Verschmelzungs- bzw. Spaltungsberichte als wichtige Erkenntnisquellen heranziehen und auswerten. Dies wird im Gegenteil sogar erwartet.[427]

Die Prüfung beschränkt sich auf die Kontrolle der Rechtmäßigkeit des Verschmelzungs- bzw. Spaltungsvertrages bzw. dessen Entwurfs. Eine Zweckmäßigkeitskontrolle dahingehend, ob die Verschmelzung bzw. Spaltung aus wirtschaftlicher Sicht sinnvoll oder gar geboten ist, findet hingegen nicht statt.[428] Dies zu entscheiden, ist – auf Grundlage des Verschmelzungs- bzw. Spaltungsvertrags, des Verschmelzungs- bzw. Spaltungsberichts und des Prüfungsberichts – Aufgabe des Aktionärs.[429]

In den Prüfungsbericht ist schließlich nur das Ergebnis der Prüfung aufzunehmen, § 12 Abs. 1 S. 1 UmwG bzw. §§ 125 S. 1 i.V.m. 12 Abs. 1 S. 1 UmwG, d.h. es sind Ausführungen darüber zu machen, ob der Verschmelzungs- bzw. Spaltungsvertrag oder dessen Entwurf den Anforderungen des § 5 Abs. 1 UmwG bzw. § 126 Abs. 1 UmwG hinsichtlich Vollständigkeit und Richtigkeit entspricht.[430] Genauer vorgegeben ist in § 12 Abs. 2 UmwG (auf den wiederum § 125 S. 1 UmwG verweist), was der Bericht bezüglich des Umtauschverhältnisses zu enthalten hat. Damit kommt der deutsche Gesetzgeber den Vorgaben aus Art. 10 Abs. 2 VRL bzw. Art. 8 Abs. 2 SpRL i.V.m. Art. 10 Abs. 2 VRL nach, deren Wortlaut er sogar zu großen Teilen übernimmt. So muss der Bericht mit einer Erklärung darüber abschließen, ob das vorgeschlagene Umtauschverhältnis der Anteile oder gegebenenfalls die Höhe der baren Zuzahlung als Gegenwert angemessen ist, § 12 Abs. 2 S. 1 UmwG bzw. §§ 125 S. 1 i.V.m. 12 Abs. 2 S. 1 UmwG. Dabei ist anzugeben, nach welchen Methoden das vorgeschlagene Umtauschverhältnis ermittelt worden ist und aus welchen Gründen die Anwendung dieser Methoden angemessen ist, § 12 Abs. 2 S. 2 Nr. 1 und 2 UmwG bzw. §§ 125 S. 1 i.V.m.12 Abs. 2 S. 2 Nr. 1 und 2 UmwG. Weitere Angaben sind nach § 12 Abs. 2 S. 2 Nr. 3 UmwG bzw. §§ 125 S. 1 i.V.m.12 Abs. 2 S. 2 Nr. 3 UmwG erforderlich, sofern verschiedene Methoden zur Ermittlung des Umtauschverhältnisses an-

---

35; a.A. *Bayer*, ZIP 1997, 1613, 1621; *Becker*, AG 1988, 223, 225; *Hommelhoff*, ZGR 1993, 452, 466, der auch eine Prüfung des Berichts auf Vollständigkeit und Richtigkeit verlangt; vermittelnd *Hoffmann-Becking* in FS Fleck, 105, 122 und *Priester*, ZGR 1990, 420, 430, die sich für eine Prüfungspflicht in Bezug auf die Richtigkeit des Berichts aussprechen.

427 Vgl. *Stratz* in Schmitt/ Hörtnagl/ Stratz, § 9 UmwG, Rz. 4.

428 *Grunewald* in G/ H/ E/ K, § 340 b AktG, Rz. 10; *Kraft* in KK, § 340 b AktG, Rz. 7; *Lutter/ Drygala* in Lutter, § 9 UmwG, Rz. 12; *Mayer* in Widmann/ Mayer, § 9 UmwG, Rz. 17 ff., 23.

429 *Kraft* in KK, § 340 b AktG, Rz. 7; *Lutter/ Drygala* in Lutter, § 9 UmwG, Rz. 12; *Stratz* in Schmitt/ Hörtnagl/ Stratz, § 9 UmwG, Rz. 5.

430 *Lutter/ Drygala* in Lutter, § 12 UmwG, Rz. 6.

gewandt worden sind.[431] Schließlich ist – nach den zuletzt genannten Normen – auf besondere Schwierigkeiten bei der Bewertung der Rechtsträger hinzuweisen.[432]

ee) Rechte der Prüfer

Nach § 11 Abs. 1 S. 1 UmwG i.V.m. § 320 Abs. 1 S. 2 HGB bzw. §§ 125 S. 1 i.V.m. 11 Abs. 1 S. 1 UmwG i.V.m. § 320 Abs. 1 S. 2 HGB müssen die jeweiligen gesetzlichen Vertreter der beteiligten Rechtsträger, hier also die Vorstände, den Verschmelzungs- bzw. Spaltungsprüfern gestatten, die Bücher und Schriften des Rechtsträgers sowie die Vermögensgegenstände und Schulden zu prüfen. Dabei besteht diese Duldungspflicht gegenüber allen Verschmelzungs- bzw. Spaltungsprüfern, also auch gegenüber solchen anderer an der Verschmelzung bzw. Spaltung beteiligter Rechtsträger: Voraussetzung ist, dass das Prüfungsbegehren im Zusammenhang mit dem einheitlichen Verschmelzungs- bzw. Spaltungsvorgang steht. Darüber hinaus haben alle Verschmelzungs- bzw. Spaltungsprüfer das Recht, von den Vorständen

---

431 Es ist anzugeben, welches Umtauschverhältnis oder welcher Gegenwert sich ergeben würde, wenn die angewandten Methoden jeweils alleine herangezogen worden wären sowie welches Gewicht den einzelnen Methoden bei der tatsächlich angewandten Kombination beigemessen wurde.

432 Ob über die genannten Punkte hinaus noch weitere Angaben erforderlich sind, ist umstritten. Teile der Rechtsprechung und Literatur halten auch die Aufnahme konkreter Zahlen, aus denen sich das Bewertungsergebnis ergibt, in den Prüfungsbericht für geboten (OLG Karlsruhe, AG 1990, 35, 37 f. = WM 1989, 1134, 1139; *Bayer*, AG 1988, 323, 328; *ders.*, WM 1989, 121, 123; *Dirrigl*, WPg. 1989, 413, 418 f.; differenzierend: *Müller* in Kallmeyer, § 12 Rz. 6, der einen Teil des Zahlenmaterials für erforderlich hält. Die Begründung stützt sich dabei vor allem auf einen Umkehrschluss der Geheimhaltungsvorschrift in § 340 b Abs. 4 AktG a.F. mit der Argumentation, dass die Existenz der Vorschrift voraussetze, dass bestimmte Zahlen aufzunehmen wären und eben nur bei berechtigtem Geheimhaltungsinteresse nicht. Dies erscheint bereits deshalb zweifelhaft, da man so mit Hilfe einer Norm, die eigentlich die Beschränkung der Berichtspflicht regelt, eine Ausweitung dieser Pflicht begründet wird. Vgl. hierzu wiederum *Lutter/ Drygala* in Lutter, § 12 UmwG, Rz.10). Die Aufnahme konkreter Zahlen ist mit der Begründung abzulehnen, dass die geforderten Planzahlen bereits Teil des - in einem Ergänzungsverhältnis zu dem Prüfungsbericht stehenden – Verschmelzungs- bzw. Spaltungsberichts sind [zumindest nach ganz überwiegender Ansicht, siehe oben *a) bb) (3)*] und den Anteilsinhabern die Nachprüfbarkeit dieser Tatsachen bereits über diesen Weg gesichert ist (OLG Hamm, WM 1988, 1164, 1168; LG Mannheim, WM 1988, 775, 780 f.; LG Frankfurt, WM 1990, 593, 594; *Grunewald* in G/ H/ E/ K, § 340 b AktG, Rz. 17 f.; *Hoffmann-Becking* in FS Fleck, 105, 123; *Hüffer*, § 293 e AktG, Rz. 6; *Kraft* in KK, § 340 b AktG, Rz. 14; *Mertens*, AG 1990, 20, 32; *Priester*, ZGR 1990, 420, 431; *Stratz* in Schmitt/ Hörtnagl/ Stratz, § 12 UmwG, Rz. 10 f.).

aller beteiligten Gesellschaften sämtliche Aufklärungen und Nachweise zu verlangen, die für eine sorgfältige Prüfung notwendig sind, § 11 Abs. 1 S. 1 UmwG i.V.m. § 320 Abs. 2 S. 1 HGB bzw. §§ 125 S. 1 i.V.m. 11 Abs. 1 S. 1 UmwG i.V.m. § 320 Abs. 2 S. 1 HGB. Dass diese Rechte auch gegenüber verbundenen Unternehmen i.S.v. § 15 AktG bestehen, ist § 11 Abs. 1 S. 4 UmwG bzw. §§ 125 S. 1 i.V.m. 11 Abs. 1 S. 4 UmwG zu entnehmen. Auf diese Weise wird, was die Ausführlichkeit anbelangt, eine Übereinstimmung mit § 8 Abs. 1 S. 3 UmwG bzw. §§ 127 S. 2 i.V.m. 8 Abs. 1 S. 3 UmwG erreicht. Insgesamt werden mit diesen Regelungen die Vorgaben des Art. 10 Abs. 3 VRL bzw. Art. 8 Abs. 2 SpRL i.V.m. Art. 10 Abs. 3 VRL ordnungsgemäß umgesetzt.

ff) Beschränkung der Berichtspflicht

Eine Beschränkung der Berichtspflicht ist nach §§ 12 Abs. 3 i.V.m. 8 Abs. 2 UmwG bzw. §§ 125 S. 1 i.V.m. 12 Abs. 3 i.V.m. 8 Abs. 2 UmwG möglich. Es kann insofern auf die Ausführungen zu § 8 Abs. 2 UmwG verwiesen werden.[433] Anzumerken ist lediglich, dass die Entscheidung, ob die Geeignetheit zur Nachteilszufügung besteht, allein im pflichtgemäßen Ermessen der Prüfer steht. Eine Bindung an die Entscheidung der Vertretungsorgane, welche Tatsachen aus Gründen des Geheimnisschutzes nicht in den Verschmelzungs- bzw. Spaltungsbericht aufgenommen werden, besteht für die Prüfer hinsichtlich ihres Berichts nicht.[434] Auch dies ist Ausdruck der Unabhängigkeit der Prüfer und dient daher dem Schutz der Anteilsinhaber.

c) Informationsbereitstellung

aa) Recht der Aktionäre auf Kenntnisnahme aller relevanten Unterlagen am Sitz der jeweiligen Gesellschaft und Recht auf Abschriften

Nach § 63 Abs. 1 UmwG bzw. §§ 125 S. 1 i.V.m. 63 Abs. 1 UmwG sind folgende Dokumente in dem Geschäftsraum der jeweiligen Gesellschaft zur Einsicht der Aktionäre auszulegen:[435] der Verschmelzungs- bzw. Spaltungsver-

---

[433] Siehe oben *a) bb) (6)*.

[434] Wegen der Verantwortlichkeit der Prüfer nach § 11 Abs. 2 UmwG bzw. §§ 125 S. 1 i.V.m. 11 Abs. 2 UmwG sollte eine andere Entscheidung der Prüfer in deren eigenem Interesse jedoch nur dann getroffen werden, wenn die Beurteilungsgrundlage entsprechend tragfähig ist. *Stratz* in Schmitt/ Hörtnagl/ Stratz, § 12 UmwG, Rz. 14.

[435] Der Geschäftsraum der Gesellschaft befindet sich in der Regel am Sitz der Hauptverwaltung der Gesellschaft. Dort sind die Dokumente an einem für die Aktionäre zugänglichen Platz auszulegen. *Grunewald* in Lutter, § 63 UmwG, Rz. 2. Da der Sitz

trag bzw. der entsprechende Entwurf hierzu, § 63 Abs. 1 Nr. 1 UmwG bzw. §§ 125 S. 1 i.V.m. 63 Abs. 1 Nr. 1 UmwG; die Jahresabschlüsse und die Lageberichte der an der Verschmelzung bzw. Spaltung beteiligten Rechtsträger für die letzten drei Geschäftsjahre, § 63 Abs. 1 Nr. 2 UmwG bzw. §§ 125 S. 1 i.V.m. 63 Abs. 1 Nr. 2 UmwG; ggf. eine Zwischenbilanz, § 63 Abs. 1 Nr. 3 UmwG bzw. §§ 125 S. 1 i.V.m. 63 Abs. 1 Nr. 3 UmwG;[436] die Verschmelzungs- bzw. Spaltungsberichte, § 63 Abs. 1 Nr. 4 UmwG bzw. §§ 125 S. 1 i.V.m. 63 Abs. 1 Nr. 4 UmwG und schließlich die Verschmelzungs- bzw. Spaltungsprüfungsberichte, § 63 Abs. 1 Nr. 5 UmwG bzw. §§ 125 S. 1 i.V.m. 63 Abs. 1 Nr. 5 UmwG.[437]

Von der Einberufung der Hauptversammlung an, die nach §§ 13 Abs. 1, 65 UmwG bzw. §§ 125 S. 1 i.V.m. 13 Abs. 1, 65 UmwG über den Verschmelzungs- bzw. Spaltungsvertrag bzw. dem Entwurf hierzu beschließen soll, sind die genannten Dokumente an besagtem Ort auszulegen, § 63 Abs. 1 UmwG bzw. §§ 125 S. 1 i.V.m. 63 Abs. 1 UmwG. Die Hauptversammlung ist dabei nach § 123 Abs. 1 AktG mindestens 30 Tage vor dem Tag der Versammlung einzuberufen. Die Einberufung wiederum ist erfolgt, wenn sie in den Gesellschaftsblättern bekannt gemacht worden ist, § 121 Abs. 3 S. 1 AktG. Durch die Änderung der Frist in § 123 Abs. 1 AktG von einem Monat auf 30 Tage durch das Gesetz zur Unternehmensintegrität und Modernisierung des Anfechtungsrechts (UMAG) entsteht für sieben Monate des Jahres eine (mögliche) Diskrepanz von einem Tag. Es kann daher zumindest die Frage aufgeworfen werden, ob die deutsche Regelung weiterhin den Vorgaben nach Art. 11 Abs. 1 VRL bzw. 9 Abs. 1 SpRL entspricht. Die Auslegungsfrist endet mit Beginn der Hauptversammlung, die über die Verschmelzung bzw. Spaltung entscheidet.[438]

---

der Hauptverwaltung aber nicht zwingend mit dem Sitz des Vorstands bzw. dem der Gesellschaft identisch sein muss, sollten die Dokumente zur Vermeidung von Anfechtungsklagen auch dort vorgehalten werden. *Schlitt* in Semler/ Volhard, Arbeitshandbuch für die Hauptversammlung, § 6, Rz. 11.

436 Diese ist – wie es Art. 11 Abs. 1 lit. c VRL bzw. Art. 9 Abs. 1 lit. c SpRL bestimmt – nur dann erforderlich, wenn der letzte Jahresabschluss sich auf ein Geschäftsjahr bezieht, das mehr als sechs Monate vor dem Abschluss des Verschmelzungs- bzw. Spaltungsvertrags oder der Aufstellung des Entwurfs abgelaufen ist. Die Zwischenbilanz darf dann höchstens drei Monate vor dem im Einzelfall relevanten Stichtag aufgestellt worden sein, § 63 Abs. 1 Nr. 3 UmwG bzw. §§ 125 S. 1 i.V.m. 63 Abs. 1 Nr. 3 UmwG. Näheres dazu, wie die Zwischenbilanz aufzustellen ist, enthält § 63 Abs. 2 UmwG.

437 Durch die Verwendung des Plurals wird deutlich, dass auch die Berichte der jeweils anderen an dem jeweiligen Vorgang beteiligten Gesellschaft(en) auszulegen sind.

438 So auch *Diekmann* in Semler/ Stengel, § 63 UmwG, Rz. 7 und *Grunewald* in Lutter, § 63 UmwG, Rz. 2; *a.A. Rieger* in Widmann/ Mayer, § 63, Rz. 26, der das Ende der Frist mit Ablauf der Hauptversammlung sieht. Wohl ebenso *Marsch-Barner* in Kall-

Dem Aktionär steht es nach § 63 Abs. 3 UmwG bzw. §§ 125 S. 1 i.V.m. 63 Abs. 3 UmwG zu, auf sein Verlangen unverzüglich, also ohne schuldhaftes Zögern, § 121 Abs. 1 S. 1 BGB, und kostenlos eine Abschrift der in § 63 Abs. 1 UmwG genannten Unterlagen zugesandt zu erhalten. Die Vorgabe des Art. 11 Abs. 3 VRL bzw. Art. 9 Abs. 3 SpRL wird damit erfüllt.

bb) Bereitstellung des Verschmelzungs- bzw. Spaltungsplans für jedermann

Nach § 61 S. 1 UmwG bzw. §§ 125 S. 1 i.V.m. 61 S. 1 UmwG ist der Verschmelzungs- bzw. Spaltungsvertrag bzw. dessen Entwurf vor der Einberufung der Hauptversammlung, die gem. §§ 13 Abs. 1, 65 UmwG bzw. §§ 125 S. 1 i.V.m. 13 Abs. 1, 65 UmwG über den jeweiligen Vertrag beschließt, zum Handelsregister einzureichen.[439] Die Einberufung gibt auch hier den zeitlichen Rahmen vor – wie bereits hinsichtlich der Auslegung der Dokumente nach § 63 Abs. 1 UmwG bzw. §§ 125 S. 1 i.V.m. 63 Abs. 1 UmwG.[440] Allerdings muss im Vergleich zu dieser die Einreichung zum Handelsregister bereits vor der Einberufung, d.h. also mindestens etwas mehr als einen Monat vor dem Abhalten der Hauptversammlung, erfolgen.[441] Wegen des öffentlichen Zugangs zum Handelsregister, § 9 Abs. 1 HGB, wird jedermann die Möglichkeit eröffnet, in den jeweiligen Vertrag bzw. dessen Ent-

meyer, § 63 UmwG, Rz. 2. Dem von diesen beiden vertretenen Fristende ist für diese Art der Auslegung nicht zuzustimmen. Denn § 64 Abs. 1 S. 1 UmwG sieht als speziellere Norm vor, dass die in § 63 Abs. 1 UmwG genannten Unterlagen in der Hauptversammlung nochmals auszulegen sind und zwar bis zur Fassung des Verschmelzungsbeschlusses (vgl. *Grunewald* in Lutter, § 64 UmwG, Rz. 2).

439 Mit Handelsregister ist dasjenige am jeweiligen Sitz der Aktiengesellschaft gemeint. *Marsch-Barner* in Kallmeyer, § 61 UmwG, Rz. 1. Die Regelung gilt für jede Aktiengesellschaft, die an der Verschmelzung bzw. Spaltung beteiligt ist, sei es als übertragender Rechtsträger, sei es als übernehmender Rechtsträger. Steht auf beiden Seiten eine Aktiengesellschaft, so hat die Einreichung beim Handelsregister beider Gesellschaften zu erfolgen. Vgl. *Grunewald* in Lutter, § 61 UmwG, Rz. 2; *Marsch-Barner* in Kallmeyer, § 61 UmwG, Rz. 6.

440 Siehe hierzu soeben oben *aa)*.

441 Wie viel Zeit genau vorher lässt sich der Vorschrift nicht entnehmen. Jedoch ist wohl eine „ganz kurze Zeitspanne" (*Stratz* in Schmitt/ Hörtnagl/ Stratz, § 61 UmwG, Rz. 2), d.h. bereits wenige Stunden zwischen dem Einreichen der Unterlagen und der Einberufung der Hauptversammlung, als ausreichend anzusehen. Siehe auch *Grunewald* in Lutter (Hrsg.), Kölner Umwandlungsrechtstage 1995, 51; *Marsch-Barner* in Kallmeyer, § 61 UmwG, Rz. 2. Ausgehend davon, dass die Einberufung mit der Bekanntmachung in den Gesellschaftsblättern bewirkt ist, § 121 Abs. 3 S. 1 AktG, muss der jeweilige Vertrag bzw. sein Entwurf spätestens kurz vor Erscheinen der entsprechenden Blätter eingereicht werden. *Grunewald* in Lutter, UmwG, § 61, Rz. 2. Für das Erscheinen der Blätter ist in der Regel das Erscheinungsdatum maßgeblich. Siehe nur *Hüffer*, § 123 AktG, Rz. 2.

wurf Einsicht zu nehmen.[442] Vom Registergericht ist schließlich in den für die Bekanntmachung seiner Eintragung nach § 10 HGB bestimmten Blättern[443] ein Hinweis bekannt zu machen, dass der Vertrag oder sein Entwurf beim Handelsregister eingereicht worden ist, § 61 S. 2 UmwG bzw. §§ 125 S. 1 i.V.m. 61 S. 2 UmwG. Damit wird der Vorgabe aus Art. 6 VRL i.V.m. Art. 3 PRL bzw. Art. 4 SpRL i.V.m. Art. 3 PRL entsprochen.

Das Recht, Abschriften von dem zum Handelsregister eingereichten Verschmelzungs- bzw. Spaltungsvertrag bzw. den Entwürfen hierzu zu erhalten, ergibt sich aus § 9 Abs. 2 S. 1 HGB. Dieses Recht steht – wie die Einsichtnahme auch – allen Interessierten zu, somit auch den Aktionären. Allerdings ist der Erhalt der Abschriften auf diesem Wege kostenpflichtig.[444]

d) Besondere Unterrichtung über wesentliche Vermögensveränderungen bei Spaltungen

Nach § 143 S. 1 UmwG hat der Vorstand einer übertragenden Aktiengesellschaft deren Aktionäre vor der Beschlussfassung über jede wesentliche Veränderung des Vermögens dieser Gesellschaft, die zwischen dem Abschluss des Vertrags oder der Aufstellung des Entwurfs und dem Zeitpunkt der Beschlussfassung eingetreten ist, zu unterrichten.[445] Darüber hinaus trifft den Vorstand nach § 143 S. 2 HS 1 UmwG die Pflicht, auch die Vertretungsorgane der übernehmenden Rechtsträger von der Veränderung in Kenntnis zu setzen, die hierüber ihrerseits wiederum die Anteilsinhaber des von ihnen vertretenen Rechtsträgers vor der Beschlussfassung über die Spaltung zu informieren haben, § 143 S. 2 HS 2 UmwG. Damit entspricht der deutsche Gesetzgeber der Vorgabe aus Art. 7 Abs. 3 SpRL. Darüber hinaus gegangen ist er jedoch nicht.[446] Er hat diese besondere Art der Informationspflicht weder auf

---

442 *Stratz* in Schmitt/ Hörtnagl/ Stratz, § 61 UmwG, Rz. 2. Die Aktionäre erhalten mit der Einreichung des jeweiligen Vertrags zum Handelsregister eine weitere Möglichkeit, vom Vertragsinhalt Kenntnis zu erlangen und sich ohne Mitwirkung der Gesellschaft durch Einsichtnahme beim Register über den Inhalt des Vertrags zu informieren. *Diekmann* in Semler/ Stengel, § 61 UmwG, Rz. 5.

443 Dies sind der Bundesanzeiger und mindestens ein weiteres Blatt, § 10 Abs. 1 S. 1 HGB.

444 Siehe §§ 136, 89 KostO. Anders nach § 63 Abs. 3 UmwG [siehe oben *bb)*]. Danach sind die Abschriften kostenlos zu erteilen.

445 Insofern stellt dieses Recht eine Ergänzung bzw. Präzisierung des über § 125 S. 1 UmwG anwendbaren § 64 Abs. 1 S. 2 UmwG [siehe hierzu unten *h) bb)*] dar, vgl. *Kallmeyer* in Kallmeyer, § 143 UmwG, Rz. 1.

446 Siehe oben *I. 1. d)*.

Vermögensveränderungen in den übernehmenden Rechtsträgern noch auf Verschmelzungen erstreckt.[447]

e) Verfahrenserleichterungen

aa) Verfahrenserleichterungen bei Verschmelzungen von 100%igen Tochtergesellschaften

Die Verfahrenserleichterungen bei Verschmelzungen von 100%igen Tochtergesellschaften auf ihre Muttergesellschaft, mit denen der deutsche Gesetzgeber Art. 24 VRL umsetzt, resultieren allesamt aus dem Umstand, dass es in diesem speziellen Fall einer Verschmelzung zu keinem Anteilstausch kommt und daher die hierfür spezifischen Schutzmechanismen nicht erforderlich sind.[448] So entfallen zunächst nach § 5 Abs. 2 UmwG die Angaben über den Umtausch der Anteile (§ 5 Abs. 1 Nr. 2 bis 5 UmwG) im Verschmelzungsvertrag, soweit sie die Aufnahme der 100%igen Tochtergesellschaft durch ihre

---

447 Die bereits im Referentenentwurf für das Umwandlungsgesetz enthaltene und vom Gesetzgeber dann unverändert übernommene Begründung beruft sich für das Erfordernis einer Nachinformation im Falle der Spaltung auf die besonderen Schwierigkeiten von Spaltungsvorgängen. *Ganske*, Umwandlungsrecht, 177 f. Zwar mag zuzugestehen sein, dass bei Spaltungen Wertveränderungen von einzelnen Vermögensteilen deshalb, weil diese verschiedenen Rechtsträgern zugeordnet werden, eine besondere Bedeutung für das Umtauschverhältnis erlangen können. Dies ändert jedoch nichts daran, dass es auch bei Verschmelzungen zu derartigen Erscheinungen kommen kann, die sich auf das Umtauschverhältnis auswirken und deren Kenntnis daher für die Entscheidung des Aktionärs unverzichtbar ist. Zu Recht wird daher zum Teil eine entsprechende gesetzliche Regelung für die Verschmelzung gefordert. Vgl. *Hommelhoff/ Schwab* in Lutter, § 143 UmwG, Rz. 6, 10 und 13. Zwar sind die Vertretungsorgane bereits aufgrund ihres jeweiligen Dienstvertrages zu entsprechenden Informationen verpflichtet (*Hörtnagl* in Schmitt/ Hörtnagl/ Stratz, § 143 UmwG, Rz. 11 und 13) und haben auch nach § 64 Abs. 1 S. 2 UmwG über relevante Veränderungen zu berichten [siehe hierzu unten *g) bb)*]. Jedoch wäre eine ausdrückliche gesetzliche Regelung aufgrund der damit einhergehenden Rechtsklarheit und Rechtssicherheit begrüßenswert, insbesondere auch im Hinblick auf die Vernetzung der Information, also der Unterrichtung des Vorstands und der Hauptversammlung der jeweils anderen an dem Vorgang beteiligten Gesellschaften. Siehe (zu § 143 UmwG) oben *d)*.

448 Der Anspruch der Muttergesellschaft als Anteilseignerin des übertragenden Rechtsträgers auf Gewährung von Anteilen am übernehmenden Rechtsträger, d.h. an sich selbst, fällt nämlich mit der Verpflichtung, diese Anteile zu gewähren, zusammen und erlischt daher durch Konfusion. *Ihrig*, ZHR 160 (1996), 317, 327. Der Anteilstausch ist denn auch nach § 20 Abs. 1 Nr. 3 S. 1 HS 2 UmwG ausgeschlossen. Siehe zudem bereits oben *I. 1. e) aa)*.

Muttergesellschaft betreffen.[449] Weiter ist nach § 8 Abs. 3 S. 1 Alt. 2 UmwG der Verschmelzungsbericht entbehrlich.[450] Denn aufgrund des nicht stattfindenden Anteilstauschs entfällt auch der Schwerpunkt des Verschmelzungsberichts, die Beleuchtung des Umtauschverhältnisses. Die Gesellschafter der übernehmenden Muttergesellschaft haben jedoch die Möglichkeit, sich anhand der Jahresabschlüsse, vgl. § 63 Abs. 1 Nr. 2 UmwG, und mit Hilfe ihres Auskunftsrechts, vgl. § 64 Abs. 2 UmwG,[451] über die wirtschaftlichen Verhältnisse der Tochtergesellschaft zu informieren. Schließlich ist bei der Verschmelzung von 100%igen Tochtergesellschaften auf ihre Muttergesellschaft auch die Verschmelzungsprüfung entbehrlich, § 9 Abs. 2 UmwG.[452] Wird nicht geprüft, ist natürlich auch kein Prüfungsbericht zu erstatten, §§ 12 Abs. 3 i.V.m. 8 Abs. 3 UmwG (entsprechend).[453] Die trotzdem erforderliche Überprüfung des Verschmelzungsvertrags auf Vollständigkeit und Richtigkeit seiner Bestimmungen kann durch die registergerichtliche Kontrolle bei der Eintragung erfolgen. Einer sachverständigen Prüfung bedarf es hierzu nicht.[454] Sind an der Verschmelzung weitere Gesellschaften beteiligt, die keine Toch-

---

449 Sind an der Verschmelzung übertragende Gesellschaften beteiligt, an der die übernehmende Gesellschaft gar nicht oder nicht zu 100% beteiligt ist, so gelten die Verfahrenserleichterungen nicht. Dies stellt § 5 Abs. 2 HS 2 UmwG klar. Die Verfahrenserleichterungen gelten auch nicht für die Verschmelzung zweier Schwestergesellschaften, an denen dieselbe Mutter jeweils 100% der Anteile hält. *Lutter/ Drygala* in Lutter, § 5 UmwG, Rz. 95.

450 Dies gilt wiederum nicht für die Verschmelzung zweier Schwestergesellschaften, an denen dieselbe Mutter jeweils 100% der Anteile hält. In diesem Fall kann jedoch die Mutter als Gesellschafterin der beiden Töchter auf den Verschmelzungs- bzw. Spaltungsbericht verzichten. *Lutter/ Drygala* in Lutter, § 8 UmwG, Rz. 52.

451 Siehe hierzu unten *h) cc)*.

452 Siehe zur fehlenden Schutzbedürftigkeit der Anteilsinhaber in diesem Fall bereits RegEBegr. zu § 352 b Abs. 2 AktG a.F., BT-Drucks. 9/1065, 20. Die Entbehrlichkeit der Verschmelzungsprüfung gilt sowohl hinsichtlich des übertragenden als auch des übernehmenden Rechtsträgers. *Müller* in Kallmeyer, § 9 UmwG, Rz. 38. Sie gilt wiederum nicht für den Fall der Verschmelzung zweier Schwestergesellschaften, an denen dieselbe Mutter jeweils 100% der Anteile hält. *Lutter/ Drygala* in Lutter, § 9 UmwG, Rz. 16.

453 Über § 9 Abs. 3 UmwG, der unter anderem § 8 Abs. 3 S. 1 Alt. 2 UmwG für entsprechend anwendbar erklärt, wird dieser Fall der Entbehrlichkeit der Verschmelzungsprüfung nochmals geregelt. Die Verweisung ist insofern überflüssig. Es handelt sich dabei wohl um ein Redaktionsversehen des Gesetzgebers, das aufgrund der erst nachträglich in § 8 Abs. 3 UmwG eingefügten Privilegierung im Rahmen der Konzernverschmelzung unterlaufen ist. Vgl. *Stratz* in Schmitt/ Hörtnagl/ Stratz, § 9 UmwG, Rz. 10.

454 *Lutter/ Drygala* in Lutter, § 9 UmwG, Rz. 15.

tergesellschaften sind, so ist für diese und die übernehmende Gesellschaft eine Prüfung grundsätzlich erforderlich.[455]

bb) Verfahrenserleichterung bei Spaltungen von 100%igen Tochtergesellschaften: Entbehrlichkeit des Spaltungsberichts?

Anders als hinsichtlich der in § 9 Abs. 2 UmwG geregelten Entbehrlichkeit der Prüfung bei der Verschmelzung von 100%igen Tochtergesellschaften, die für die Spaltung in § 125 S. 1 UmwG explizit ausgenommen wird,[456] gilt dies für den Bericht nach § 8 Abs. 3 UmwG nicht. Im Gegenteil, dessen entsprechende Anwendbarkeit auf Spaltungen wird ausdrücklich von § 127 S. 2 UmwG erklärt. Fraglich ist jedoch, inwieweit § 8 Abs. 3 S. 1 Alt. 2 UmwG von der Verweisung des § 127 S. 2 UmwG für die Spaltung erfasst ist, d.h. ob und gegebenenfalls in welchen Fällen der Spaltungsbericht bei der Spaltung einer 100%igen Tochtergesellschaft entbehrlich ist. Die Aufspaltung als Grundfall der Spaltung im Sinne der SpRL ist bereits vom Wortlaut nicht erfasst.[457] Der zweite Fall der Spaltung, der Gegenstand vorliegender Untersuchung ist, die Abspaltung, kann hingegen unter den Wortlaut des § 8 Abs. 3 S. 1 Alt. 2 UmwG gefasst werden.[458] Unabhängig von den verschiedenen Ansichten darüber, ob die Beseitigung des konzerninternen „Haftungsschott(s)“[459] im Zuge einer solchen Transaktion und das daraus resultierende Informationsbedürfnis als Argument gegen die Entbehrlichkeit des Spaltungsberichts greifen,[460] ist die Entbehrlichkeit des Spaltungsberichts bei der Abspaltung nicht mit der SpRL vereinbar. Als gleichgestellte Maßnahme im

---

455 Dies ergibt sich aus § 9 Abs. 2 HS 2 UmwG.

456 In der RegEBegr. wird angeführt, dass es bei Auf- und Abspaltung stets zu einem Anteilstausch komme, der eine Prüfung erforderlich machen könne (bei *Ganske*, Umwandlungsrecht, 152). Konsequenterweise muss dann auch eine Anwendung des von § 125 S. 1 UmwG nicht ausgenommenen § 9 Abs. 3 UmwG, der wiederum § 8 Abs. 3 UmwG für entsprechend anwendbar erklärt, unterbleiben. Denn § 8 Abs. 3 S. 1 Alt. 1 UmwG regelt genau den Fall des 9 Abs. 2 UmwG. Dies bedeutet im Ergebnis, dass bei einer Spaltung im Konzern eine Prüfung nicht entbehrlich ist. In einer weiteren Konsequenz bedeutet dies, dass auch ein Prüfungsbericht zu erstatten ist. Auch für die Kette der §§ 125 S. 1, 12 Abs. 3, 8 Abs. 3 S. 1 Alt. 2 UmwG (entsprechend) muss gelten, dass sie nicht zum Tragen kommen kann. Ist eine Prüfung nicht entbehrlich, muss dies auch für die Erstattung des Prüfungsberichts gelten, es sei denn die Anteilsinhaber verzichten hierauf. Siehe zu dieser Frage sogleich unten *cc)*.

457 Vgl. *Hommelhoff/ Schwab* in Lutter, § 127 UmwG, Rz. 51.

458 So auch *Gehling* in Semler/ Stengel, § 127 UmwG, Rz. 50; *Kallmeyer* in Kallmeyer, § 127 UmwG, Rz. 16.

459 *Hommelhoff/ Schwab* in Lutter, § 127 UmwG, Rz. 52.

460 Dafür: *Hommelhoff/ Schwab* in Lutter, § 127 UmwG, Rz. 52; dagegen: *Gehling* in Semler/ Stengel, § 127 UmwG, Rz. 50.

Sinne des Art. 25 SpRL muss sie – wie die Spaltung an sich bereits – zwar nicht in den Rechtsordnungen vorgesehen werden. Wird sie es jedoch, so sind auf sie bis auf eine (hier nicht relevante) Ausnahme alle Vorgaben für den Grundfall der Spaltung anzuwenden, Art. 25 SpRL. Diese erlauben es jedoch nicht, nur aufgrund der Tatsache, dass es sich um die Spaltung einer 100%igen Tochtergesellschaft handelt, den Spaltungsbericht für entbehrlich zu erklären.[461]

cc) Verfahrenserleichterungen bei Verschmelzungen und Spaltungen bei Verzicht aller Anteilsinhaber aller beteiligten Gesellschaften

Nach § 8 Abs. 3 S. 1 Alt. 1 UmwG bzw. §§ 127 S. 2 i.V.m. 8 Abs. 3 S. 1 Alt. 1 UmwG (entsprechend) ist der Verschmelzungs- bzw. Spaltungsbericht nicht erforderlich, wenn alle Anteilsinhaber aller beteiligten Rechtsträger auf seine Erstattung verzichten. Die entsprechenden Verzichtserklärungen sind gemäß § 8 Abs. 3 S. 2 UmwG notariell zu beurkunden.[462] Damit wird der Warnfunktion gegenüber der Minderheit Genüge getan.[463]

Nach §§ 9 Abs. 3 i.V.m. 8 Abs. 3 S. 1 Alt. 1 UmwG bzw. §§ 125 S. 1 i.V.m. 9 Abs. 3 i.V.m. 8 Abs. 3 S. 1 Alt. 1 UmwG kann bei entsprechendem Verzicht aller Anteilsinhaber aller beteiligten Gesellschaften zudem auch die Verschmelzungs- bzw. Spaltungsprüfung entbehrt werden. Auch hier sind die Verzichtserklärungen notariell zu beurkunden, §§ 9 Abs. 3 i.V.m. 8 Abs. 3 S. 2 UmwG bzw. §§ 125 S. 1 i.V.m. 9 Abs. 3 i.V.m. 8 Abs. 3 S. 2 UmwG. Findet auf diesem Weg keine Prüfung statt, so kann auch kein Prüfungsbericht erstattet werden. Wird hierauf nicht explizit verzichtet, so ist anzunehmen, dass die Anteilsinhaber hierauf konkludent „mitverzichten". Die rechtliche Grundlage hierfür stellt §§ 12 Abs. 3 i.V.m. 8 Abs. 3 UmwG bzw. §§ 125 S. 1 i.V.m. 12 Abs. 3 i.V.m. 8 Abs. 3 UmwG dar. Die Trennung der Verzichts-

---

461 In diesem Sinne (zusätzlich) wohl auch *Hommelhoff/ Schwab* in Lutter, § 127 UmwG, Rz. 52 a.E.

462 Einzuräumen ist, dass bei der Beteiligung von Aktiengesellschaften die Verzichtsmöglichkeit in den meisten Fällen lediglich theoretischer Natur ist. Sobald ein etwas größerer Gesellschafterkreis vorhanden ist (ganz zu schweigen von Publikumsgesellschaften), wird ein einmütiger Verzicht wohl kaum zustande kommen. Das kann dann schlicht an der Anzahl der Aktionäre liegen, die nur selten mit einer Stimme sprechen werden. Aber selbst wenn sich diese Einstimmigkeit andeuten sollte, wird man abwägen, ob sich der Aufwand lohnt, der durch die notarielle Beurkundung der Verzichtserklärungen zahlreicher Gesellschafter entsteht. Vgl. *Ganske*, WM 1993, 1117, 1117, Fn. 71; *Kallmeyer*, ZIP 1994, 1746, 1755; *Lutter/ Drygala* in Lutter, § 8 UmwG, Rz. 49; *Winter*, in: Lutter (Hrsg.), Kölner Umwandlungsrechtstage, (19), 25, 26.

463 *Lutter/ Drygala* in Lutter, § 8 UmwG, Rz. 50.

möglichkeiten für die Prüfung an sich und die Erstattung des Prüfungsbericht kommt dann zum Tragen, wenn die Anteilsinhaber zwar eine Prüfung durchgeführt haben wollen, auf die Erstattung des Prüfungsberichts aber verzichten wollen.[464]

f) Ordnungsgemäße Umsetzung der VRL bzw. SpRL? – Problemfälle

Was die ordnungsgemäße Umsetzung der Richtlinien anbelangt, so darf man zunächst allgemein davon ausgehen, dass der deutsche Gesetzgeber seiner diesbezüglichen Pflicht aus Art. 249 Abs. 3 EGV – auch hinsichtlich der VRL und SpRL – getreulich nachkommen will.[465] Bei einigen Vorschriften des deutschen Rechts bestehen jedoch Zweifel, ob dies durchweg auch gelungen ist. Diese sollen daher im Hinblick auf ihre Europarechtskonformität näher untersucht werden. Zunächst soll überprüft werden, ob es europarechtskonform ist, den Verschmelzungs- bzw. Spaltungsvertrag bereits vor der Zustimmung durch die Hauptversammlung zu schließen, wie § 4 Abs. 2 UmwG bzw. §§ 125 S. 1 i.V.m. 4 Abs. 2 UmwG es ermöglicht, unten *aa)*. Weitere näher zu hinterfragende Regelungen befassen sich mit dem Verschmelzungs- bzw. Spaltungsbericht. Sie haben größtenteils erst mit dem Umwandlungsgesetz in das deutsche Recht Einzug erhalten. Es handelt sich dabei zum einen um die Möglichkeit zur gemeinsamen Erstattung des Verschmelzungs- bzw. Spaltungsberichts, § 8 Abs. 1 S. 1 HS 2 UmwG bzw. § 127 S. 1 HS 2 UmwG, unten *bb)*, zum anderen um die Möglichkeit, auf den Verschmelzungsbericht zu verzichten, § 8 Abs. 3 UmwG bzw. §§ 127 S. 2 i.V.m. 8 Abs. 3 UmwG, unten *cc)*. Schließlich soll zu der Diskussion Stellung genommen werden, ob die Beschränkung der Verschmelzungs- bzw. Spaltungsprüfung auf die Überprüfung des Verschmelzungs- bzw. Spaltungsvertrags, § 9 Abs. 1 UmwG bzw. §§ 125 S. 1 i.V.m. 9 Abs. 1 UmwG, mit den jeweiligen Vorgaben der VRL bzw. SpRL vereinbar ist, unten *dd)*.

Der EuGH hat, soweit ersichtlich, zu keinem dieser Punkte bisher Stellung genommen. Dies kann bekanntlich auch nur in der Form geschehen, dass er

---

464 Auf diese Weise können die Anteilseigner nach durchgeführter Prüfung und etwa einer mündlichen Erörterung mit dem Prüfer das Ergebnis billigen und dann lediglich auf die Erstellung des Berichts verzichten. So können Kosten eingespart werden. Vgl. *Lutter/ Drygala* in Lutter, § 12 UmwG, Rz. 15. Freilich wird diese Variante – wie der Verzicht insgesamt - wohl nur in Gesellschaften mit einem überschaubaren Aktionärskreis eine Rolle spielen können.

465 Vgl. *Everling*, RabelsZ 50 (1986), 193, 224; vgl. speziell hinsichtlich der VRL *Keil/ Wagner*, ZIP 1989, 214, 216.

das Gemeinschaftsrecht nach Vorlage gem. Art. 234 EGV auslegt.[466] Hieraus ergibt sich jedoch weder eine Zuständigkeit des EuGH zur Anwendung des Gemeinschaftsrechts auf den konkreten Fall, noch ist er danach zur Auslegung oder Anwendung nationalen Rechts befugt.[467]

aa) Abschluss des Verschmelzungs- bzw. Spaltungsvertrags bereits vor der Hauptversammlung?

Die Möglichkeit für die Vorstände der an einer Verschmelzung bzw. Spaltung beteiligten Gesellschaften, bereits vor Zustimmung durch die Hauptversammlung einen Verschmelzungs- bzw. Spaltungsvertrag zu schließen, §§ 4 Abs. 1 und 2, 13 Abs. 1 S.1 UmwG bzw. §§ 125 S. 1, 4 Abs. 1 und 2, 13 Abs. 1 S. 1 UmwG, ist im Hinblick auf die Vorgaben der VRL und SpRL nicht zu beanstanden. Zwar gehen diese in Art. 5 Abs. 1, 16 Abs. 1 S. 1 VRL bzw. Art. 3 Abs. 1, 14 SpRL i.V.m. Art. 16 Abs. 1 S. 1 VRL davon aus, dass zunächst nur ein Verschmelzungs- bzw. Spaltungsplan aufgestellt wird und es erst nach der Zustimmung durch die Hauptversammlung zum Abschluss des Verschmelzungs- bzw. Spaltungsvertrags kommt. Dadurch jedoch, dass auch ein bereits vor der relevanten Hauptversammlung geschlossener Vertrag erst nach Zustimmung durch diese endgültig Wirksamkeit erlangt,[468] § 13 Abs. 1 UmwG bzw. §§ 125 S. 1 i.V.m. 13 Abs. 1 UmwG, wird die Stellung der Aktionäre durch den vorzeitigen Abschluss des Verschmelzungs- bzw. Spaltungsvertrags nicht beeinträchtigt.[469]

bb) Gemeinsamer Verschmelzungs- bzw. Spaltungsbericht?

In Zusammenhang mit dem Verschmelzungs- bzw. Spaltungsbericht ist die Frage aufgekommen, ob die in § 8 Abs. 1 S. 1 HS 2 UmwG bzw. § 127 S. 1 HS 2 UmwG vorgesehene Möglichkeit für die Vertretungsorgane der an einer Verschmelzung bzw. Spaltung beteiligten Rechtsträger, einen gemeinsamen Bericht zu erstatten, mit den Vorgaben der VRL bzw. SpRL vereinbar ist.[470] Keine der beiden Richtlinien sieht explizit vor, dass ein gemeinsamer Bericht erstattet werden kann. Dies lässt per se jedoch noch keinen zwingenden

---

466 Eine Auslegung der Richtlinie liegt nach Art. 234 Abs. 1 lit. b EGV in der abschließenden Entscheidungsbefugnis des EuGH. Siehe hierzu BVerfG BB 1987, 2111, 2112; BVerfGE 52, 187, 200; 73, 339, 368.

467 *Geiger*, Art. 234 EGV, Rz. 5; siehe hierzu sogleich näher.

468 Bis dahin ist der Vertrag schwebend unwirksam, siehe bereits oben *a) aa) (1)*.

469 *Habersack*, Europäisches Gesellschaftsrecht, Rz. 228.

470 *Engelmeyer*, Die Spaltung von Aktiengesellschaften nach dem neuen Umwandlungsrecht, 90 ff.

Schluss auf die Unvereinbarkeit einer entsprechenden nationalen Regelung mit den Vorgaben einer Richtlinie zu. Denn der Richtliniengeber regelt bewusst manche Ausschnitte eines Rechtsgebiets nicht und überlässt dieses Feld dem nationalen Gesetzgeber. Es ist dann zu untersuchen, ob die in einen solchen Ausschnitt fallende mitgliedstaatliche Regelung mit der jeweiligen Richtlinie vereinbar ist. Zu diesem Zweck ist das nationale Recht im Lichte der Richtlinie auszulegen.[471] Dieser Vorgang vollzieht sich in zwei Schritten:[472] Erstens ist die Richtlinie auszulegen. Diese Aufgabe kommt ausschließlich dem EuGH zu.[473] Zweitens ist zu ermitteln, ob die nationale Norm

---

471 Vgl. (vorab) zum Gefüge und zur Rangfolge der Auslegungsmethoden *Grundmann/ Riesenhuber*, JuS 2001, 529.

472 Vgl. hierzu *Grundmann*, Europäisches Gesellschaftsrecht, Rz. 102.

473 Die Zuständigkeit des EuGH, Richtlinien auszulegen ergibt sich aus Art. 234 Abs. 1 lit. b EGV. Denn unter die darin erwähnten Handlungen der Organe der Gemeinschaft sind unter anderem auch Richtlinien zu fassen (EuGH NJW 1983, 1257; BGH, WM 1989, 1128, 1131; BGH, WM 1990, 140, 143). Darauf dass ihm hinsichtlich der Auslegung von Richtlinien die alleinige Zuständigkeit zufällt, verweist der EuGH ausdrücklich in seinem Urteil vom 6.10.1982 [Rs. 283/81, Slg. 1982, 3415 (*C.I.L.F.I.T.*), insbesondere Rz. 18 ff.]. Nur so kann die Einheitlichkeit der Auslegung von Gemeinschaftsrecht sichergestellt werden. Die Vorgehensweise bei der Auslegung lässt sich im Überblick wie folgt darstellen: Ausgangspunkt der Interpretation ist der Wortlaut der fraglichen Vorschrift (vgl. *Zuleeg*, EuR 1969, 97, 99). Zu beachten ist dabei, dass es nicht zulässig ist, nur dem Wortlaut in einer sprachlichen Fassung zu folgen, da jede sprachliche Fassung Gültigkeit besitzt. Daher müssen alle sprachlichen Fassungen berücksichtigt werden, was bei Unterschieden dazu führt, dass eine an dem Sinn und Zweck der Vorschrift ausgerichtete Synthese gefunden werden muss [vgl. hierzu speziell: EuGH, Urt. v. 12.11.1969, Rs. 29/69 (*Stauder/ Ulm*), Slg. 1969, 419, 425, Rz. 3; EuGH, Urt. v. 5.12.1967, Rs. 19/67 (*van der Vecht/ Sociale Verzekeringsbank*), Slg. 1967, 463, Leitsatz 1; EuGH, Urt. v. 12.7.1979, Rs. 9/79 (*Koschnike/ Raad van Arbeid*), Slg. 1979, 2717, 2724, Rz. 6 ff.]. Da diese Auslegung in den seltensten Fällen allein zu einem eindeutigen Ergebnis führt, sind zusätzlich systematische und teleologische Argumente heranzuziehen. Bei der systematischen Auslegung können eine andere Vorschrift, ein Abschnitt oder der gesamte Vertrag den Bezugspunkt bilden. Die teleologische Auslegung ist bei der Interpretation von Sekundärrecht stark subjektiviert, da der Sinn und Zweck der einzelnen Vorschriften nicht nur objektiv bestimmt, sondern den in der Präambel des Rechtsaktes enthaltenen Erwägungsgründen entnommen wird. Diese Art der Auslegung ist wohl im Zusammenhang mit einer Richtlinie als die wichtigste anzusehen [vgl. hierzu EuGH Rs. 107/84 (*Kommission/ Deutschland*), Slg. 1985, 2655, 2667]. Die nach dem klassischen Auslegungskanon noch verbleibende historische Auslegung hat im Vergleich zum Primärrecht, wo sie aufgrund der Tatsache, dass es sich bei den Verträgen um einen Kompromiss zwischen den Mitgliedstaaten handelt, der nicht durch den Rückgriff auf die unterschiedlichen Absichten der Verhandlungspartner in Frage gestellt werden darf, beim Sekundärrecht eine größere Bedeutung. Es wird die Entstehungsgeschichte der Richtlinie bemüht. Man bedient sich dabei der verschiedenen

mit diesem Ergebnis in Einklang gebracht werden kann. In Art. 9 UA 1 VRL und Art. 7 Abs. 1 SpRL, die den Verschmelzungs- bzw. Spaltungsbericht zum Gegenstand haben, heißt es lediglich, dass die Verwaltungs- oder Leitungsorgane jeder der sich verschmelzenden Gesellschaften einen ausführlichen schriftlichen Bericht zu erstellen haben. Die Rede ist hier von *einem* Bericht. Eine eindeutige Entscheidung aber, ob dieser von den Verwaltungs- oder Leitungsorganen jeder Gesellschaft separat zu erstellen ist oder auch ein gemeinsamer Bericht ausreicht, lässt die Betrachtung des Wortlauts nicht zu.[474] Auch ein Vergleich verschiedener sprachlicher Fassungen der Richtlinie bringt kein anderes Ergebnis.[475] Zieht man in einem zweiten Schritt – im Rahmen der systematischen Auslegung – Art. 11 Abs. 1 lit. d VRL bzw. Art. 9 Abs. 1 lit. d SpRL heran, der auf Art. 9 VRL bzw. Art. 7 SpRL Bezug nimmt, so lässt zwar der dort verwendete Plural [„Berichte(n)"] eine Tendenz zum Erfordernis einer separaten Berichterstattung erkennen. Dies bedeutet jedoch noch nicht zwingend, dass ein einziger, also ein gemeinsamer Bericht ausgeschlossen ist. Eine Entscheidung bringen jedoch Sinn und Zweck der VRL bzw. SpRL und speziell auch von Art. 9 UA 1 VRL bzw. Art. 7 Abs. 1 SpRL. Diese liegen ausweislich des 4. Erwägungsgrundes der VRL bzw. des 6. Erwägungsgrundes der SpRL vor allem darin, die Aktionäre der beteiligten Gesellschaften angemessen und so objektiv wie möglich zu unterrichten und ihre Rechte in geeigneter Weise zu schützen. Diesem Anliegen ist in viel höherem Maße Rechnung getragen, wenn den Aktionären aus der jeweiligen Sicht und Interessenlage ihrer Gesellschaft der Vertrag erläutert wird.[476] Dies wird besonders deutlich, wenn man sich vor Augen hält, dass der Verschmelzungs- bzw. Spaltungsbericht insbesondere auch Angaben zur rechtlichen und wirtschaftlichen Zweckmäßigkeit der Maßnahme zu enthalten hat. Diese Zweckmäßigkeitserläuterungen müssen für die einzelnen beteiligten Gesellschaften nicht zwangsläufig identisch sein und werden es wohl häufig auch nicht sein, da die Ausgangspositionen und die verfolgten Ziele variieren können. Entsprechend unterschiedlich haben dann die Informationen zu sein, die den Ak-

---

Vorentwürfe, Begründungen und Stellungnahmen der Gemeinschaftsorgane. Vgl. *Bleckmann*, NJW 1982, 1177, 1177 ff.; *Schwarz*, Europäisches Gesellschaftsrecht, Rz. 77 ff. Sinn und Zweck der Auslegung der Richtlinie selbst ist es, „*...für die Judikate des EuGH ein vorstrukturiertes Diskussionsumfeld [zu] schaffen und ihr Ergebnis damit auch besser vorhersehbar [zu] machen*" (*Grundmann*, JZ 1996, 274, 281).

474 Vgl., auf die Spaltung bezogen, *Engelmeyer*, Spaltung von Aktiengesellschaften, S. 92.

475 Hat sich noch kein spezieller EG-rechtlicher Wortsinn herausgebildet, ist der Wortsinn wertend durch Vergleich zwischen den einzelnen Sprachen zu ermitteln. Diese Wertungen orientieren sich zwangsläufig wiederum an den anderen beiden Auslegungskriterien (Entstehungsgeschichte und Sinnzusammenhang).

476 *Grundmann*, Europäisches Gesellschaftsrecht, Rz. 869.

tionären zur Verfügung zu stellen sind. Mit getrennten Berichten erhalten sie daher eine besser auf ihre Interessenlage ausgerichtete Informationsgrundlage für ihre Entscheidung.

Im Wege der teleologischen Auslegung ist daher die Vorgabe in Art. 9 Abs. 1 VRL bzw. Art. 7 Abs. 1 SpRL so zu verstehen, dass von den Verwaltungs- oder Leitungsorganen jeder beteiligten Gesellschaften jeweils ein ausführlicher schriftlicher Bericht zu erstellen ist. Dies bedeutet, dass § 8 Abs. 1 S. 1 HS 2 UmwG und § 127 S. 1 HS 2 UmwG mit den Vorgaben der VRL bzw. SpRL nicht vereinbar sind.[477]

cc) Entbehrlichkeit des Verschmelzungsberichts und der Verschmelzungsprüfung sowie des dazugehörigen Berichts bei Verzicht aller Anteilsinhaber aller beteiligten Gesellschaften?

Die Frage, ob ein Verzicht auf den Verschmelzungsbericht, § 8 Abs. 3 S. 1 Alt. 1 UmwG, und auf die Verschmelzungsprüfung, §§ 9 Abs. 3 i.V.m. 8 Abs. 3 S. 1 Alt. 1 UmwG sowie den Prüfungsbericht, §§ 12 Abs. 3 i.V.m. 8 Abs. 3 S. 1 Alt. 1 UmwG mit den europarechtlichen Vorgaben vereinbar ist, wird kontrovers diskutiert. Sie stellt sich indes auch nur bei der Verschmelzung, da die SpRL in ihrem Art. 10 im Gegensatz zur VRL den Mitgliedstaaten ausdrücklich die Möglichkeit einräumt, einen Verzicht auf Berichte und Prüfung zu gestatten. Voraussetzung ist, dass alle Aktionäre sowie alle Inhaber anderer mit einem Stimmrecht verbundener Wertpapiere der an der Spaltung beteiligten Gesellschaften darauf verzichtet haben.[478] So wird nun bezüglich der Verschmelzung vertreten, dass bereits aufgrund der Tatsache, dass die SpRL eine derartige Vorschrift enthält, die VRL hingegen nicht,[479] die Regelung eines solchen Verzichts in § 8 Abs. 3 S. 1 Alt. 1 UmwG nicht mit den Vorgaben der VRL vereinbar sei.[480] Ferner wird auf den Schutzzweck der Informationsrech-

---

477 In diesem Sinne auch (für die Spaltung) *Engelmeyer*, Die Spaltung von Aktiengesellschaften nach dem neuen Umwandlungsrecht, 96 f.

478 Siehe oben *I. 1. e) bb) (1)*.

479 Eine Entbehrlichkeit ist nur für den Fall der Verschmelzung einer 100%igen Tochtergesellschaft auf die Muttergesellschaft vorgesehen, Art. 24 VRL.

480 So noch *Habersack*, Europäisches Gesellschaftsrecht, 1. Auflage, Rz. 230, nun (2. Auflage, Rz. 230) unter der Berücksichtigung der Argumentation der wohl *h.M.* zumindest unentschieden. Sein Entgegenhalten, dass es im Hinblick auf die Tatsache, dass Art. 10 SpRL die Möglichkeit eines entsprechenden Verzichts ausdrücklich vorsieht, es keineswegs gewiss erscheine, dass das Schweigen der VRL im Sinne der *h.M.* zu verstehen sei, kann man wohl bereits mit Verweis auf die spätere Verabschiedung der SpRL entkräften. Die Vereinbarkeit verneinend *Engelmeyer*, BB 1998, 330, 333; *dies.* (Spaltung von Aktiengesellschaften, 99) hält darüber hinaus auch die in Art. 10 SpRL eingeräumte Verzichtsmöglichkeit für fragwürdig und plädierte da-

te verwiesen,[481] der einen Verzicht nicht zulasse.[482] Den Schutzzweck zieht auch die Gegenansicht zur Argumentation heran, aber mit entgegengesetzter Interpretation und betont, dass die in Frage stehenden Rechte (ausschließlich) Individualinteressen repräsentieren und es den Anteilseignern als Ausdruck der Privatautonomie überlassen werden sollte, ob sie diese Rechte in Anspruch nehmen oder eben nicht.[483] Darüber hinaus lasse es die VRL in Art. 27 lit. b zu, dass die Mitgliedstaaten bei einer Konzernverschmelzung, bei der die Muttergesellschaft mehr als 90%, aber nicht alle Anteile hält, vom Berichtserfordernis absehen. Wenn dies aber schon gegenüber einer (knapp) zehnprozentigen Minderheit zulässig sei, dann müsse dies für einen einmütigen Verzicht erst recht gelten.[484]

Maßgeblich ist wohl das Argument der Privatautonomie, das vom Sinn und Zweck der Vorschrift gedeckt ist. Den Anteilseignern soll, so bestimmen es die Erwägungsgründe für die VRL,[485] ein so umfassender Schutz wie nur möglich zuteil werden. Wenn sie nun aber darauf bewusst und vor allem einstimmig verzichten, z.B. aus Gründen der Verfahrensökonomie, so wirkt es geradezu befremdend, ihnen diesen Schutz aufzudrängen.[486] Verfolgte man diesen Informationszwang, wie er zum Teil vertreten wird, konsequent, so müsste man darüber hinaus sicherstellen, dass den Anteilseignern nicht nur, wie es Art. 11 Abs. 1 lit. d VRL vorsieht, das Recht zur Kenntnisnahme eingeräumt wird, sondern auch die Pflicht.

Es ist daher wohl von einer Europarechtskonformität des § 8 Abs. 3 S. 1 Alt. 1 UmwG auszugehen.[487] Zur abschließenden Klärung der Frage, ob die VRL den Verzicht auf Berichte und Prüfung zulässt, ist allerdings dem EuGH vorbehalten.

---

für, dass der deutsche Reformgesetzgeber von der Umsetzung des Art. 10 SpRL absehen solle.

481 Siehe oben *2. Teil § 10.*

482 So noch *Habersack*, Europäisches Gesellschaftsrecht, 1. Auflage, Rz. 230.

483 *Lutter/ Drygala* in Lutter, § 8 UmwG, Rz. 49; vgl. auch *Schwarz*, Europäisches Gesellschaftsrecht, Rz. 645, Fn. 787.

484 *Lutter/ Drygala* in Lutter, § 8 UmwG, Rz. 49.

485 Siehe insbesondere 3. und 4. Erwägungsgrund der VRL.

486 So auch *Lutter/ Drygala* in Lutter, § 8 UmwG, Rz. 49.

487 Anzumerken ist, dass nun auch Art. 8 Abs. 4 IVRL die Möglichkeit des Verzichts auf den Verschmelzungsprüfungsbericht bei Zustimmung aller Gesellschafter vorsieht. Vor diesem Hintergrund wäre es um so weniger nachvollziehbar, eine entsprechende mitgliedstaatliche Regelung für die nationale Verschmelzung als europarechtswidrig einzustufen.

dd) Verschmelzungs- bzw. Spaltungsbericht als zwingender Gegenstand der Prüfung und des Prüfungsberichts?

Zum Teil wird vertreten, dass neben dem Verschmelzungs- bzw. Spaltungsplan auch der jeweilige Bericht der Verschmelzungs- bzw. Spaltungsprüfung unterzogen werden müsse.[488] Dieser Ansicht kann nicht gefolgt werden. Nur das nationale Recht betrachtet, sprechen der Wortlaut des insofern maßgebenden § 9 Abs. 1 UmwG, der für die Spaltung nach § 125 S. 1 UmwG entsprechend anzuwenden ist, wie auch seine Vorgängernorm, § 340b Abs. 1 AktG, gegen diese Auffassung. Darin ist von der Prüfung des *„Verschmelzungsvertrag(s) oder sein(es) Entwurf(s)"* und eben nicht des Verschmelzungsberichts die Rede. Doch ist diese Beschränkung auch mit den europarechtlichen Vorgaben vereinbar? Dies ist zu bejahen. Denn der dort im Zusammenhang mit der Prüfung in Art. 10 Abs. 1 S. 1 VRL[489] verwendete Begriff „Verschmelzungsplan" kann nicht dahingehend interpretiert werden, dass damit das gesamte Vorhaben der Verschmelzung gemeint und mithin auch der Verschmelzungsbericht zwingend in seinem vollen Umfang von der Prüfungspflicht erfasst ist.[490] Dies kann bereits – im Wege der „systematischen Wortlautauslegung" – mit dem Argument ausgeschlossen werden, dass die VRL den Begriff „Verschmelzungsplan" in allen Vorschriften verwendet, die sich auf Maßnahmen im Vorfeld der Hauptversammlung beziehen (Art. 5 bis 11 VRL), sonst aber vom „nach den Hauptversammlungen geschlossenen Verschmelzungsvertrag" spricht (Art. 16 Abs. 1 VRL). Aus dieser Unterscheidung, die eine Trennung in zwei Phasen des Vorhabens erkennen lässt, wird deutlich, dass mit „Verschmelzungsplan" nicht das gesamte Vorhaben gemeint ist.[491] Eine Ausdehnung der Prüfung auf den Verschmelzungsbericht ist folglich aus europarechtlicher Sicht nicht geboten.[492] Der Regelungsumfang des § 9 Abs.

488 *Bayer*, ZIP 1997, 1613, 1621; *Becker*, AG 1988, 223, 225; *Hommelhoff*, ZGR 1993, 452, 466.

489 Dies gilt in gleicher Weise auch im Hinblick auf die Spaltung (Art. 8 Abs. 1 S. 1 SpRL).

490 *Hommelhoff*, ZGR 1993, 452, 464.

491 *Lutter/ Drygala* in Lutter, § 9 UmwG, Rz. 12.

492 Darüber hinaus ist eine Erweiterung der Verschmelzungs- bzw. Spaltungsprüfung auf den Verschmelzungs- bzw. Spaltungsbericht auch nach deren Sinn und Zweck nicht erforderlich, da dem Aktionärsschutz, dem die Prüfung dient, einerseits bereits mit dem Bericht an sich und andererseits der Überprüfung des für die Aktionäre im Mittelpunkt ihrer Interessen stehenden Umtauschverhältnisses in ausreichendem Maße Genüge getan ist.

1 UmwG, der sich auf die Prüfung des Verschmelzungsvertrags beschränkt, ist folglich mit den Vorgaben der VRL vereinbar.[493]

g) Sonstige, nicht europarechtlich vorgegebene verschmelzungs- bzw. spaltungsrechtsspezifische Informationsrechte

aa) Auslage der Verschmelzungs- bzw. Spaltungsunterlagen während der Hauptversammlung

Nach § 64 Abs. 1 S. 1 UmwG bzw. §§ 125 S. 1 i.V.m. 64 Abs. 1 S. 1 UmwG muss den Aktionären während der Dauer der Hauptversammlung, die über die Verschmelzung bzw. Spaltung beschließt, die Möglichkeit gegeben werden, von den in § 63 Abs. 1 UmwG bezeichneten Unterlagen Kenntnis zu nehmen. Es handelt sich dabei um den Verschmelzungs- bzw. Spaltungsvertrag, die Jahresabschlüsse und Lageberichte der beteiligten Rechtsträger für die letzten drei Geschäftsjahre, ggf. eine Zwischenbilanz, die Verschmelzungs- bzw. Spaltungsberichte sowie die Verschmelzungs- bzw. Spaltungsprüfungsberichte. Bis zur Fassung des Verschmelzungs- bzw. Spaltungsbeschlusses können diese Dokumente für die Aktionäre von Interesse sein. Und so lange sind sie auch – in einer ausreichenden Anzahl von Abschriften[494] – auszulegen.[495] Es handelt sich bei diesem Recht sozusagen um die Fortsetzung der Bereitstel-

---

[493] So auch *Lutter/ Drygala* in Lutter, § 9 UmwG, Rz. 12. Eine vermittelnde Ansicht fordert zwar keine Vollständigkeits-, aber eine Richtigkeitskontrolle in Bezug auf den Verschmelzungsbericht. *Hoffmann-Becking* in FS Fleck, 105, 122; *Priester*, ZGR 1990, 420, 430 (ohne Differenzierung noch in NJW 1983, 1459, 1462). Zuzugeben ist insofern, dass der Prüfer im Rahmen der den Schwerpunkt seiner Aufgabe bildenden Überprüfung der Angemessenheit des Umtauschverhältnisses auch auf den Verschmelzungsbericht zurückgreifen kann, um zu ermitteln, von welchen Voraussetzungen und Prognosen bei der Unternehmensbewertung ausgegangen wurde. Sollte er dabei eine Verletzung der Regeln ordnungsgemäßer Unternehmensbewertung feststellen, ist er verpflichtet, diese zu beanstanden. Insoweit kann von einer Richtigkeitskontrolle des Verschmelzungsberichts gesprochen werden. Dessen zwingende Überprüfung von vorneherein zu fordern, kann daraus jedoch nicht abgeleitet werden. *Lutter/ Drygala* in Lutter, § 9 UmwG, Rz. 13.

[494] So sollen alle erschienenen Aktionäre in die Lage versetzt werden, sich in angemessener Zeit und ohne größere Umstände zu informieren. Rodewig in Semler/ Volhard, Arbeitshandbuch für die Hauptversammlung, § 12, Rz. 44.

[495] Aber auch nur so lange. *Grunewald* in Lutter, § 64 UmwG, Rz. 2; *Rodewig* in Semler/ Volhard, Arbeitshandbuch für die Hauptversammlung, § 12, Rz. 44; a.A. *Bermel* in Goutier/ Knopf/ Tulloch, § 64 UmwG, Rz. 5; *Diekmann* in Semler/ Stengel, § 64 UmwG, Rz. 4.

lung nach § 63 Abs. 1 UmwG bzw. §§ 125 S. 1 i.V.m. 63 Abs. 1 UmwG[496] in zeitlicher Hinsicht.

bb) Mündliche Erläuterung des Verschmelzungs- bzw. Spaltungsvertrags bzw. des Entwurfs hierzu durch den Vorstand

Nach § 64 Abs. 1 S. 2 UmwG bzw. §§ 125 S. 1 i.V.m. 64 Abs. 1 S. 2 UmwG hat der Vorstand den Verschmelzungs- bzw. Spaltungsvertrag bzw. den Entwurf hierzu in der Hauptversammlung zu Beginn der Verhandlung über den Tagesordnungspunkt „Zustimmung zum Verschmelzungsvertrag"[497] mündlich zu erläutern. Hierfür ist es nicht erforderlich (und auch nicht sinnvoll), den Text des Verschmelzungs- bzw. Spaltungsvertrags zu verlesen.[498] Denn die Aktionäre konnten sich bereits anhand des Verschmelzungs- bzw. Spaltungsberichts (§ 8 UmwG bzw. § 127 UmwG) informieren. Pflicht des Vorstands ist es vielmehr, den wesentlichen Vertragsinhalt sowie die Gründe für die Verschmelzung bzw. Spaltung sowie ihre wesentlichen rechtlichen und wirtschaftlichen Folgen darzulegen. Es genügt also eine Art Zusammenfassung des Verschmelzungs- bzw. Spaltungsberichts.[499] Dies gilt insbesondere hinsichtlich des Umtauschverhältnisses, dessen Ermittlung nicht nochmals anhand des im Verschmelzungs- bzw. Spaltungsbericht erläuterten Zahlenmaterials vorgetragen werden muss.[500] Es ist ausreichend, wenn das Verhältnis der Unternehmenswerte zueinander dargelegt wird. Eines Eingehens auf die jeweiligen absoluten Werte bedarf es indes nicht.[501]

In einer Hinsicht gehen die Darlegungen des Vorstands jedoch über eine bloße Zusammenfassung des Verschmelzungs- bzw. Spaltungsberichts hinaus. Der Vorstand muss in seinen Ausführungen auch auf Entwicklungen oder Gesichtspunkte eingehen, die sich im Zeitraum zwischen Aufstellen des Verschmelzungsberichts und dem Tag der Hauptversammlung ergeben haben und

---

496 Siehe oben *c)*.

497 *Marsch-Barner* in Kallmeyer, § 64 UmwG, Rz. 5. Für die Spaltung gilt entsprechend: „Zustimmung zum Spaltungsvertrag". Bei wesentlichen Mängeln oder vollständigem Fehlen der Erläuterung ist der jeweilige Beschluss anfechtbar. *Marsch-Barner* in Kallmeyer, § 64 UmwG, Rz. 5.

498 *Marsch-Barner* in Kallmeyer, § 64 UmwG, Rz. 3.

499 *Grunewald* in Lutter, § 64 UmwG, Rz. 3; *Marsch-Barner* in Kallmeyer, § 64 UmwG, Rz. 3; *Priester*, ZGR 1990, 420, 432; *Rieger* in Widmann/ Mayer, § 64 UmwG, Rz. 6. Siehe speziell zur Spaltung: *Engelmeyer*, Die Spaltung von Aktiengesellschaften nach dem neuen Umwandlungsrecht, 408.

500 *Grunewald* in Lutter, § 64 UmwG, Rz. 3.

501 Grunewald in Lutter, § 64 UmwG, Rz. 3; *Marsch-Barner* in Kallmeyer, § 64 UmwG, Rz. 3; *Rieger* in Widmann/ Mayer, § 64 UmwG, Rz. 7; *a.A. Kraft* in KK, § 340 d AktG, Rz. 14.

die für die Beurteilung des Vorhabens von Bedeutung sind.[502] Die mündlichen Erläuterungen nach § 64 Abs. 1 S. 2 UmwG dienen also der Aktualisierung des Verschmelzungsberichts[503] und damit der Aktualität der Information.[504]

Auch abgesehen von dieser zusätzlichen Funktion der Aktualisierung ist die mündliche Erläuterung als eigenständiges Informationsinstrument neben dem schriftlichen Verschmelzungsbericht zu betrachten. Die beiden Informationswege sind nicht austauschbar, sondern ergänzen sich vielmehr.[505] Denn die schriftliche Stellungnahme zum gesamten Vorgang der Verschmelzung bzw. Spaltung in dem jeweiligen Bericht ist bei der Entscheidung über die Verschmelzung nicht in gleicher Weise präsent wie die zu Beginn der Verhandlung über den Tagesordnungspunkt „Zustimmung zum Verschmelzungsvertrag" abzugebende mündliche Erläuterung nach § 64 Abs. 1 S. 2 UmwG.[506]

cc) Recht auf Auskunft hinsichtlich verschmelzungs- bzw. spaltungsrelevanter Informationen der anderen beteiligten Rechtsträger

Eine weiteres Informationsrecht der Aktionäre ist in § 64 Abs. 2 UmwG bzw. §§ 125 S. 1 i.V.m. 64 Abs. 2 UmwG enthalten. Danach ist jedem Aktionär auf Verlangen in der Hauptversammlung Auskunft auch über alle für die Verschmelzung bzw. Spaltung wesentlichen Angelegenheiten der anderen beteiligten Rechtsträger zu geben. Dieses Informationsrecht ist eine speziell auf die Verschmelzung bzw. Spaltung abgestimmte Ergänzung des Auskunftsrecht nach § 131 Abs. 1 AktG.[507] Denn nach diesem kann jeder Aktionär in der Hauptversammlung grundsätzlich lediglich über alle für die Verschmelzung wesentlichen Angelegenheiten seiner Gesellschaft Auskunft verlan-

---

502 *Marsch-Barner* in Kallmeyer, § 64 UmwG, Rz. 4. Insbesondere fragt sich, ob aufgrund zwischenzeitlicher Entwicklungen die Bewertungen der Rechtsträger unzutreffend geworden sind (*Bayer*, AG 1988, 323, 329; *Bermel* in Goutier/ Knopf/ Tulloch, § 64 UmwG, Rz. 8; *Diekmann* in Semler/ Stengel, § 64 UmwG, Rz. 10; *Grunewald* in Lutter, § 64 UmwG, Rz. 4; *Rieger* in Widmann/ Mayer, § 64 UmwG, Rz. 7; *Stratz* in Schmitt/ Hörtnagl/ Stratz, § 64 UmwG, Rz. 3) oder ob die Verschmelzung inzwischen wirtschaftlich anders zu bewerten ist, als im Verschmelzungsbericht dargetan (*Grunewald* in Lutter, § 64 UmwG, Rz. 4; *Rieger* in Widmann/ Mayer, § 64 UmwG, Rz. 7).

503 *Marsch-Barner* in Kallmeyer, § 64 UmwG, Rz. 4; *Grunewald* in Lutter, § 64 UmwG, Rz. 4.

504 Für die Spaltung *Engelmeyer*, Die Spaltung von Aktiengesellschaften nach dem neuen Umwandlungsrecht, 409.

505 *Grunewald* in Lutter, § 64 UmwG, Rz. 5.

506 *Grunewald* in Lutter, § 64 UmwG, Rz. 5.

507 Siehe hierzu näher unten *2. d)*.

gen.[508] § 131 Abs. 1 S. 2 AktG erweitert zwar dieses Recht, indem er dem Aktionär auch ein Auskunftsersuchen über die rechtlichen und geschäftlichen Beziehungen seiner Gesellschaft zu einem verbundenen Unternehmen zubilligt. Doch geht der Anwendungsbereich des § 64 Abs. 2 UmwG über diesen Rahmen in zweifacher Weise hinaus: Es werden erstens in personeller Hinsicht nicht nur verbundene Gesellschaften erfasst – auch wenn diese häufig an Verschmelzungen und Spaltungen beteiligt sind –, sondern alle beteiligten, also auch formal eigenständige Gesellschaften.[509] Zweitens unterwirft § 64 Abs. 2 UmwG in sachlicher Hinsicht anders als § 131 Abs. 1 S. 2 AktG nicht nur die „zwischengesellschaftlichen Beziehungen" dem Auskunftsrecht, sondern auch allgemein die davon losgelösten eigenen Angelegenheiten der verbundenen Unternehmen. Für einen – hier relevanten – Fall muss diese Feststellung allerdings eingeschränkt werden: Sofern es sich um Angelegenheiten verbundener Unternehmen mit bestimmter Bedeutung für die in Frage stehende Aktiengesellschaft handelt – was bei einer Verschmelzung oder Spaltung wohl regelmäßig anzunehmen ist –, kann nach allgemeiner Meinung das Auskunftsrecht auch hinsichtlich der Angelegenheiten der verbundenen Unternehmen auf § 131 Abs. 1 S. 1 AktG gestützt werden.[510] Denn diese Angelegenheiten werden dann als (eigene) Angelegenheiten der in Frage stehenden Aktiengesellschaft angesehen.[511] § 64 Abs. 2 UmwG wäre also insofern nicht erforderlich gewesen. Bereits das Recht aus § 131 Abs. 1 S. 1 AktG deckt in diesem Fall alle Belange ab. Wird allerdings die besondere Informationspflicht durch den Vorstand erfüllt, so ist der allgemeine Auskunftsanspruch aus § 131 AktG im Umfang der erteilten Informationen als erfüllt anzusehen.[512]

Zusammengefasst kann man wohl festhalten, dass der Auskunftsanspruch nach § 131 AktG und das besondere Informationsrecht des § 64 Abs. 2 UmwG nebeneinander stehen und sich weder gegenseitig verdrängen noch

---

508 *Grunewald* in Lutter, § 64 UmwG, Rz. 6.

509 § 131 Abs. 1 S. 2 AktG ist insofern weiter, als er nicht nur – anders als der rechtsformspezifische § 64 Abs. 2 UmwG - Aktiengesellschaften erfasst, sondern alle verbundenen Unternehmen. Dies ist jedoch im Rahmen der hier vorzunehmenden Untersuchung nicht relevant.

510 BayObLG NZG 2001, 608, 610; AG 2000, 131, 132; AG 1996, 516, 517; OLG Düsseldorf, NJW 1988, 1033, 1034; *Ebenroth/ Wilken*, BB 1993, 1818, 1819; *Kubis* in MüKo, § 131 AktG, Rz. 62; *Spitze/ Diekmann*, ZHR 158 (1994), 447, 454.

511 Vgl. BGH WM 2003, 345, 347; BayObLGZ 2000, 193, 196; OLG Düsseldorf NJW 1988, 1033, 1034; OLG Köln AG 2002, 89, 90 f.; siehe auch *Hüffer*, § 131 AktG, Rz. 16 und *Spitze/ Diekmann*, ZHR 158 (1994), 447, 454.

512 *Kubis* in MüKo, § 131 AktG, Rz. 8.

einschränken.[513] Die eigentliche (inhaltliche) Bedeutung des § 64 Abs. 2 UmwG neben § 131 Abs. 1 AktG beschränkt sich bei einer Verschmelzung oder Spaltung wohl auf die Auskunft über für die Verschmelzung bzw. Spaltung wesentliche Angelegenheiten von beteiligten anderen Rechtsträgern, die formal eigenständig sind.[514]

Die Regelung des § 64 Abs. 2 UmwG hat zur Folge, dass der Vorstand der jeweils auskunftspflichtigen Gesellschaft auch Fragen über Rechtsträger zu beantworten hat, die er nicht leitet. Er muss sich daher die notwendigen Informationen beschaffen. Dies kann er im Vorfeld der Hauptversammlung tun oder währenddessen. Zu diesem Zweck wird in der Regel insbesondere ein kompetenter Vertreter des anderen Rechtsträgers in der Hauptversammlung, die über die Verschmelzung beschließt, anwesend sein.[515] Da § 64 Abs. 2 UmwG einen Sonderfall des Auskunftsrechts nach § 131 AktG darstellt, gelten nach einhelliger Ansicht die allgemeinen Regeln dieser Norm auch für das verschmelzungs- bzw. spaltungsrechtsspezifische Auskunftsrecht.[516]

dd) Erweiterte Auskunftspflicht hinsichtlich Verschmelzungs- bzw. Spaltungsbericht in der Hauptversammlung bei verbundenen Unternehmen

Ist eine an der Verschmelzung beteiligte Gesellschaft ein verbundenes Unternehmen im Sinne des § 15 AktG, so erweitert § 8 Abs. 1 S. 4 i.V.m. S. 3 UmwG bzw. §§ 127 S. 2 i.V.m. 8 Abs. 1 S. 4 i.V.m. S. 3 UmwG (entsprechend) die nach sonstigen Normen bestehenden Auskunftspflichten des Vorstands in der Hauptversammlung[517] auch auf diejenigen Tatsachen, die der Verschmelzungs- bzw. Spaltungsbericht zusätzlich über die anderen verbundenen Unternehmen nach § 8 Abs. 1 S. 3 UmwG bzw. §§ 127 S. 2 i.V.m. 8 Abs. 1 S. 3 UmwG (entsprechend) enthalten muss.

---

513 OLG Hamburg, AG 1994, 420; OLG Düsseldorf, AG 1988, 53 f.; *Kubis* in MüKo, § 131 AktG, Rz. 8; *a.A.* wohl LG Berlin, AG 1997, 335, 336.

514 Vgl. *Kubis* in MüKo, § 131 AktG, Rz. 63. Vgl. zu Verschmelzungen unter Beteiligung von nicht verbundenen Gesellschaften *Decher*, ZHR 158 (1994), 473, 492.

515 Sollte sich dieser direkt mit einer Auskunft an die Aktionäre richten, wird dies dem Vorstand der über die Verschmelzung beschließenden Aktiengesellschaft zugerechnet, was in geeigneter Form auch deutlich gemacht werden muss. Vgl. *Grunewald* in Lutter, § 64 UmwG, Rz. 7; *Rieger* in Widmann/ Mayer, § 64 UmwG, Rz. 13.

516 Daher finden insbesondere auch das Auskunftsverweigerungsrecht des Vorstands nach § 131 Abs. 3 AktG und die Auskunftsklage nach § 132 AktG Anwendung. Vgl. nur *Grunewald* in Lutter, § 64 UmwG, Rz. 8. Siehe hierzu näher unten *2. d) hh) und jj)*.

517 Dies sind im Rahmen einer Verschmelzung bzw. Spaltung § 64 Abs. 2 UmwG bzw. §§ 125 S. 1 i.V.m. 64 Abs. 2 UmwG [siehe hierzu oben *cc)*] und § 131 AktG [siehe hierzu unten *2. d)*]. Vgl. *Lutter/ Drygala* in Lutter, § 8 UmwG, Rz. 43.

2. *Allgemeine Informationsrechte*

a) Bekanntmachung der Tagesordnung bei der Einberufung der Hauptversammlung

Nach § 124 Abs. 1 S. 1 AktG ist die Tagesordnung der Hauptversammlung bei der Einberufung in den Gesellschaftsblättern bekannt zu machen.[518] Die Einberufung hat dabei nach § 123 Abs. 1 AktG mindestens 30 Tage vor dem Tag der Hauptversammlung zu erfolgen. Sofern die Aktionäre der Gesellschaft namentlich bekannt sind – was vor allem bei Namensaktien der Fall ist – kann die Tagesordnung nach §§ 124 Abs. 1 S. 3 i.V.m. 121 Abs. 4 AktG (sinngemäß) auch durch eingeschriebenen Brief bekannt gemacht werden. Da die Verschmelzung bzw. die Spaltung als Gegenstand, über den Beschluss gefasst werden soll, in der Tagesordnung enthalten sein muss,[519] erhält der Aktionär auch auf diesem Wege Kenntnis von dem Vorhaben.

Diese bloße Erwähnung des Gegenstandes der Tagesordnung erfährt nach § 124 Abs. 2 S. 2 Alt. 2 AktG eine Erweiterung, wenn die Hauptversammlung über einen Vertrag beschließt, der nur mit Zustimmung der Hauptversammlung wirksam wird. In diesem Fall ist auch der wesentliche Inhalt des Vertrags bekannt zu machen. Da es sich bei dem Verschmelzungs- bzw. Spaltungsvertrag um einen solchen zustimmungsbedürftigen Vertrag handelt, vgl. §§ 13, 60 ff. UmwG, ist sein wesentlicher Inhalt nach § 124 Abs. 2 S. 2 HS 2 AktG bekannt zu machen.[520] Ferner ist im Fall der Verschmelzung durch bzw. der Spaltung zur Neugründung die Satzung der neuen Aktiengesellschaft(en) im Wortlaut bekannt zu machen. Dies ergibt sich aus § 76 Abs. 2 S. 3 UmwG i.V.m. § 124 Abs. 2 S. 2 AktG. Auch die jeweilige Satzung der neuen Aktien-

---

518 Dies erfolgt durch Publikation wenigstens im Bundesanzeiger, § 25 AktG (siehe zur Möglichkeit, elektronische Informationsmedien – vor allem das Internet - als Gesellschaftsblätter zu nutzen § 25 S. 2 AktG).

519 Vgl. *Semler* in Münchener Hdb. des GesR, Band 4, Aktiengesellschaften, § 35, Rz. 38.

520 Hinsichtlich des Umfangs der Bekanntmachung ist zu berücksichtigen, dass Verschmelzungs- und Spaltungsverträge bereits ab Einberufung der Hauptversammlung auszulegen sind und den Aktionären auf deren Verlangen hin Anschriften zu erteilen sind [siehe oben *1 c)*], sie also auf diesem Wege schon informiert werden. Ausreichend ist daher, wenn die Bekanntmachung der Tagesordnung es den Aktionären ermöglicht, ihre Rechte sinnvoll auszuüben [vgl. OLG Stuttgart, AG 1997, 138, 139; *a.A.* wohl *Diekmann* (in Semler/ Stengel, § 61 UmwG, Rz. 3), der, um Streitigkeiten – und so auch Anfechtungsrisiken - darüber zu vermeiden, was wesentlich ist, empfiehlt, den ganzen Vertrag abzudrucken]. Zu diesem Zweck genügt es, den Aktionären eine Entscheidungshilfe zu liefern, ob sie die Texte lesen wollen, und ihnen zu vermitteln, was die Verwaltung selbst als wesentlichen Regelungsgehalt ansieht (vgl. LG Köln, AG 1999, 333 f.). Siehe zu allem *Hüffer*, § 124 AktG, Rz. 10.

gesellschaft wird nur mit Zustimmung der Hauptversammlung wirksam, § 76 Abs. 2 S. 1 UmwG bzw. §§ 125 S. 1 i.V.m. 76 Abs. 2 S. 1 UmwG.[521]

In zeitlicher Hinsicht gilt, dass die Tagesordnung bei der Einberufung (§ 124 Abs. 1 S. 1 AktG) in den Gesellschaftsblättern bekannt zu machen ist. Darunter versteht man einen unmittelbaren zeitlichen Zusammenhang mit der Einberufung.[522] Dieser ist jedenfalls gewahrt, wenn die Tagesordnung in derselben Ausgabe des Gesellschaftsblattes enthalten ist wie die Einberufung der Hauptversammlung.[523]

b) Beschlussvorschläge der Verwaltung zur Verschmelzung bzw. Spaltung

Ein weiteres Informationsrecht ergibt sich für den Aktionär aus § 124 Abs. 3 S. 1 Fall 1 AktG. Danach haben der Vorstand und der Aufsichtsrat in der Bekanntmachung der Tagesordnung Vorschläge zur Beschlussfassung zu machen. Dem Aktionär bietet sich auf diese Weise zu dem Vorhaben nochmals eine Stellungnahme des Vorstands und – was bei keinem anderen Aktionärsrecht der Fall ist – zusätzlich eine Einschätzung des Aufsichtsrats. Dieser Umstand bringt jedoch insofern keinen bedeutenden Informationsgewinn, als sich der Aufsichtsrat in der Praxis meist dem Vorschlag des Vorstands anschließt[524] – außer eben den, dass jener diesen bestätigt. Darüber hinaus wird sich der Informationsgehalt insgesamt bereits auch deshalb in Grenzen halten, weil sich bei strukturändernden Maßnahmen wie der Verschmelzung und Spaltung der Vorschlag auf die Zustimmung zum Abschluss des jeweiligen Vertrags beschränken kann.[525]

c) Mitteilung der Tagesordnung an bestimmte Aktionäre

Genau bestimmten Aktionärsgruppen ist die Tagesordnung vom Vorstand nach § 125 Abs. 2 i.V.m. Abs. 1 AktG mitzuteilen. Dies kann in der traditionellen Schriftform erfolgen oder auf elektronischem Wege, also per E-Mail – vorausgesetzt, die E-Mail Adresse wurde der informationspflichtigen Gesellschaft als Empfangsadresse zur Verfügung gestellt.[526] Die Mitteilung erfolgt

---

521 Vgl. *Grunewald* in Lutter, § 76 UmwG, Rz. 7. Siehe hierzu ferner unten *§ 12 II. 2.*

522 *Semler* in Münchener Hdb. des GesR, Band 4, Aktiengesellschaften, § 35, Rz. 42. Vgl. auch *Hüffer*, § 124 AktG, Rz. 6.

523 *Kubis* in MüKo, § 124 AktG, Rz. 19.

524 *Kubis* in MüKo, § 124 AktG, Rz. 45.

525 *Schlitt* in Semler/ Volhard, Arbeitshandbuch für die Hauptversammlung, § 4, Rz. 203.

526 *Hüffer*, § 125 AktG, Rz. 6. Die elektronische Übertragungsform wurde durch die Neufassung des § 125 Abs. 2 AktG durch Art. 1 Nr. 9 a aa NaStraG ermöglicht, indem das frühere „*übersenden*" durch „*mitteilen*" ersetzt wurde.

an Aktionäre, die entweder eine Aktie bei der Gesellschaft hinterlegt haben, § 125 Abs. 2 Nr. 1 AktG, die Mitteilung nach Bekanntmachung der Einberufung der Hauptversammlung im elektronischen Bundesanzeiger verlangen, § 125 Abs. 2 Nr. 2 AktG, oder spätestens zwei Wochen vor dem Tage der Hauptversammlung als Aktionär im Aktienregister der Gesellschaft eingetragen sind, § 125 Abs. 2 Nr. 3 AktG.[527] Mit dieser Mitteilung erhalten die betreffenden Aktionäre keine zusätzlichen Informationen. Es wird ihnen jedoch der Informationszugang erleichtert.

d) Allgemeines Auskunftsrecht in der Hauptversammlung

Als weiteres nicht spezifisch verschmelzungs- bzw. spaltungsrechtliches Informationsrecht steht den Aktionären schließlich das (allgemeine) Auskunftsrecht nach § 131 Abs. 1 AktG zu, wonach der Vorstand in der Hauptversammlung jedem Aktionär auf dessen Verlangen Auskunft über Angelegenheiten der Gesellschaft zu geben hat, soweit sie zur sachgemäßen Beurteilung des Gegenstands der Tagesordnung erforderlich ist.[528] Da die Zustimmung zum Verschmelzungs- bzw. Spaltungsvertrag Gegenstand der Tagesordnung ist,[529] kann das Instrument des allgemeinen Auskunftsrechts vom Aktionär auch verschmelzungs- oder spaltungsspezifisch eingesetzt werden. In inhaltlicher Hinsicht ist sein Umfang jedoch grundsätzlich auf Auskünfte über die für die Verschmelzung bzw. Spaltung wesentlichen Angelegenheiten der eigenen Gesellschaft beschränkt.[530] Für Auskünfte hinsichtlich der für die Verschmelzung bzw. Spaltung wesentlichen Angelegenheiten der anderen beteiligten Rechtsträger gilt ergänzend § 64 Abs. 2 UmwG bzw. §§ 125 S. 1 i.V.m. 64 Abs. 2 UmwG.[531]

---

527 Durch die Neufassung des § 125 Abs. 2 Nr. 3 AktG durch Art. 1 Nr. 9 a NaStraG wurde der Kreis der mitteilungsberechtigten Aktionäre erweitert, da das Recht auf Mitteilung nicht mehr wie früher dadurch ausgeschlossen wird, dass Namensaktionäre ihre Stimmrechte in der letzten Hauptversammlung durch ein Kreditinstitut ausüben ließen. Vgl. *Hüffer*, § 125 AktG, Rz. 6a.

528 Vgl. bereits oben *1. g) cc)*.

529 Vgl. (für die Verschmelzung) *Marsch-Barner* in Kallmeyer, § 64 UmwG, Rz. 5. Siehe zudem bereits oben *1. g) cc)*.

530 Zu den Konstellationen, in denen (ausnahmsweise) auch darüber hinausgehend Auskunft auf Grundlage des § 131 Abs. 1 AktG zu erteilen ist, siehe bereits oben *1. g) cc)*.

531 Siehe zum Verhältnis dieser beiden Informationsrechte bereits oben *1. g) cc)*.

aa) Aktionäre als Gläubiger des Auskunftsrechts

Auskunftsberechtigt ist jeder Aktionär, sofern er – dies ergibt sich aus der Natur des Auskunftsrechts – an der Hauptversammlung teilnimmt.[532] Der Besitz einer bestimmten Mindestanzahl an Aktien ist nicht erforderlich, ausreichend ist also bereits eine einzige Aktie.[533] Diese muss zudem nicht einmal ein Stimmrecht vermitteln. Auch Aktionären stimmrechtsloser Aktien sowie solchen, die ihre Einlage noch nicht vollständig geleistet haben (§ 134 Abs. 2 AktG) oder im Einzelfall nicht mitstimmen können (§ 136 AktG), steht das Auskunftsrecht zu.[534]

bb) Gesellschaft als Schuldnerin des Auskunftsrechts

Auch wenn nach § 131 Abs. 1 S. 1 AktG der Vorstand Auskunft erteilen muss, ist Schuldnerin des Auskunftsrechts die Gesellschaft selbst. Für sie wird nach allgemeiner Meinung freilich wiederum der Vorstand organschaftlich tätig.[535]

cc) Erfordernis und Art des Auskunftsverlangens

Wie der Gesetzeswortlaut schon zum Ausdruck bringt („*auf Verlangen*"), ist eine Auskunftspflicht ohne ein entsprechendes Verlangen nicht begründet. Der Aktionär muss also aktiv werden und eine entsprechende Frage an den Vorstand oder den die Gesellschaft repräsentierenden Leiter der Hauptversammlung richten.[536] Die Frage kann dabei mündlich oder schriftlich formuliert werden.[537]

dd) Prinzip der Mündlichkeit der Auskunftserteilung

Die Auskunftserteilung durch den Vorstand hat grundsätzlich mündlich in der Hauptversammlung zu erfolgen. Der Aktionär kann daher grundsätzlich weder auf die (vorherige) Zusendung von Unterlagen noch auf deren Einsichtnahme in der Hauptversammlung verwiesen werden, da auf diese Weise nicht der geforderten mündlichen Informierung in der Hauptversammlung entspro-

---

532 Vgl. *Hüffer*, § 131 AktG, Rz. 2.

533 Vgl. BGH, Urt. v. 15.6.1992 – II ZR 18/91, ZIP 1992, 1227, 1233; BayObLGZ 1974, 208, 213 = NJW 1974, 2094 zu § 293 AktG Abs. 4 a.F. (§ 293 d Abs. 3 AktG n.F.).

534 Statt aller: *Hüffer*, § 131 AktG, Rz. 3.

535 Statt aller: *Hüffer*, § 131 AktG, Rz. 5.

536 *Hüffer*, § 131 AktG, Rz. 8.

537 *Hüffer*, § 131 AktG, Rz. 8; *a.A.* Kubis in FS Kropff, 171, 187.

chen wird.[538] Eine Verweisung auf die Einsichtnahme in vorbereitete Aufzeichnungen und Unterlagen ist jedoch ausnahmsweise dann als statthaft zu erachten, wenn dies eine schnellere und zuverlässigere Informierung der Aktionäre ermöglicht und auf diese Weise besser deren Interesse entsprochen wird.[539] Dies ist z.B. dann der Fall, wenn die Auskunft im Wesentlichen aus einer Fülle von Zahlen und Daten besteht.[540] So wird man wohl bei einer Verschmelzung oder Spaltung auf die Bitte, allein das Zahlenwerk wiederzugeben, auf den Verschmelzungs- bzw. Spaltungsvertrag verweisen können.[541] Dieser ist zum einen von der Einberufung der Hauptversammlung an in den Geschäftsräumen der Gesellschaft zur Einsicht der Aktionäre auszulegen, § 63 Abs. 1 Nr. 1 UmwG bzw. §§ 125 S. 1 i.V.m. 63 Abs. 1 Nr. 1 UmwG, zum anderen auch während der Hauptversammlung einsehbar, §§ 64 Abs. 1 S. 1 i.V.m. 63 Abs. 1 Nr. 1 UmwG bzw. §§ 125 S. 1 i.V.m. 64 Abs. 1 S. 1 i.V.m. 63 Abs. 1 Nr. 1 UmwG.[542] Darüber hinaus können die Aktionäre vom wesentlichen Inhalt des Vertrags durch die Bekanntmachung der Tagesordnung Kenntnis erlangen, § 124 Abs. 2 S. 2 Alt. 2 AktG.[543] In vielen Fällen wird sich das Problem zu ausführlicher Informationswünsche seitens der Aktionäre bereits anhand des Kriteriums der Beurteilungserheblichkeit (§ 131 Abs. 1 S. 1 AktG) lösen lassen.[544]

ee) Verschmelzung bzw. Spaltung als Gegenstand des Auskunftsrechts

Gegenstand des Auskunftsrechts sind nach § 131 Abs. 1 S. 1 AktG Angelegenheiten der Gesellschaft. Darunter ist alles zu verstehen, was sich auf die Aktiengesellschaft, deren Anteile der auskunftsverlangende Aktionär hält, und ihre Tätigkeit bezieht.[545] Dazu zählt zweifelsohne auch eine Verschmelzung bzw. Spaltung der Gesellschaft. Fragen in diesem Zusammenhang können daher auf § 131 Abs. 1 S. 1 AktG gestützt werden. Nach § 131 Abs. 1 S. 2 AktG erstreckt sich die Auskunftspflicht darüber hinaus auch auf die rechtlichen und geschäftlichen Beziehungen zu einem verbundenen Unternehmen.[546] Dessen Angelegenheiten können bei entsprechender Bedeutung für die Gesellschaft auch deren eigene Angelegenheit werden, was zur Folge

---

538 Vgl. hinsichtlich der Zusendung LG Frankfurt AG 1993, 520.
539 BGHZ 101, 1, 15 f.
540 BGHZ 101, 1, 16.
541 Die Pflicht zur Erläuterung der Zahlen und Daten, § 64 Abs. 1 S. 2 UmwG, bleibt dadurch jedoch in jedem Fall unberührt.
542 Siehe oben *1. c) sowie 1. g) aa)*.
543 Siehe oben *a)*.
544 So auch *Kubis* in Kropff/ Semler, MüKo, § 131 AktG, Rz. 80.
545 *Hüffer*, § 131 AktG, Rz. 11.
546 Siehe hierzu bereits oben *1. g) cc)*.

hat, dass ein dahingehendes Auskunftsverlangen bereits auf § 131 Abs. 1 S. 1 AktG gestützt werden kann.[547] Dies wird bei einer Verschmelzung bzw. Spaltung wohl regelmäßig der Fall sein.

ff) Beschränkung des Umfangs der Auskunftspflicht

Der Umfang der Auskunftspflicht wird in § 131 Abs. 1 S. 1 AktG insofern beschränkt, als die Auskunft zur sachgemäßen Beurteilung des Gegenstands der Tagesordnung erforderlich sein muss. Dabei kommt es nach der Rechtsprechung auf den Standpunkt eines objektiv urteilenden Aktionärs an,[548] der die Gesellschaftsverhältnisse nur aufgrund allgemein bekannter Tatsachen kennt.[549] Einer faktischen Beschränkung des Auskunftsrechts unter Berufung des Vorstands darauf, dass er eine Frage nicht ohne Vorbereitung beantworten könne, sind sehr enge Grenzen gesteckt. Denn es wird von ihm verlangt, dass er auf alle Fragen eingeht, deren Beantwortung bei hinreichender Vorbereitung unter Zuhilfenahme von sachverständigen Mitarbeitern und bereitzuhaltenden Unterlagen erwartet werden kann.[550]

gg) Möglichkeit der Frage- und Redezeitbeschränkung

Mit Inkrafttreten des UMAG kann auf Grundlage des neu in das Aktiengesetz eingefügten § 131 Abs. 2 S. 2 AktG nun die Satzung oder die Geschäftsordnung gemäß § 129 UmwG den Versammlungsleiter ermächtigen, das Frage- und Rederecht des Aktionärs zeitlich angemessen zu beschränken und hierzu Näheres zu bestimmen. Eine Beschränkung der Redezeit durch den Versammlungsleiter war zwar bisher schon unumstritten und gängige Praxis.[551] Durch § 131 Abs. 2 S. 2 AktG wird es diesem jedoch darüber hinaus ermöglicht, für das Rede- und Fragerecht zusammengenommen einen zeitlichen Rahmen für den ganzen Hauptversammlungsverlauf, für den einzelnen Tagesordnungspunkt und für den einzelnen Redner zu setzen.[552] Die Ermächtigungsnorm des § 131 Abs. 2 S. 2 AktG soll so dazu beitragen helfen, besser gegen rechts-

---

547 Siehe hierzu bereits oben *1. g) cc)*.

548 Vgl. BGHZ 149, 158, 164 (*Sachsenmilch III*); BGH ZIP 2004, 2428, 2429 (*Thyssen-Krupp*).

549 Vgl. z.B. BayObLGZ 1999, 193, 196; OLG Düsseldorf AG 1987, 21, 23; OLG Bremen AG 1981, 229, 229.

550 OLG Düsseldorf, AG 1992, 34. Vgl. auch *K. Schmidt*, Gesellschaftsrecht, § 28 IV 3b.

551 RegEBegr., ZIP 2004, 2455, 2460.

552 RegEBegr., ZIP 2004, 2455, 2460.

missbräuchlich agierende Aktionäre vorgehen zu können.[553] Die von diesen in der Vergangenheit nicht selten eingesetzten überlangen Fragenkataloge dienten oft ausschließlich dem Zweck, den Boden für Informationsmängelrügen zu bereiten.[554] Durch die Möglichkeit, nun auch die Fragezeit in eine Beschränkung mit einzubeziehen, kann dieses Vorgehen zumindest eingedämmt werden.

hh) Auskunftsverweigerungsgründe

Die Auskunft kann nach § 131 Abs. 3 S. 1 AktG grundsätzlich nur in den dort abschließend (s. § 131 Abs. 3 S. 2 AktG) aufgezählten Fällen verweigert werden. Anerkannt ist jedoch, dass daneben eine Auskunftsverweigerung wegen Missbrauchs des Informationsrechts in sehr eng gesteckten Grenzen als zulässig anzusehen ist.[555] Unter den in § 131 Abs. 3 S. 1 AktG aufgelisteten Fällen ist insbesondere hervorzuheben das Recht, die Auskunft zu verweigern, soweit die Erteilung nach vernünftiger kaufmännischer Beurteilung geeignet ist, der Gesellschaft oder einem verbundenen Unternehmen einen nicht unerheblichen Nachteil zuzufügen, § 131 Abs. 3 S. 1 Nr. 1 AktG. Zudem sei auf die Erweiterung des Katalogs des § 131 Abs. 3 S. 1 AktG um eine Nr. 7 durch das UMAG hingewiesen. Danach ist es dem Vorstand auch dann erlaubt, Fragen nicht zu beantworten, wenn die beantragten Informationen während eines Zeitraums von mindestens sieben Tagen vor Beginn und in der Hauptversammlung auf der Internetseite der Gesellschaft durchgängig zugänglich waren.

ii) Erweiterte Auskunftspflicht

Um „*Informationsmonopole*“[556] zu verhindern, besteht nach § 131 Abs. 4 S. 1 AktG für den Fall, dass einem Aktionär wegen seiner Eigenschaft als Aktio-

---

553 Der Gesetzgeber verfolgt mit dem UMAG insgesamt das Anliegen, der missbräuchlichen Ausnutzung des Anfechtungsrechts Einhalt zu gebieten und so Schaden von der Gesellschaft abzuwenden.

554 Vgl. *Weißhaupt*, ZIP 2005, 1766, 1766.

555 Dies ist strittig. Bejahend: BayObLG, NJW 1974, 2094, 2094; OLG Frankfurt, ZIP 1983, 1204, 1204; *Hüffer*, § 131 AktG, Rz. 33 f.; *K. Schmidt*, Gesellschaftsrecht, § 28 IV 3 c; verneinend: *Ebenroth*, Das Auskunftsrecht des Aktionärs, S. 35 ff. Die insgesamt geringe Bedeutung dieses Rechtsinstituts für § 131 AktG lässt sich darauf zurückführen, dass die meisten Rechtsmissbrauchskonstellationen bereits tatbestandlich bei der Prüfung der Beurteilungserheblichkeit der begehrten Auskunft ausgeschieden werden können. Als Beispiel sei der überhöhte Detaillierungsgrad der nachgesuchten Information genannt, *Kubis* in MüKo, § 131 AktG, Rz. 124.

556 *K. Schmidt*, Gesellschaftsrecht, § 28 IV 3b.

När eine Auskunft außerhalb der Hauptversammlung gegeben worden ist, die Pflicht, diese Auskunft auch jedem anderen Aktionär auf dessen Verlangen in der Hauptversammlung zu geben, auch wenn sie zur sachgemäßen Beurteilung des Gegenstands der Hauptversammlung nicht erforderlich ist.[557]

jj) Auskunftserzwingungsverfahren

Mit dem Auskunftserzwingungsverfahrens nach § 132 AktG wird dem Aktionär die Möglichkeit gegeben, seinen primären Auskunftsanspruch nach § 131 AktG durchzusetzen.

III. Rechtslage in Frankreich

1. Verschmelzungs- bzw. spaltungsrechtsspezifische Informationsrechte

a) Informationsvermittlung: Verschmelzungs- bzw. Spaltungsplan und Verschmelzungs- bzw. Spaltungsbericht

aa) Verschmelzungs- bzw. Spaltungsplan

(1) Allgemeines

Nach Art. 236-6 Abs. 1 C. com. ist für die an einer Verschmelzung bzw. Spaltung beteiligten Gesellschaften ein schriftlicher[558] Verschmelzungs- bzw. Spaltungsplan (*projet de fusion ou de scission*) aufzustellen.[559] Näheres enthalten die Art. 254 und 255 D. 1967. Umstritten ist, welche Rechtsqualität dieser Plan hat, konkret, ob bei Abstimmung in der Hauptversammlung schon ein Vertrag vorliegt oder lediglich ein Entwurf. Während ein Teil in dem *projet* bereits einen Vertrag erkennt,[560] ist der in Frage stehende Unterschied zwischen Vertrag und Entwurf für einen anderen Teil eher ein formeller als ein tatsächlicher.[561]

---

557 Einschränkungen ergeben sich für Auskünfte an ein herrschendes Unternehmen, § 131 Abs. 4 S. 3 AktG.

558 *Bertrel/ Jeantin*, Acquisitions et fusions des sociétés commerciales, Tz. 858.

559 Vor der Umsetzung der VRL und SpRL durch das Gesetz vom 5. Januar 1988 hieß es in der Vorgängernorm, Art. 374 Abs. 1 L. 1966, noch *projet de contrat*. Mit der Änderung wurde dem Umstand Rechnung getragen, dass es bei einer Spaltung zur Neugründung lediglich einen einseitigen Akt und keinen Vertrag gibt. *Lamy*, Sociétés commerciales, Tz. 1778; *Micheler*, RIW 1993, 15, 18.

560 *Bensadoun*, La nature juridique des actes préparatoires à la fusion des sociétés, Mém. Dea, Nice 1978, zitiert bei *Martin*, RTD *com.* 1978, 269, 277.

561 *Goldman/ Lyon-Caen*, Droit commercial européen, 249 (Fn. 1).

Denn letztlich sei maßgebend, dass erst mit Zustimmung durch die jeweiligen Hauptversammlungen ein rechtswirksamer Vertrag zustande kommen kann.[562] Dem ist beizupflichten.[563] Man kann daher die Konstruktion im französischen Recht mit der schwebenden Unwirksamkeit des Vertrags bis zur Billigung durch die Hauptversammlungen im deutschen Recht vergleichen.[564] Die Regelung ist jedenfalls mit den Vorgaben der VRL bzw. der SpRL vereinbar, die zum Schutz der Aktionäre diesen die letztendliche Entscheidung über das betreffende Vorhaben zubilligen.[565]

Von dem Verschmelzungs- bzw. Spaltungsplan zu unterscheiden ist das Verschmelzungs- bzw. Spaltungsprotokoll, das in vielen Fällen Erstgenanntem vorausgeht.[566] Es stellt eine (für die Gesellschaft) lediglich unverbindliche Absichtserklärung der Leitungsorgane der beteiligten Gesellschaften dar,[567] in der allgemein die Vorgehensweise bis zur Aufstellung des Plans festgelegt ist.[568]

Spezielle Formvorschriften sind hinsichtlich des Plans grundsätzlich nicht zu beachten.[569] Er kann also privatschriftlich erstellt oder aber auch notariell beurkundet werden.[570] Lediglich für den (in der Praxis wohl meist vorliegenden) Fall, dass mit dem Vermögen der übertragenden Gesellschaft auch Grundstücke oder Rechte an diesen übergehen sollen, besteht keine Wahl-

---

562 *Goldman/ Lyon-Caen*, Droit commercial européen, 249 (Fn. 1). *Routier* (Les fusions de sociétés commerciales, Tz. 724) bezeichnet das Dokument, das den Hauptversammlungen vorgelegt wird, als unvollkommenen Vertrag. Eine anhand des Kriteriums der notariellen Beurkundung vorgenommene Unterscheidung in Vertrag und Entwurf wie im deutschen Recht [siehe oben II. 1. a) aa) (1)] gibt es nicht. Denn diese ist nicht pauschal für jeden Verschmelzungs- bzw. Spaltungsplan vorgesehen (siehe hierzu sogleich in diesem Unterpunkt).

563 Im Folgenden soll daher der neutrale Begriff Plan verwendet werden.

564 Vgl. *Guyon*, Droit des Affaires, Bd. 1, Tz. 630: „...*Cet acte énumère les éléments fondamentaux de l'opération, mais n'est conclu que sous réserve de son approbation par les assemblées extraordinaires des deux sociétés.*"

565 Vgl. Art. 7 Abs. 1 S. 1 VRL bzw. Art. 5 Abs. 1 S. 1 SpRL.

566 Siehe bereits oben *1. Teil § 5 I. 4. a)*. *Lamy*, Sociétés commerciales, Tz. 1778.

567 Vgl. Tribunal de commerce Nantes, 31 janv. 1974, Gaz. Pal. 1974.1. 433; *Lamy*, Sociétés commerciales, Tz. 1778.

568 Vgl. *Routier* in Encyclopédie Dalloz, Sociétés III, Fusion et Scission, Tz. 26.

569 *Bertrel/ Jeantin*, Acquisitions et fusions des sociétés commerciales, Tz. 866; *Dictionnaire Permanent Droit des affaires,* Fusions, Scissions, Apports partiels d'actif, Tz. 44.

570 Genau genommen ist den einschlägigen Vorschriften nicht einmal ausdrücklich zu entnehmen, dass der Plan schriftlich zu erstellen ist. Dies ergibt sich aber zumindest aus dem Kontext. Denn spätestens die Hinterlegung beim Handelsgericht erfordert diese Form, vgl. Art. 265 Abs. 2 D. 1967. Nur so kann auch dem durch die VRL bzw. SpRL vorgeschriebenen Schriftformerfordernis (Art. 5 Abs. 1 VRL bzw. Art. 3 Abs. 1 SpRL) entsprochen werden.

möglichkeit. Der Verschmelzungs- bzw. Spaltungsplan ist dann notariell zu beurkunden, um entsprechenden Offenlegungspflichten bei Grundstücksgeschäften zu genügen.[571]

(2) Informationsschuldner: Verwaltungsrat bzw. Vorstand

Nach Art. 254 Abs. 1 D. 1967 ist es Aufgabe des Verwaltungsrats bzw. des Vorstands[572] der jeweiligen Gesellschaft, den Verschmelzungs- bzw. Spaltungsplan aufzustellen. Der Plan muss dann von einem Mitglied des Verwaltungsrats oder des Vorstands, das hierzu durch das jeweilige Gremium bevollmächtigt wurde, unterzeichnet werden.[573] Wirksamkeit erlangt der Plan jedoch – wie bereits angedeutet[574] – erst mit Zustimmung durch die Hauptversammlungen der beteiligten Gesellschaften.[575]

(3) Mindestinhalt

Den erforderlichen Mindestinhalt des Verschmelzungs- bzw. Spaltungsplans gibt Art. 254 Abs. 2 D. 1967 vor. Die von Art. 5 Abs. 2 VRL bzw. Art. 3 Abs. 2 SpRL geforderten Angaben wurden darin realisiert.[576] Darüber hinaus verlangt Art. 254 Abs. 2 D. 1967 folgende Angaben: die Motive, Ziele und Be-

---

571 *Bertrel/ Jeantin*, Acquisitions et fusions des sociétés commerciales, Tz. 866; *Bonnasse* in Juris Classeur, Sociétés (5), Fusions – Scissions, Principes généraux, Tz. 51; *Dictionnaire Permanent Droit des affaires*, Fusions, Scissions, Apports partiels d'actif, Tz. 44.

572 Das französische Recht kennt zwei Organisationsformen für die *société anonyme*, zum einen die klassische Konstruktion mit einem Verwaltungsrat (*conseil d'administration*) und einem Vorsitzenden (*Président Directeur Général, PDG*) an dessen Spitze, Art. 225-17 ff. C. com., zum anderen das dem deutschen Recht nachgebildete dualistische System mit einem Vorstand (*directoire*), der für die Geschäftsführung zuständig ist, und einem Aufsichtsrat (*conseil de surveillance*) als Kontrollorgan, Art. 225-57 ff. C. com.

573 *Bertrel/ Jeantin*, Acquisitions et fusions des sociétés commerciales, Tz. 868. Im Fall der Verschmelzung durch oder der Spaltung zur Neugründung ist aufgrund der noch nicht bestehenden neu zu gründenden Gesellschaft(en) lediglich eine Unterzeichnung durch bevollmächtigte Mitglieder der Vertretungsorgane der an dem Vorhaben beteiligten bereits bestehenden Gesellschaften erforderlich.

574 Siehe oben *(1)*.

575 Vgl. *Guyon*, Droit des affaires, Bd. 1, Tz. 630. Ab diesem Zeitpunkt wird das Dokument dann jedenfalls auch Vertrag (*contrat*) genannt. *Routier* in Encyclopédie Dalloz, Sociétés III, Fusion et Scission, Tz. 109.

576 Art. 5 Abs. 2 lit. a VRL bzw. Art. 3 Abs. 2 lit. a SpRL findet sich in Art. 254 Abs. 2 Nr. 1 D. 1967 wieder, jeweils lit. b in Nr. 6, lit. c, d und e in Nr. 4 sowie lit. f und g in Nr. 8.

dingungen des Vorhabens, Art. 254 Abs. 2 Nr. 2 D. 1967;[577] die Bezeichnung und Bewertung der Aktiva und Passiva, deren Übertragung auf bereits existierende oder neue Gesellschaften vorgesehen ist, Art. 254 Abs. 2 Nr. 3 D. 1967;[578] den Betrag eines eventuellen Aufgeldes (*prime de fusion* bzw. *scission*), Art. 254 Abs. 2 Nr. 7 D. 1967.[579]

Die Vorgabe aus Art. 3 Abs. 2 lit. i SpRL zur Aufteilung der Aktien der übernehmenden Gesellschaften auf die Aktionäre der übertragenden Gesellschaft einschließlich des Aufteilungsmaßstabes ist zwar nicht in einem gesonderten Unterpunkt geregelt. Jedoch können diese Angaben wohl auch aus den Einzelheiten hinsichtlich der Übertragung der Aktien der übernehmenden Gesellschaft, Art. 254 Abs. 2 Nr. 4 D. 1967, und dem Umtauschverhältnis der Gesellschaftsrechte, Art. 254 Abs. 2 Nr. 6 D. 1967, entnommen werden. Die Ideallösung ist dies sicherlich nicht und vom Richtliniengeber wohl auch nicht so gedacht. Auffällig ist, dass – über die Vorgaben der SpRL hinausgehend – zu Motiven, Zielen und Bedingungen des Vorhabens, Art. 254 Abs. 2 Nr. 2 D. 1967, bereits im Verschmelzungs- bzw. Spaltungsplan Stellung zu nehmen ist. Hier werden – zumindest teilweise – Hintergrundinformationen verlangt, die über nüchterne Zahlen und Fakten hinausgehen und nach der VRL und SpRL eigentlich erst im Verschmelzungs- bzw. Spaltungsbericht enthalten sein müssen.

---

577 Ist die betreffende Gesellschaft börsennotiert, so kann die AMF (ehemals COB) die Qualität dieser Angaben überprüfen und gegebenenfalls eine Präzisierung einfordern. *Bertrel/ Jeantin*, Acquisitions et fusions des sociétés commerciales, Tz. 861.

578 Im Plan selbst erfolgt dabei keine Bezeichnung und Bewertung des Vermögens nach Einzelgegenständen, sondern es werden große Gruppen zusammengefasst. Die Detailbeschreibungen finden sich im Anhang des Plans. *Bertrel/ Jeantin*, Acquisitions et fusions des sociétés commerciales, Tz. 862; *Dictionnaire Permanent Droit des affaires*, Fusions, Scissions, Apports partiels d'actif, Tz. 45; *Jeantin*, Droit des sociétés, Tz. 721; *Lamy*, Sociétés Commerciales, Tz. 1779; vgl. ferner *Micheler*, RIW 1993, 15, 18 (Fn. 24). Mit dieser Regelung genügt der französische Gesetzgeber auch der Vorgabe nach Art. 3 Abs. 2 h SpRL, wonach der Spaltungsplan die genaue Beschreibung und Aufteilung der Gegenstände des Aktiv- und Passivvermögens, das an jede der begünstigten Gesellschaften zu übertragen ist, zu enthalten hat. Diese nach der SpRL zusätzliche Anforderung für die Spaltung wird also nicht – wie im deutschen Recht, vgl. § 126 Abs. 1 Nr. 9 UmwG – separat ausschließlich für diese geregelt, sondern für die Verschmelzung und Spaltung zusammen. Vgl. *Bonnasse* in Juris Classeur, Sociétés (5), Fusions – Scissions, Principes généraux, Tz. 37.

579 *Prime de fusion* bzw. *scission* stellt die Differenz zwischen dem Wert des übertragenen Vermögens und dem Betrag der Kapitalerhöhung dar, die entsteht, wenn der wirkliche Wert der Anteile der aufnehmenden Gesellschaft den Nominalwert übersteigt. *Mercadal/ Janin*, Sociétés commerciales, Tz. 3456. Das Aufgeld kann z.B. eingesetzt werden zur Deckung der Kosten der Verschmelzung bzw. Spaltung oder der gesetzlichen Rücklage zugeführt werden. *Tillmanns* in Hohloch (Hrsg.), EU-Handbuch des Gesellschaftsrechts, Rz. 474.

bb) Verschmelzungs- bzw. Spaltungsbericht

(1) Allgemeines

Nach Art. 236-9 Abs. 4 C. com. bzw. Art. 236-16 i.V.m. 236-9 Abs. 4 C. com. hat der Verwaltungsrat bzw. der Vorstand jeder der an einer Verschmelzung bzw. Spaltung beteiligten Gesellschaft einen schriftlichen Bericht zu erstellen, den Verschmelzungs- bzw. Spaltungsbericht (*rapport écrit*), der den betroffenen Aktionären zugänglich zu machen ist. Näheres regelt Art. 256 D. 1967.

(2) Informationsschuldner: Verwaltungsrat oder Vorstand

Die Informationsschuldner ergeben sich bereits aus Art. 236-9 Abs. 4 C. com. bzw. Art. 236-16 i.V.m. 236-9 Abs. 4 C. com. Es ist dies – wie bereits erwähnt[580] – je nach Organisationsform der Aktiengesellschaft der Verwaltungsrat oder der Vorstand.

(3) Anforderungen an den Inhalt

Welche Anforderungen an den Inhalt des Verschmelzungs- bzw. Spaltungsberichts zu stellen sind, ist Art. 256 D. 1967 zu entnehmen. Danach muss der Verschmelzungs- bzw. Spaltungsplan sowohl unter juristischen als auch wirtschaftlichen Gesichtspunkten ausführlich erklärt und begründet werden. Insbesondere bezieht sich diese Anforderung auf das Umtauschverhältnis der Aktien und die für die Bewertung der Gesellschaften herangezogenen Methoden, die für alle beteiligten Gesellschaften identisch sein müssen.[581] Ferner ist in dem Bericht auf gegebenenfalls aufgetretene besondere Schwierigkeiten bei der Bewertung hinzuweisen. Diese Kriterien entsprechen den Vorgaben aus Art. 9 VRL bzw. Art. 7 SpRL. Eine darüber hinausgehende Präzisierung dieser Anforderungen, insbesondere hinsichtlich des genaueren Inhalts des

---

580 Siehe oben *aa) (2)*.

581 Die Nennung der angewandten Bewertungsmethoden und die Begründung für die Festlegung des Umtauschverhältnisses waren im französischen Recht bereits vor Umsetzung der VRL und SpRL erforderlich. Allerdings mussten diese im Verschmelzungs- bzw. Spaltungsplan oder in einer Erklärung im Anhang hierzu enthalten sein, Art. 254 letzter Absatz D. 1967 a.F. Mit Umsetzung der VRL und SpRL wurden diese beiden Angaben – richtlinienkonform – zu Anforderungen des Verschmelzungs- bzw. Spaltungsberichts. Die entsprechende Passage in Art. 254 D. 1967 wurde gestrichen.

Berichts, enthält Art. 256 D. 1967 jedoch genauso wenig wie die entsprechenden Vorschriften im deutschen Recht.[582]

Speziell bei der Spaltung ergibt sich ein zusätzlicher zwingender Bestandteil des Spaltungsberichts für die übernehmenden Gesellschaften. Es muss darin neben den auch bei der Verschmelzung üblichen Erfordernissen erwähnt sein, dass der nach Art. 225-147 C. com. vorgesehene Bericht über die Sacheinlage aufgestellt wurde und dass dieser beim Registergericht am Sitz dieser Gesellschaften hinterlegt wurde. Dies ergibt sich aus Art. 256 Abs. 2 D. 1967 und entspricht der Vorgabe aus Art. 7 Abs. 2 UA 2 SpRL.

b) Informationsverifikation: Verschmelzungs- bzw. Spaltungsprüfung und Verschmelzungs- bzw. Spaltungsprüfungsbericht

aa) Allgemeines

Eine Pflicht zur Verschmelzungs- bzw. Spaltungsprüfung war bereits vor der Umsetzung der VRL und SpRL im französischen Recht (seit der L. 1966) gesetzlich verankert. Die Pflicht zur Prüfung der Modalitäten der Verschmelzung bzw. Spaltung und zur Erstellung eines schriftlichen Berichts sowie Einzelheiten hierzu finden sich nun in Art. 236-10 C. com. bzw. Art. 236-16 i.V.m. 236-10 C. com. Die Regelungen werden ergänzt durch Art. 257 D. 1967.

bb) Informationsschuldner: Unabhängige Sachverständige als Prüfer

Für die Prüfung und die Erstellung des Prüfungsberichts sind ein oder mehrere Verschmelzungs- bzw. Spaltungsprüfer (*commissaires à la fusion* bzw. *scission*) zuständig, Art. 236-10 Abs. 1 S. 1 C. com. bzw. Art. 236-16 i.V.m. 236-10 Abs. 1 S. 1 C. com.[583] Als Prüfer bestellt werden können neben natür-

---

582 Siehe oben *II. 1. a) bb) (3).*

583 Die einheitliche Prüfung durch Verschmelzungs- bzw. Spaltungsprüfer ist das Ergebnis eines Anpassungsprozesses, der – zumindest teilweise – durch die Vorgaben der VRL bzw. SpRL bedingt wurde. Durch das Gesetz vom 5. Januar 1988 (siehe oben *1. Teil § 5 I. 1.*), präzisiert durch die Durchführungsverordnung vom 22. April 1988 (siehe oben *1. Teil § 5 I. 1.*), wurde die zweifache Überprüfung des Verschmelzungs- bzw. Spaltungsplans, zum einen in Form einer speziellen Verschmelzungs- bzw. Spaltungsprüfung durch die Abschlussprüfer (*commissaires aux comptes*), zum anderen durch die Sacheinlageprüfer (*commissaires aux apports*) abgeschafft und die Kontrolle allein den (neu eingeführten) *commissaires à la fusion* bzw. *scission* überantwortet. *Bertrel/ Jeantin*, Acquisitions et fusions des sociétés commerciales, Tz. 880 (der diesen Schritt als nicht besonders geglückt empfindet); vgl. auch *Tubiana*, Gaz. Pal. 108 (1988), 575, 575 f. Die Verschmelzung bzw. Spaltung wurde nicht

lichen Personen auch Rechnungslegungsgesellschaften.[584] Um Interessenskonflikte zu vermeiden und die Unabhängigkeit zu wahren, dürfen die zur Abschlussprüfung bestellten Abschlussprüfer (*commissaires aux comptes*) nicht als Verschmelzungs- bzw. Spaltungsprüfer fungieren. Dies ergibt sich aus Art. 822-11 Abs. 1 C. com., wonach die *commissaires aux comptes* für dieselbe Person keine andere Aufgabe wahrnehmen dürfen als die, den Jahresabschluss zu prüfen.[585]

cc) Bestellung des Verschmelzungs- bzw. Spaltungsprüfers

Bereits aus Art. 236-10 Abs. 1 C. com. bzw. Art. 236-16 i.V.m. 236-10 Abs. 1 C. com. geht hervor, dass der bzw. die Verschmelzungs- bzw. Spaltungsprüfer ausschließlich durch ein Gericht bestellt werden kann bzw. werden können. In Art. 257 Abs. 1 i.V.m. Art. 64 Abs. 2 D. 1967 wird dies dahingehend präzisiert, dass eine Bestellung nur auf Antrag seitens der beteiligten Gesellschaften durch den Präsidenten des zuständigen Handelsgerichts erfolgt.[586] Aus Art. 257 Abs. 1 D. 1967 i.V.m. Art. 64 Abs. 1 D. 1967 ergibt sich weiter, dass der oder die Prüfer entweder aus einer besonderen, nach den Voraussetzungen des Art. 224-219 C. com. aufgestellten Standesliste von *commissaires*

---

mehr als eine Aneinanderreihung von verschiedenen Vorgängen in den beteiligten Gesellschaften begriffen, die jeweils einer eigenen Überprüfung unterliegen, sondern als eine einheitliche Maßnahme. *Le Fèvre*, Revue des sociétés 106 (1988), 207, 215 f.; *Lamy*, Sociétés commerciales, Tz. 1785. In der Folge hatten die Abschlussprüfer im Rahmen einer Verschmelzung bzw. Spaltung keine Funktion mehr, die Sacheinlageprüfer konnten für die weiterhin durchzuführende Prüfung der Sacheinlage und die Erstellung des entsprechenden (separaten) Berichts herangezogen werden. Jedoch wurde diese Aufgabe in sehr vielen Fällen bereits auch durch die *commissaires à la fusion* bzw. *scission* ausgeführt (*Ducouloux-Favard*, Recueil Dalloz Sirey 1990, 242, 243 f), da viele Handelsgerichte diese – aus Vereinfachungsgründen – mit beiden Aufgaben betrauten (*Charvériat/ Couret*, Mémento Pratique, Sociétés Commerciales, Rz. 26615). Im Zuge der *Loi Madelin* (loi n° 94-126 du 11 février 1994, JO 13 février 1994) wurde diese Vorgehensweise schließlich gesetzlich auf die *commissaires à la fusion* bzw. *scission* übertragen (durch entsprechende Ergänzung des Art. 377 L. 1966, nun Art. 236-10 Abs. 4 C. com.). In den übernehmenden Gesellschaften haben diese jedoch nach wie vor zwei Berichte zu erstatten: den Verschmelzungsbzw. Spaltungsbericht sowie den Sacheinlagebericht, Art. 236-10 Abs. 1 und 4 C. com.

[584] *Sonnenberger/ Damann*, Französisches Handels- und Wirtschaftsrecht, Rz. III 89.

[585] Dies ergab sich bisher aus dem Verweis in Art. 236-10 Abs. 1 S. 3 C. com. auf Art. 225-224 C. com. Dieser Artikel wurde jedoch durch Art. 111 des Gesetzes 2003-706 vom 1. August 2003 abgeschafft.

[586] Siehe auch *Lamy*, Sociétés commerciales, Tz. 1786; *Merle*, Droit commercial, Tz. 680.

aux comptes ausgewählt[587] oder aus einer Reihe gerichtlich ausgesuchter Sachverständiger rekrutiert werden.[588]

dd) Gemeinsame Prüfer und einheitlicher Prüfungsbericht für alle beteiligten Gesellschaften

Nach Art. 257 Abs. 2 D. 1967 besteht für die an einer Verschmelzung bzw. Spaltung beteiligten Gesellschaften die Möglichkeit, für das gesamte Verschmelzungs- bzw. Spaltungsvorhaben einen gemeinsamen Prüfungsbericht erstatten zu lassen.[589] Voraussetzung hierfür ist – wie es Art. 10 Abs. 1 S. 2 VRL bzw. Art. 8 Abs. 1 S. 2 SpRL vorschreibt –, dass die Bestellung der Prüfer auf gemeinsamen Antrag aller beteiligten Gesellschaften (durch das Gericht) erfolgt.[590] Es werden dann dieselben Prüfer für alle Gesellschaften tätig.[591] Lässt jede Gesellschaft einen „eigenen" Prüfer bestellen, so werden auch getrennte Berichte erstattet. Jeder Aktionär hat in diesem Fall das Recht, Einsicht in den Bericht der jeweils anderen Gesellschaft zu erhalten.[592]

ee) Prüfungsgegenstand und Inhalt des Prüfungsberichts

Gegenstand der Prüfung ist es, wie Art. 236-10 Abs. 1 S. 1 C. com. bzw. Art. 236-16 i.V.m. 236-10 Abs. 1 S. 1 C. com. bestimmt, die Modalitäten der Verschmelzung bzw. der Spaltung zu überprüfen. Art. 236-10 Abs. 2 C. com. bzw. Art. 236-16 i.V.m. 236-10 Abs. 2 C. com. präzisiert die Aufgabe der Prüfer dahingehend, dass es diesen obliegt festzustellen, ob die Bewertung der Anteile schlüssig und das festgelegte Umtauschverhältnis angemessen ist. Ihre Aufgabe ist es hingegen nicht, selbst ein (angemessenes) Umtauschverhält-

---

587 Die Verschmelzungs- bzw. Spaltungsprüfer werden lediglich aus dieser Liste ausgewählt. Sie dürfen nicht mit den für die betreffenden Gesellschaften tätigen Abschlussprüfern identisch sein. Dies verbietet gerade die geforderte Unabhängigkeit der Verschmelzungs- bzw. Spaltungsprüfer.

588 Nach Art. 257 Abs. 1 i.V.m. Art. 64 Abs. 3 D. 1967 ist es den Verschmelzungs- bzw. Spaltungsprüfern gestattet, sich durch Assistenten unterstützen zu lassen.

589 Dies ist in der Praxis die häufigste Vorgehensweise. *Charvériat/ Couret*, Mémento Pratique, Sociétés Commerciales, Rz. Tz. 26571.

590 Sollten die verschiedenen Gesellschaften unterschiedlichen Gerichtsbezirken zuzuordnen sein, so wird man wohl dennoch davon ausgehen können, dass ein einziger gemeinsamer Antrag bei einem dieser Gerichte nach Wahl der Gesellschaften möglich ist, vgl. *Lamy*, Sociétés commerciales, Tz. 1786.

591 Vgl. *Charvériat/ Couret*, Mémento Pratique, Sociétés Commerciales, Rz. 26571; *Le Fèvre*, Revue des sociétés 106 (1988), 207; 216; *Lamy*, Sociétés commerciales, Tz. 1786.

592 *Lamy*, Sociétés commerciales, Tz. 1789.

nis zu bestimmen.[593] Das Ergebnis der Überprüfung ist in dem Prüfungsbericht niederzulegen.[594] Explizit genannt werden müssen die Methoden, die für die Berechnung des Umtauschverhältnisses herangezogen wurden, Art. 236-10 Abs. 3 S. 2 Nr. 1 C. com. bzw. Art. 236-16 i.V.m. 236-10 Abs. 3 S. 2 Nr. 1 C. com. Zudem ist zu erklären, ob diese im betreffenden Fall angemessen sind. Ferner ist anzugeben, zu welchem Wert die Anwendung jeder dieser Methoden führt, mit einem Hinweis darauf, welche relative Bedeutung der jeweiligen Methode bei der Bestimmung des zugrunde gelegten Wertes zukommt, Art. 236-10 Abs. 3 S. 2 Nr. 2 C. com. bzw. Art. 236-16 i.V.m. 236-10 Abs. 3 S. 2 Nr. 2 C. com. Schließlich ist auf gegebenenfalls aufgetretene Bewertungsschwierigkeiten hinzuweisen, Art. 236-10 Abs. 3 S. 2 Nr. 3 C. com. bzw. Art. 236-16 i.V.m. 236-10 Abs. 3 S. 2 Nr. 3 C. com. Mit diesen Vorschriften entspricht der französische Gesetzgeber in fast wortgleicher Übernahme den Vorgaben von Art. 10 Abs. 2 VRL bzw. Art. 8 Abs. 2 SpRL i.V.m. Art. 10 Abs. 2 VRL.[595]

ff) Rechte der Prüfer

Um ihren Aufgaben nachkommen zu können, wird den Prüfern das Recht gewährt, von den Gesellschaften alle zweckdienlichen Unterlagen zu erhalten und alle erforderlichen Nachprüfungen vornehmen zu dürfen, Art. 236-10 Abs. 1 S. 2 C. com. bzw. Art. 236-16 i.V.m. 236-10 Abs. 1 S. 2 C. com. Dies entspricht der Vorgabe aus Art. 10 Abs. 3 VRL bzw. Art. 8 Abs. 2 SpRL i.V.m. Art. 10 Abs. 3 VRL.

gg) Zusätzlicher Bericht über die Sacheinlage und eventuell bestehende Sondervorteile

Neben dem eigentlichen Prüfungsbericht ist ein weiterer Bericht zu erstellen, nämlich derjenige über die mit dem Vorhaben verbundene Sacheinlage und eventuell damit entstehende Sondervorteile für die übernehmende(n) Gesell-

---

593 *Lamy*, Sociétés commerciales, Tz. 1788.

594 *Charvériat/ Couret*, Mémento Pratique, Sociétés Commerciales, Rz. 26578.

595 Anzumerken ist, dass das französische Recht nicht ausdrücklich den Verschmelzungs- bzw. Spaltungsplan zum Gegenstand der Verschmelzungs- bzw. Spaltungsprüfung macht, dies aber de facto so ist. Denn die Beschreibung des Inhalts der Prüfung und des Prüfungsberichts in Art. 236-10 C. com. bzw. Art. 236-16 i.V.m. Art. 236-10 C. com. betrifft genau die (elementaren) Punkte des jeweiligen Plans.

schaft(en), Art. 236-10 Abs. 4 C. com. bzw. Art. 236-16 i.V.m. 236-10 Abs. 4 C. com.[596]

hh) Besonderheiten bei börsennotierten Gesellschaften

Nach einer von mehreren Empfehlungen der COB (nun AMF),[597] die zwar noch für die vor den Änderungen durch das Gesetz vom 5. Januar 1988 zuständigen *commissaires aux apports* ausgesprochen wurden, von denen aber anerkannt ist, dass sie in weitem Umfang auch auf die Verschmelzungs- bzw. Spaltungsprüfer anwendbar sind,[598] dürfen sich diese nicht darauf beschränken, bei ihrer Arbeit die ihnen von den Leitungsorganen vorgelegten Argumente und Berechnungen zugrunde zu legen und so die Überprüfung zur bloßen Formalität werden lassen.[599] Er hat das Vorhaben aus der Sicht aller betroffenen Parteien zu beurteilen, insbesondere aus derjenigen der Minderheitsaktionäre, und zu überprüfen, ob deren legitimen Interessen durch die vorgesehenen Maßnahmen beeinträchtigt zu werden drohen.[600] In dieser Leitlinie der COB wird die Eigenständigkeit der Prüfer bei der Erfüllung ihrer Aufgabe betont, was wiederum Ausdruck der von diesen geforderten Unabhängigkeit ist. Einer weiteren Empfehlung der COB ist zu entnehmen, dass die Verschmelzungs- bzw. Spaltungsprüfer gehalten sind, den Leitungsorganen auf schnellstem Wege mitzuteilen, wenn sie mit bestimmten Modalitäten der Verschmelzung oder Spaltung nicht einverstanden sind.[601]

c) Informationsbereitstellung

aa) Recht der Aktionäre auf Kenntnisnahme aller relevanten Unterlagen am Sitz der jeweiligen Gesellschaft und Recht auf Abschriften

Jede der an der Verschmelzung bzw. Spaltung beteiligten Gesellschaften hat den Verschmelzungs- bzw. Spaltungsplan, den Verschmelzungs- bzw. Spaltungsbericht, den Prüfungsbericht sowie die Jahresabschlüsse und Geschäfts-

---

596 *Dictionnaire Permanent Droit des affaires*, Fusions, Scissions, Apports partiels d'actif, Tz. 54 und 56; *Lamy,* Sociétés commerciales, Tz. 1789. Dieser zweite Bericht betrifft nur die aufnehmende(n) Gesellschaft(en), was aus dem Gesetz nicht direkt hervorgeht. Vgl. *Dictionnaire Permanent Droit des affaires*, Fusions, Scissions, Apports partiels d'actif, Tz. 54.

597 Siehe oben *1. Teil § 5 I. 4 a).*

598 *Bertrel/ Jeantin*, Acquisitions et fusions des sociétés commerciales, Tz. 897 und 903; *Jeantin* in Juris Classeur, Sociétés, Fasc. 164-B, Tz. 72.

599 Vgl. *Bertrel/ Jeantin*, Acquisitions et fusions des sociétés commerciales, Tz. 903.

600 Recommandation de la COB, Bull. mens. COB, n° 95, juillet-août 1977.

601 Rapport annuel de la COB pour 1977, 29.

berichte der letzten drei Jahre sowie ggf. eine Zwischenbilanz in Übereinstimmung mit Art. 11 Abs. 1 lit. a – e VRL bzw. Art. 9 Abs. 1 lit. a – e SpRL den Aktionären offen zu legen, Art. 258 Abs. 1 Nr. 1-4 D. 1967. Alle Unterlagen müssen, wie Art. 258 Abs. 1 D. 1967 ebenfalls bestimmt, mindestens einen Monat vor Abhalten der über das jeweilige Vorhaben abstimmenden Hauptversammlung am Sitz der Gesellschaft zur Einsichtnahme bereit gestellt werden. Gleiches gilt nach Art. 225-147 Abs. 2 S. 2 C. com. für den Sacheinlagebericht. Nach Art. 258 Abs. 3 D. 1967 sind den Aktionären auf ihr Verlangen hin kostenlos Abschriften – je nach Wunsch vollständig wie teilweise – von den in Art. 258 Abs. 1 genannten Dokumenten zu erteilen. Damit wird Art. 11 Abs. 3 VRL bzw. Art. 9 Abs. 3 SpRL entsprochen.

bb) Bereitstellung des Verschmelzungs- bzw. Spaltungsplans für jedermann

Nach Art. 236-6 Abs. 2 C. com. ist zusätzlich – Art. 6 VRL bzw. Art. 4 SpRL umsetzend – der Verschmelzungs- bzw. Spaltungsplan der Öffentlichkeit zugänglich zu machen, indem er beim Register des zuständigen Handelsgerichts hinterlegt und gemäß Art. 236-6 Abs. 2 HS 2 C. com. i.V.m. Art. 255 Abs. 1 HS 1 D. 1967 ein Hinweis auf den Verschmelzungs- bzw. Spaltungsplan mit den wichtigsten Angaben[602] in den Amtsblättern der *départements*, in denen die beteiligten Gesellschaften ihren Sitz haben, veröffentlicht wird. Beides hat mindestens einen Monat vor Abhalten der ersten Hauptversammlung zu geschehen, die über die Verschmelzung oder Spaltung befindet, Art. 255 Abs. 3 D. 1967. Haben die beteiligten Gesellschaften ihren Sitz in demselben *département*, so kann auf deren gemeinsamen Antrag ein einheitlicher Hinweis erfolgen.[603]

Mit dieser Regelung wird jedem Interessierten, also auch betroffenen Aktionären, die Möglichkeit gegeben, Einsicht in den Verschmelzungs- bzw. Spaltungsplan zu nehmen. Sie können ferner vollständige oder auszugsweise Abschriften des entsprechenden Dokuments verlangen, Art. 67 D. 1984.[604]

---

602 Vgl. hierzu *Bertrel/ Jeantin*, Acquisitions et fusions des sociétés commerciales, Tz. 885, 891 ff. Der Hinweis muss die folgenden Angaben enthalten: Firma, ggf. Siegel, Rechtsform, Sitz und Grundkapital der ggf. aus dem Vorhaben hervorgehenden neuen Gesellschaften bzw. die Erhöhung des Grundkapitals bei bereits bestehenden Gesellschaften; Bewertung der Aktiva und Passiva (global, anders als bei den beim Handelsgericht zu hinterlegenden Dokumenten), deren Übertragung auf die aufnehmenden oder neuen Gesellschaften vorgesehen ist; Umtauschverhältnis; Betrag eines eventuellen Aufgeldes; Datum des Plans sowie das seiner Einreichung beim Registergericht.

603 *Dictionnaire Permanent Droit des affaires*, Fusions, Scissions, Apports partiels d'actif, Tz. 47; *Lamy*, Sociétés commerciales, Tz. 1783.

604 Décret n° 84-406 du 30 mai 1984.

Damit wird der Vorgabe des Art. 6 VRL i.V.m. Art. 3 PRL bzw. Art. 4 SpRL i.V.m. Art. 3 PRL entsprochen. Die Erstellung der Kopien ist wie im deutschen Recht[605] kostenpflichtig, Art. 69 S. 2 D. 1984.

cc) Besonderheit bei Gesellschaften, die öffentlich zur Zeichnung von Wertpapieren auffordern

Bei Beteiligung von Gesellschaften, die öffentlich zur Zeichnung von Wertpapieren auffordern, ist für diese zusätzlich ein Hinweis auf den Verschmelzungs- bzw. Spaltungsplans im *Bulletin des annonces légales obligatoires* (BALO) erforderlich, Art. 255 Abs. 1 HS 2 D. 1967. Inhaltlich sind diesbezüglich dieselben Anforderungen zu erfüllen wie bei der Bekanntmachung in den Amtsblättern der *départements*.[606]

d) Besondere Unterrichtung über wesentliche Vermögensveränderungen bei Spaltungen

Eine eigene gesetzliche Regelung, die den Verwaltungsrat bzw. Vorstand der übertragenden Gesellschaft in Umsetzung der Vorgabe aus Art. 7 Abs. 3 SpRL verpflichtet, Vermögensänderungen bei der Spaltung zwischen Aufstellung des Spaltungsplans und Tag der Hauptversammlung der übertragenden Gesellschaft, die über die Maßnahme beschließt, an die entsprechenden Stellen weiter zu leiten, hat der französische Gesetzgeber nicht vorgesehen. Insofern kann allenfalls auf allgemeine Informationsrechte zurückgegriffen werden, die als Instrumente aber nicht den vollständigen Anwendungsbereich des von der SpRL vorgegebenen Informationsrecht für Veränderungen abdecken, insbesondere findet die damit bezweckte Informationsvernetzung nicht statt.[607]

e) Verfahrenserleichterungen

aa) Verfahrenserleichterungen bei Verschmelzungen von 100%igen Tochtergesellschaften

Nach Art. 236-11 S. 1 C. com. ist bei der Verschmelzung einer 100%igen Tochtergesellschaft auf ihre Muttergesellschaft der Verwaltungsrat bzw. Vorstand der übertragenden Tochtergesellschaft von der Erstellung eines Ver-

---

605 Siehe oben *II. 1. c) bb)*.

606 Siehe zu den Angaben oben *bb)*; vgl. *Bertrel/ Jeantin*, Acquisitions et fusions des sociétés commerciales, Tz. 895.

607 Siehe hierzu oben *§ 11 I. 1. d)*.

schmelzungsberichts entbunden. Ebenso ist nach Art. 236-11 S. 1 C. com. kein Verschmelzungsprüfungsbericht erforderlich. Damit kommt der französische Gesetzgeber den diesbezüglichen zwingenden Vorgaben aus Art. 24 S. 2 VRL nach. Er präzisiert in Art. 236-11 S. 1 C. com. die Voraussetzungen für diese Erleichterung in zeitlicher Hinsicht und zwar insofern, als die „100%igkeit" von der Hinterlegung des Verschmelzungsplans beim Registergericht bis zur Realisierung des Vorhabens gegeben sein muss. Ein Sacheinlagebericht in der übernehmenden Muttergesellschaft ist jedoch zu erstellen.[608] Da in diesem Fall kein Verschmelzungsprüfer bestellt ist, wird diese Aufgabe durch einen Sacheinlageprüfer (*commissaire aux apports*) ausgeführt.[609] Die Entbehrlichkeit der Bereitstellung des Verschmelzungsberichts und des Verschmelzungsprüfungsberichts, wie sie Art. 24 S. 2 VRL vorschreibt, ist im französischen Recht gesetzlich nicht geregelt. Auch wenn sie sich denknotwendig aus dem Umstand ergibt, dass weder Verschmelzungsbericht noch Prüfungsbericht zu erstellen sind und diese daher auch nicht bereitgestellt werden können, wäre eine Klarstellung – insbesondere im Hinblick auf die europarechtlichen Vorgaben – wünschenswert. Gesetzlich genauso wenig geregelt ist der ebenfalls in Art. 24 S. 2 VRL vorgeschriebene Wegfall der Angaben nach Art. 5 Abs. 2 lit. b, c und d VRL im Verschmelzungsplan.[610] Die entsprechenden Regeln im französischen Recht, Art. 254 Abs. 2 Nr. 4, 7 Fall 1 und 2 D. 1967, dürften daher bei der Verschmelzung von 100%igen Tochtergesellschaften auf ihre Muttergesellschaft nicht gefordert werden können.[611]

608 Vgl. *Cozian/ Viandier/ Deboissy*, Droit des Sociétés, Tz. 1243, 1244.

609 *Dictionnaire Permanent Droit des affaires*, Fusions, Scissions, Apports partiels d'actif, Tz. 77; vgl. auch *Cozian/ Viandier/ Deboissy*, Droit des Sociétés, Tz. 1243, 1244. Der Sacheinlagebericht muss mindestens acht Tage vor der Hauptversammlung der übernehmenden Gesellschaft an deren Sitz hinterlegt und den Aktionären zugänglich gemacht werden, Art. 65 D. 1967.

610 Die Angaben betreffen insbesondere das Umtauschverhältnis der Aktien, die Einzelheiten hinsichtlich der Übertragung der Aktien der übernehmenden Gesellschaft und den Zeitpunkt, von dem an diese Aktien das Recht auf Teilnahme am Gewinn gewähren. Sie sind mangels Aktientauschs bei der Verschmelzung von 100%igen Tochtergesellschaften auf ihre Muttergesellschaft überflüssig.

611 So auch die *Association Nationale des Sociétés par Actions* (ANSA) im *communiqué ANSA mars-avril* 1989, n° 2454. Ebenfalls *Dictionnaire Permanent Droit des affaires,* Fusions, Scissions, Apports partiels d'actif, Tz. 77; *Lamy*, Sociétés commerciales, Tz. 1795.

bb) Verfahrenserleichterung bei verhältniswahrender Spaltung zur Neugründung

Nach Art. 236-17 Abs. 2 C. com. ist auch im Rahmen einer Spaltung eine Verfahrenserleichterung möglich. Wird eine Gesellschaft auf neu zu gründende Aktiengesellschaften gespalten[612] und erhalten die Aktionäre der übertragenden Gesellschaft Aktien der neuen Gesellschaften in dem Verhältnis, das ihrer Beteiligung an der übertragenden Gesellschaft entspricht (verhältniswahrende Spaltung),[613] so muss kein Spaltungsprüfungsbericht erstellt werden. Damit macht der französische Gesetzgeber von der Möglichkeit des Art. 22 Abs. 5 SpRL Gebrauch.

f) Ordnungsgemäße Umsetzung der VRL bzw. SpRL? – Zusammenfassung

In weiten Teilen ist von einer ordnungsgemäßen Umsetzung auszugehen. Defizite liegen insbesondere darin, dass an einigen Stellen eine ausdrückliche Regelung fehlt. So wird die Aufteilung der übernehmenden Gesellschaften auf die Aktionäre der übertragenden Gesellschaft sowie der Aufteilungsmaßstab, wie es Art. 3 Abs. 2 lit. i SpRL verlangt, nicht im Anforderungskatalog für den Spaltungsplan (Art. 254 D. 1967) und auch nicht in den speziellen Vorschriften für die Spaltung erwähnt. Eine Regelung für vergessene Gegenstände (Art. 3 Abs. 3 SpRL) findet sich ebenfalls nicht. Darüber hinaus mangelt es an einer ausdrücklichen Regelung zur Informierung über Vermögensveränderungen bei der Spaltung, wie sie von Art. 7 Abs. 3 SpRL gefordert wird. Des weiteren werden nicht alle Erleichterungen bei der Verschmelzung von 100%igen Tochtergesellschaften auf ihre Muttergesellschaft nach Art. 24 S. 2 VRL explizit geregelt. Art. 236-11 C. com. weist insofern Lücken auf. Nicht eingegangen wird auf die reduzierten Anforderungen an den Verschmelzungsplan bei der Verschmelzung von 100%igen Tochtergesellschaften auf ihre Muttergesellschaft. Dies erscheint jedoch weniger problematisch, da die in diesem Fall überflüssigen Angaben im Plan einfach keine Erwähnung finden.

2. *Allgemeine Informationsrechte*

Neben den speziell für die Verschmelzung bzw. Spaltung vorgesehenen Informationsrechten können die Aktionäre bei diesen Maßnahmen auch im französischen Recht allgemeine Informationsrechte in Anspruch nehmen, die

---

612 Die neu zu gründenden Gesellschaften dürfen dabei ausschließlich mit dem Vermögen der übertragenden Gesellschaft gegründet werden.

613 Siehe zur verhältniswahrenden Spaltung bereits oben *1. Teil § 3 I. 3. a) aa) (3) (c)*.

mit dem Abhalten einer Hauptversammlung einhergehen. Sie werden auch im Falle der über die Verschmelzung bzw. Spaltung entscheidenden außerordentlichen Hauptversammlung (*assemblée générale extraordinaire*)[614] relevant.[615]

a) Bekanntmachung der Tagesordnung bei Einberufung der Hauptversammlung

Die Einberufung jeder Hauptversammlung und so auch der außerordentlichen ist mit einer entsprechenden Mitteilung (*avis de convocation*) in einem amtlichen Veröffentlichungsblatt im *département*, in dem sich der Sitz der an der Verschmelzung bzw. Spaltung beteiligten Gesellschaft befindet, bekannt zu machen, Art. 124 Abs. 1 D. 1967.[616] Die Einberufungsfrist beträgt zwei Wochen bei der ersten Einberufung und sechs Tage bei den folgenden, Art. 126 D. 1967. Unter anderem hat die Mitteilung dabei die Tagesordnung zu enthalten, Art. 123 Abs. 1 S. 1 a.E. D. 1967.[617] Da aus ihr auch die Verschmelzung bzw. Spaltung als Beschlussgegenstand hervorgeht,[618] können die Aktionäre der betroffenen Gesellschaften auch auf diese Weise von der geplanten Maßnahme Kenntnis erlangen. Ruft die Gesellschaft öffentlich zur Zeichnung von Wertpapieren auf, so ist eine entsprechende Mitteilung im BALO[619] bekannt zu machen. Dies ergibt sich ebenfalls aus Art. 124 Abs. 1 (HS 2) D. 1967. Hierfür gilt eine Frist von 30 Tagen, Art. 130 Abs. 3 D. 1967.

b) Mitteilung der Tagesordnung an Namensaktionäre

Inhaber von Namensaktien[620] sind zusätzlich zu der soeben dargestellten öffentlichen Anzeige nach Art. 124 Abs. 1 S. 1967[621] auch individuell über die

---

614 Siehe hierzu eingehend unten *§ 12 III*.

615 *Dictionnaire Permanent Droit des affaires*, Assemblées d'actionnaires, Tz. 149. Die möglichen Informationsrechte gerade im Zusammenhang mit einer Hauptversammlung sind mannigfaltig. *Witt* (AG 2000, 257, 265) spricht von einem „Geflecht an Informationsrechten". Im Folgenden sollen die für eine Verschmelzung bzw. Spaltung bedeutenden herausgegriffen werden.

616 Für die Form und Frist der Einberufung verweist Art. 225-104 Abs. 1 C. com. auf die entsprechenden Vorschriften im D. 1967.

617 Es kann grundsätzlich über Tagesordnungspunkte, die nicht ordnungsgemäß bekannt gemacht worden sind, kein Beschluss gefasst werden, Art. 225-105 Abs. 3 S. 1 C. com. Für die Abberufung und Neueinsetzung von Mitgliedern des Verwaltungs- bzw. Aufsichtsrats wird eine Ausnahme gemacht, Art. 225-105 Abs. 3 S. 2 C. com.

618 *Dictionnaire Permanent Droit des affaires*, Assemblées d'actionnaires, Tz. 61.

619 Siehe oben *1. c) cc)*.

620 Aktien von nicht börsennotierten Gesellschaften sind 1982 zwingend Namensaktien. Vgl. *Maier*, RIW 1986, 677, 678.

621 Siehe oben *a)*.

Einberufung zu informieren, Art. 125 Abs. 1 D. 1967. Für den Fall, dass alle Aktien der Gesellschaft Namensaktien sind, kann die Mitteilung nach Art. 124 Abs. 1 D. 1967[622] durch eine schriftliche (inhaltsgleiche) Einberufung der Aktionäre mittels normalen oder eingeschriebenen Briefes auf Kosten der Gesellschaft ersetzt werden, Art. 124 Abs. 2 D. 1967.

c) Recht auf Zusendung von bestimmten Unterlagen

Nach Art. 225-115 C. com., Art. 138 Abs. 1 D. 1967 können zudem alle Namensaktionäre von der Einberufung der Hauptversammlung bis einschließlich fünf Tage vor Abhalten derselben die Zusendung (auch elektronisch unter den Bedingungen des Art. 120-1 D. 1967) der in Art. 133 und 135 D. 1967 genannten Unterlagen auf Kosten der Gesellschaft verlangen. Zu erwähnen sind in diesem Zusammenhang insbesondere die Tagesordnung (Art. 133 Nr. 1 D. 1967), die Texte der Beschlussgegenstände (Art. 135 Nr. 2 D. 1967) und der Bericht des Verwaltungsrates bzw. Vorstands (Art. 135 Nr. 4 D. 1967). Der Vorteil hinsichtlich dieses allgemeinen Rechts ist die (vor allem unkomplizierte elektronische) Zusendung der Unterlagen.

d) Auskunftsrecht nach Art. 225-108 C. com.

Nach Art. 225-108 Abs. 3 C. com. kann der Aktionär ab Erhalt bzw. Möglichkeit der Einsichtnahme aller Unterlagen, die für Beratung und Beschluss in voller Sachkenntnis erforderlich sind (Art. 225-108 Abs. 1 und 2 insbesondere i.V.m. Art. 138 und 139 D. 1967), schriftlich Fragen stellen, die dann im Verlauf der Hauptversammlung vom Verwaltungsrat bzw. dem Vorstand zu beantworten sind. Die Fragen können dabei theoretisch bis zum Tag der Hauptversammlung gestellt werden. Es herrscht jedoch Einigkeit darüber, dass den zur Beantwortung der Fragen berufenen Organen ein Mindestzeitraum gewährt werden muss, um die Antwort vorbereiten zu können.[623]

Inhaltliche Beschränkungen dieses Rechts sind nicht vorgesehen. Ein Erfordernis des Zusammenhangs mit der Tagesordnung geht aus dem Gesetzestext nicht hervor, was zu einem ausufernden Umfang der zu beantwortenden Fragen führen kann. Es sollten jedoch im Interesse der Gesellschaft weder Fragen gestellt werden, die bereits beantwortet wurden noch solche, die Geheimhaltungsinteressen der Gesellschaft in schwerem Maße verletzen würden.[624] Die Beantwortung ist grundsätzlich in mündlicher Form vorgesehen.[625]

---

622 Siehe oben *a)*.

623 *Dictionnaire Permanent Droit des affaires,* Fusions, Scissions, Apports partiels d'actif, Tz. 81.

624 *Cozian/ Viandier/ Deboissy*, Droit des Sociétés, Tz. 637.

Nach Ansicht von *Guyon* wären Antworten in schriftlicher Form ausreichend, die an die Abschlussprüfer weiterzuleiten wären.[626] Sinn ergäbe dies insbesondere dann, wenn die Anzahl der Fragen so groß ist, dass ein Verlesen der darauf zu gebenden Antworten den Rahmen der Hauptversammlung sprengte.[627]

e) Fragerecht in der Hauptversammlung

Die Möglichkeit, noch in der Hauptversammlung selbst mündlich Fragen zu stellen, sieht das Gesetz nicht vor. Auch Rechtsprechung existiert, soweit ersichtlich, hierzu nicht. Teilweise wird im Schrifttum jedoch diese Fragemöglichkeit zumindest nicht ausgeschlossen, mit dem Hinweis darauf, dass Art. 225-108 Abs. 3 C. com. dies nicht verbiete.[628]

f) Besonderheit bei Gesellschaften, die öffentlich zur Zeichnung von Wertpapieren aufrufen

Nach Art. 130 D. 1967 sind für Gesellschaften, die öffentlich zur Zeichnung von Wertpapieren aufrufen, bestimmte Informationen zudem im BALO zu veröffentlichen, darunter auch die Tagesordnung und die Texte der Beschlussgegenstände.

---

625 Vgl. *Bézard*, La Société anonyme, Tz. 1077.

626 *Guyon*, Droit des affaires, Band 1, Tz. 298.

627 *Guyon*, Droit des affaires, Band 1, Tz. 298.

628 Vgl. *Bézard*, La Société anonyme, Tz. 1077; *Cozian/ Viandier/ Deboissy*, Droit des Sociétés, Tz. 637 und (humoristisch) 662; *Dictionnaire Permanent Droit des affaires*, Assemblées d'actionnaires, Tz. 80; vgl. auch *Witt*, AG 2000, 257, 266 (Fn. 101). *Guyon* (Droit des affaires, Band 1, Tz. 298) gibt der schriftlichen Fragemöglichkeit mit dem Argument den Vorzug, dass sich die zur Beantwortung der Fragen verpflichteten Organmitglieder besser vorbereiten und so ungenügende Antworten eher vermeiden könnten. Dem ist insbesondere zuzugeben, dass eine gezieltere Beantwortung ermöglicht wird. Auf diese Weise lässt sich der z.B. im deutschen Recht zum Teil betriebene unerhört intensive Aufwand, sich auf alle nur denkbar möglichen Fragen im Vorfeld der Hauptversammlung vorzubereiten, reduzieren. Im deutschen Recht ließe sich zudem das Risiko einer Anfechtungsklage minimieren.

IV. Rechtslage in Belgien

1. Verschmelzungs- bzw. spaltungsrechtsspezifische Informationsrechte

a) Informationsvermittlung

aa) Verschmelzungs- bzw. Spaltungsplan

(1) Allgemeines

Das Erfordernis, einen Verschmelzungs- bzw. Spaltungsplan aufzustellen, sowie die Mindestanforderungen an seinen Inhalt ergeben sich aus Art. 693 C.S. bzw. Art. 728 C.S.[629] Darin sind auch die Anforderungen an die Form des Plans geregelt, der wahlweise privatschriftlich gefasst oder öffentlich beurkundet sein kann.[630] Über die Rechtsnatur des Plans schweigt sich der Gesetzestext aus. Einigkeit besteht jedoch darüber, dass er – in Übereinstimmung mit dem europarechtlichen Konzept – bis zur Zustimmung durch die hierfür allein zuständige Hauptversammlung keine Bindungswirkung entfalten kann.[631] Die Leitungsorgane verpflichten sich mit ihrer Billigung des Plans lediglich, diesen den Hauptversammlungen der beteiligten Gesellschaften zur Abstimmung vorzulegen.[632] Vom Verschmelzungs- bzw. Spaltungsplan ist das diesem in den meisten Fällen vorausgehende Verschmelzungs- bzw. Spaltungsprotokoll zu unterscheiden, bei dem es sich lediglich um eine Absichtserklärung handelt und dem – abgesehen von einer möglichen Schadensersatzpflicht der unterzeichnenden Parteien bei unerwartetem Abbruch

---

[629] Die gesetzliche Struktur der separaten Regelung der einzelnen Varianten der Verschmelzung und Spaltung im belgischen Recht, das in diesem Bereich weitgehend auf Verweisungen verzichtet, hat zur Folge, dass vieles mehrfach identisch geregelt ist. Aus Vereinfachungsgründen werden (auch hier) nur die Vorschriften für die Verschmelzung durch und die Spaltung zur Aufnahme zitiert. Die Verschmelzung durch und die Spaltung zur Neugründung sind weitgehend inhaltsgleich in Art. 705 C.S. ff. bzw. Art. 742 C.S. ff. geregelt. Auf etwaige Besonderheiten wird hingewiesen.

[630] Das Erfordernis, den Plan in schriftlicher Form erstellen zu müssen, war im belgischen Recht bis dato nicht verankert. Vgl. *Loÿ*, RTD *eur.* 16 (1980), 355, 360.

[631] *Malherbe/ Lambrecht/ Malherbe*, Droit des Sociétés, Tz. 1403; *Dal/ van den Abbeele*, R.P.S. 92 (1993), 189, 223; *Tilquin*, Traité des fusions et scissions, Tz. 170 (die *compétence exclusive* der Hauptversammlung betonend) sowie 228 und 229.

[632] Doc. parl., Ch., Session 1991-1992, Rapport Poty, 491/5, S. 8 (zitiert bei *Université Catholique de Louvain*, Le nouveau droit des fusions et des scissions de sociétés, 96 (Fn. 77); *Malherbe/ Lambrecht/ Malherbe*, Droit des Sociétés, Tz. 1403.

der weiteren Verhandlungen – keine juristische Bedeutung zukommt,[633] insbesondere eben noch nicht die Pflicht zur Hauptversammlungsvorlage.

(2) Informationsschuldner: Verwaltungsrat

Informationsschuldner sind die Verwaltungsorgane der beteiligten Gesellschaften, wie sich ebenfalls aus Art. 693 C.S. bzw. Art. 728 C.S. ergibt. Sie sind verpflichtet, den Verschmelzungs- bzw. Spaltungsplan zu erstellen. Bei der Aktiengesellschaft ist dies der Verwaltungsrat (*conseil d' administration*), Art. 517 ff. C. com.[634]

(3) Mindestinhalt

Auch im belgischen Recht wurden die Vorgaben des Art. 5 Abs. 2 VRL hinsichtlich des Mindestinhalts des Verschmelzungsplans weitgehend wörtlich übernommen. So entspricht bei der Verschmelzung durch Aufnahme Art. 693 Abs. 2 Nr. 1-6 C.S. Art. 5 Abs. 2 lit. a-f VRL. Weiterhin kann Art. 693 Abs. 2 Nr. 7 und 8 C.S. Art. 5 Abs. 2 lit. g VRL zugeordnet werden. Bei der Spaltung zur Aufnahme entspricht Art. 728 Abs. 2 Nr. 1-6 C.S. Art. 3 Abs. 2 lit. a-f SpRL, Art. 728 Abs. 2 Nr. 7 und 8 C.S. Art. 3 Abs. 2 lit. g SpRL und schließlich (spaltungsrechtsspezifisch) Art. 728 Abs. 2 Nr. 9 und 10 C.S. Art. 3 Abs. 2 lit. h und i SpRL.

bb) Verschmelzungs- bzw. Spaltungsbericht

(1) Allgemeines

Die in Art. 9 VRL bzw. Art. 7 SpRL vorgegebene Pflicht zur Erstellung eines ausführlichen schriftlichen Verschmelzungs- bzw. Spaltungsbericht ist für die Verschmelzung durch Aufnahme in Art. 694 C.S. umgesetzt, für die Spaltung zur Aufnahme in Art. 730 C.S. Bereits der Wortlaut des Gesetzes lässt nur getrennte Berichte zu, da es dort heißt, dass in jeder Gesellschaft ein Bericht zu erstellen ist.[635]

---

633 *Della Faille*, Fusions, acquisitions et évaluations d'entreprises, Rz. 901; *Tilquin*, Traité des fusions et scissions, Tz. 211.

634 Es sind mindestens drei Verwaltungsratsmitglieder erforderlich, Art. 518 Abs. 1 C. com. Das belgische Recht kennt nur das monistische System der Organisationsstruktur. Siehe hierzu *Malherbe/ Lambrecht/ Malherbe*, Droit des Sociétés, Tz. 926 ff.

635 Der Wortlaut von Art. 694 C.S. bzw. Art. 730 Abs. 1 C.S. lautet wie folgt: „*Dans chaque société, l'organe de gestion établit un rapport écrit*...“.

(2) Informationsschuldner: Verwaltungsrat

Nach 694 C.S. bzw. Art. 730 C.S. hat das Verwaltungsorgan den Verschmelzungs- bzw. Spaltungsbericht zu erstellen. Bei der Aktiengesellschaft ist demnach der Verwaltungsrat (jeder beteiligten Gesellschaft) der Informationsschuldner des jeweiligen Berichts.

(3) Anforderungen an den Inhalt

In Art. 694 C.S. bzw. Art. 730 Abs. 1 C.S. werden die Vorgaben des Art. 9 VRL bzw. Art. 7 SpRL ordnungsgemäß umgesetzt, indem dort für den Verschmelzungs- bzw. Spaltungsbericht insbesondere die Darstellung der Vermögensverhältnisse der beteiligten Gesellschaften, die Erläuterung der Bedingungen und Folgen der Maßnahme in rechtlicher und wirtschaftlicher Hinsicht, die Angabe der zur Bestimmung des Umtauschverhältnisses angewandten Methoden, des diesen dabei zugemessenen Gewichts sowie des Umtauschverhältnisses an sich gefordert werden. Auf eventuell aufgetretene Schwierigkeiten bei der Bewertung ist ebenfalls hinzuweisen.

Zudem ist für die Spaltung zur Aufnahme nach Art. 730 Abs. 2 HS 1 C.S. unter anderem dann, wenn die übernehmende Gesellschaft eine Aktiengesellschaft ist, festgelegt, dass der Spaltungsbericht den in Art. 313, 423 bzw. 602 C.S. vorgesehenen Bericht erwähnen muss.[636] Dabei handelt es sich um den anlässlich einer Kapitalerhöhung gegen Sacheinlage zu erstellenden Bericht. Darüber hinaus muss der Spaltungsbericht das Register des Handelsgerichts angeben, bei dem der Sacheinlagebericht zu hinterlegen ist, Art. 730 Abs. 2 HS 2 C.S.

(4) Beschränkung der Berichtspflicht

Ein Recht, im Verschmelzungsbericht auf Informationen zu verzichten, deren Preisgabe geeignet ist, der Gesellschaft ernsthaften Schaden zuzufügen, ist im belgischen Verschmelzungsrecht – anders als im deutschen Recht[637] – nicht explizit vorgesehen. Allerdings ist eine solche Regelung für das allgemeine Auskunftsrecht in der Hauptversammlung in Art. 540 Abs. 1 C.S. enthalten. Aufgrund der vergleichbaren Interessenlage hinsichtlich dieser beiden Situationen wird dafür plädiert, einen Gleichlauf im Hinblick auf diese beiden Informationsrechte zu schaffen und daher die Möglichkeit zu eröffnen, heikle

---

636 Für die Spaltung zur Neugründung gilt Art. 745 C.S. mit den entsprechenden Verweisen auf die Sachgründungsvorschriften der genannten Gesellschaften: Art. 219, 395 bzw. 444 C.S.

637 Vgl. § 8 Abs. 2 UmwG. Siehe hierzu oben *II. 1. a) bb) (6).*

Informationen im Sinne des Art. 540 Abs. 1 C.S. auch im Verschmelzungsbericht aussparen zu dürfen.[638]

b) Informationsverifikation: Verschmelzungs- bzw. Spaltungsprüfungsbericht

aa) Allgemeines

Die Pflicht, für jede beteiligte Gesellschaft einen schriftlichen Verschmelzungs- bzw. Spaltungsprüfungsbericht erstellen zu lassen, ergibt sich aus Art. 695 C.S. bzw. Art. 731 C.S. Das Erfordernis der Verschmelzungs- bzw. Spaltungsprüfung an sich ist nicht ausdrücklich im Gesetzestext verankert, sondern wird für die Erstellung eines entsprechenden Berichts stillschweigend als notwendig vorausgesetzt.

bb) Informationsschuldner: Unabhängige Sachverständige als Prüfer

Aus Art. 695 Abs. 1 C.S. bzw. Art. 731 C.S. geht hervor, dass als Verschmelzungs- bzw. Spaltungsprüfer der Abschlussprüfer der Gesellschaft (*commissaire*) fungiert, sofern ein solcher bestellt ist. Seine Bestellung ist bei Aktiengesellschaften obligatorisch, es sei denn, es handelt sich um eine sogenannte kleine Gesellschaft (*petite société*), Art. 141 Nr. 2 i.V.m. Art. 15 C.S. Die Tätigkeit als Abschlussprüfer können lediglich die offiziell anerkannten und regelmäßigen Überprüfungen unterzogenen Mitglieder des Instituts der Wirtschaftsprüfer (*Institut des réviseurs d'entreprises*) ausüben, vgl. Art. 130 Abs. 1 C.S. Als Abschlussprüfer darf dabei nicht bestimmt werden, wer sich gemäß den Bestimmungen für den Beruf der Wirtschaftsprüfer in einem Abhängigkeitsverhältnis befindet, insbesondere eine andere Funktion in der Gesellschaft, für die er tätig werden soll – oder in einer mit dieser verbundenen Gesellschaft – ausübt, Art. 133 Abs. 1 und 2 C.S. Ist kein Abschlussprüfer bestellt, so übernehmen Wirtschaftsprüfer (*réviseur d' entreprise*) oder externe Buchprüfer (*expert-comptable externe*) die Verschmelzungs- bzw. Spaltungsprüfung, Art. 695 Abs. 1 C.S. bzw. Art. 731 Abs. 1 C.S.

cc) Bestellung der Verschmelzungs- bzw. Spaltungsprüfer

Die Bestellung des Verschmelzungs- bzw. Spaltungsprüfers erfolgt durch den Verwaltungsrat, Art. 695 Abs. 1 C.S. bzw. Art. 731 C.S. Eine Bestellung durch das Gericht ist nicht vorgesehen.

---

638 *Tilquin*, Traité des fusions et scissions, 172 f.

dd) Gemeinsamer Prüfer für alle beteiligten Gesellschaften

Die durch Art. 10 Abs. 1 S. 2 VRL bzw. Art. 8 Abs. 1 S. 2 SpRL eröffnete Möglichkeit, unter bestimmten Voraussetzungen einen oder mehrere unabhängige Sachverständige für alle an einer Verschmelzung bzw. Spaltung beteiligten Gesellschaften vorzusehen, wurde vom belgischen Gesetzgeber nicht genutzt.[639] Dennoch hat sich die in den Unternehmen weit verbreitete Praxis, ein und denselben Prüfer für alle beteiligten Gesellschaften zu bestellen, durchgesetzt,[640] was auch vom Institut der Wirtschaftsprüfer so ausdrücklich gebilligt wird.[641]

ee) Prüfungsgegenstand und Inhalt des Prüfungsberichts

Der Gegenstand der Prüfung ergibt sich aus dem Inhalt des Prüfungsberichts. Nach Art. 695 Abs. 2 C.S. bzw. Art. 731 Abs. 2 C.S. hat der Bericht insbesondere die Erklärung der Verschmelzungsprüfer zu enthalten, ob das Umtauschverhältnis der Aktien nach seiner Auffassung angemessen ist. Dies entspricht der Vorgabe des Art. 10 Abs. 2 S. 1 VRL bzw. 8 Abs. 2 SpRL i.V.m. Art. 10 Abs. 2 S. 1 VRL. Im Einzelnen geben die Art. 695 Abs. 3 Nr. 1 und 2 C.S. bzw. Art. 731 Abs. 3 Nr. 1 und 2 C.S. fast wortgleich die Anforderungen des Art. 10 Abs. 2 UA 1 S. 2 lit. a und b VRL bzw. Art. 8 Abs. 2 SpRL i.V.m. Art. 10 Abs. 2 UA 1 S. 2 lit. a und b VRL wieder, so dass hierauf verwiesen werden kann.[642] Gleiches gilt für den in den Prüfungsbericht aufzunehmenden Hinweis, wenn bei der Bewertung besondere Schwierigkeiten aufgetreten sind, Art. 695 Abs. 4 C.S. bzw. Art. 731 Abs. 4 C.S. und Art. 10 Abs. 2 UA 2 VRL bzw. Art. 8 Abs. 2 SpRL i.V.m. Art. 10 Abs. 2 UA 2 VRL.

ff) Rechte der Prüfer

Nach Art. 695 Abs. 5 S. 1 C.S. bzw. Art. 731 Abs. 5 S. 1 C.S. haben die Verschmelzungs- bzw. Spaltungsprüfer das Recht, Einsicht in alle Unterlagen zu nehmen, die sie für die Erfüllung ihrer Aufgabe benötigen. Art. 695 Abs. 5 S. 2 C.S. bzw. Art. 731 Abs. 5 S. 2 C.S. sieht ferner das Recht der Prüfer vor,

---

639 Vgl. *Niçaise* in Université Catholique de Louvain (Hrsg.), Le nouveau droit des fusions et des scissions de sociétés, 75, 100 (Fn. 87); *Tilquin*, Traité des fusions et scissions, Tz. 250 (Fn. 283).

640 *Malherbe/ Lambrecht/ Malherbe*, Droit des Sociétés, Tz. 1408.

641 Nr. 1.2.2. der Vorschriften des Instituts der Wirtschaftsprüfer über die Kontrolle von Verschmelzungs- und Spaltungsvorgängen in Handelsgesellschaften vom 6. Oktober 1995; zitiert nach *Malherbe/ Lambrecht/ Malherbe*, Droit des Sociétés, Tz. 1408.

642 Siehe oben *I. 1. b) ee).*

von den beteiligten Gesellschaften alle zweckdienlichen Auskünfte und Informationen zu erhalten und alle erforderlichen Nachprüfungen vornehmen zu können. Mit diesen Regelungen wurde Art. 10 Abs. 3 VRL bzw. Art. 8 Abs. 2 SpRL i.V.m. Art. 10 Abs. 3 VRL ordnungsgemäß umgesetzt.

c) Informationsbereitstellung und Recht auf Abschriften

aa) Recht der Aktionäre auf Kenntnisnahme aller Unterlagen am Sitz der jeweiligen Gesellschaft und Recht auf Abschriften

Nach Art. 697 § 2 Abs. 1 Nr. 1–5 C.S. bzw. Art. 733 § 2 Abs. 1 Nr. 1-5 C.S. sind der Verschmelzungs- bzw. Spaltungsplan (Nr. 1), der Bericht und der Prüfungsbericht (Nr. 2), die Jahresabschlüsse (Nr. 3) sowie die Geschäftsberichte und die Berichte der Abschlussprüfer (Nr. 4) der beteiligten Gesellschaften für die letzten drei Geschäftsjahre und gegebenenfalls eine Zwischenbilanz (Nr. 5) für die Aktionäre mindestens einen Monat vor der Hauptversammlung, die über den Verschmelzungs- bzw. Spaltungsplan entscheidet, am Sitz der zur Entscheidung berufenen Gesellschaft zur Einsichtnahme auszulegen. Es sind dabei die Unterlagen aller beteiligten Gesellschaften auszulegen, sofern nicht zulässigerweise ein gemeinsames Dokument erstellt wurde.[643] Damit wird den Vorgaben des Art. 11 Abs. 1 lit. a-e VRL bzw. Art. 9 Abs. 1 lit. a-e SpRL entsprochen. Wie in Art. 11 Abs. 3 VRL bzw. Art. 9 Abs. 3 SpRL vorgegeben, haben die Aktionäre nach Art. 697 § 3 C.S. bzw. Art. 733 § 3 C.S ferner das Recht, auf Verlangen kostenlos vollständige oder auszugsweise Abschriften der genannten Unterlagen zu erhalten. Davon ausgenommen sind diejenigen Unterlagen, die bereits mit der Tagesordnung für die Hauptversammlung bestimmten Aktionären zugesandt werden.[644]

bb) Bereitstellung des Verschmelzungs- bzw. Spaltungsplans für jedermann

Nach Art. 693 Abs. 3 C.S. bzw. Art. 728 Abs. 3 C.S. ist der Verschmelzungs- bzw. Spaltungsplan mindestens sechs Wochen vor dem Abhalten der Hauptversammlung, die über die Verschmelzung bzw. Spaltung entscheidet, von jeder beteiligten Gesellschaft bei der Geschäftsstelle des Handelsgerichts zu hinterlegen. Damit wird vom belgischen Recht eine längere Frist gefordert als die von Art. 6 VRL bzw. Art. 4 SpRL vorgegebenen vier Wochen. Dies liegt darin begründet, dass zwischen der Hinterlegung bei der Geschäftsstelle des Handelsgerichts und der nach den europarechtlichen Vorgaben entscheiden-

643 *Tilquin*, Traité des fusions et scissions, Tz. 284.
644 Siehe hierzu unten *2. b)*.

den Bekanntmachung zwei Wochen liegen dürfen, vgl. Art. 73 Abs. 1 C.S., und daher nur durch eine sechswöchige Frist die von Art. 6 VRL bzw. Art. 4 SpRL geforderten vier Wochen in jedem Fall eingehalten werden.[645]

d) Besondere Unterrichtung über wesentliche Vermögensveränderungen bei Verschmelzungen und Spaltungen

Nach Art. 732 C.S. sind die Verwaltungsräte sowohl der übertragenden als auch der übernehmenden Gesellschaft(en) verpflichtet, zum einen der über die Maßnahme entscheidenden Hauptversammlung ihrer eigenen Gesellschaft über jede zwischen der Aufstellung des Spaltungsplans und dem Tag der Hauptversammlung eingetretene wesentliche Vermögensänderung Bericht zu erstatten. Zum anderen haben sich die Verwaltungsräte wechselseitig über genannte Veränderungen in ihren Gesellschaften zu informieren, so dass sie in die Lage versetzt werden, hierüber wiederum die Hauptversammlung ihrer Gesellschaft zu unterrichten, Art. 732 Abs. 2 C.S. Entsprechendes regelt Art. 696 C.S. für die Verschmelzung. Damit geht der belgische Gesetzgeber in zweifacher Weise über die Vorgaben des Richtliniengebers hinaus: Erstens regelt er eine solche Pflicht nicht nur – wie in Art. 7 Abs. 3 SpRL vorgeschrieben – für die Spaltung, sondern auch für die Verschmelzung.[646] Und zweitens erlegt er die Berichtspflicht auch den Verwaltungsräten der übernehmenden Gesellschaften (für dort stattfindende Vermögensänderungen) auf – und nicht nur denen der übertragenden Gesellschaft.

e) Verfahrenserleichterungen

aa) Bei Verschmelzungen von 100%igen Tochtergesellschaften

Für die Verschmelzung von 100%igen Tochtergesellschaften auf ihre Muttergesellschaft als der Verschmelzung durch Aufnahme gleichgestellte Maßnahme (Art. 676 Nr. 1 C.S.) sieht Art. 719 C.S. einen reduzierten Mindestinhalt für den Verschmelzungsplan vor. Im Gegensatz zur Verschmelzung durch Aufnahme (in ihrer Grundform) muss der Verschmelzungsplan auf-

---

645 Vgl. Doc. parl., Ch., 1214/1, S. 7; zitiert nach Niçaise in Université Catholique de Louvain (Hrsg.), Le nouveau droit des fusions et des scissions de sociétés, 75, 96 (Fn. 76).

646 Vgl. *Dal/ van den Abbeele*, R.P.S. (92) 1993, 189, 226. Siehe auch *della Faille*, Fusions, acquisitions et évaluations d'entreprises, Rz. 911.

grund des fehlenden Aktientauschs bei dieser Art der Verschmelzung[647] folgende Punkte nicht enthalten:[648] Umtauschverhältnis der Aktien und gegebenenfalls Höhe der baren Zuzahlung, Einzelheiten hinsichtlich der Übertragung der Aktien der übernehmenden Gesellschaft, Zeitpunkt, von dem an diese Aktien das Recht auf Teilnahme am Gewinn gewähren, sowie alle Besonderheiten in Bezug auf dieses Recht. Aus demselben Grund sind auch der Verschmelzungsbericht des Verwaltungsrats und der Verschmelzungsprüfungsbericht der unabhängigen Sachverständigen (einschließlich ihrer Bereitstellung) entbehrlich: Wo kein Aktientausch stattfindet, gibt es auch kein Umtauschverhältnis, das bei der Verschmelzung durch Aufnahme in ihrer Grundform nach Art. 671 C.S. (Haupt-)Inhalt dieser beiden Berichte ist. Art. 24 VRL wird so entsprochen.

bb) Bei Spaltungen bei Verzicht aller Anteilsinhaber aller beteiligten Gesellschaften

Für die Spaltung zur Aufnahme sieht Art. 734 C.S.[649] die Möglichkeit eines Verzichts auf den Spaltungsbericht, Art. 730 C.S., den Spaltungsprüfungsbericht, Art. 731 C.S., sowie deren Bereitstellung, Art. 733 C.S., vor. Voraussetzung ist, dass alle Aktionäre und alle Inhaber anderer Wertpapiere, durch die ein Stimmrecht in der Hauptversammlung gewährt wird, auf die Anwendung der entsprechenden Vorschriften (Art. 730, 731 und 733 C.S.) verzichten. Der belgische Gesetzgeber hat damit von der in Art. 10 SpRL eröffneten Möglichkeit ordnungsgemäß Gebrauch gemacht. Eine identische Regelung für Verschmelzungsvorgänge ist nicht vorgesehen.

Die erforderliche ausdrückliche Erklärung des Verzichts durch die Aktionäre und Inhaber anderer Wertpapiere hat nach Art. 734 Abs. 2 C.S. in einer Hauptversammlung zu erfolgen, in der über die Teilnahme der jeweiligen Gesellschaft an der Spaltung entschieden wird. Der Tagesordnung für diese Hauptversammlung muss nach Art. 734 Abs. 3 C.S. die Absicht der Gesellschaft zu entnehmen sein, von der Vorschrift des Art. 734 C.S. Gebrauch machen zu wollen. Ferner sind in der Tagesordnung – ebenfalls nach Art. 734 Abs. 3 C.S. – die Abs. 1 und 2 des Art. 734 C.S. abzudrucken. Hier wurden

---

647 Vgl. *Malherbe/ Lambrecht/ Malherbe*, Droit des Sociétés, Tz. 14; *Niçaise* in Université Catholique de Louvain (Hrsg.), Le nouveau droit des fusions et des scissions de sociétés, 75, 112.

648 Art. 719 C.S. nennt (positiv) die Punkte, die der Verschmelzungsplan enthalten muss. Was für eine Verschmelzung von 100%igen Tochtergesellschaften nicht als Inhalt des Plans gefordert wird, ergibt sich aus einem Vergleich mit der entsprechenden Regelung für den Grundfall der Verschmelzung durch Aufnahme, Art. 693 C.S.

649 Für die Spaltung zur Neugründung regelt Art. 749 C.S. Entsprechendes.

vor allem Gesellschaften mit einem sehr kleinen Gesellschafterkreis in den Blick genommen.[650]

2. *Allgemeine Informationsrechte*

a) Bekanntmachung der Tagesordnung bei Einberufung der Hauptversammlung

Die Einberufung der Hauptversammlung hat die Tagesordnung zu enthalten, Art. 533 Abs. 1 C.S. In dieser sind die Themen anzugeben, die in der Hauptversammlung behandelt werden, bei Gesellschaften, die öffentlich zur Zeichnung ihrer Wertpapiere aufrufen, auch der genaue Beschlussgegenstand, Art. 533 Abs. 4 C.S. Zudem muss für den Fall einer Satzungsänderung nach Art. 558 Abs. 2 C.S. in der Einberufung auf die vorgeschlagenen Änderungen besonders hingewiesen werden. Die Einberufung ist wie folgt bekannt zu machen: Mindestens zwei Wochen vor der Hauptversammlung im belgischen Staatsblatt *Moniteur belge*, bei börsennotierten Gesellschaften, 24 Tage,[651] Art. 533 Abs. 1 lit. a C.S.; ferner mindestens zwei Wochen vor der Hauptversammlung in einem Presseorgan mit nationaler Verbreitung, bei börsennotierten Gesellschaften 24 Tage vorher, Art. 533 Abs. 1 lit. b C.S.

b) Mitteilung der Tagesordnung an Namensaktionäre

Inhabern von Namensaktien ist die Einberufung mittels einfachen Briefs (sofern der Aktionär nicht persönlich, ausdrücklich und schriftlich eine andere Übermittlungsart gewählt hat) zwei Wochen vor der Hauptversammlung mitzuteilen, Art. 533 Abs. 2 C.S. Sollte sich der Aktionärskreis ausschließlich aus Inhabern von Namensaktien zusammensetzen, ist auch lediglich die Mitteilung der Einberufung mittels eingeschriebenen Briefs möglich, sofern die Adressaten nicht persönlich, ausdrücklich und schriftlich eine andere Übermittlungsart gewählt haben, Art. 533 Abs. 3 C.S.

---

650 Doc. parl., Ch., 1214/1, p. 27; zitiert nach *Niçaise* in Université Catholique de Louvain (Hrsg.), Le nouveau droit des fusions et des scissions de sociétés, 75, 99 (Fn. 83).

651 Die verlängerten Fristen für die Einberufung der Hauptversammlung bei börsennotierten Gesellschaften wurden mit dem Gesetz vom 2. August 2000 eingeführt, insbesondere um den oftmals im Ausland ansässigen institutionellen Anlegern die Teilnahme zu erleichtern. Doc. Parl., Ch. Repr, sess. Ord. 2000-2001, n° 1211/001, pp. 3, 10, 38; zitiert nach *Malherbe/ Lambrecht/ Malherbe*, Droit des Sociétés, Tz. 1035 (Fn. 2175). Vgl. zudem *Malherbe/ Lambrecht/ Malherbe*, Droit des Sociétés, Tz. 1035 und 1040.

Bereits nach diesen allgemein für Hauptversammlungen geltend Regeln wird der Aktionär also über das geplante Vorhaben informiert. Darüber hinaus schreibt Art. 697 § 1 Abs. 1 C.S. bzw. Art. 733 § 1 Abs. 1 C.S. spezifisch für die Verschmelzung bzw. Spaltung vor, dass Verschmelzungs- bzw. Spaltungsplan sowie Bericht und Prüfungsbericht in der Tagesordnung zu nennen sind mit dem Hinweis darauf, dass die Aktionäre die genannten Dokumente kostenlos erhalten können.[652]

c) Recht auf Zusendung von bestimmten Unterlagen im Zusammenhang mit der Einberufung

Art. 697 § 1 Abs. 2 C.S. bzw. Art. 733 § 1 Abs. 2 C.S. bestimmt ferner, dass mindestens einen Monat vor Abhalten der Hauptversammlung eine Abschrift der Dokumente an alle Namensaktionäre zu versenden ist. Gleiches gilt für diejenigen, welche die für die Zulassung zur Hauptversammlung erforderlichen Formalitäten erfüllen, Art. 697 § 1 Abs. 3 C.S. bzw. Art. 733 § 1 Abs. 3 C.S. Dieselbe Pflicht enthält auch (der allgemein für Hauptversammlungen geltende) Art. 535 Abs. 1 und 2 C.S. Jedoch ergeben sich Unterschiede hinsichtlich der Frist, da Art. 535 Abs. 1 C.S. die Zusendung zusammen mit der Einberufung fordert, diese aber – wie soeben gezeigt[653] – auch weniger als einen Monat vor der Hauptversammlung erfolgen kann.

d) Auskunftsrecht in der Hauptversammlung

Nach Art. 540 Abs. 1 C.S. haben die Aktionäre in der Hauptversammlung gegenüber den Mitgliedern des Verwaltungsrats ein Fragerecht, das sich auf deren Bericht und die einzelnen Tagesordnungspunkte beziehen kann. Wie sich ebenfalls aus Art. 540 Abs. 1 C.S. ergibt, können die Mitglieder des Verwaltungsrats dabei die Auskunft verweigern, wenn dadurch ein schwerwiegender Schaden für die Gesellschaft, die Aktionäre oder die Belegschaft entstehen kann. Die Verletzung des Fragerechts führt zur Nichtigkeit der Entscheidung.[654] Den Aktionären steht ferner nach Art. 540 Abs. 2 C.S. ein Fragerecht gegenüber den Prüfern in Bezug auf deren Berichte zu. Diesen ist es wiederum gestattet, in der Hauptversammlung das Wort im Hinblick auf ihre Tätigkeit zu ergreifen.

---

652 Vgl. hierzu auch *Niçaise* in Université Catholique de Louvain (Hrsg.), Le nouveau droit des fusions et des scissions de sociétés, 75, 105.

653 Siehe oben *a) und b)*.

654 Comm. Ypres, 17 mai 1999, T.R.V. 1999, 534.

V. Rechtslage in Großbritannien

1. Verschmelzungs- bzw. spaltungsrechtsspezifische Informationsrechte

a) Informationsvermittlung

aa) Verschmelzungs- bzw. Spaltungsplan

(1) Allgemeines

Aus § 2 Abs. 1 lit. a Sch. 15B CA 1985 ergibt sich, dass ein Verschmelzungs- bzw. Spaltungsplan zu erstellen ist.[655] Andernfalls wird die Maßnahme vom Gericht nicht genehmigt. Das Erfordernis der Schriftlichkeit, wie in Art. 5 Abs. 1 VRL bzw. Art. 3 Abs. 1 SpRL enthalten, ergibt sich aus § 2 Abs. 1 lit. a Sch. 15B CA 1985.[656]

(2) Informationsschuldner: Verwaltungsratsmitglieder

Der Verschmelzungs- bzw. Spaltungsplan wird nach § 2 Abs. 1 lit. a Sch. 15B CA 1985 von den Mitgliedern des Verwaltungsrats (*directors*)[657] erstellt und durch Beschluss gutgeheißen.[658] Freilich gilt auch hier, dass der Plan dadurch noch nicht verbindlich wird. Vielmehr muss ihm in den Hauptversammlungen zugestimmt und er durch das Gericht genehmigt werden.[659]

(3) Mindestinhalt

Der Mindestinhalt für den Verschmelzungs- bzw. Spaltungsplan ist in § 2 Abs. 2 lit. a bis g Sch. 15B CA 1985 geregelt. Die einzelnen Punkte entsprechen dabei in beinahe wörtlicher Übereinstimmung den Vorgaben von Art. 5 Abs. 2 lit. a bis g VRL bzw. Art. 3 Abs. 2 lit. a bis g SpRL.[660] Für den Spal-

---

655 Die Überschrift von § 2 Sch. 15B CA 1985 spricht zwar nur von *Draft terms of merger;* dass aber auch Spaltungen von der Regelung erfasst sind, ergibt sich aus der Überschrift für den gesamten Sch. 15B CA 1985, in der auf *divisions* ausdrücklich Bezug genommen wird.

656 „*(...) a draft of the proposed terms of the scheme (...) has been drawn up (...)*".

657 Im britischen Recht ist das Leitungsorgan ein Verwaltungsrat (*board of directors*), der sich aus mindestens zwei Direktoren (*directors*) zusammensetzt, s. 282 CA 1985.

658 Die Verwaltungsratsmitglieder müssen durch einen Verwaltungsratsbeschluss (*board resolution*) dem von ihnen erstellten Verschmelzungs- bzw. Spaltungsplan jeweils für ihre Gesellschaft (intern) zustimmen.

659 Siehe zum Verfahren oben *1. Teil § 7 I. 4.*

660 Siehe oben *I. 1. a) aa) (3).*

tungsplan gelten zusätzlich die Anforderungen des § 2 Abs. 3 lit. a bis c Sch. 15B CA 1985. Hier besteht Übereinstimmung des § 2 Abs. 3 lit. a Sch. 15B CA 1985 mit Art. 3 Abs. 2 lit. h SpRL und des § 2 Abs. 3 lit. c Sch. 15B CA 1985 mit Art. 3 Abs. 2 lit. i SpRL.[661]

bb) Verschmelzungs- bzw. Spaltungsbericht

(1) Allgemeines

Nach § 3 lit. a Sch. 15B CA 1985 genehmigt das Gericht ein Verschmelzungs- bzw. Spaltungsvorhaben nur dann, wenn die Verwaltungsratsmitglieder jeder übertragenden und jeder (bereits bestehenden) übernehmenden Gesellschaft einen Verschmelzungs- bzw. Spaltungsbericht (*directors' report*) erstellt und ihm zugestimmt haben.[662] Dem Gesetzeswortlaut folgend, dürfte die Erstellung eines gemeinsamen Berichts wohl nicht gestattet sein. Es ist vielmehr anzunehmen, dass – in Übereinstimmung mit den europarechtlichen Vorgaben[663] – für jede Gesellschaft ein separater Bericht zu erstellen ist.

Um den Vorgaben der VRL und SpRL hinsichtlich des Verschmelzungs- bzw. Spaltungsberichts insgesamt gerecht zu werden, muss der Bericht neben der bereits vor Umsetzung der beiden Richtlinien nach s. 426 Abs. 2 CA 1985 abzugebenden Stellungnahme (*statement*) ergänzend weitere durch § 4 Sch. 15B CA 1985 festgelegte Angaben enthalten.

(2) Informationsschuldner: Verwaltungsratsmitglieder

Informationsschuldner des Verschmelzungs- bzw. Spaltungsberichts sind nach § 3 lit. a Sch. 15B CA 1985 die Verwaltungsratsmitglieder jeder übertragenden und jeder (bereits bestehenden) übernehmenden Gesellschaft.

(3) Anforderungen an den Inhalt

Nach § 4 Abs. 1 lit. a Sch. 15B CA 1985 muss der Verschmelzungs- bzw. Spaltungsbericht zunächst die nach s. 426 CA 1985 vorgeschriebene Stellungnahme enthalten. Darin müssen die Wirkungen des geplanten Vorhabens erklärt sowie insbesondere eventuell bestehende erhebliche Interessen der

---

[661] Siehe oben *I. 1. a) aa) (3)*.

[662] Die Verwaltungsratsmitglieder müssen durch einen Verwaltungsratsbeschluss (*board resolution*) dem von ihnen entworfenen Verschmelzungs- bzw. Spaltungsbericht – ebenso wie bereits dem Plan [siehe oben *aa) (2)*] – jeweils für ihre Gesellschaft (intern) zustimmen.

[663] Siehe oben *I. 1. a) bb) (4)*.

Verwaltungsratsmitglieder – gleich, ob in dieser Funktion oder als Aktionär oder Gläubiger der Gesellschaft – und die Auswirkung des Vorhabens auf diese Interessen dargelegt werden, sofern sich diese von ähnlichen Interessen anderer Personen unterscheiden. Die Verwaltungsratsmitglieder sind nach s. 426 Abs. 7 CA 1985 insgesamt verpflichtet, der Gesellschaft alle Umstände in Bezug auf sich mitzuteilen, die im Zusammenhang mit der Stellungnahme relevant sein können. Soweit noch nicht durch diese Stellungnahme geschehen, sind nach § 4 Abs. 1 lit. b (i) Sch. 15B CA 1985 die rechtlichen und wirtschaftlichen Gründe für den Verschmelzungs- bzw. Spaltungsplan zu erläutern. Dabei ist insbesondere auf das Umtauschverhältnis der Aktien einzugehen und im Fall der Spaltung zudem auf die Kriterien, nach denen die Aktien der übernehmenden Gesellschaften auf die Aktionäre der übertragenden Gesellschaft aufgeteilt worden sind. Damit wird Art. 9 UA 1 VRL bzw. Art. 7 Abs. 2 SpRL ordnungsgemäß umgesetzt. Ferner ist auf gegebenenfalls aufgetretene Schwierigkeiten bei der Bewertung hinzuweisen, § 4 Abs. 1 lit. b (ii) Sch. 15B CA 1985. Dies entspricht Art. 9 UA 2 VRL bzw. Art. 7 Abs. 2 UA 1 SpRL. Darüber hinaus ist – wiederum nur im Fall der Spaltung – nach § 4 Abs. 2 Sch. 15B CA 1985 zu erwähnen, ob für die begünstigten Gesellschaften nach s. 103 CA 1985 ein Bericht über die Prüfung von Einlagen, die nicht Bareinlagen sind, erstellt wurde und ob dieser Bericht beim Gesellschaftsregisterführer hinterlegt wurde. Damit werden die Vorgaben des Art. 7 Abs. 2 UA 2 SpRL erfüllt.

b) Informationsverifikation: Verschmelzungs- bzw. Spaltungsprüfung und Verschmelzungs- bzw. Spaltungsprüfungsbericht

aa) Allgemeines

Die Pflicht, grundsätzlich für jede beteiligte Gesellschaft einen separaten schriftlichen Verschmelzungs- bzw. Spaltungsprüfungsbericht (*expert's report*) zu erstatten, ist in § 5 Abs. 1 Sch. 15B CA 1985 verankert. Die Prüfung an sich ist darin nicht erwähnt. Jedoch setzt die Erstattung eines Berichts denknotwendig eine vorherige Prüfung voraus.

bb) Informationsschuldner: Unabhängige Sachverständige als Prüfer

Die Unabhängigkeit des Prüfers wird in Übereinstimmung mit Art. 10 Abs. 1 S. 1 VRL bzw. Art. 8 Abs. 1 S. 1 SpRL in § 5 Abs. 3 Sch. 15B CA 1985 betont. Dieses Kriterium erfüllt, wer zum Zeitpunkt der Erstellung des Berichts auch als Rechnungsprüfer (*auditor*) dieser Gesellschaften bestellt oder weiterhin in dieser Funktion tätig werden könnte, § 5 Abs. 3 Sch. 15B CA 1985.

Ferner erlaubt § 5 Abs. 4 Sch. 15B CA 1985 es dem Verschmelzungs- bzw. Spaltungsprüfer, die Bewertung an eine ausreichend befähigte Person zu delegieren. Der Prüfer muss diese Person für erfahren genug halten und ihr das erforderliche Wissen zuschreiben, um diese Bewertung für ihn vorzunehmen, § 5 Abs. 4 lit. a Sch. 15B CA 1985. Überdies darf diese Person weder Mitglied eines Verwaltungsrats einer der beteiligten Gesellschaften noch ein Bediensteter einer von diesen oder deren Gesellschaftsgruppe sein, § 5 Abs. 4 Sch. 15B lit. b CA 1985. Dies gilt nicht für Rechnungsprüfer, § 5 Abs. 5 Sch. 15B CA 1985. Bedient sich der Prüfer für die Bewertung einer anderen Person, so müssen im Prüfungsbericht der Name dieser Person sowie deren Kenntnisse und Erfahrung, die sie zur Ausführung dieser Aufgabe befähigen, enthalten sein, § 5 Abs. 6 Sch. 15B lit. a CA 1985. Darüber hinaus muss aus dem Prüfungsbericht hervorgehen, welche Bewertungen diese Person übernommen hat, welche Bewertungsmethoden dabei angewandt wurden und an welchem Datum die Bewertung stattgefunden hat, § 5 Abs. 6 Sch. 15B lit. b CA 1985.

cc) Bestellung der Prüfer

Die Bestellung der Verschmelzungs- bzw. Spaltungsprüfer erfolgt nach § 5 Abs. 1 Sch. 15B CA 1985 im Namen der Gesellschaft durch die Verwaltungsratsmitglieder der betreffenden Gesellschaft.

dd) Gemeinsame Prüfer für alle beteiligten Gesellschaften

Nach § 5 Abs. 2 Sch. 15B CA 1985 kann das Gericht auf gemeinsamen Antrag aller beteiligten übertragenden und bereits bestehenden übernehmenden Gesellschaften der Bestellung eines gemeinsamen Prüfers für alle beteiligten Gesellschaften zustimmen, der einen einzigen Verschmelzungs- bzw. Spaltungsprüfungsbericht für alle Gesellschaften erstellt. Damit wird von der durch Art. 10 Abs. 1 S. 2 VRL bzw. Art. 8 Abs. 1 S. 2 SpRL eröffneten Möglichkeit Gebrauch gemacht.

ee) Prüfungsgegenstand und Inhalt des Prüfungsberichts

Gegenstand des Verschmelzungs- bzw. Spaltungsprüfungsberichts und damit Prüfungsgegenstand ist nach § 5 Abs. 1 Sch. 15B CA 1985 der Verschmelzungs- bzw. Spaltungsplan. Welche Angaben der Prüfungsbericht im Einzelnen enthalten muss, bestimmt § 5 Abs. 7 Sch. 15B CA 1985. Sie stimmen – in weiten Teilen auch wörtlich – mit den Vorgaben nach Art. 10 Abs. 2 VRL bzw. Art. 8 Abs. 2 SpRL i.V.m. Art. 10 Abs. 2 VRL überein.[664] Sollte der Prüfer die Durchführung der Bewertung delegiert haben,[665] so muss er im Verschmelzungs- bzw. Spaltungsprüfungsbericht zusätzlich erklären, dass er die Aufgabenübertragung für geboten hielt und er die vorgenommene Bewertung akzeptiert, § 5 Abs. 7 lit. e Sch. 15B CA 1985.

ff) Rechte der Prüfer

Die Prüfer haben nach § 5 Abs. 8 Sch. 15B CA 1985 das Recht, zu allen Unterlagen aller beteiligten Gesellschaften Zugang zu erhalten sowie alle zweckdienlichen Informationen von den leitenden Angestellten und Verwaltungsratsmitgliedern der Gesellschaften zu bekommen. Damit wird Art. 10 Abs. 3 VRL bzw. Art. 8 Abs. 2 SpRL i.V.m. Art. 10 Abs. 3 VRL entsprochen.

c) Informationsbereitstellung und Recht auf Abschriften

aa) Recht der Aktionäre auf Kenntnisnahme aller Unterlagen am Sitz der jeweiligen Gesellschaft und Recht auf Abschriften

Die Aktionäre jeder an einer Verschmelzung bzw. Spaltung beteiligten Gesellschaft haben nach § 3 lit. e i.V.m. § 6 Abs. 1 Sch. 15B CA 1985 das Recht, am Sitz ihrer Gesellschaft (*registered office*) folgende Dokumente von allen an dem jeweiligen Vorhaben beteiligten Gesellschaften einzusehen: Verschmelzungs- bzw. Spaltungsplan (§ 6 Abs. 1 lit. a Sch. 15B CA 1985), Verschmelzungs- bzw. Spaltungsbericht (§ 6 Abs. 1 lit. b Sch. 15B CA 1985), Verschmelzungs- bzw. Spaltungsprüfungsbericht (§ 6 Abs. 1 lit. c Sch. 15B CA 1985), Jahresabschlüsse und Lageberichte für die letzten drei Geschäftsjahre (§ 6 Abs. 1 lit. d Sch. 15B CA 1985) sowie eine gegebenenfalls zu erstellende Zwischenbilanz (§ 6 Abs. 1 lit. e Sch. 15B CA 1985). Für deren Erstellung enthält § 6 Abs. 2 Sch. 15B CA 1985 die genauen Bedingungen. Der Zeitraum, innerhalb dessen Einsicht in die Unterlagen genommen werden kann, beginnt nach § 3 lit. e Sch. 15B CA 1985 einen Monat vor der ersten Hauptversammlung der beteiligten Gesellschaften und endet am Tag, an dem diese abgehalten wird. Damit wird insgesamt Art. 11 Abs. 1 lit. a-e und Abs. 2 VRL bzw. Art. 9 Abs. 1 lit. a-e und Abs. 2 SpRL entsprochen.[666]

---

[664] Siehe oben *I. 1. b) ee)*.

[665] Siehe oben *bb)*.

[666] Darüber hinaus sind nach § 6 Abs. 3 Sch. 15B CA 1985 in Bezug auf die Bilanzen die Bestimmungen des CA 1985 zu beachten. Diese sind insbesondere s. 228 und s. 230 CA 1985 sowie Sch. 4 CA 1985. Ferner ist jede Bilanz nach § 6 Abs. 4 Sch.

Zudem regelt § 3 lit. e Sch. 15B CA 1985 in Übereinstimmung mit Art. 11 Abs. 3 VRL bzw. Art. 9 Abs. 3 SpRL, dass den Aktionären auf deren Verlangen während des genannten Zeitraums kostenlos vollständig oder auszugsweise Abschriften der Unterlagen zur Verfügung zu stellen sind.

bb) Bereitstellung des Verschmelzungs- bzw. Spaltungsplans für jedermann

Nach § 2 Abs. 1 lit. b Sch. 15 B CA 1985 genehmigt das Gericht das jeweilige Vorhaben nur dann, wenn die Verwaltungsratsmitglieder jeder beteiligten Gesellschaft eine Abschrift des Verschmelzungs- bzw. Spaltungsplans beim Gesellschaftsregister eingereicht haben und der Registerbeamte (*registrar of companies*) den Erhalt der Kopie in dem amtlichen Anzeiger (*Gazette*) mindestens einen Monat vor dem Tag der ersten im Rahmen der Verschmelzung bzw. Spaltung stattfindenden Hauptversammlung bekannt gemacht hat, § 2 Abs. 1 lit. c Sch. 15 B CA 1985. Damit wird Art. 6 VRL bzw. Art. 4 SpRL ordnungsgemäß umgesetzt.

d) Besondere Unterrichtung über wesentliche Vermögensveränderungen bei Spaltungen

Der Vorgabe nach Art. 7 Abs. 3 SpRL, wonach die Verwaltungs- und Leitungsorgane der gespaltenen Gesellschaft verpflichtet werden müssen, die Hauptversammlung ihrer Gesellschaft sowie die Verwaltungs- und Leitungsorgane der übernehmenden Gesellschaften über wesentliche Veränderungen des Aktiv- oder Passivvermögens zu unterrichten, die zwischen der Aufstellung des Spaltungsplans und dem Tag der Hauptversammlung der übertragenden Gesellschaft, die über den Spaltungsplan zu beschließen hat, eingetreten sind, wurde in § 3 lit. b Sch. 15B CA 1985 nachgekommen. Auch das weitere, in Art. 7 Abs. 3 SpRL angelegte Glied in dieser Informationskette, die Informierung der Hauptversammlungen der übernehmenden Gesellschaften durch deren Verwaltungsratsmitglieder wurde mit § 3 lit. c Sch. 15B CA 1985 ordnungsgemäß umgesetzt.

15B CA 1985 vom Verwaltungsrat zu genehmigen und im Namen des Verwaltungsrates von einem Mitglied des Verwaltungsrats zu unterzeichnen.

e) Verfahrenserleichterungen

aa) Bei Verschmelzungen von 100%igen Tochtergesellschaften

Im Fall der Verschmelzung von 100%igen Tochtergesellschaften auf ihre Muttergesellschaft kann im Verschmelzungsplan gemäß § 12 Abs. 1 und 2 Sch. 15B CA 1985 auf die Angaben zum Umtauschverhältnis der Aktien (§ 2 Abs. 2 lit. b Sch. 15B CA 1985), Einzelheiten bezüglich ihrer Übertragung (§ 2 Abs. 2 lit. c Sch. 15B CA 1985) und den Zeitpunkt, von dem an die Aktien das Recht auf Teilnahme am Gewinn gewähren sowie Besonderheiten bezüglich dieses Rechts (§ 2 Abs. 2 lit. d Sch. 15B CA 1985) verzichtet werden. Diese Informationen können wiederum mangels Aktientauschs in diesem Sonderfall der Verschmelzung schlichtweg nicht zur Verfügung gestellt werden. Ferner müssen weder Verschmelzungsbericht einschließlich der Stellungnahme nach s. 426 CA 1985 (§ 12 Abs. 1 und 3 Sch. 15B CA 1985 i.V.m. s. 426 CA 1985 und § 3 lit. a Sch. 15B CA 1985) noch Verschmelzungsprüfungsbericht (§ 12 Abs. 1 und 3 i.V.m. § 3 lit. d Sch. 15B CA 1985) erstellt und dann natürlich auch nicht bereit gestellt (§ 12 Abs. 1 und 3 i.V.m. § 6 Abs. 1 lit. b und c Sch. 15B CA 1985) werden. Insgesamt wurde damit Art. 24 VRL ordnungsgemäß umgesetzt.

bb) Bei Spaltungen bei Verzicht aller Anteilsinhaber aller beteiligten Gesellschaften

Wenn sich alle Aktionäre und Inhaber anderer Wertpapiere aller an einer Spaltung beteiligten Gesellschaften am Tag der Antragstellung auf Genehmigung des Vorhabens durch das Gericht damit einverstanden erklären, sind nach § 11 Abs. 1 und 2 Sch. 15B CA 1985 folgende Informationen und deren Bereitstellung bzw. Kommunikation entbehrlich: Spaltungsbericht [§ 11 Abs. 1 und 2 i.V.m. § 3 lit. a sowie i.V.m. § 6 Abs. 1 lit. b (für die Bereitstellung) Sch. 15B CA 1985], Spaltungsprüfungsbericht [§ 11 Abs. 1 und 2 i.V.m. § 3 lit. d sowie i.V.m. § 6 Abs. 1 lit. c (für die Bereitstellung) Sch. 15B CA 1985] und Unterrichtung über Vermögensveränderungen (§ 11 Abs. 1 und 2 i.V.m. § 3 lit. b und c Sch. 15B CA 1985). Außerdem kann auf das Erstellen einer Zwischenbilanz – so sie denn überhaupt erforderlich wäre – nach § 11 Abs. 1 und 2 i.V.m. § 6 Abs. 1 lit. e Sch. 15B CA 1985 verzichtet werden. Ferner ist nach § 11 Abs. 1 und 3 lit. a i.V.m. § 2 Abs. 1 lit. b und c Sch. 15B CA 1985 das Einreichen einer Abschrift des Spaltungsplans beim Gesellschaftsregisterführer sowie die Bekanntmachung des Erhalts im Amtlichen Anzeiger entbehrlich. Damit nutzt der britische Gesetzgeber in vollem Umfang die durch Art. 10 SpRL eröffneten Möglichkeiten zur Vereinfachung des Verfahrens, wenn die Anteilsinhaber aller beteiligten Gesellschaften ihr Einverständnis erklären.

cc) Bei Spaltungen unter Aufsicht eines Gerichts

Weitere Möglichkeiten, das Verfahren zu vereinfachen, werden dadurch möglich, dass Maßnahmen nach s. 425 ff. CA 1985 nur unter Aufsicht eines Gerichts und nur mit dessen Genehmigung durchgeführt werden können. Der britische Gesetzgeber nutzt die durch Art. 23 Abs. 2 lit. a SpRL eröffneten Möglichkeiten und gestattet es dem Gericht, durch Erlass einer gerichtlichen Anordnung die beteiligten Gesellschaften von der Zusendung einer Abschrift des Spaltungsplans an den Gesellschaftsregisterführer und diesen seinerseits von der sich hieran anschließenden Bekanntmachung im amtlichen Anzeiger zu befreien, § 11 Abs. 3 lit. a Sch. 15B CA 1985. Auch eine Bereitstellung der entsprechenden Unterlagen nach § 3 lit. e Sch. 15B CA 1985, wie es Art. 23 Abs. 2 lit. c SpRL erlaubt, kann entfallen, § 11 Abs. 3 lit. b Sch. 15B CA 1985. Es muss insgesamt nur sichergestellt sein, dass den Aktionären rechtzeitig vor der Hauptversammlung ihrer jeweiligen Gesellschaft ein (anderer) Zugang zu den Unterlagen nach § 6 Abs. 1 Sch. 15B CA 1985 gewährt wird, § 11 Abs. 4 lit. a Sch. 15B CA 1985, und den Aktionären kein Schaden entstehen kann, § 11 Abs. 4 lit. d Sch. 15B CA 1985. Damit wird Art. 23 Abs. 2 i.V.m. Abs. 1 lit. b SpRL entsprochen.[667] Aufgrund der umfassenden Befugnisse, die dem Gericht in einem Verfahren nach s. 425 ff. CA 1985 zustehen,[668] ist gewährleistet, dass auch den allgemeinen Anforderungen des Art. 23 Abs. 1 SpRL an das Gericht nachgekommen werden kann.

2. Allgemeine Informationsrechte

a) Bekanntmachung der Einberufung der Hauptversammlung

Hinsichtlich der Bekanntmachung der Einberufung der Hauptversammlung kommt die Besonderheit des Verschmelzungs- bzw. Spaltungsverfahrens im britischen Recht im Vergleich zu den anderen hier behandelten Rechtsordnungen zum Tragen, dass das Verfahren insgesamt unter Aufsicht und Steuerung des Gerichts abläuft, vgl. s. 425 ff. CA 1985 und dieses auch – auf Antrag der Gesellschaften – die Einberufung der Hauptversammlung anordnet.[669] Die s. 366 ff. CA 1985 zu den Modalitäten einer von der Gesellschaft einzu-

---

[667] Art. 23 Abs. 1 lit. d SpRL, der nach Art. 23 Abs. 2 SpRL außerdem erfüllt sein muss, betrifft Schutzvorkehrungen für die Gläubiger.

[668] Siehe zum Verfahren oben *1. Teil § 7 I. 4.*

[669] Siehe zum Verfahren oben *1. Teil § 7 I. 4.*

berufenden Hauptversammlung gelten daher nicht (oder zumindest nicht direkt).[670] Das Gericht erteilt vielmehr in freiem Ermessen detaillierte Weisungen für die Vorbereitung und Durchführung der Hauptversammlungen.[671] Dennoch ist wohl in den allermeisten Fällen davon auszugehen, dass es sich an den durch das Gesetz vorgegebenen Bedingungen orientieren wird.

Eingeleitet wird das Verfahren durch den Antrag der beteiligten Gesellschaften[672] an das zuständige Gericht,[673] die erforderlichen Versammlungen der Gesellschafter sowie gegebenenfalls der Gesellschaftsgläubiger einzuberufen, s. 425 Abs. 1 CA 1985 bzw. für bereits existierende aufnehmende Gesellschaften s. 427A Abs. 3 CA 1985.[674] Der Antrag sollte dabei unter anderem einen Vorschlag der Gesellschaft zur Art und Weise der Einberufung enthalten. Insofern kommen vor allem eine Veröffentlichung in Zeitungen, an die Betroffenen adressierte Anschreiben per Post und alle anderen in den *articles of association*[675] der jeweiligen Gesellschaft vorgesehenen Arten der Bekanntmachung in Betracht.[676] Der Antrag wird in einem Anhörungstermin mit dem Registerbeamten erörtert, der dann, wenn er den Antrag billigt, eine gerichtliche Anordnung zum Ablauf der Hauptversammlung und eben auch

---

670 Über eine analoge Anwendung der Vorschriften auf einen *scheme of arrangement* im Sinne der s. 425 ff. CA 1985 wurde – soweit ersichtlich – bisher noch nicht entschieden.

671 Vgl. *Re English, Scottish and Australian Chartered Bank* [1893] 3 Ch. 385, 395.

672 Ebenfalls antragsberechtigt sind die Gesellschafter und die Gläubiger der Gesellschaft. *Chapman/ Ballard*, Tolley's Company Law, Tz. R 2019.

673 Adressat des Antrags ist nach s. 744 CA 1985 jeweils das Gericht, das für die Auflösung der betreffenden Gesellschaft zuständig wäre. Dies ist in der Regel die *Chancery Division* des *High Court* (vgl. s. 117 Abs. 1 IA 1986). Dort ist der Antrag entweder an den Registerbeamten (*registrar*) oder – in besonders gelagerten Fällen – an den Richter (seit Erlass des *practice statement* vom 4. April 2002 durch Morrit V.-C. [2002] 3 All E.R. 96) am *Companies Court*, der Teil der *Chancery Division* des *High Court* ist, zu richten. *Chapman/ Ballard*, Tolley's Company Law, Tz. R 2019. Liegt das *share capital paid up* nicht höher als £ 120.000 ist nach s. 117 Abs. 2 IA 1986 zusätzlich alternativ der *County Court* des Bezirks zuständig, in dem sich die eingetragenen Niederlassung der in Frage stehenden Gesellschaft befindet.

674 Siehe zum Verfahren bereits oben *1. Teil § 7 I. 4.*

675 Die das Innenverhältnis regelnden *articles of association* stellen zusammen mit dem das Außenverhältnis betreffenden *memorandum of association* das dar, was man nach deutscher Rechtsterminologie unter einer Satzung versteht. Zur Unterscheidung soll im Folgenden von Satzung gesprochen werden, wenn es um die *articles of association* geht und von Gründungsurkunde, wenn das *memorandum of association* betroffen ist. Legt eine Gesellschaft beim Gesellschaftsregisterführer keine eigenen *articles* vor, so gelten die Muster-*articles*, *The Companies (Table A to F) Regulations 1985* (S.I. 1985 No. 805). *Witt*, AG 2000, 257, 263. Vgl. auch *Triebel/ Hodgson/ Kellenter/ Müller*, Englisches Handels- und Wirtschaftsrecht, Rz. 602 ff.

676 Vgl. *Boyle/ Marshall*, Practice and Procedure of the Companies Court, S. 57.

zur Art und Weise der Einberufung enthält.[677] Diese wird dann in der Regel durch die vom Registerbeamten für die verschiedenen Versammlungen vorgesehenen Vorsitzenden bekannt gemacht.[678] Dabei sieht die gerichtliche Anordnung regelmäßig vor, dass die Versammlungen frühestens 21 Tage nach der Bekanntmachung abgehalten werden.[679] Die Untergrenze beträgt 14 Tage.[680] In der Einberufung ist auf die zur Information der Aktionäre ausgelegten Dokumente[681] hinzuweisen.[682] Ferner ist der Einberufung die Stellungnahme nach s. 426 CA 1985 beizulegen, sofern sie durch auf dem Postweg an die Aktionäre gerichtete Mitteilungen erfolgt, s. 426 Abs. 2 CA 1985. Wird die Einberufung mittels öffentlicher Bekanntmachung bewirkt, so reicht nach s. 426 Abs. 3 CA 1985 auch ein Hinweis darauf aus, wie man an Abschriften der Stellungnahme gelangen kann. Nach Anfertigung der Stellungnahme eingetretene wesentliche Veränderungen müssen in der Hauptversammlung nachgetragen werden.[683]

b) Auskunftsrecht des Aktionärs in der Hauptversammlung

Ein allgemeines Auskunftsrecht des Aktionärs in der Hauptversammlung ist weder in den s. 366 ff. CA 1985, an denen sich das Gericht orientiert, vorgesehen noch enthalten die Muster-*articles*[684] ein solches.[685] Auch die Rechtsprechung hat sich, soweit ersichtlich, zu diesem Thema noch nicht geäußert.[686] In Bezug auf die Hauptversammlung findet sich im Schrifttum der Hinweis darauf, dass den Aktionären darin ausreichend Gelegenheit gegeben

---

677 *Boyle/ Marshall*, Practice and Procedure of the Companies Court, 62; *Chapman/ Ballard*, Tolley's Company Law, Tz. R 2019.

678 Vgl. *Davis-White/ Butcher*, Atkin's Court Forms, Band 9 (1), 127. Es ist davon auszugehen, dass dies auch auf elektronischem Wege geschehen kann. Die neu gefasste s. 372 CA 1985 erlaubt dies inzwischen ausdrücklich. Eine Orientierung des Gerichts an dieser Regelung ist wohl anzunehmen.

679 *Chapman/ Ballard*, Tolley's Company Law, Tz. R 2019. Vgl. die Wertung von s. 369 Abs. 1 lit. a CA 1985.

680 *Mercantile Investment and General Trust Co. v. International Co. of Mexico* [1893] 3 Ch. 235. Vgl. die Wertung von s. 369 Abs. 1 lit. b (ii) CA 1985.

681 Damit sind die nach § 3 lit. e i.V.m. § 6 Abs. 1 Sch. 15B CA 1985 auszulegenden Dokumente gemeint.

682 Vgl. *Chapman/ Ballard*, Tolley's Company Law, Tz. R 2019.

683 Vgl. *Minster Assets plc* [1985] BCLC 200; *Chapman/ Ballard*, Tolley's Company Law, Tz. R 2019.

684 Siehe oben *a)*.

685 Vgl. *Witt*, AG 2000, 257, 263.

686 Vgl. *Davies* in Baums/ Wymeersch (Hrsg.), Shareholder Voting Rights and Practices in Europe and the United States, 331, 350 f.

werden müsse, die einzelnen Beschlussvorgänge zu erörtern.[687] Darüber hinaus sollen die Anteilseigner auch Fragen an den Verwaltungsrat richten können, vorausgesetzt, diese Fragen stehen im Zusammenhang mit dem betreffenden Beschlussgegenstand.[688] Daneben wurden von verschiedenen Seiten (zum Teil nicht mehr aktuelle) Vorschläge zur Regelung eines Auskunftsrechts gemacht. Das britische Wirtschaftsministerium hat eine Regelung vorgeschlagen, nach der den Gesellschaften auferlegt werden soll, den Aktionären ein Auskunftsrecht in der Hauptversammlung zu gewähren bzw. sogar den Aktionären dieses Recht unmittelbar einzuräumen soll.[689] Ein anderer Vorschlag geht dahin, dass die Aktionäre ihre Fragen der Gesellschaft bereits im Vorfeld der Hauptversammlung übermitteln. Handelt es sich dabei um Fragen, die nur den fragenden Aktionär betreffen, so soll sein Anliegen an das zuständige Verwaltungsratsmitglied weiter geleitet werden, der darauf nach der Hauptversammlung eingeht.[690] Schließlich wird darüber nachgedacht, die Aktionäre dazu zu ermuntern, im Vorfeld bereits Fragen an die Gesellschaft zu richten, ohne dass dies zu einer Beschränkung ihres Fragerechts in der Hauptversammlung führen dürfe.[691] Solange diese Möglichkeiten nur Vorschläge darstellen, wird das Auskunftsrecht insbesondere durch die *articles of association* bestimmt, d.h. es kommt darauf an, was im Einzelfall geregelt ist.

VI. Vergleich der Informationsrechte

Das fein gestrickte Netz der europarechtlichen Vorgaben für Informationsrechte, die einem Aktionär anlässlich der Verschmelzung bzw. Spaltung seiner Gesellschaft zur Verfügung gestellt werden müssen, und deren weitestgehend ordnungsgemäße Umsetzung sorgen dafür, dass in den Rechtsordnungen eine breite Einheitlichkeit in diesem Bereich vorzufinden ist. Die Eckpfeiler der Informationsrechte, der Verschmelzungs- bzw. Spaltungsplan, der Verschmelzungs- bzw. Spaltungsbericht sowie der Verschmelzungs- bzw. Spaltungsprüfbericht, sind fest in den zu untersuchenden Rechtsordnungen verankert.

---

687 Vgl. *Witt*, AG 2000, 257, 263.

688 Diese Voraussetzung ergibt sich aus dem *common law*; vgl. *Davies*, Gower's and Davies' Principles of Modern Company Law, 583.

689 *Department of Trade and Industry,* Consultative Document Shareholder Communications at the Annual General Meeting, Section 3 (1996), URN 96/685; inzwischen nicht mehr aktuell.

690 *Report of the City/ Industry working group*: Developing a Winning Partnership, 2. Auflage 1996, 12 f., URN 95/551.

691 *ISCA* Guide to Best Practice at Annual General Meetings, 1996, 18 f.

Die Einheitlichkeit bezieht sich – ebenfalls aufgrund der zwingenden Vorgaben – auch auf die Verfahrenserleichterungen, die für Informationsrechte bei der Verschmelzung einer 100%igen Tochtergesellschaft auf ihre Muttergesellschaft vorzusehen sind, nämlich die Entbehrlichkeit einiger Bestimmungen im Verschmelzungsplan, des gesamten Verschmelzungsberichts und -prüfberichts (Art. 24 VRL). Hintergrund dieser Erleichterungen ist, dass das Umtauschverhältnis in diesem Fall nicht festgelegt werden muss und die Informationen hierüber daher nicht benötigt werden. Die Möglichkeit, unter bestimmten Voraussetzungen bei einer Verschmelzung, bei der eine Aktiengesellschaft zwischen 90 und weniger als 100% der Aktien der übertragenden Gesellschaft hält, auf den Verschmelzungsbericht und den Verschmelzungsprüfbericht sowie deren Bereitstellung zu verzichten, hat keine der zu untersuchenden Rechtsordnungen in Anspruch genommen. Für die Spaltung sind entsprechende Erleichterungen innerhalb eines Konzerns nicht vorgesehen, was wiederum daran liegt, dass bei einer Spaltung die als Gegenleistung zu gewährenden Anteile der (mindestens) zwei übernehmenden Gesellschaften nicht zwingend entsprechend dem ursprünglichen Verhältnis in der übertragenden Gesellschaft deren Gesellschaftern zugeteilt werden müssen und aus diesem Grund nicht auf die entsprechenden Informationen verzichtet werden kann. Lediglich für den Fall, dass bei eine Spaltung zur Neugründung das soeben erwähnte Verhältnis gewahrt wird, wird den Mitgliedstaaten die Option eingeräumt, auf die Spaltungsprüfung, den dazugehörigen Bericht und dessen Bereitstellung zu verzichten (Art. 22 Abs. 5 SpRL). Von diesen Erleichterungen haben Deutschland und Frankreich Gebrauch gemacht, Belgien und Großbritannien hingegen nicht. Die Verfahrenserleichterungen, die für Spaltungen unter Aufsicht eines Gerichts erlaubt werden (Art. 23 SpRL), finden sich nur in der britischen Rechtsordnung. Sie fordert als einzige der zu untersuchenden Rechtsordnungen die Durchführung der Spaltung in dieser Weise und macht sich die stark vereinfachte Möglichkeit der Zugänglichmachung des Spaltungsplans zunutze.

Die weitere Option der SpRL, bei Verzicht aller Aktionäre aller beteiligten Gesellschaften den Spaltungsbericht und den Spaltungsprüfungsbericht sowie deren Bereitstellung für entbehrlich erklären zu dürfen (Art. 10 i.V.m. Art. 7 bzw. 8 SpRL) nutzen das deutsche, belgische und britische Recht, nicht hingegen das französische.

Die Pflicht der Verwaltungs- oder Leitungsorgane der übertragenden Gesellschaft, bei Spaltungen über wesentliche Vermögensänderungen ihrer Gesellschaft zwischen Aufstellen des Spaltungsplans und dem Tag der Hauptversammlung Bericht zu erstatten (Art. 7 Abs. 3 SpRL), findet sich in ordnungsgemäßer Umsetzung im deutschen, belgischen und britischen Recht, nicht hingegen explizit – soweit ersichtlich – im französischen Recht. Das belgische Recht dehnt als einziges diese Pflicht darüber hinaus auch auf Verschmelzungen aus. Auch wenn eine entsprechende Information auch über andere Informationsrechte, so z.B. im deutschen Recht aus § 64 Abs. 2 UmwG, erlangt werden kann, so dient die ausdrückliche Verpflichtung im belgischen Recht der Rechtsklarheit und Rechtssicherheit und stellt, da sie so die Rechte der Aktionäre stärkt, eine begrüßenswerte Regelung dar.

Größere Unterschiede ergeben sich außerhalb der Vorgaben durch die VRL und SpRL bei den allgemeinen Informationsrechten, die sich vorliegend im Zusammenhang mit dem Abhalten der Hauptversammlung ergeben, welche die Verschmelzung bzw. Spaltung beschließt. Bei der Einberufung der Hauptversammlung und der damit verbundenen Bekanntmachung der Tagesordnung, aus der die Verschmelzung bzw. Spaltung als Beschlussgegenstand hervorgeht, zeigt sich das zunächst bei der Art des Verfahrens, das im britischen Recht – wie bereits erwähnt – durch das Gericht festgelegt wird und um einiges aufwändiger ist als in den übrigen Rechtsordnungen. Was die zeitliche Komponente anbelangt, so sind insbesondere die im französischen und belgischen Recht unterschiedlichen Einberufungsfristen für nichtbörsennotierte und börsennotierte Gesellschaften hervorzuheben. Bei zuletzt genannten ist sie – erwartungsgemäß – länger, was sich damit begründen lässt, dass so dem (oft breit gestreuten) Aktionärskreis (auch grenzüberschreitend) die Teilnahme erleichtert wird. Entsprechend früher wird er über diesen Informationskanal von einer geplanten Verschmelzung oder Spaltung informiert. Eine Vereinheitlichung für börsennotierte Aktiengesellschaften wird insofern die Richtlinie über Rechte von Aktionären börsennotierter Gesellschaften bringen, siehe Art. 5 Abs. 1 ARL-V. Im Vergleich zu den verschmelzungs- und spaltungsrechtsspezifischen Informationsrechten und deren Bereitstellung mindestens einen Monat vor Abhalten der Hauptversammlung bedeutet dies jedoch keinen zeitlichen Gewinn, da sich die Fristen im Bereich von zwei und (gut) vier Wochen bewegen. Dies gilt auch für das britische Recht, das regelmäßig von einer dreiwöchigen Mindestfrist ausgeht. Auch im deutschen Recht ergibt sich bei der Frist von 30 Tagen für die Einberufung in zeitlicher Hinsicht kaum ein Unterschied zu den verschmelzungs- und spaltungsrechtsspezifischen Informationsrechten. Der im Zusammenhang mit der Einberufung stehende Informationsgehalt liegt durchweg unter dem verschmelzungs- bzw. spaltungsrechtlichen, da eine komplette Darstellung der einzelnen Informationsinstrumente (Plan, Bericht, Prüfbericht) nicht gefordert wird.

Was nun das im Zusammenhang mit dem Abhalten der Hauptversammlung relevante allgemeine Auskunftsrecht anbelangt, so ergeben sich signifikante konzeptionelle Unterschiede. Die deutsche Rechtsordnung setzt insofern auf ein Fragerecht innerhalb der Hauptversammlung, das mit dem (bekannten) Anfechtungsrisiko behaftet ist – wenn auch nun nach Inkrafttreten des UMAG in leicht eingeschränkter Form. Dieses allgemeine Auskunftsrecht wird ergänzt durch – nicht von der VRL oder SpRL vorgeschriebenen – verschmelzungs- bzw. spaltungsrechtsspezifischen Informationsrechten innerhalb der Hauptversammlung. Das ist insbesondere zum einen die mündliche Erläuterung des Verschmelzungs- bzw. Spaltungsplans, zum anderen das Recht auf Auskunft hinsichtlich verschmelzungs- und spaltungsrelevanter Informationen der anderen beteiligten Rechtsträger. Diesem erst in der Hauptversammlung zu stellenden Informationsbegehren steht das für das französische Recht typische Recht gegenüber, bereits im Vorfeld der Hauptversammlung schriftlich Fragen zu stellen, die – was gesetzlich allerdings nicht fixiert ist – im Zusammenhang mit der Tagesordnung stehen sollen. Darüber hinaus wird davon ausgegangen, dass auch im französischen Recht die Möglichkeit besteht, auch noch in der Hauptversammlung Fragen zu stellen. Ein Fragerecht innerhalb der Hauptversammlung ähnlich dem deutschen Recht sieht auch das belgische Recht vor. Im britischen Recht wurden und werden verschiedene Möglichkeiten eines Auskunftsrechts im Zusammenhang mit dem Abhalten der Hauptversammlung diskutiert, verbindliche Lösungen – insbesondere in Gesetz gegossene – gibt es, soweit ersichtlich, bisher nicht. Zumindest wird in der Literatur nicht ausgeschlossen, in der Hauptversammlung Fragen zu stellen, die den Beschlussgegenstand betreffen.

§ 12 Entscheidungszuständigkeit

I. Europarechtliche Vorgaben

1. Entscheidungszuständigkeit der Hauptversammlung

VRL und SpRL legen aufgrund der weitreichenden Folgen der Maßnahmen für die Aktionäre der beteiligten Gesellschaften[692] die Zuständigkeit für die letztendliche Entscheidung über die Verschmelzung bzw. Spaltung in die Hände der Anteilseigner. Beide Maßnahmen bedürfen daher dabei grundsätzlich der Zustimmung der Hauptversammlung jeder der beteiligten Gesellschaften, Art. 7 Abs. 1 UA 1 S. 1 VRL bzw. Art. 5 Abs. 1 S. 1 SpRL.[693] Bei der Verschmelzung durch bzw. Spaltung zur Neugründung entfällt die Zustimmung der übernehmenden Gesellschaft(en) bereits aus konzeptionellen Gründen: Die jeweiligen Gesellschaften entstehen erst im Zuge der Durchführung der Maßnahmen. Eine Abstimmung über die Verschmelzung bzw. Spaltung kann daher nicht stattfinden.

---

692 Siehe oben *2. Teil § 10.*
693 Siehe zu den Ausnahmen unten *5.*

2. *Beschlussgegenstände: Verschmelzungs- bzw. Spaltungsplan und ggf. die für dessen Durchführung erforderliche Satzungsänderung*

Der von der Hauptversammlung zu fassende Beschluss erstreckt sich nach Art. 7 Abs. 3 VRL bzw. Art. 5 Abs. 1 S. 2 SpRL i.V.m. Art. 7 Abs. 3 VRL auf die Genehmigung des Verschmelzungs- bzw. Spaltungsplans und gegebenenfalls auf die zu seiner Durchführung erforderlichen Satzungsänderungen. Bei der Verschmelzung durch bzw. Spaltung zur Neugründung müssen die Hauptversammlungen der übertragenden Gesellschaft(en) auch der Satzung der neu zu gründenden Gesellschaft(en) zustimmen, zudem gegebenenfalls auch dem Errichtungsakt, falls sie Gegenstand eines getrennten Aktes sind, Art. 23 Abs. 3 VRL bzw. Art. 22 Abs. 3 SpRL.[694]

3. *Mehrheitserfordernisse*

Art. 7 Abs. 1 UA 1 S. 2 VRL bzw. Art. 5 Abs. 1 S. 2 SpRL i.V.m. 7 Abs. 1 UA 1 S. 2 VRL verlangt, dass die Rechtsvorschriften der Mitgliedstaaten für den Beschluss mindestens eine Mehrheit von nicht weniger als zwei Dritteln der Stimmen der vertretenen Wertpapiere oder des vertretenen gezeichneten Kapitals vorschreiben. Die Mitgliedstaaten können jedoch auch eine einfache Mehrheit nach Art. 7 Abs. 1 UA 2 S. 1 VRL bzw. Art. 5 Abs. 1 S. 2 SpRL i.V.m. 7 Abs. 1 UA 2 S. 1 VRL vorschreiben, sofern mindestens die Hälfte des gezeichneten Kapitals vertreten ist. Wenn die Maßnahme eine Satzungsänderung notwendig macht, ist jedoch eine satzungsändernde Mehrheit erforderlich, Art. 7 Abs. 1 UA 2 S. 2 VRL bzw. Art. 5 Abs. 1 S. 2 SpRL i.V.m. 7 Abs. 1 UA 2 S. 2 VRL.[695]

---

694 Die hierfür erforderliche Mehrheit ist nicht festgelegt (*Edwards*, EC Company Law, 107). Zu den (anderen) Mehrheitserfordernissen siehe sogleich unten *3.*

695 *Edwards*, EC Company Law, 106; *Grundmann*, Europäisches Gesellschaftsrecht, Rz. 874 (Fn. 45); *Hommelhoff/ Riesenhuber*, in: Grundmann (Hrsg.), Systembildung und Systemlücken in Kerngebieten des Europäischen Privatrechts, 259, 272. Anders wohl *Habersack*, Europäisches Gesellschaftsrecht, Rz. 224 und *Schwarz*, Europäisches Gesellschaftsrecht, Rz. 650. Sie sind so zu verstehen, dass die Vorschriften über die Satzungsänderung in jedem Fall anzuwenden sind. Bereits der Wortlaut der Vorschrift („gegebenenfalls“) ergibt, dass dies eben nicht in allen Fällen erforderlich ist. Hierfür spricht zudem ein systematisches Argument: Art. 7 Abs. 3 VRL geht in gleicher Weise lediglich von einer fallbezogenen Anwendung der Vorschriften über die Satzungsänderung aus. Vgl. *Hommelhoff/ Riesenhuber*, in: Grundmann (Hrsg.), Systembildung und Systemlücken in Kerngebieten des Europäischen Privatrechts, 259, 272 (Fn. 66). Schließlich ergibt sich dies auch aus der Entstehungsgeschichte: Art. 4 des Vorschlags, der stets eine satzungsändernde Mehrheit verlangte, wurde gerade nicht unverändert übernommen. Vgl. *Grundmann*, Europäisches Gesellschaftsrecht, Rz. 875 (Fn. 45).

4. *Sonderbeschlüsse bei Bestehen verschiedener Aktiengattungen*

Für den Fall, dass in den Gesellschaften verschiedene Aktiengattungen vorhanden sind, haben die Mitgliedstaaten Vorschriften vorzusehen, die den Beschluss über die Verschmelzung bzw. Spaltung zumindest jeder Gattung derjenigen Aktionäre von einer gesonderten Abstimmung abhängig machen, deren Rechte durch die Maßnahme beeinträchtigt werden, Art. 7 Abs. 2 VRL bzw. Art. 5 Abs. 1 S. 2 SpRL i.V.m. Art. 7 Abs. 2 VRL.

5. *Entbehrlichkeit der Zustimmung durch die Hauptversammlung*

a) Entbehrlichkeit bei der bzw. den übernehmenden Gesellschaft(en) unter Einhaltung bestimmter Voraussetzungen (Verschmelzung und Spaltung)

Nach Art. 8 VRL bzw. 6 SpRL können die Mitgliedstaaten auf das Erfordernis der Zustimmung der Hauptversammlung der übernehmenden Gesellschaft bei der Verschmelzung und Spaltung in ihren Rechtsvorschriften verzichten, wenn sie dies von der Einhaltung folgender Voraussetzungen abhängig machen:[696] Erstens muss der Verschmelzungs- bzw. Spaltungsplan mindestens einen Monat vor der Hauptversammlung der über die Maßnahme beschließenden übertragenden Gesellschaft(en) für die übernehmende(n) Gesellschaft(en) nach Art. 6 VRL bzw. 4 SpRL[697] offengelegt werden, Art. 8 lit. a VRL bzw. Art. 6 lit. a SpRL. Zweitens muss den Aktionären der übernehmenden Gesellschaft(en) mindestens einen Monat vor diesem Zeitpunkt am Sitz der übernehmenden Gesellschaft(en) die Einsichtnahme der in Art. 11 Abs. 1 VRL bzw. Art. 9 Abs. 1 SpRL genannten Unterlagen, d.h. des Plans, der Jahresabschlüsse, Geschäftsberichte sowie ggf. einer Zwischenbilanz, des Berichts und Prüfungsberichts, ermöglicht werden, Art. 8 Abs. 1 lit. b VRL bzw. Art. 6 Abs. 1 lit. b SpRL.[698] Drittens müssen die Mitgliedstaaten einem oder mehreren Aktionären der übernehmenden Gesellschaft(en), die über einen Mindestprozentsatz des gezeichneten Kapitals verfügen, das Recht einräumen, die Einberufung einer Hauptversammlung ihrer Gesellschaft zu ver-

---

[696] Eine Entbehrlichkeit der Zustimmung der Hauptversammlung der übernehmenden Gesellschaft(en) kommt bei der Verschmelzung durch bzw. der Spaltung zur Neugründung nicht in Betracht, da hier eine solche Hauptversammlung nicht stattfinden kann [siehe oben a)]. Entsprechend wurde Art. 8 VRL von dem Verweis in Art. 23 Abs. 1 S. 1 VRL und Art. 6 SpRL in Art. 22 Abs. 1 S. 1 SpRL ausgenommen.

[697] Siehe hierzu oben *§ 11 I. 1. c) bb)*.

[698] Findet die Spaltung unter Aufsicht eines Gerichts statt, so kann von der Einhaltung der in Art. 6 lit. a und b SpRL aufgestellten Bedingungen abgesehen werden, Art. 23 Abs. 2 lit. b SpRL.

langen, in der über die Zustimmung zu der Maßnahme beschlossen wird, Art. 8 lit. c VRL bzw. Art. 6 lit. c SpRL. Der Mindestprozentsatz darf dabei nicht mehr als 5% betragen, wahlweise ohne Berücksichtigung der stimmrechtslosen Aktien bei der Berechnung. An die Stelle des Rechts auf Abstimmung aller Aktionäre der beteiligten Gesellschaften in den jeweiligen Hauptversammlungen tritt also das Recht, bei entsprechender Informationsversorgung spätestens ab einem Kapitalanteil von 5% eine Hauptversammlung einzuberufen.[699]

b) Entbehrlichkeit bei der übernehmenden Gesellschaft bei einem Anteilsbesitz von mehr als 90% an der übertragenden Gesellschaft (Verschmelzung)

Auf die Zustimmung der Hauptversammlung der übernehmenden Gesellschaft zur Verschmelzung kann auch dann verzichtet werden, wenn die übernehmende Gesellschaft mehr als 90% der Anteile an der oder den übertragenden Gesellschaft(en) hält, Art. 27 VRL. Die hierfür vorzusehenden Bedingungen sind fast identisch mit den oben unter *b)* beschriebenen nach Art. 8 VRL. Anders als bei Art. 8 VRL ist vor allem, dass bei der Konzernverschmelzung die Einsichtnahme in den Verschmelzungsbericht und den Verschmelzungsprüfungsbericht nicht vorgeschrieben werden muss (Art. 27 lit. b klammert die entsprechenden Buchstaben des Art. 11 Abs. 1 VRL aus); zudem, dass den Aktionären das Recht auf Abschriften eingeräumt werden muss (Art. 27 lit. b S. 2 i.V.m. Art. 11 Abs. 3 VRL).

c) Entbehrlichkeit bei allen beteiligten Gesellschaften bei 100%igem Anteilsbesitz der übernehmenden Gesellschaft (Verschmelzung)

Liegen bei einer Verschmelzung 100% der Anteile der übertragenden Gesellschaft(en) in der Hand der übernehmenden Gesellschaft, so können die Mitgliedstaaten nach Art. 25 VRL unter beinahe identischen Bedingungen wie nach Art. 27 VRL[700] die Entbehrlichkeit aller Hauptversammlungsbeschlüsse vorsehen. Lediglich der für die Offenlegung des Verschmelzungsplans nach Art. 6 VRL und die Bereitstellung der Unterlagen nach Art. 11 Abs. 1 lit. a-c VRL maßgebende Zeitpunkt wird gemäß Art. 25 lit. a bzw. b VRL mangels Hauptversammlungsbeschlusses auf das Wirksamwerden der Verschmelzung gelegt.

---

699 Vgl. *Grundmann*, Europäisches Gesellschaftsrecht, Rz. 875.

700 Siehe oben *b)*.

d) Entbehrlichkeit bei der übertragenden Gesellschaft bei 100%igem Anteilsbesitz der übernehmenden Gesellschaften (Spaltung)

Die Mitgliedstaaten brauchen nach Art. 20 SpRL für den Fall, dass bei einer Spaltung den übernehmenden Gesellschaften zusammen alle Anteile der übertragenden Gesellschaft gehören, die Zustimmung der Hauptversammlung der übertragenden Gesellschaft nicht vorzuschreiben. Die Bedingungen, unter denen dies zulässig ist, sind weitgehend parallel geregelt zu denen, die für die Entbehrlichkeit des Hauptversammlungsbeschlusses bei der Verschmelzung von 100%igen Tochtergesellschaften auf ihre Muttergesellschaft nach Art. 25 VRL gelten.[701] Einer zusätzlichen Regelung bedurfte lediglich die spaltungsspezifische Unterrichtung über wesentlichen Vermögensveränderungen nach Art. 7 Abs. 3 SpRL. Mangels Hauptversammlungsbeschlusses in der übertragenden Gesellschaft als zeitlichem Bezugspunkt erstreckt sich die Unterrichtung nach Art. 20 lit. d SpRL auf jede nach der Aufstellung des Spaltungsplans eingetretene wesentliche Veränderung des Aktiv- und Passivvermögens.

II. Rechtslage in Deutschland

1. Entscheidungszuständigkeit der Hauptversammlung

Nach § 13 Abs. 1 S. 1 UmwG bzw. §§ 125 S. 1 i.V.m. 13 Abs. 1 S. 1 UmwG wird der Verschmelzungs- bzw. Spaltungsvertrag nur wirksam, wenn die Anteilsinhaber der beteiligten Rechtsträger ihm durch Beschluss zustimmen, wobei dieser Beschluss nach § 13 Abs. 1 S. 2 UmwG bzw. §§ 125 S. 1 i.V.m. 13 Abs. 1 S. 2 UmwG nur in einer Versammlung der Anteilsinhaber gefasst werden kann. Bei Aktiengesellschaften ist dies die Hauptversammlung, vgl. § 65 UmwG und § 118 Abs. 1 AktG. Damit wird eine weitere, über den nicht abschließenden Katalog des § 119 Abs. 1 AktG hinausgehende Zuständigkeit der Hauptversammlung begründet. Eine satzungsmäßige Übertragung der Zuständigkeit auf andere Organe ist wegen der weitreichenden Folgen von Verschmelzung und Spaltung für die Aktionäre[702] ausgeschlossen.[703] Aus dem-

---

701 Siehe oben *c)*.

702 Es handelt sich für alle beteiligten Gesellschaften um eine sogenannte Grundlagenentscheidung (*Grunewald* in Lutter, § 65 UmwG, Rz. 2; *Lutter/ Drygala* in Lutter, § 13 UmwG, Rz. 4). Für die übertragende(n) Gesellschaft(en) ergibt sich dieser Charakter aus der mit der jeweiligen Maßnahme in der Regel verbundenen Folge des Erlöschens der Gesellschaft, für die übernehmende(n) Gesellschaft(en) daraus, dass sich die Beteiligungsquote der Aktionäre verschiebt, wenn – wie regelmäßig – in der Folge der Maßnahme weitere Aktionäre aufgenommen werden (*Grunewald* in Lutter, § 65 UmwG, Rz. 2). Siehe hierzu bereits ausführlich oben *2. Teil § 10.*

selben Grund kann die Entscheidung auch nicht von der Mitwirkung anderer Organe, wie z. B. einem Beirat, abhängig gemacht werden[704] und es sind auch keine Bedingungen und Befristungen möglich, da hierdurch den Vertretungsorganen ein eigener Spielraum eröffnet würde.[705] Die Entscheidung kann ausschließlich von den Anteilsinhabern alleine getroffen werden.[706] [707]

2. *Beschlussgegenstände*

Die Hauptversammlung beschließt entweder sofort über den Verschmelzungs- bzw. Spaltungsvertrag, vgl. § 13 Abs. 1 UmwG bzw. §§ 125 S. 1 i.V.m. 13 Abs. 1 UmwG,[708] oder aber zunächst nur über den entsprechenden Entwurf hierzu, wenn die Vorstände der beteiligten Gesellschaften den Vertrag erst nach Vorlage an die Hauptversammlung schließen, vgl. § 4 Abs. 2 UmwG bzw. §§ 125 S. 1 i.V.m. 4 Abs. 2 UmwG.[709] Sollte lediglich der Entwurf vorgelegt werden, so darf es zwischen diesem und dem später geschlossenen Vertrag keine Abweichungen mehr geben. Ansonsten läge die notwendige Zustimmung der Anteilsinhaber zum Vertrag nicht mehr vor. Erforderlich ist insofern nicht nur inhaltliche Übereinstimmung. Vielmehr muss der Text des

---

703 *Grunewald* in Lutter, § 65 UmwG, Rz. 4; *Grunewald* in G/ H/ E/ K, § 340c AktG, Rz. 2; *Lutter/ Drygala* in Lutter, § 13 UmwG, Rz. 4; *Schilling* in Großkommentar, § 340 AktG, Rz. 4.

704 *Grunewald* in Lutter, § 65 UmwG, Rz. 4; *Lutter/ Drygala* in Lutter, § 13 UmwG, Rz. 4; *Rieger* in Widmann/ Mayer, § 65 UmwG, Rz. 8.

705 *Grunewald* in Lutter, § 65 UmwG, Rz. 4; *Lutter/ Drygala* in Lutter, § 13 UmwG, Rz. 4 und 17; vgl. auch *Stratz* in Schmitt/ Hörtnagl/ Stratz, § 13 UmwG, Rz. 14.

706 *Lutter/ Drygala* in Lutter, § 13 UnwG, Rz. 4.

707 Anzumerken ist, dass § 13 Abs. 2 UmwG, wonach der Verschmelzungsbeschluss der Zustimmung einzelner Anteilsinhaber der übertragenden Gesellschaft bedarf, wenn Anteile von diesen nur mit deren Genehmigung abgetreten werden können, bei Verschmelzungen (und auch Spaltungen) unter ausschließlicher Beteiligung von Aktiengesellschaften keine Rolle spielt. Denn nach § 68 Abs. 2 AktG kann die Übertragung von Aktien nur an die Zustimmung der Gesellschaft, nicht aber an die einzelner Aktionäre gebunden werden. *Gehling* in Semler/ Stengel, § 12 UmwG, Rz. 47; *Zimmermann* in Kallmeyer, § 13 UmwG, Rz. 23.

708 Der zustimmende Beschluss der Hauptversammlung stellt die nachträgliche Zustimmung (Genehmigung) des Vertrags dar. Mit dem letzten zustimmenden Beschluss wird der bis dahin schwebend unwirksame Vertrag wirksam. Siehe hierzu bereits oben *§ 11 1. a) aa) (1)*.

709 Bei Vorlage des Entwurfs stellt der Beschluss die Einwilligung in den Abschluss des (beabsichtigten) Vertrags dar. *Stratz* in Schmitt/ Hörtnagl/ Stratz, § 13 UmwG, Rz. 13. Sofern im Folgenden aus Vereinfachungsgründen nur der Begriff „Vertrag" verwendet wird, gelten ohne besonderen Hinweis die Ausführungen in gleicher Weise auch für den Entwurf.

Vertragsentwurfs – bis auf ganz wenige Ausnahmen[710] – wortgleich im Vertrag übernommen werden.[711] Andernfalls würde den Vertretungsorganen wiederum ein unzulässiger Verhandlungsspielraum eingeräumt.

Bei der Verschmelzung durch Neugründung bzw. Spaltung zur Neugründung müssen die Hauptversammlungen der übertragenden Gesellschaft(en) mit dem Verschmelzungs- bzw. Spaltungsbeschluss neben dem Verschmelzungs- bzw. Spaltungsplan zusätzlich der Satzung der neu zu gründenden Gesellschaft(en) zustimmen, § 76 Abs. 2 S. 1 UmwG bzw. §§ 125 S. 1 i.V.m. 76 Abs. 2 S. 1 UmwG.[712] Damit wird Art. 23 Abs. 3 VRL bzw. Art. 22 Abs. 3 SpRL entsprochen. Dies gilt nach § 76 Abs. 2 S. 2 UmwG bzw. §§ 125 S. 1 i.V.m. 76 Abs. 2 S. 2 UmwG entsprechend für die Bestellung der Mitglieder des Aufsichtsrats der neuen Gesellschaft(en), soweit diese nach § 31 AktG zu wählen sind.

Nicht gleichzeitig Gegenstand des Verschmelzungs- bzw. Spaltungsbeschlusses ist eine gegebenenfalls erforderliche Satzungsänderung des übernehmenden Rechtsträgers.[713] Diese bedarf eines separaten satzungsändernden Beschlusses.[714] Darüber hinaus ist in der Regel ein Beschluss über eine Kapitalerhöhung in der bzw. den übernehmenden Gesellschaft(en) erforderlich, § 69 Abs. 1 S. 1 UmwG i.V.m. 182 Abs. 1 AktG bzw. §§ 142 Abs. 1, 69 Abs. 1 S. 1 UmwG i.V.m. 182 Abs. 1 AktG, bei der Abspaltung gegebenenfalls über eine Kapitalherabsetzung, § 145 UmwG i.V.m. 229 Abs. 3, 222 Abs. 1 AktG.

3. *Mehrheitserfordernisse*

Nach § 65 Abs. 1 S. 1 UmwG bzw. §§ 125 S. 1 i.V.m. 65 Abs. 1 S. 1 UmwG bedarf es einer Mehrheit von drei Viertel des bei der Beschlussfassung über die Zustimmung zum Verschmelzungs- bzw. Spaltungsvertrag vertretenen Grundkapitals.[715] Dieses setzt sich aus den abgegebenen Ja- und Nein-

---

710 Für ein Beispiel sei auf *Stratz* in Schmitt/ Hörtnagl/ Stratz, § 5 UmwG, Rz. 98 verwiesen.

711 *Grunewald* in G/ H/ E/ K, § 340 c AktG, Rz. 4; *Heckschen* in Widmann/ Mayer, § 13 UmwG, Rz. 53 m.w.N.; *Stratz* in Schmitt/ Hörtnagl/ Stratz, § 4 UmwG, Rz. 24 und § 13 UmwG, Rz. 14; *Zimmermann* in Kallmeyer, § 13 UmwG, Rz. 7.

712 Siehe auch den rechtsformunabhängigen § 59 S. 1 UmwG.

713 Etwa wegen der Änderung der Kapitalziffer aufgrund einer notwendig gewordenen Kapitalerhöhung.

714 *Gehling* in Semler/ Stengel, § 13 UmwG, Rz. 46; *Lutter/ Drygala* in Lutter, § 13 UmwG, Rz. 17; *Zimmermann* in Kallmeyer, § 13 UmwG, Rz. 20.

715 Nach der klaren Formulierung von § 65 Abs. 1 S. 1 UmwG ist kein Quorum erforderlich. Dies wird zusätzlich aus einem Vergleich mit § 52 Abs. 5 S. 1 und 2 AktG deutlich. Vgl. *Stratz* in Schmitt/ Hörtnagl/ Stratz, § 65 UmwG, Rz. 8.

Stimmen zusammen. Enthaltungen sind ohne Einfluss.[716] Höhere Anforderungen[717] können nach § 65 Abs. 1 S. 2 UmwG bzw. §§ 125 S. 1 i.V.m. 65 Abs. 1 S. 2 UmwG in der Satzung festgelegt werden,[718] niedrigere hingegen sind wegen des klaren Wortlautes von § 65 Abs. 1 S. 1 und 2 UmwG nicht statthaft.[719] Da die Formulierung in § 65 Abs. 1 S. 1 UmwG denjenigen für (andere) Grundlagenentscheidungen einer Aktiengesellschaft entspricht, wird allgemein vertreten, dass neben der durch § 65 Abs. 1 S. 1 UmwG festgelegten drei Viertel Mehrheit des bei der Beschlussfassung vertretenen Grundkapitals kumulativ auch die einfache Stimmenmehrheit von § 133 Abs. 1 AktG vorliegen muss.[720] Bedeutung kann diese doppelte Anforderung dann erlangen, wenn das Stimmrecht nicht der Kapitalbeteiligung entspricht.[721]

---

716 *Diekmann* in Semler/ Stengel, § 65 UmwG, Rz. 11.

717 In Betracht kommen insofern eine größere Kapitalmehrheit bis hin zur Einstimmigkeit sowie weitere Erfordernisse wie etwa geheime Stimmabgabe oder ein Quorum. *Stratz* in Schmitt/ Hörtnagl/ Stratz, § 65 UmwG, Rz. 3.

718 Umstritten ist, ob in der Satzung enthaltene (nur) für Satzungsänderungen festgelegte erhöhte Anforderungen an die erforderliche Mehrheit auch für die Verschmelzung (bzw. die Spaltung) gelten. Ein Teil der Literatur lehnt dies mit der Begründung ab, dass die Verschmelzung per se noch keine Satzungsänderung beinhalte und aus der Sicht der übertragenden wie übernehmenden Aktiengesellschaft qualitativ etwas anderes sei (*Grunewald* in Lutter, § 65 UmwG, Rz. 6; *dies.* in G/ H/ E/ K, § 340 c AktG, Rz. 11; *Schilling* in Großkommentar, § 340 c AktG, Rz. 9). Die Gegenansicht spricht sich für die Übertragung der höheren Anforderungen auf den Verschmelzungsbeschluss aus mit der Begründung, dass die Aktionäre durch die höheren Anforderungen in der Regel zu erkennen geben, dass sie vor grundlegenden Strukturentscheidungen geschützt werden wollen, auch wenn dadurch rein formal die Satzung nicht geändert wird (*Bermel* in Goutier/ Knopf/ Tulloch, § 65, Rz. 15; *Rieger* in Widmann/ Mayer, § 65 UmwG, Rz. 10; *Zimmermann* in Kallmeyer, § 65 UmwG, Rz. 7).

719 *Grunewald* in Lutter, § 65, Rz. 5; *Zimmermann* in Kallmeyer, § 65, Rz. 6.

720 Vgl. statt aller nur *Rieger* in Widmann/ Mayer, § 65 UmwG, Rz. 4 und 5; *Stratz* in Schmitt/ Hörtnagl/ Stratz, § 65 UmwG, Rz. 3 und 9; *Zimmermann* in Kallmeyer, § 65 UmwG, Rz. 5.

721 Dies wirkt sich bei Aktien aus, deren Stimmgewicht nicht ihrem Nennbetrag oder bei Stückaktien ihrer Zahl entspricht. Vgl. *Hüffer*, § 179 AktG, Rz. 14. Die Bedeutung dieses Auseinanderfallens von Stimmrecht und Eigentum hat sich mit dem *KonTraG* (Gesetz zur Kontrolle und Transparenz im Unternehmensbereich vom 6.3.1998, BGBl. 1998 I, 786) allerdings drastisch verringert. Die Ausgabe neuer Aktien mit Mehrstimmrechten wurde endgültig untersagt (§ 12 Abs. 2 AktG). Die Übergangsvorschrift des § 5 (Abs. 1-6) EGAktG hat zu einer starken Reduzierung bestehender Mehrstimmrechte und damit auch deren Bedeutung geführt. Höchststimmrechte sind nur noch bei nichtbörsennotierten Gesellschaften erlaubt, § 134 Abs. 1 S. 2 AktG; die Übergangsfrist für bestehende Höchststimmrechte bei börsennotierten Gesellschaften ist bereits abgelaufen, § 5 Abs. 7 EGAktG.

Mit der Regelung der drei Viertel Mehrheit geht der deutsche Gesetzgeber über die Anforderungen des Art. 7 Abs. 1 UA 1 S. 2 Alt. 2 VRL bzw. Art. 5 Abs. 1 S. 2 SpRL i.V.m. 7 Abs. 1 UA 1 S. 2 Alt. 2 VRL hinaus, wonach eine Untergrenze von zwei Dritteln des vertretenen gezeichneten Kapitals einzuhalten ist. Wie der Wortlaut von Art. 7 Abs. 1 UA 1 S. 2 Alt. 2 VRL („mindestens") aber bereits zeigt, ist strengeres nationales Recht – und daher auch § 65 Abs. 1 S. 1 UmwG bzw. §§ 125 S. 1 i.V.m. 65 Abs. 1 S. 1 UmwG – mit den Vorgaben der Richtlinien vereinbar.

4. *Einstimmigkeitserfordernis im Sonderfall der nicht verhältniswahrenden Spaltung*

Bei der in § 126 Abs. 1 Nr. 10 UmwG zugelassenen nichtverhältniswahrenden Spaltung[722] werden den Anteilsinhabern des übertragenden Rechtsträgers Anteile an den übernehmenden Rechtsträgern nicht in dem Verhältnis zugeteilt, das ihrer Beteiligung am übertragenden Rechtsträger entspricht.[723] Da in diesem Fall ein besonders intensiver Eingriff in die Position der betroffenen Aktionäre stattfindet, sind sie auch in besonderem Maße schutzbedürftig.[724] Diesem Umstand trägt § 128 UmwG Rechnung, indem er bei der Aufspaltung und Abspaltung für die Wirksamkeit des Spaltungsvertrags die Zustimmung aller Anteilsinhaber des übertragenden Rechtsträgers voraussetzt.[725] Andern-

---

722 Siehe zur verhältniswahrenden Spaltung bereits oben *1. Teil § 3 I. 3. a) aa) (3) (c)* und sogleich in der nächsten Fußnote.

723 Es gibt dabei unterschiedliche Erscheinungsformen der nichtverhältniswahrenden Spaltung. Man kann diese in drei Hauptgruppen einteilen: Erstens kann es sich um eine reine Verschiebung der Beteiligungsverhältnisse an den übernehmenden Gesellschaften handeln. So können z.B. die Gesellschafter bei einer Spaltung zur Neugründung vereinbaren, dass der eine Gesellschafter bei einer der aufnehmenden Gesellschaften einen prozentual höheren als ihm eigentlich zustehenden Anteil erhält, der andere Gesellschafter im Ausgleich dafür bei einer anderen aufnehmenden Gesellschaft entsprechend höher beteiligt wird. Zweitens kann es auch eine Spaltung zu Null geben. In diesem Fall erhält ein Gesellschafter der übertragenden Gesellschaft überhaupt keine Anteile an einer der übernehmenden Gesellschaften, dafür aber entsprechend mehr (oder alle) Anteile an einer anderen übernehmenden Gesellschaft. Und drittens erscheint es auch zulässig, einzelnen Gesellschaftern überhaupt keine Anteile zu gewähren. Diese Möglichkeit ist allerdings umstritten. Vgl. insgesamt hierzu m.w.N.: *Priester* in Lutter, § 128 UmwG, Rz. 12 ff.

724 Vgl. RegEBegr., BR-Drucks. 75/94 zu § 128 UmwG; vgl. ferner *Hörtnagl* in Schmitt/ Hörtnagl/ Stratz, § 128 UmwG, Rz. 1.

725 Mit allen Anteilsinhabern sind nicht nur alle bei der Beschlussfassung vertretenen gemeint, sondern tatsächlich sämtliche Anteilsinhaber, die es gibt. Nicht zur Hauptversammlung erschienene Anteilseigner müssen ihre Zustimmung in notariell beur-

falls könnten die Mehrheitsgesellschafter unmittelbar in den persönlichen Vermögensbereich der Minderheitsgesellschafter eingreifen.[726] Die Anteilsinhaber der übernehmenden Gesellschaft hingegen sind von einer nichtverhältniswahrenden Spaltung nicht direkt betroffen. Ihr Verhältnis zu den Aktionären der übertragenden Gesellschaften spiegelt sich vielmehr im Umtauschverhältnis wider.[727]

5. *Sonderbeschlüsse bei Bestehen verschiedener Aktiengattungen*

Sind mehrere Gattungen von Aktien vorhanden, so bedarf es nach § 65 Abs. 2 S. 1 UmwG bzw. §§ 125 S. 1 i.V.m. 65 Abs. 2 S. 1 UmwG für die Wirksamkeit des Hauptversammlungsbeschlusses neben des Gesamtbeschlusses zusätzlich der Zustimmung der stimmberechtigten Aktionäre jeder Gattung,[728] die jeweils mit der in § 65 Abs. 1 UmwG bzw. §§ 125 S. 1 i.V.m. 65 Abs. 1 UmwG vorgesehenen Kapitalmehrheit einen Sonderbeschluss zu fassen haben, § 65 Abs. 2 S. 2 und 3 UmwG bzw. §§ 125 S. 1 i.V.m. 65 Abs. 2 S. 2 und 3 UmwG.[729] Welche Aktien eine besondere Gattung bilden, beurteilt sich nach § 11 AktG.[730]

---

kundeter Form erklären (§§ 125 S. 1 i.V.m. 13 Abs. 3 S. 1 UmwG). Priester in Lutter, § 128 UmwG, Rz. 18; vgl. auch *Heidenhain*, EuZW 1995, 327, 328.

726 *Hörtnagl* in Schmitt/ Hörtnagl/ Stratz, § 128 UmwG, Rz. 1; vgl. auch *Priester* in Lutter, § 128 UmwG, Rz. 2.

727 *Priester* in Lutter, § 128 UmwG, Rz. 9; vgl. auch *Hörtnagl* in Schmitt/ Hörtnagl/ Stratz, § 128 UmwG, Rz. 2.

728 Vgl. *Stratz* in Schmitt/ Hörtnagl/ Stratz, § 65 UmwG, Rz. 13; *Zimmermann* in Kallmeyer, § 65 UmwG, Rz. 21.

729 Dabei gilt auch in diesem Fall das Erfordernis der doppelten Mehrheit (kumulatives Vorliegen von §§ 65 Abs. 2 S. 3 i.V.m. 65 Abs. 1 S. 1 UmwG und § 133 Abs. 1 AktG, siehe oben *3.*). *Zimmermann* in Kallmeyer, § 65 UmwG, Rz. 24. Auf den Sonderbeschluss ist § 138 AktG anzuwenden. Der Hauptversammlungsbeschluss ist bis zur Fassung des Sonderbeschlusses schwebend unwirksam. *Grunewald* in Lutter, § 65 UmwG, Rz. 10.

730 Zwar bilden auch die Vorzugsaktien ohne Stimmrecht eine eigene Gattung. Durch die Einfügung des Wortes *„stimmberechtigt(en)"* in § 65 Abs. 2 S. 1 UmwG hat der Gesetzgeber im Vergleich zur Vorgängernorm (§ 340c Abs. 3 S. 1 AktG a.F.) nun aber deutlich gemacht, dass bei der Berechnung der relativen Kapitalmehrheit stimmrechtslose Aktien nicht mitzuzählen sind. *Stratz* in Schmitt/ Hörtnagl/ Stratz, § 65 UmwG, Rz. 4. Umstritten ist allerdings, ob ein Sonderbeschluss der stimmrechtslosen Vorzugsaktionäre erforderlich ist, wenn der Vorzug durch die Verschmelzung verloren geht. Dafür: *Kiem*, ZIP 1997, 1627, 1628; *Zimmermann* in Kallmeyer, § 65 UmwG, Rz. 22; dagegen *Grunewald* in Lutter, § 65, Rz. 8; *Lutter/ Drygala* in Lutter, § 5 UmwG, Rz. 13.

6. *Notarielle Beurkundung des Beschlusses*

Um Wirksamkeit zu erlangen, müssen der Verschmelzungs- bzw. Spaltungsbeschluss sowie die erforderlichen Zustimmungserklärungen der einzelner Anteilsinhaber notariell beurkundet werden, § 13 Abs. 3 UmwG bzw. §§ 125 S. 1 i.V.m. 13 Abs. 3 UmwG.

7. *Sachliche Rechtfertigung*

Ob eine sachliche Rechtfertigung des Verschmelzungs- bzw. Spaltungsbeschlusses erforderlich ist, hat der deutsche Gesetzgeber bewusst offen gelassen.[731] Eine Regelung hierzu findet sich dementsprechend im Gesetz nicht.[732] Ausgangspunkt ist die Frage, ob ein Mehrheitsentscheid zur Regelung einer bestimmten Frage im Gesellschaftsrecht alleine ausreichend ist oder ob zusätzlich eine Inhaltskontrolle des Beschlusses durchgeführt werden muss.[733] Vorzugswürdig erscheint es, für die verschiedenen strukturändernden Beschlüsse jeweils – unter Berücksichtigung aller Umstände – separat zu entscheiden, ob dem Schutz der Minderheitsaktionäre ausreichend Rechnung getragen ist oder ob der Beschluss zudem einer Prüfung auf sachliche Rechtfertigung unterzogen werden muss. Im Ergebnis ist beim Verschmelzungs- bzw. Spaltungsbeschluss aufgrund des Erfordernisses einer qualifizierten Mehrheitsentscheidung, der gesetzlichen Wertung in Einzelfragen und weiterer Maßnahmen zum Schutz der Minderheitsaktionäre grundsätzlich von einer materiellen Beschlusskontrolle beim Verschmelzungs- bzw. Spaltungsbeschluss abzusehen.[734] Eine Kontrolle des Verschmelzungs- bzw. Spaltungsbe-

---

731 Grund hierfür ist, dass sich diese Frage neben dem Verschmelzungs- bzw. Spaltungsbeschluss auch bei anderen Beschlüssen stellt und eine (isolierte) Regelung nur für Verschmelzung und Spaltung keinen Sinn machen würde. Es bedürfte vielmehr einer allgemeinen Lösung dieser Frage.

732 RegBegr. zu § 13 UmwG, bei *Ganske*, Umwandlungsrecht, 61.

733 Vgl. (ausführlich) zur gesamten (stark verästelten) Problematik mit Blick auf den Verschmelzungsbeschluss *Lutter/ Drygala* in Lutter, § 13 UmwG, Rz. 31 ff.

734 So auch *Lutter/ Drygala* in Lutter, § 13 UmwG, Rz. 34 ff. (insbesondere 37 a.E.), vgl. diese auch zu Einzelheiten; ferner *Gehling* in Semler/ Stengel, § 13 UmwG, Rz. 36; *Stratz* in Schmitt/ Hörtnagl/ Stratz, § 13 UmwG, Rz. 21; für die Spaltung *Engelmeyer*, Die Spaltung von Aktiengesellschaften, 189 ff. Eine Ausnahme zum Zwecke einer Konzerneingangskontrolle ist dann zu machen, wenn die Anteilsinhaber eines beteiligten Rechtsträgers erstmals Gesellschafter einer abhängigen Gesellschaft (§§ 15 ff. AktG) werden. *Lutter/ Drygala* in Lutter, § 13 UmwG, Rz. 38.

schlusses findet jedenfalls im Hinblick auf einen möglichen Mehrheitsmissbrauch und Beachtung des Gleichbehandlungsprinzips statt.[735]

8. *Entbehrlichkeit der Zustimmung durch die Hauptversammlung*

a) Entbehrlichkeit bei der übernehmenden Gesellschaft bei einem Anteilsbesitz von mindestens 90% an der übertragenden Gesellschaft (Verschmelzung)

Sind bei der Verschmelzung mindestens 90% des Grundkapitals der übertragenden Aktiengesellschaft in der Hand der übernehmenden Aktiengesellschaft, so ist nach § 62 Abs. 1 S. 1 UmwG ein Verschmelzungsbeschluss der übernehmenden Gesellschaft zur Aufnahme der übertragenden Gesellschaft nicht erforderlich.[736] Damit macht der deutsche Gesetzgeber bezogen auf eine 100%ige Tochtergesellschaft zum einen von Art. 25 VRL Gebrauch,[737] zum anderen nutzt er – bezogen auf Tochtergesellschaften an der mindestens 90% gehalten werden – mit der Regelung des § 62 Abs. 1 S. 1 UmwG zugleich auch die durch Art. 27 VRL eröffnete Möglichkeit, die Genehmigung der Verschmelzung durch die Hauptversammlung der übernehmenden Gesellschaft nicht vorschreiben zu müssen, wenn diese mehr als 90% der Anteile aber nicht alle Anteile an der übertragenden hält.[738] Die für diese Verfahrenserleichterungen in Art. 25 und 27 VRL aufgestellten (fast identischen) Bedingungen erfüllt der deutsche Gesetzgeber in § 62 Abs. 2 und 3 UmwG. So ha-

---

735 *Lutter/ Drygala* in Lutter, § 13 UmwG, Rz. 39. Ausführlich *Lutter*, ZGR 1981, 171, 177 ff.

736 Nach § 62 Abs. 1 S. 2 UmwG sind eigene Anteile der übertragenden Gesellschaft und Anteile, die einem anderen für Rechnung dieser Gesellschaft gehören, vom Grundkapital abzusetzen.

737 Wenn auch nur teilweise, da er lediglich den entsprechenden Hauptversammlungsbeschluss der übernehmenden Gesellschaft für entbehrlich erklärt, nicht hingegen auch den der übertragenden.

738 Diesbezüglich zumindest ungenau *Schwarz* (Europäisches Gesellschaftsrecht, Rz. 667), der davon spricht, dass nur von Art. 27 VRL Gebrauch gemacht worden ist, nicht hingegen von den Art. 24 ff. VRL. Dies lässt den Fall der Verschmelzung einer 100%igen Tochtergesellschaft auf ihre Muttergesellschaft unberücksichtigt, der vom deutschen Recht durch § 62 Abs. 1 UmwG ebenfalls erfasst ist (vgl. zur – insofern identischen – Vorgängervorschrift des § 352 b Abs. 1 AktG LG Mannheim, ZIP 1990, 992, 993) und dessen Grundlage nicht in Art. 27 VRL, sondern in Art. 25 VRL zu sehen ist. In gleicher Weise ungenau *Grunewald* in Lutter, § 62 UmwG, Rz. 1, die im Vorläufer des § 62 UmwG, § 352 b Abs. 1 AktG, lediglich das Ausnutzen von Vergünstigungen von Art. 27 VRL sieht. Sozusagen „umgekehrt" ungenau ist *Bermel* in Goutier/ Knopf/ Tulloch, § 62 UmwG, Rz. 1, der in der Regelung des § 62 Abs. 1 UmwG (lediglich) eine Umsetzung des Art. 25 VRL sieht.

ben Aktionäre, die (zusammen) mindestens 5% des Grundkapitals an der übernehmenden Gesellschaft halten, nach § 62 Abs. 2 S. 1 UmwG das Recht, die Einberufung einer Hauptversammlung zu verlangen, in der über die Zustimmung über die Verschmelzung beschlossen wird. Dies entspricht Art. 25 lit. c und Art. 27 lit. c jeweils i.V.m. Art. 8 lit. c VRL. In der Satzung kann nach § 62 Abs. 2 S. 2 UmwG auch ein niedrigerer Mindestanteil vorgesehen werden. Die Pflicht zur Bereitstellung der relevanten Unterlagen für die Aktionäre der übernehmenden Gesellschaft, wie es Art. 25 lit. b und Art. 27 lit. b VRL vorschreiben, ist in § 62 Abs. 3 S. 1 UmwG festgelegt,[739] die zur Offenlegung nach Art. 25 lit. a und Art. 27 lit. a jeweils i.V.m. Art. 6 VRL in § 62 Abs. 3 S. 2 UmwG. Das in Art. 25 lit. b S. 2 und Art. 27 lit. b S. 2 jeweils i.V.m. Art. 11 Abs. 3 VRL enthaltene Recht auf Abschriften findet sich in § 62 Abs. 3 S. 6 UmwG wieder.

b) Entbehrlichkeit bei den übernehmenden Gesellschaften bei einem Anteilsbesitz von mindestens 90% an der übertragenden Gesellschaft (Spaltung)

Auch für die Spaltung gilt über § 125 S. 1 UmwG die Vorschrift des § 62 UmwG. Danach ist bei einem Anteilsbesitz der übernehmenden Gesellschaften von mindestens 90% an der übertragenden Gesellschaft der Spaltungsbeschluss der übernehmenden Gesellschaften entbehrlich. Im Gegensatz zur VRL sieht die SpRL spezielle Verfahrenserleichterungen hinsichtlich der Zustimmung durch die Hauptversammlung nur für die übertragende Gesellschaft vor, Art. 20 SpRL. Der von §§ 125 S. 1 i.V.m. 62 Abs. 1 UmwG geregelte Fall lässt sich jedoch auf Art. 6 SpRL stützen, nach dem die Mitgliedstaaten die Zustimmung durch die Hauptversammlung der übernehmenden Gesellschaften für entbehrlich erklären können. Die hieran geknüpften Bedingungen (Art. 6 lit. a-c SpRL) verwirklicht § 62 Abs. 2 und 3 UmwG.

9. *Europarechtskonformität des Einstimmigkeitserfordernisses bei der nichtverhältniswahrenden Spaltung?*

Die Einstimmigkeitsregelung bei der nichtverhältniswahrenden Spaltung nach § 128 UmwG[740] kann keiner Vorgabe der SpRL unmittelbar unterstellt wer-

[739] Zwar ist in Art. 25 lit. a VRL als zeitlicher Bezugspunkt das Wirksamwerden der Verschmelzung als relevanter Zeitpunkt vorgeschrieben. Jedoch kann auch für den Fall einer 100%igen Tochtergesellschaft als zeitlicher Bezugspunkt die Hauptversammlung der übertragenden Gesellschaft, die über die Verschmelzung beschließt, festgelegt werden.

[740] Siehe oben *4*.

den. Aus diesem Grund wird ihre Europarechtskonformität zum Teil bestritten.[741] Ins Feld geführt wird Art. 5 Abs. 2 SpRL, dessen Option, ein Austrittsrecht zu regeln, durch ein Einstimmigkeitserfordernis gegenstandslos würde. Daraus wird dessen Unvereinbarkeit mit dem Gemeinschaftsrecht gefolgert. Als weiteres Argument wird angeführt, dass Art. 5 Abs. 1 S. 2 SpRL i.V.m. Art. 7 Abs. 1 S. 2 VRL zwar mit der Formulierung „mindestens" eine höhere Mehrheit als zwei Drittel des bei der Beschlussfassung vertretenen Grundkapitals zulässt, aber verschiedene Mehrheiten für verschiedene Arten von Spaltungen nicht vorsehe. Daher könne man die nichtverhältniswahrende Spaltung nicht unter andere Voraussetzungen – nämlich die Einstimmigkeit – stellen als die verhältniswahrende.[742]

Das erste Argument überzeugt bereits deshalb nicht, weil es sich bei Art. 5 Abs. 2 SpRL um eine Fakultativregelung handelt, die von den einzelnen Mitgliedstaaten nicht umgesetzt werden muss. Mehr noch wiegt, dass Art. 5 Abs. 2 SpRL wiederum den Schutz der Anteilsinhaber bezweckt. Und dieser fällt noch intensiver aus, wenn den Anteilsinhabern nicht nur ein Recht eingeräumt wird, sich auskaufen zu lassen, sondern die Verschmelzung von der Zustimmung eines jeden Anteilsinhabers abhängt.[743] Das zweite Argument lässt sich schlicht damit entkräften, dass das Fehlen einer expliziten Regelung für unterschiedliche Mehrheiten nicht den Schluss zulässt, dass diese ausgeschlossen sein sollen. Von der Europarechtskonformität des Einstimmigkeitserfordernisses nach § 128 UmwG ist daher auszugehen.

III. Rechtslage in Frankreich

*1. Entscheidungszuständigkeit der Hauptversammlung (*assemblée générale extraordinaire*)*

Die Zuständigkeit für die Entscheidung über eine Verschmelzung bzw. Spaltung liegt im französischen Recht bei der *assemblée générale extraordinaire (AGE)*.[744] Dies ergibt sich bereits aus Art. 236-2 Abs. 2 C. com., wonach über Maßnahmen gemäß Art. 236-1 C. com. – also Verschmelzung und Spaltung – für jede betroffene Gesellschaft nach den Voraussetzungen für eine Satzungsänderung entschieden wird.[745] Satzungsänderungen wiederum werden gemäß

---

741 *Heidenhain*, EuZW 1995, 327, 328.

742 *Heidenhain*, EuZW 1995, 327, 328.

743 So im Ergebnis auch *Priester* in Lutter, § 128 UmwG, Rz. 1 und Fn. 2.

744 *Assemblée générale extraordinaire* würde man ins Deutsche mit „außerordentliche Hauptversammlung" übersetzen, vgl. *Hohloch*, EU-Handbuch Gesellschaftsrecht, Frankreich, 119.

745 Dieselbe Bestimmung enthält der (allgemeine) Art. 1844-4 Abs. 4 C.C.

Art. 225-96 Abs. 1 S. 1 C. com. ausschließlich in einer außerordentlichen Hauptversammlung beschlossen. Insofern hat der speziell für Aktiengesellschaften geltende Art. 236-9 Abs. 1 C. com., der bestimmt, dass jede betroffene Gesellschaft über eine Verschmelzung in einer außerordentlichen Hauptversammlung entscheidet, nur klarstellende Funktion.[746] Die in Art. 7 Abs. 1 UA 1 S. 1 VRL bzw. Art. 5 Abs. 1 SpRL enthaltene Vorgabe, die Verschmelzung bzw. Spaltung von der Zustimmung der Hauptversammlung jeder der beteiligten Gesellschaften abhängig zu machen, wurde damit ordnungsgemäß erfüllt.[747]

2. *Beschlussgegenstände*

Gegenstand des Beschlusses sowohl nach Art. 236-2 Abs. 2 C. com. als auch nach Art. 236-9 Abs. 1 C. com. bzw. Art. 236-16 i.V.m. Art. 236-9 Abs. 1 C. com. ist zunächst die Verschmelzung bzw. Spaltung. Ein separater Beschluss über die Angemessenheit der Sacheinlage in der übernehmenden Gesellschaft wird seit der Abschaffung des Art. 378 L.1966 a.F. durch die *Loi Madelin*[748] bei der Verschmelzung durch bzw. Spaltung zur Aufnahme nicht mehr verlangt.[749]. Bei einer Verschmelzung durch bzw. Spaltung zur Neugründung müssen die außerordentlichen Hauptversammlungen der übertragenden Gesellschaft(en) auch der Satzung der neu zu gründenden Gesellschaft(en) zustimmen, Art. 236-12 Abs. 2 S. 1 C. com. bzw. Art. 236-17 Abs. 3 S. 1 C. com. Ferner muss in der außerordentlichen Hauptversammlung auch über eine erforderliche Kapitalerhöhung entschieden werden, vgl. Art. 225-129 C. com. Sollte es sich schließlich um die Verschmelzung einer 100%igen Tochtergesellschaft auf deren Muttergesellschaft handeln, so findet keine Hauptver-

---

[746] In diesem Sinne auch *Le Fèvre*, Revue des Sociétés 1988, 207, 214; *Routier*, Les fusions de sociétés commerciales, Tz. 124. Über die Verweisung des Art. 236-16 C. com. gilt Art. 236-9 Abs. 1 C. com. auch für die Spaltung.

[747] In Art. 236-12 Abs. 2 S. 2 C. com. bzw. Art. 236-17 Abs. 3 S. 2 C. com. wird klargestellt, dass es in den neu gegründeten Gesellschaften keiner Zustimmung zur Verschmelzung bzw. Spaltung bedarf. Siehe zu der entsprechenden Vorschrift in der VRL bzw. SpRL oben *I. 1.*

[748] Siehe oben *§ 11 III. 1. b) bb).*

[749] Ein Sacheinlagebericht ist jedoch weiterhin zu erstellen. Vgl. *Dictionnaire Permanent Droit des affaires*, Fusions, Scissions, Apports partiels d'actif, Tz. 71. Erforderlich ist ein Sacheinlagebeschluss jedoch nach wie vor bei der Verschmelzung durch bzw. Spaltung zur Neugründung in den übernehmenden Gesellschaften. Dies ergibt sich aus Art. 236-2 Abs. 3 C. com., wonach sich die Neugründung einer Gesellschaft im Rahmen einer Verschmelzung bzw. Spaltung nach den Vorschriften der gewählten Gesellschaftsform richtet, in diesem Zusammenhang nach Art. 225-14 C. com. für die Aktiengesellschaften.

sammlung der übertragenden Tochtergesellschaft statt.[750] Die außerordentliche Hauptversammlung der Muttergesellschaft beschließt in diesem Fall lediglich über den von einem Sacheinlageprüfer (*commissaire aux apports*) erstellten Sacheinlagebericht, Art. 236-11 C. com. i.V.m. Art. 225-147 C. com.

3. *Quorum*

Im Gegensatz zum deutschen Recht bestimmt Art. 236-9 Abs. 1 C. com. i.V.m. Art. 225-96 Abs. 2 C. com. bzw. Art. 236-16 C. com. i.V.m. Art. 236-9 Abs. 1 C. com. i.V.m. Art. 225-96 Abs. 2 C. com., dass ein wirksamer Beschluss grundsätzlich nur dann gefasst werden kann, wenn eine bestimmte Anzahl der stimmberechtigten Aktien persönlich anwesend oder ordnungsgemäß vertreten[751] ist, sogenanntes Präsenzquorum. Dieses liegt für die erste Einberufung bei einem Drittel der stimmberechtigten Aktien. Wird diese Hürde nicht genommen, so ist für eine mögliche zweite Hauptversammlung ein Viertel der stimmberechtigten Aktien erforderlich, um einen wirksamen Beschluss fassen zu können. Wird auch dieses Quorum nicht erreicht, so kann innerhalb der darauf folgenden zwei Monate ein erneuter Versuch unternommen werden, bei dem wiederum ein Viertel der stimmberechtigten Aktien vertreten sein müssen. An der notwendigen zwei Drittel Mehrheit, um den Beschluss fassen zu können, ändert sich auch dann jedoch nichts.

4. *Mehrheitserfordernis*

Durch den Verweis in Art. 236-2 Abs. 2 C. com. auf die Voraussetzungen einer Satzungsänderung und somit auf die Entscheidungszuständigkeit der außerordentlichen Hauptversammlung[752] ist auch die für eine wirksame Beschlussfassung hinsichtlich einer Verschmelzung bzw. Spaltung grundsätzlich erforderliche Mehrheit festgelegt. So bedarf es nach Art. 225-96 Abs. 3 C. com. bei diesen sogenannten satzungsändernden Beschlüssen[753] einer Mehrheit von zwei Dritteln der vertretenen Stimmen. Mit dieser Anforderung, die bereits in der L. 1966 festgelegt war,[754] lässt sich die französische Regelung unter die in Art. 7 Abs. 1 UA 1 S. 2 Alt. 1 VRL bzw. Art. 5 Abs. 1 S. 2 SpRL i.V.m. Art. 7 Abs. 1 UA 1 S. 2 Alt. 1 VRL vorgegebene Mindestmehr-

---

750 Siehe hierzu sogleich unten *8*.

751 Eine Vertretung ist nur durch den Ehegatten oder einen anderen Aktionär der Gesellschaft statthaft, Art. 225-106 (Abs. 1) C. com.

752 Siehe bereits oben *1*.

753 Vgl. *Hüpper*, AG 1973, 330, 331.

754 Siehe Art. 153 Abs. 3 L. 1966.

heit fassen und entspricht damit einer der von den beiden Richtlinien jeweils eröffneten Möglichkeiten für die Festlegung der erforderlichen Mehrheit.

5. Einstimmigkeitserfordernis bei nichtverhältniswahrender Spaltung?

Unklar ist, ob Einstimmigkeit bei der Entscheidung über eine nichtverhältniswahrende Spaltung erforderlich ist. Während das deutsche Recht für diesen Fall das Einstimmigkeitserfordernis gesetzlich in § 128 UmwG fixiert hat, sieht der *Code de Commerce* eine solche Regelung nicht vor. Man kann dem Gesetz anhand eines Umkehrschlusses aus Art. 236-17 Abs. 2 C. com. lediglich entnehmen, dass es von der Existenz einer nichtverhältniswahrenden Spaltung ausgeht. So wird sie im französischen Recht denn auch von Seiten der Rechtswissenschaft als selbstverständlich vorausgesetzt.[755] Für ihre Durchführung wird jedenfalls dann eine einstimmige Entscheidung gefordert, wenn verschiedene Aktionärsgruppen völlig getrennt werden.[756] Auf diese Weise soll eine Verletzung der Gleichbehandlungspflicht ausgeschlossen werden. Inwieweit das Einstimmigkeitserfordernis auch für andere Fälle der nichtverhältniswahrenden Spaltung gilt,[757] muss für den Einzelfall erwogen werden.[758] Zu bedenken ist dabei, dass ein Schutz der Minderheit auch über die Prüfung der Angemessenheit des Austauschverhältnisses erreicht werden kann. So ist nachvollziehbar, ob Anteilsinhabern z.B. besonders ertragreiche Teile der Gesellschaft entzogen wurden, ohne dass sie hierfür an anderer Stelle einen Ausgleich erhielten.[759]

Zur Europarechtskonformität des Einstimmigkeitserfordernisses gilt das zur Rechtslage in Deutschland Gesagte.[760] [761]

---

755 Cass. com., 7.12.1966, Revue des sociétés 1967, 51 f. m. Anm. *Dalsace*; *Hémard/ Terré/ Mabilat*, Sociétés commerciales, Band III, Tz. 1075; *Mercadal/ Janin*, Sociétés commerciales, Tz. 3511 vgl. auch *Micheler*, RIW 1993, 15, 17; *Pieroth*, Schutz von Minderheitsgesellschaftern, 18.

756 *Caillaud/ Durand*, Fusions, scissions et apports partiels, 161; *Hémard/ Terré/ Mabilat*, Sociétés commerciales, Band III, Tz. 1075; *Mercadal/ Janin*, Sociétés commerciales, Tz. 3511.

757 Siehe zu den verschiedenen Grundfällen einer nichtverhältniswahrenden Spaltung oben *II. 4.*

758 Vgl. *Micheler*, RIW 1993, 15, 17.

759 Vgl. *Micheler*, RIW 1993, 15, 17.

760 Siehe oben *II. 9.*

761 Einstimmigkeit der Entscheidung ist nach Art. 236-5 C. com. erforderlich, wenn es in der Folge einer Verschmelzung bzw. Spaltung zu einer Ausweitung der Verpflichtungen der Gesellschafter kommt. Eine solche Ausweitung liegt beispielsweise dann vor, wenn die übernehmende Gesellschaft Ausschluss- oder Wettbewerbsklauseln vorsieht. Eine Ausweitung der Verpflichtung ist auch dann gegeben, wenn die Aktionäre nach der Verschmelzung ihrer Gesellschaft auf eine Personenhandelsgesell-

6. *Sonderbeschlüsse bei Bestehen verschiedener Aktiengattungen*

Werden bei Bestehen verschiedener Gattungen von Aktien die Rechte einer Gattung durch die Verschmelzung bzw. Spaltung verändert,[762] so bedarf es nach Art. 236-9 Abs. 2 i.V.m. 225-99 Abs. 2 C. com. bzw. Art. 236-16 C. com. i.V.m. Art. 236-9 Abs. 2 i.V.m. 225-99 Abs. 2 C. com. einer separaten Zustimmung der Aktionäre der betroffenen Gattung in einer sogenannten *assemblée spéciale*.[763] Hinsichtlich des Mehrheitserfordernisses verweist Art. 225-99 Abs. 4 C. com. auf die Voraussetzungen des Art. 225-96 Abs. 3 C. com., d.h. es bedarf einer Mehrheit von zwei Dritteln der vertretenen Stimmen. Bis auf die erhöhten Anforderungen an das Quorum für die erste Einberufung, das nach Art. 225-99 Abs. 3 S. 1 C. com. mindestens bei der Hälfte der stimmberechtigten Aktien liegen muss, entsprechen die Regeln des Art. 225-99 Abs. 3 C. com. für das weitere Procedere denen, die für die außerordentliche Hauptversammlung nach Art. 225-96 Abs. 3 C. com. gelten.[764] Dieselben Bedingungen gelten im Übrigen auch für den speziell geregelten Fall der Vorzugsaktien ohne Stimmrecht nach Art. 228-11 Abs. 2 i.V.m. 228-15 Abs. 5 C. com., der auf Art. 225-99 C. com. verweist, ebenfalls unter der Voraussetzung, dass sich durch den Beschluss die Rechte dieser Aktionärsgruppe verändern.[765]

---

schaft der persönlichen Haftung unterliegen (vgl. *Dictionnaire Permanent Droits des affaires*, Fusions, scissions, apports partiels d'actif, Tz. 60; *Jeantin* in Juris Classeur, Sociétés, Fasc. 164-C Tz. 16). Dieser Fall ist jedoch von der vorliegenden Themenstellung der Verschmelzung und Spaltung unter ausschließlicher Beteiligung von Aktiengesellschaften nicht erfasst.

762 Es muss sich dabei um eine Reduzierung der Rechte handeln. Nicht ausreichend ist die Zuerkennung eines (zusätzlichen) Vorteils. Trib. com. Seine, 7 juillet 1931, Gaz. Pal. 1931, 2.356.

763 Vgl. *Guyon* in Encyclopédie Dalloz, Sociétés I, Assemblées d'actionnaires, Tz. 319 und 320.

764 Siehe oben *4.*

765 *Guyon* in Encyclopédie Dalloz, Sociétés I, Assemblées d'actionnaires, Tz. 330. Die Inhaber dieser Gattung von Aktien haben eine besondere Stellung. Sie dürfen in der *assemblée générale extraordinaire* wegen ihres fehlenden Stimmrechts über den dort zur Abstimmung gestellten Gegenstand (hier eben: Verschmelzung oder Spaltung) nicht entscheiden. Sie haben aber das Recht, in der *assemblée spéciale* abzustimmen. Erst mit ihrer Zustimmung in der *assemblée spéciale* allerdings werden die Entscheidungen der *assemblées générales extraordinaires* gültig, Art. 228-15 Abs. 5 C. com. Vgl. *Guyon* in Encyclopédie Dalloz, Sociétés I, Assemblées d'actionnaires, Tz. 329.

7. *Sachliche Rechtfertigung des Beschlusses*

Eine sachliche Rechtfertigung des Beschlusses der außerordentlichen Hauptversammlung bezüglich einer Verschmelzung bzw. Spaltung wird vom französischen Recht nicht gefordert. Eine inhaltliche Überprüfung findet nur daraufhin statt, ob Rechtsmissbrauch (*abus de majorité*) vorliegt.[766]

8. *Entbehrlichkeit der Zustimmung durch die außerordentliche Hauptversammlung bei der übertragenden Gesellschaft bei 100%igem Anteilsbesitz der übernehmenden Gesellschaft (Verschmelzung)*

Wird eine 100%ige Tochtergesellschaft auf ihre Muttergesellschaft verschmolzen, so bedarf es nach Art. 236-11 S. 1 C. com. keiner Zustimmung zu diesem Vorgang durch eine *assemblée générale extraordinaire* der Tochtergesellschaft. Jedoch hat eine *assemblée générale extraordinaire* der Muttergesellschaft gemäß Art. 236-11 S. 2 C. com. auf Grundlage eines Sacheinlageberichts nach den Bedingungen des Art. 225-147 C. com. über die Verschmelzung zu entscheiden. Damit hat der französische Gesetzgeber von der durch Art. 25 VRL eröffneten Möglichkeit, unter bestimmten Voraussetzungen die Zustimmung durch die Hauptversammlungen der beteiligten Gesellschaften für entbehrlich zu erklären, nur teilweise Gebrauch gemacht. Es entfällt lediglich der Hauptversammlungsbeschluss der Tochtergesellschaft und nicht auch – zumindest nicht vollständig – derjenige der Muttergesellschaft. Den in Art. 25 VRL geforderten Bedingungen wird entsprochen. Die Pflicht zur Offenlegung des Plans nach 236-6 Abs. 2 HS 2 C. com. i.V.m. Art. 255 Abs. 1 HS 1 D. 1967 bleibt bestehen. Art. 25 lit. a SpRL ist daher erfüllt. Die jeweiligen Unterlagen, wie von Art. 25 lit. b VRL verlangt, sind auch bei der Verschmelzung einer 100%igen Tochtergesellschaft auf ihre Muttergesellschaft weiterhin auszulegen. Schließlich findet ja für die übernehmende Gesellschaft eine *assemblée générale extraordinaire* statt. Deren Aktionären muss also nicht das in Art. 25 lit. b VRL vorgesehene Einberufungsrecht ab 5%igem Kapitalbesitz eingeräumt werden.

Von der Möglichkeit des Art. 27 VRL, unter bestimmten Voraussetzungen im Rahmen einer Konzernverschmelzung, bei der die Muttergesellschaft mehr als 90% der Anteile, aber nicht alle Anteile der Tochtergesellschaft hält, auf die Zustimmung zur Verschmelzung durch die Hauptversammlung der über-

---

[766] Vgl. zu einem *abus de majorité* bei einem Verschmelzungsbeschluss (allerdings hinsichtlich einer Mischverschmelzung): Cass. com., 11.10.1967, D. 1968, jur., 136. Vgl. auch Cass. com., 7.7.1980 Nr. 79-10.543, JCP éd. G 1980, IV, 364. Eingehend zum *abus de majorité: Kreß*, Gerichtliche Beschlusskontrolle, 39 ff., insbesondere S. 69.

nehmenden Gesellschaft zu verzichten, wurde vom französischen Gesetzgeber nicht Gebrauch gemacht. Gleiches gilt für die in Art. 20 SpRL eingeräumte Option, die Zustimmung der Hauptversammlung der übertragenden Gesellschaft nicht vorschreiben zu müssen, wenn den übernehmenden Gesellschaften an dieser insgesamt alle Anteile gehören.

IV. Rechtslage in Belgien

*1. Entscheidungszuständigkeit der Hauptversammlung (*assemblée générale*)*

Die Entscheidungszuständigkeit der Hauptversammlung ergibt sich aus Art. 699 C.S. bzw. Art. 736 C.S. Damit wird Art. 7 Abs. 1 UA 1 S. 1 VRL bzw. Art. 5 Abs. 1 SpRL entsprochen. Die (direkte) Entscheidungszuständigkeit der Hauptversammlung war bis zum Gesetz vom 29. 6. 1993,[767] das die VRL und SpRL umsetzte, keineswegs selbstverständlich. So wurde die Ansicht vertreten, eine Verschmelzung oder Spaltung könne auch mit Hilfe genehmigten Kapitals durchgeführt werden.[768] Davon wurde in der Praxis auch reger Gebrauch gemacht.[769]

2. Beschlussgegenstände

Beschlussgegenstand ist nach Art. 699 C.S. bzw. Art. 736 C.S. zunächst die Verschmelzung bzw. Spaltung an sich. Eventuell erforderlich werdende Satzungsänderungen (insbesondere aufgrund einer Kapitalerhöhung) einschließlich Änderungen des Unternehmensgegenstands in der bzw. den übernehmenden Gesellschaft(en) müssen unmittelbar nach dem Verschmelzungs- bzw. Spaltungsbeschluss zu den im *Code des Sociétés* aufgestellten Bedingungen für Quorum und Mehrheit[770] beschlossen werden, Art. 701 Abs. 1 S. 1 C.S. bzw. Art. 738 Abs. 1 S. 1 C.S. Andernfalls bleibt der Verschmelzungs- bzw. Spaltungsbeschluss ohne Wirkung, Art. 701 Abs. 1 S. 2 C.S. bzw. Art. 738 Abs. 1 S. 2 C.S. Darüber hinaus muss die regelmäßig in der bzw. den über-

---

767 Siehe oben *1. Teil § 6 I. 1.*

768 Nachweise bei *Dal/ van den Abbeele*, R.P.S. (92) 1993, 189, 227 (Fn. 97).

769 *Niçaise* in Université Catholique de Louvain (Hrsg.), Le nouveau droit des fusions et des scissions de sociétés, 75, 104.

770 Diese finden sich in Art. 558 und 559 C.S. Sie sind identisch mit denen für den Verschmelzungs- bzw. Spaltungsbeschluss an sich (siehe hierzu sogleich): Drei Viertel Stimmenmehrheit bei einem Quorum von der Hälfte des Grundkapitals bei der ersten Einberufung, das – wird es verfehlt – bei gleichbleibendem Mehrheitserfordernis bei der zweiten Einberufung entfällt.

nehmenden Gesellschaft(en) erforderliche Kapitalerhöhung durch deren Hauptversammlung nach den Art. 581 ff. (insbesondere Art. 601 f.) C.S. beschlossen werden. Im Falle einer Verschmelzung durch bzw. Spaltung zur Neugründung muss die Hauptversammlung der übertragenden Gesellschaft(en) ferner dem Entwurf des Gründungsakts und der Satzung der neuen Gesellschaft(en) unmittelbar im Anschluss an den Verschmelzungs- bzw. Spaltungsbeschluss zustimmen, Art. 714 S. 1 C.S. bzw. Art. 753 Abs. 1 C.S. Geschieht dies nicht, so gilt auch hier, dass der Verschmelzungs- bzw. Spaltungsbeschluss ohne Wirkung bleibt, Art. 714 S. 2 C.S. bzw. Art. 753 Abs. 2 C.S.

3. *Quorum*

Bei der ersten Einberufung müssen die auf der Hauptversammlung persönlich anwesenden oder vertretenen Aktionäre mindestens die Hälfte des Grundkapitals auf sich vereinigen. Andernfalls kann kein gültiger Beschluss gefasst werden, Art. 699 § 1 Nr. 1 S. 1 C.S. bzw. Art. 736 § 1 Nr. 1 S. 1 C.S. Wird dieses Quorum verfehlt, so kann nach einer erneuten Einberufung die Hauptversammlung ohne Berücksichtigung eines Quorums rechtswirksam beschließen, Art. 699 § 1 Nr. 1 S. 2 C.S. bzw. Art. 736 § 1 Nr. 1 S. 2 C.S. Jeweils strengere Satzungsbestimmungen sind erlaubt, Art. 699 § 1 C.S. bzw. Art. 736 § 1 C.S.

4. *Mehrheitserfordernis*

Der Verschmelzungs- bzw. Spaltungsbeschluss muss grundsätzlich mit einer Mehrheit von mindestens drei Viertel der abgegebenen Stimmen gefasst werden, Art. 699 § 1 Nr. 2a C.S. bzw. Art. 736 § 1 Nr. 2a C.S. Auch diesbezüglich können strengere Anforderungen in den Satzungen der beteiligten Gesellschaften bestimmt sein, Art. 699 § 1 C.S. bzw. Art. 736 § 1 C.S. Nach Art. 481 C.S. können Vorzugsaktionäre ohne Stimmrecht bei Satzungsänderungen (Art. 481 Nr. 2 i.V.m. Art. 558 C.S.) sowie bei Verschmelzungen und Spaltungen (Art. 481 Nr. 3 C.S.) mit abstimmen. Sie erhalten also ein Stimmrecht für diese Vorgänge, das auch nicht durch die Satzung abbedungen werden kann, Art. 481 C.S. Mit der Regelung der drei Viertel Mehrheit geht der belgische Gesetzgeber (in zulässiger Weise) über die Anforderungen des Art. 7 Abs. 1 UA 1 S. 2 VRL bzw. Art. 5 Abs. 1 S. 2 SpRL i.V.m. 7 Abs. 1 UA 1 S. 2 VRL hinaus.[771]

---

771 Nach Art. 7 Abs. 1 UA 2 S. 1 VRL bzw. Art. 5 Abs. 1 S. 2 SpRL i.V.m. 7 Abs. 1 UA 2 S. 1 VRL wäre bei einem Quorum von mindestens der Hälfte des gezeichneten Kapitals auch eine einfache Stimmenmehrheit ausreichend. Hieran kann die belgische

5. *Einstimmigkeitserfordernis*

Einstimmigkeit wird nach Art. 736 § 5 C.S. für den Fall der nichtverhältniswahrenden Spaltung gefordert, wenn Aktionären Anteile an den übernehmenden Gesellschaften gewährt werden, die nicht dem Verhältnis ihrer Beteiligung an der übertragenden Gesellschaft entsprechen.[772] Wie es bereits der Wortlaut der Vorschrift andeutet,[773] insbesondere auch im Vergleich zu dem in Art. 699 § 4 und § 5 C.S. bzw. Art. 736 § 3 und § 4 C.S. verwendeten,[774] bedarf es jedoch „lediglich" eines einstimmigen Beschlusses, d.h. nicht alle Anteilsinhaber insgesamt müssen zustimmen, sondern nur die anwesenden.[775]

Zur Europarechtskonformität des Einstimmigkeitserfordernisses gilt das zur Rechtslage in Deutschland Gesagte.[776]

6. *Sonderbeschlüsse bei Bestehen verschiedener Aktiengattungen*

Bestehen verschiedene Aktiengattungen und erfahren die jeweiligen Rechte der Aktionäre durch die Verschmelzung bzw. Spaltung eine Veränderung,[777] so ist nach Art. 699 § 3 C.S. bzw. Art. 736 § 2 C.S. jeweils i.V.m. Art. 560 Abs. 4 C.S. in jeder dieser Gattungen separat über den jeweiligen Vorgang nach den für Satzungsänderungen vorgeschriebenen Bedingungen zu be-

---

Regelung jedoch bereits deshalb nicht gemessen werden, weil sie nach erfolgloser erster Einberufung für die folgende Hauptversammlung kein Quorum mehr vorschreibt.

772 Weitere Fälle, bei denen Einstimmigkeit erforderlich ist, regelt Art. 699 § 4 und § 5 C.S. bzw. Art. 736 § 3 und § 4 C.S. Sie betreffen jedoch allesamt die der vorliegenden Untersuchung nicht unterfallenden Verschmelzungen bzw. Spaltungen unter Beteiligung von Rechtsträgern unterschiedlicher Rechtsform.

773 „*...la décision de la société à scinder de participer à l'opération de scission est prise par l'assemblée générale statuant à l'unanimité.*".

774 „*L' accord de tous les associés...*".

775 Exposé des motifs, Doc. parl., Ch. repr., sess. ord. 1989-1990, n° 1214/1, 28. Siehe auch *Malherbe/ Lambrecht/ Malherbe*, Droit des Sociétés, Tz. 1480; *Niçaise* in Université Catholique de Louvain (Hrsg.), Le nouveau droit des fusions et des scissions de sociétés, 75, 129; *Tilquin*, Traité des fusions et scissions, Tz. 309.

776 Siehe oben *II. 9.*

777 In Art. 699 § 3 C.S. bzw. Art. 736 § 2 C.S. heißt es: „*...si la fusion [scission] entraîne une modification de leurs droits respectifs...*". Dagegen sieht der Richtlinientext in französischer Sprache (Art. 7 Abs. 2 VRL bzw. Art. 5 Abs. 1 S. 2 SpRL i.V.m. Art. 7 Abs. 2 VRL) folgenden Wortlaut vor: „*...aux droits desquels l'opération porte atteinte.*" Er geht damit anders als der neutral formulierte belgische Gesetzestext von einer Beeinträchtigung aus. Die belgische Regelung ist jedoch nicht zu beanstanden, da sie die Aktionärsrechte im Vergleich zur europarechtlichen Vorgabe erweitert.

schließen.[778] Diese Beschlüsse erfordern nach Art. 558 C.S. ungeachtet anderslautender Satzungsbestimmungen eine drei Viertel-Stimmenmehrheit (Abs. 4) bei einem Quorum von der Hälfte des Grundkapitals bei der ersten Einberufung (Abs. 2), das – wird es verfehlt – bei gleichbleibendem Mehrheitserfordernis bei der zweiten entfällt (Abs. 3). Es gelten also dieselben Voraussetzungen wie nach Art. 699 § 1 C.S. bzw. Art. 736 § 1 C.S. In der Satzung enthaltene Bestimmungen über Höchststimmrechte (Art. 544 C.S.) kommen dabei nicht zum Tragen, wie sich ebenfalls aus Art. 699 § 3 C.S. bzw. Art. 736 § 2 C.S. jeweils i.V.m. Art. 560 Abs. 4 C.S. ergibt.

7. *Notarielle Beurkundung der Niederschrift der Hauptversammlung*

Nach Art. 700 C.S. bzw. Art. 737 C.S. muss die Niederschrift der Hauptversammlung jeder an der Verschmelzung bzw. Spaltung beteiligten Gesellschaft notariell beurkundet werden.[779] Die Nichtbeachtung hat die Nichtigkeit zur Folge, wie sich ebenfalls aus den genannten Vorschriften ergibt.

8. *Sachliche Rechtfertigung des Beschlusses*

Eine sachliche Rechtfertigung des Beschlusses der Hauptversammlung bezüglich einer Verschmelzung bzw. Spaltung wird vom belgischen Recht nicht gefordert. Eine inhaltliche Überprüfung findet auch hier nur – wenn überhaupt – daraufhin statt, ob ein entsprechender Beschluss rechtsmissbräuchlich ist, also ein *abus de majorité* vorliegt.[780]

---

778 Keine Änderung der jeweiligen Rechte liegt vor, wenn alle Kategorien in derselben Weise betroffen sind. Gand, 15 décembre 1986, R.P.S. 86 (1987), 71, 73 f. Eine Änderung der Rechte der Aktionäre ist aber z.B. dann anzunehmen, wenn Inhaber von Anteilen der übertragenden Gesellschaft, die eine höhere Dividende garantieren, Anteile an der aufnehmenden Gesellschaft erhalten, die dieses Privileg in reduzierter Form oder gar nicht gewähren. *Keutgen/ Tossens* in Université Catholique de Louvain (Hrsg.), Le nouveau droit des fusions et des scissions de sociétés, 119, 133.

779 Hiermit wird das Erfordernis nach Art. 16 Abs. 1 VRL bzw. Art. 14 SpRL i.V.m. Art. 16 Abs. 1 VRL umgesetzt. Der belgische Gesetzgeber geht den Weg der notariellen Abwicklung. Siehe bereits oben *1. Teil § 6 I. 4 b).*

780 Vgl. insbesondere zum *abus de majorité: Dal/ van den Abbeele*, Rev. Prat. Soc. 92 (1993) 189, 235; Malherbe/ Lambrecht/ Malherbe, Droit des Sociétés, Tz. 1082 und besonders Tz. 1083.

V. Rechtslage in Großbritannien

*1. Entscheidungszuständigkeit der Hauptversammlung (*meeting*)*

Die Entscheidungszuständigkeit des Pendants zur Hauptversammlung im britischen Recht, dem *meeting*, geht für Verschmelzungen und Spaltungen aus verschiedenen Vorschriften hervor, abhängig davon, welche Rolle die jeweilige Gesellschaft in dem Vorhaben einnimmt: Für die übertragende(n) Gesellschaft(en) ergibt sie sich aus s. 425 CA 1985, für die übernehmende aus s. 427A Abs. 3 CA 1985 und insbesondere § 1 Sch. 15B CA 1985. Die jeweiligen Aktionäre sind dabei nur dann zur Abstimmung berufen, wenn sie von dem Vergleichsplan (*scheme*) unmittelbar betroffen sind. Dies ist im Fall einer Verschmelzung bzw. Spaltung gegeben.[781] Bei einer Verschmelzung durch Neugründung bzw. einer Spaltung zur Neugründung ist für die neu zu gründende Gesellschaft eine Entscheidung über das Vorhaben nicht vorgesehen.[782]

2. Einteilung in Klassen

Sofern erforderlich werden die Hauptversammlungen nach Klassen (*classes*) unterteilt einberufen, s. 425 Abs. 1 C.A. 1985 sowie s. 427A Abs. 3 CA 1985. Die Beschlüsse werden dann in jeder dieser Klassen gesondert gefasst, s. 425

---

781 Vgl. *Farrar/ Hannigan*, Farrar's Company Law, 604; *Thorne*, Butterworths Company Law Guide, 600. Anzumerken ist, dass nach s. 425 CA 1985 und s. 427A Abs. 3 CA 1985 auch Versammlungen der Gläubiger einberufen werden können, wenn deren Rechte im Rahmen eines *scheme* unmittelbar betroffen sind. Für die Gläubiger der übertragenden Gesellschaft wurde jedoch entschieden, dass in deren Rechte bei einer Verschmelzung nicht unmittelbar eingegriffen wird [*Clydesdale Bank Ltd. et al.*, petitioners (1950) S.C. 30, 37 f.]. Denn eine Verringerung der Haftungsmasse durch eine wesentliche Vermögensübertragung oder ein Schuldnerwechsel reichen nicht dafür aus, dass die Gläubiger als mit einem Vetorecht ausgestattete, in den Verschmelzungsplan einbezogene Gläubiger i.S.d. s. 425 Abs. 2 CA 1985 gelten [*Clydesdale Bank Ltd. et al.*, petitioners (1950) S.C. 30, 37]. Zudem kann das Gericht nach s. 427 Abs. 3 lit. e CA 1985 auf Antrag oder auch im Rahmen seiner allgemeinen Weisungsbefugnis angemessene Schutzmaßnahmen für die Gläubiger anordnen. Hinsichtlich der Gläubiger der übernehmenden Gesellschaft besteht in Großbritannien die Ansicht, dass Gläubiger einer Gesellschaft, die eine andere übernehmen, keines Schutzes bedürfen; vgl. *Wooldridge*, The Company Lawyer 1980, 75, 78. Jedoch kann auch hier auf Antrag eine Gläubigerversammlung der übernehmenden Gesellschaft einberufen werden, s. 427A Abs. 3 CA 1985.

782 Dies stellt § 1 Sch. 15B CA 1985 klar, indem er die Regelungen für die Zustimmung lediglich auf die bereits bestehenden übernehmenden Gesellschaften (*pre-existing transferee companies*) bezieht.

Abs. 2 C.A. 1985 und § 1 Sch. 15B CA 1985. In der Regel finden sich in einer Gesellschafterklasse die Inhaber von Geschäftsanteilen derselben Gattung. In Ausnahmefällen können sie jedoch auch verschiedenen Klassen zugeordnet werden.[783] Die Einteilung in Klassen nimmt das Gericht vor, das für seine Entscheidung jedoch die diesbezüglichen Vorschläge der antragstellenden Gesellschaft zugrunde legt.[784] Stellt sich die beantragte Einteilung als unzutreffend heraus, darf das Gericht die Verschmelzung bzw. Spaltung nicht genehmigen.[785] Die Verantwortung hierfür trägt also die jeweils antragstellende Gesellschaft.[786]

---

783 Vgl. für ein Beispiel aus dem Übernahmerecht *Re Hellenic & General Trust Ltd.* [1975] 1 WLR 123, 123. Zu beachten gilt, dass in s. 425 Abs. 2 CA 1985 und auch in § 1 Sch. 15B CA 1985 der Begriff *class of members* verwendet wird und nicht *class of shares* (wie an anderen Stellen im *Companies Act*, z.B. s. 125 ff. CA 1985). Pauschal von einer Einteilung nach Anteilsgattungen zu sprechen, wäre im Zusammenhang mit einem *scheme* nach s. 425 ff. CA 1985 daher verfehlt. Der klassische Test dafür, was eine Klasse ausmacht, lautet nach *Bowen LJ* (*Sovereign Life Assurance Co v Dunn* [1892] 2 QB 573, 583) wie folgt: „*...it must be confined to those persons whose rights are not so dissimilar as to make it impossible for them to consult together with a view to their common interest*".

784 *Re Hellenic & General Trust Ltd.* [1975] 1 WLR 123, 123. Vgl. auch *Chapman/ Ballard,* Tolley's Company Law, Tz. R2019.1

785 *Re Hellenic & General Trust Ltd.* [1975] 1 WLR 123, 125. Vgl. auch *Davies*, Gower's and Davies' Principles of Modern Company Law, 763. Problematisch dabei ist, dass das Gericht die Einteilung nicht bereits bei der Einberufung der Versammlungen, s. 425 Abs. 1 CA 1985 und s. 427A Abs. 3 CA 1985, überprüft, sondern erst dann, wenn Antrag auf Genehmigung des *scheme* gestellt wird, s. 425 Abs. 2 CA 1985 und § 1 Sch. 15B CA 1985, zu einem Zeitpunkt also, zu dem die Versammlungen bereits abgehalten wurden. Stellt sich dann eine fehlerhafte Einteilung der Klassen heraus, kann der *scheme* nicht genehmigt werden. In der Praxis bedeutet der Eintritt dieses Falls eine immense Verzögerung des gesamten Verfahrens. Für Gläubigerversammlungen wurde dieses praxisunfreundliche Vorgehen in jüngster Zeit in Frage gestellt und die Regeln hierfür auch bereits aufgeweicht. Die Überprüfung der Einteilung in Klassen von Gläubigern wird durch den Richter (vorher und für die Einteilung von Gesellschaftern weiterhin durch den Registerbeamten) vorgenommen. Zu diesem Zeitpunkt können bereits auf Aufforderung durch den Richter Bedenken von Beteiligten vorgebracht werden. Geschieht dies nicht, so ist ein Widerspruch gegen die Einteilung bei der Anhörung zur Genehmigung des *scheme* (s. 425 Abs. 2 CA 1985) nur noch unter erhöhten Anforderungen möglich. Vgl. insgesamt *Re Hawk Insurance Ltd.*, [2001] 2 B.C.L.C., 480, 508 ff. sowie *Practice Statement* von *Morrit V.-C.*, [2002] 1 W.L.R. 1345. Eine Übertragung auf die Einteilung von Gesellschaftern hat allerdings (noch) nicht stattgefunden.

786 *Re Hellenic & General Trust Ltd.* [1975] 1 WLR 123, 123. Vgl. insgesamt zur Einteilung in Klassen: *Practice Note* [1934] WN 142 (England).

3. *Beschlussgegenstände*

Beschlussgegenstand ist zunächst die mit Hilfe des Vergleichplans nach s. 425 ff. CA 1985 durchzuführende Verschmelzung bzw. Spaltung an sich. Einer gegebenenfalls erforderlich werdenden Kapitalerhöhung müssen die Aktionäre nach s. 121 Abs. 2 lit. a, Abs. 4 CA 1985 zustimmen. Über die in diesem Fall notwendige Anpassung der Satzung oder der Gründungsurkunde[787] der übernehmenden Gesellschaft(en) ist im Wege eines Sonderbeschlusses (*special resolution*) zu entscheiden, s. 9 Abs. 1 CA 1985, s. 378 Abs. 2 CA 1985. Im Rahmen einer Verschmelzung durch bzw. Spaltung zur Neugründung ist der Satzung und der Gründungsurkunde der neu zu gründenden Gesellschaft(en) mit einem gewöhnlichen Beschluss (*ordinary resolution*) zuzustimmen.[788]

4. *Faire Repräsentation*

Ein gesetzlich festgelegtes (Anwesenheits-)Quorum für die Abstimmung über einen Verschmelzungs- bzw. Spaltungsplan gibt es im britischen Recht nicht. Allerdings überprüft das Gericht, bevor es eine Verschmelzung bzw. Spaltung genehmigt, ob die einzelnen Klassen durch die anwesenden Aktionäre fair vertreten waren.[789] Halten z.B. 1.000 Aktionäre 10.000 Anteile an einer Gesellschaft und stimmen in einer Gesellschafterversammlung nur zehn Aktionäre ab, die zusammen in Besitz von nur 100 Anteilen sind, so wird das Gericht wohl nicht von einer fairen Vertretung der Gesellschafterklasse ausgehen.[790] Die Rechtsprechung hat sich bisher aber noch nicht auf ein bestimmtes Quorum festgelegt. Es muss daher von Fall zu Fall entschieden werden.

5. *Mehrheitserfordernisse*

Damit das Gericht den Vergleichsplan, mit dem die Verschmelzung bzw. Spaltung umgesetzt werden soll, genehmigt, muss ein doppeltes Mehrheitserfordernis erfüllt sein. Erstens müssen in jeder Klasse von Anteilseignern mindestens die Hälfte der anwesenden und persönlich oder durch Stimmrechtsvertreter abstimmenden Aktionäre dem Vergleichsplan zustimmen (einfache Stimmenmehrheit) und zweitens muss diese Mehrheit mindestens drei Viertel des an der Abstimmung (in der jeweiligen Klassenversammlung) beteiligten

---

787 Siehe zu den *articles of association* und dem *memorandum of association* oben *§ 11 V. 2. a)*.

788 Vgl. insofern § 3 lit. f Sch. 15B CA 1985.

789 *Morse* in Morse (Hrsg.), Palmer's Company Law, Rz. 12.028 und 12.028.1.

790 Beispiel nach *Morse* in Morse (Hrsg.), Palmer's Company Law, Rz. 12.028.1.

Kapitals repräsentieren (qualifizierte Kapitalmehrheit), s. 425 Abs. 2 CA 1985 und § 1 Sch. 15B CA 1985. Hinsichtlich der Stimmenmehrheit ist auf die Anzahl der Köpfe der abstimmenden Aktionäre bzw. deren Vertreter abzustellen.[791] Die Abstimmung erfolgt dabei nicht durch (das sonst übliche) Handzeichen (*show of hands*), sondern in förmlicher Weise mit Stimmzetteln (*by poll*).[792] Grund hierfür ist, dass die Berechnung des repräsentierten Kapitals nicht ohne weiteres aufgrund der Handzeichen ermittelt werden kann.[793] Stimmenthaltungen bleiben bei der Berechnung der Stimm- und Kapitalmehrheit – wie sich bereits aus dem Wortlaut der genannten Vorschriften („*voting*“) ergibt – unberücksichtigt.[794]

Die Anforderungen an die Mehrheit für den Verschmelzungs- bzw. Spaltungsbeschluss im britischen Recht lassen sich somit unter Art. 7 Abs. 1 UA 1 S. 2 VRL bzw. Art. 5 Abs. 2 S. 1 SpRL i.V.m. Art. 7 Abs. 1 UA 1 S. 2 VRL fassen. Die dort angegebene Mindestanforderung von zwei Dritteln des vertretenen gezeichneten Kapitals wird im britischen Recht, das insofern eine Mehrheit von drei Viertel verlangt, überschritten. Für eine eventuell erforderliche Änderung der Gründungsurkunde und der Gesellschaftssatzung sowie für eine Kapitalerhöhung bedarf es innerhalb der übertragenden Gesellschaft(en) ebenfalls einer einfachen Stimmenmehrheit sowie (kumulativ) einer qualifizierten drei Viertel Kapitalmehrheit.

6. *Erfordernis eines fairen Abstimmungsverhaltens*

Eine materielle Beschlusskontrolle per se gibt es auch im britischen Recht nicht. Die gesetzlich geforderte Mehrheit darf jedoch die Minderheit nicht in unzulässiger Weise zur Durchsetzung ihrer Interessen genötigt haben, sondern

---

791 Um zu verhindern, dass zahlenmäßig überlegene Aktionäre mit geringem Kapitalanteil zahlenmäßig unterrepräsentierte Aktionäre mit hohem Kapitalanteil überstimmen, wird sozusagen als Korrektiv zudem die (qualifizierte) Kapitalmehrheit verlangt. Brightman J. (*Re N.F.U. Development Trust Ltd.* [1973] 1 All E.R. 135, 139) erläutert diesen Zusammenhang wie folgt: „*[...] in referring to ‚three-fourth in value of the [...] members or class of members' the section is directing attention to the size of the stake which each member has in the company. The purpose is to prevent a numerical majority with a small stake outvoting a minority with a large stake, e.g. to prevent 51 members with one share each outvoting 49 members with ten shares each.*"

792 *Morse* in Morse (Hrsg.), Palmer's Company Law, Rz. 12.019.

793 *Morse* in Morse (Hrsg.), Palmer's Company Law, Rz. 12.019.

794 Vgl. auch *Re Bessemer Steel and Ordnance Co.* [1875] 1 Ch. D. 251.

muss *bona fide* im Interesse der Klasse als solcher die Minderheit überstimmt, mithin ein faires Abstimmungsverhalten an den Tag gelegt haben.[795]

7. *Entbehrlichkeit der Zustimmung durch die Hauptversammlung*

In den im Folgenden dargestellten Fällen kann das Gericht den *scheme* für eine Verschmelzung bzw. Spaltung auch dann genehmigen, wenn nicht in jeder der bestehenden Gesellschaften der jeweiligen Maßnahme zugestimmt wurde.

a) Entbehrlichkeit bei der bzw. den übernehmenden Gesellschaft(en) unter Einhaltung bestimmter Voraussetzungen (Verschmelzung und Spaltung)

Auf die Zustimmung zu einer Verschmelzung oder Spaltung durch die Gesellschafterversammlung der übernehmenden Gesellschaft(en) nach § 1 Sch. 15B CA 1985 kann nach § 10 Abs. 1 lit. a Sch. 15B CA 1985 verzichtet werden, wenn die folgenden Voraussetzungen erfüllt sind: rechtzeitige Offenlegung des Verschmelzungs- bzw. Spaltungsplans (§ 10 Abs. 2 lit. a Sch. 15B CA 1985), rechtzeitige Bereitstellung des Plans, Berichts, Prüfungsberichts sowie der Jahresabschlüsse, Geschäftsberichte und gegebenenfalls einer Zwischenbilanz für die Aktionäre (§ 10 Abs. 2 lit. b Sch. 15B CA 1985) sowie Vorsehen eines Einberufungsrechts spätestens ab einem (eingezahlten) Kapitalanteil von 5% (§ 10 Abs. 2 lit. c Sch. 15B CA 1985). Damit wird von der in Art. 8 VRL bzw. in Art. 6 SpRL eröffneten Möglichkeit ordnungsgemäß Gebrauch gemacht.[796] Die Voraussetzungen für einen Verzicht (§ 10 Abs. 2 lit. a bis c Sch. 15B CA 1985) entsprechen den Vorgaben des Art. 8 lit. a-c VRL bzw. Art. 6 lit. a-c SpRL.[797]

---

795 *Re Anglo-Continental Supply Co.* [1922] 2 Ch. 723, 736; *Re Alabama, New Orleans, Texas and Pacific Junction Ry. Co.* [1891] 1 Ch. 213, 238 f., C.A.; *Re English, Scottish & Australian Chartered Bank* [1893] 3 Ch. 385, 414 f., C.A.; *Shandon Hydropathic Co. Ltd., Petitioners*, 1911 S.C. 1153, 1155.

796 Ein Unterschied besteht hinsichtlich der als Bezugsgröße eingesetzten Art des Kapitals. Das britische Recht sieht in § 10 Abs. 2 lit. c Sch. 15B CA 1985 das eingezahlte Kapital (*paid-up capital*) vor, die Richtlinien (Art. 8 lit. c VRL bzw. Art. 6 lit. c SpRL) das gezeichnete Kapital (*subscribed capital/ issued capita*l). Unterschiede können sich dann ergeben, wenn auf das gezeichnete Kapital die Einlagen noch nicht vollständig geleistet wurden. Sollte dies der Fall sein, so ist jedoch (auch nach Sinn und Zweck der Richtlinien) kein Grund ersichtlich, weshalb man nicht auch auf das tatsächlich eingezahlte Kapital statt auf das gezeichnete abstellen können sollte, wenn man also noch nicht geleistete Einlagen bei der Berechnung nicht berücksichtigt.

797 Siehe im Einzelnen oben *I. 5. a).*

b) Entbehrlichkeit bei der übernehmenden Gesellschaft bei einem Anteilsbesitz von mehr als 90% an der übertragenden Gesellschaft (Verschmelzung)

Darüber hinaus wurde in § 14 Abs. 2 lit. a Sch. 15B CA 1985 auch die in Art. 27 VRL vorgesehene Möglichkeit vom britischen Gesetzgeber genutzt, die Zustimmung der Hauptversammlung der übernehmenden Gesellschaft bei einer Verschmelzung durch Aufnahme für entbehrlich zu erklären, bei der die übernehmende Gesellschaft 90% oder mehr, aber nicht alle Aktien, sowie sonstige Anteile der übertragenden Gesellschaft oder Gesellschaften hält, die in der Hauptversammlung ein Stimmrecht gewähren, § 14 Abs. 1 Sch. 15B CA 1985. Die hierfür einzuhaltenden Bedingungen des § 14 Abs. 3 i.V.m. § 10 Abs. 2 (unter dem eingeschränkten Verweis auf § 6 Abs. 1 lit. a, d und e) Sch. 15B CA 1985 entsprechen dabei den Vorgaben des Art. 27 lit. a-c VRL.

c) Entbehrlichkeit bei allen beteiligten Gesellschaften bei 100%igem Anteilsbesitz der übernehmenden Gesellschaft (Verschmelzung)

Das britische Recht macht ferner von der weiteren, durch Art. 25 VRL eröffneten Möglichkeit Gebrauch, die Zustimmung durch die Hauptversammlung für entbehrlich zu erklären. Im Fall der Verschmelzung einer 100%-igen Tochtergesellschaft auf ihre Muttergesellschaft, § 12 Abs. 1 Sch. 15B CA 1985, ist nach § 12 Abs. 4 lit. a Sch. 15B CA 1985 weder die für die übertragende Gesellschaft nach s. 425 Abs. 1 und 2 CA 1985 noch die für die übernehmende Gesellschaft nach § 1 Sch. 15B CA 1985 normalerweise vorgesehene Zustimmung der Hauptversammlung erforderlich. Die Voraussetzungen für diese Ausnahme sind in § 12 Abs. 5 lit. a-c Sch. 15B CA 1985 geregelt.[798] Sie entsprechen den für diese Verzichtsmöglichkeit aufgestellten Bedingungen des Art. 25 lit. a-c VRL.[799]

---

798 Die Voraussetzungen sind (abgekürzt): Rechtzeitige Offenlegung des Verschmelzungs- bzw. Spaltungsplans (§ 12 Abs. 5 lit. a Sch. 15B CA 1985), rechtzeitige Bereitstellung des Plans, der Jahresabschlüsse, Geschäftsberichte und gegebenenfalls einer Zwischenbilanz für die Aktionäre (§ 12 Abs. 5 lit. b Sch. 15B CA 1985) sowie Vorsehen eines Einberufungsrechts spätestens ab einem (eingezahlten) Kapitalanteil von 5% (§ 12 Abs. 5 lit. c Sch. 15B CA 1985).

799 Siehe im Einzelnen oben *I. 5. c)*.

d) Entbehrlichkeit bei der übertragenden Gesellschaft bei 100%igem Anteilsbesitz der übernehmenden Gesellschaften (Spaltung)

Schließlich kann nach § 13 Abs. 2 Sch. 15B 1985 eine Spaltung, bei der den begünstigten Gesellschaften alle Aktien sowie sonstigen Anteile der gespaltenen Gesellschaft gehören, die in der Hauptversammlung ein Stimmrecht gewähren, § 13 Abs. 1 Sch. 15B 1985, ohne die nach s. 425 Abs. 1 und 2 CA 1985 grundsätzlich erforderliche Zustimmung der Hauptversammlung der übertragenden Gesellschaft durchgeführt werden, sofern die Voraussetzungen des § 13 Abs. 3 lit. a-c Sch. 15B CA 1985 erfüllt werden. Das britische Recht bediente sich damit der in Art. 20 SpRL vorgesehenen Regelung und übernimmt zu diesem Zweck die in lit. a-d dieser Vorschrift aufgestellten Bedingungen.[800]

VI. Vergleich der Regelungen der Entscheidungszuständigkeit

Die Entscheidungszuständigkeit für eine Verschmelzung bzw. Spaltung hat der Gemeinschaftsrechtsgeber wegen der weitreichenden Folgen der beiden zu untersuchenden Maßnahmen für die Aktionäre der Hauptversammlung der jeweils beteiligten Gesellschaften überantwortet. Dies ist in den hier relevanten Rechtsordnungen umgesetzt. Obwohl man meinen möchte, dass diese Kompetenzzuteilung auch ohne entsprechende Vorgabe selbstverständlich sei, gab es mit Belgien immerhin eine Rechtsordnung, innerhalb derer bis zur Umsetzung der beiden Richtlinien vertreten wurde, der Verwaltungsrat könne über eine solche Maßnahme entscheiden.

Ungleich interessanter ist jedoch, wie sich die für einen Verschmelzungs- bzw. Spaltungsbeschluss erforderlichen Mehrheiten gestalten. Die beiden Richtlinien halten insofern nicht nur eine, sondern mehrere Möglichkeiten vor: Mindestens zwei Drittel der Stimmen der vertretenen Wertpapiere oder des gezeichneten Kapitals oder einfache Mehrheit, sofern mindestens die Hälfte des gezeichneten Kapitals vertreten ist, bei dem Erfordernis einer Satzungsänderung satzungsändernde Mehrheit (Art. 7 Abs. 1 VRL, auf den Art. 5 Abs. 1 S. 2 unter anderem für die erforderliche Mehrheit verweist). Nach deutschem Recht müssen mindestens drei Viertel des bei der Beschlussfassung vertretenen Grundkapitals für die jeweilige Maßnahme stimmen. Die kumulativ erforderliche einfache Mehrheit der abgegebenen Stimmen, die als Schutzmechanismus bei Auseinanderfallen von Stimmrecht und Eigentum fungiert, spielt aufgrund jüngerer gesetzlicher Regelungen, die Mehr- und Höchststimmrecht untersagt bzw. stark einschränkt, nur eine stark unterge-

[800] Siehe im Einzelnen oben *I. 5. d)*.

ordnete Rolle. Das französische Recht setzt eine niedrigere Schwelle, nämlich zwei Drittel der in der Hauptversammlung vertretenen Stimmen, verlangt jedoch bei der ersten Einberufung, dass mindestens ein Drittel, bei der gegebenenfalls erforderlich werdenden zweiten Einberufung ein Viertel der stimmberechtigten Aktien vertreten sind. Es wird also ein Quorum gefordert. Das belgische Recht stellt an die notwendige Mehrheit für die Beschlussfassung dieselben Anforderungen wie das deutsche Recht, nämliche eine drei Viertel Stimmenmehrheit, verlangt gleichzeitig – in Übereinstimmung mit dem französischen Recht – ein Quorum. Danach müssen in der ersten einberufenen Hauptversammlung die persönlich anwesenden oder vertretenen Aktionäre mindestens die Hälfte des gezeichneten Grundkapitals auf sich vereinigen, um einen wirksamen Beschluss fassen zu können. Kommt dies nicht zustande, so kann bei der zweiten Einberufung ohne die Einhaltung eines Quorums beschlossen werden. Im britischen Recht stellen sich die Anforderungen an die erforderliche Beschlussmehrheit vergleichbar dem deutschen Recht dar. Die Mehrheit der Stimmen muss zugleich mindestens drei Viertel des an der Abstimmung (gegebenenfalls in der jeweiligen Klassenversammlung) beteiligten Kapitals repräsentieren. Zudem kennt auch das britische Recht eine Art Quorum: die faire Repräsentation. Sie soll verhindern, dass überdurchschnittlich wenige Aktionäre (einer Klasse) entscheiden. Feste Grenzen gibt es diesbezüglich – anders als im französischen und deutschen Recht – allerdings nicht. Es obliegt den Gerichten, dies im Einzelfall zu entscheiden. Insgesamt betrachtet, stellt das belgische Recht die höchsten Anforderungen an das Zustandekommen des Verschmelzungs- bzw. Spaltungsbeschlusses.

Sonderbeschlüsse bei Bestehen verschiedener Aktiengattungen sehen – wie von der VRL bzw. SpRL gefordert – alle Rechtsordnungen vor. Im britischen Recht gilt dies in sehr weitem Umfang. Dort wird per se innerhalb von Klassen von Aktionären abgestimmt.

Ein Einstimmigkeitserfordernis sehen das deutsche und belgische Recht für den Fall der nichtverhältniswahrenden Spaltung vor, für die – hierzu später – die SpRL ein Austrittsrecht vorschlägt. Im deutschen Recht bedarf es dabei der Zustimmung ausnahmslos aller Aktionäre, im belgischen wohl nur der in der Hauptversammlung anwesenden. Im französische Recht wird Einstimmigkeit von Seiten der Literatur zumindest dann gefordert, wenn bei einer nichtverhältniswahrenden Spaltung verschiedene Aktionärsgruppen völlig getrennt werden. Ein Einstimmigkeitserfordernis ist im britischen Recht nicht vorgesehen.

Von den durch die VRL und SpRL eröffneten Möglichkeiten, den Hauptversammlungsbeschluss über die Verschmelzung bzw. Spaltung für entbehrlich zu erklären, wurde in den zu untersuchenden Rechtsordnungen unterschiedlich Gebrauch gemacht. So muss im deutschen Recht bei einer Verschmelzung in der übernehmenden Aktiengesellschaft kein Hauptversammlungsbeschluss herbeigeführt werden, wenn diese eine Gesellschaft aufnimmt, an der sie mit mindestens 90% am Grundkapital beteiligt ist. In der übertragenden Gesellschaft bleibt der Beschluss also notwendig, selbst wenn deren Anteile zu 100% bei der übernehmenden Muttergesellschaft liegen. Gleiches gilt für die Spaltung. Beides ist an die Einhaltung bestimmter Bedingungen geknüpft: Eine ausreichende Informierung der Aktionäre und dem Recht für Aktionäre der übernehmenden Gesellschaft mit mindestens 5%iger Beteiligung, die Einberufung der Hauptversammlung zu verlangen, um über die Verschmelzung bzw. Spaltung zu entscheiden. Das französische Recht beschränkt sich darauf, die Hauptversammlung der übertragenden Gesellschaft nicht zu fordern, wenn deren Anteile zu 100% von der übernehmenden Gesellschaft gehalten werden, was im Vergleich zum weiterhin bestehenden Erfordernis in diesem Fall im deutschen Recht sinnvoller erscheint. Denn wer ist bei einer Verschmelzung in der übertragenden Gesellschaft zu schützen, wenn Alleineigner die übernehmende Gesellschaft ist? Im belgischen Recht ist überhaupt kein Hauptversammlungsbeschluss über die Verschmelzung bzw. Spaltung entbehrlich. Darin kann man bereits jetzt eine Grundtendenz im belgischen Recht im Hinblich auf das Verschmelzungs- bzw. Spaltungsverfahren erkennen: Im Zweifel werden die Anforderungen hoch angesiedelt, was eben auch dadurch zum Ausdruck kommt, dass man auf das Gebrauchmachen von Erleichterungsmöglichkeiten verzichtet. Das Gegenteil dieser Vorgehensweise findet man im britischen Recht, das (fast) jede Gelegenheit nutzt, das Verfahren zu erleichtern, so auch im Hinblick auf einen für verzichtbar erklärbaren Hauptversammlungsbeschluss. Wird eine 100%ige Tochter- auf ihre Muttergesellschaft verschmolzen, bedarf es in keiner der beiden Gesellschaften eines Hauptversammlungsbeschlusses. Bei der Spaltung ist in dieser „100%-Konstellation" der Beschluss in der übertragenden Gesellschaft entbehrlich, aber nur, wenn wiederum ausreichende Information garantiert ist und einer Minderheit von mindestens 5% das Recht zusteht, eine Versammlung zu verlangen. Das britische Recht gestattet es unter diesen Voraussetzungen zudem, auf den Beschluss in der Muttergesellschaft zu verzichten, wenn diese an der übertragenden Tochtergesellschaft mindestens 90% hält. Schließlich kann nach britischem Recht unabhängig von Beteiligungsverhältnissen sowohl bei Verschmelzung als auch Spaltung auf den entsprechenden Hauptversammlungsbeschluss der übernehmenden Gesellschaft(en) verzichtet werden. Dafür müssen alle im Rahmen einer Verschmelzung bzw. Spaltung erforderlichen Informationen rechtzeitig für die Aktionäre der übertragenden Gesellschaft zur Verfügung gestellt werden und diesen ab einer Beteiligung von 5% ebenfalls ein Einberufungsrecht eingeräumt werden.

§ 13 Austrittsrecht

I. Europarechtliche Vorgaben

Eine Vorgabe für die Mitgliedstaaten, eine (allgemeine) Möglichkeit für den Aktionär vorzusehen, seine Anteile anlässlich einer Verschmelzung bzw. Spaltung aufkaufen zu lassen und so seine Mitgliedschaft in der übertragenden bzw. in der übernehmenden Gesellschaft zu beenden, ist weder in der VRL noch in der SpRL vorgesehen. Es finden sich lediglich eine nicht zwingend umzusetzende Regelung in der VRL (unten *1.*) und ein Vorschlag in der SpRL (unten *2.*).

1. Austrittsrecht als Voraussetzung für Verfahrenserleichterungen bei der Verschmelzung (Art. 28 VRL)

Wenn die Mitgliedstaaten für den Fall der Verschmelzung einer Tochtergesellschaft auf ihre Muttergesellschaft, die mehr als 90 % der Anteile, aber nicht alle Anteile an der Tochtergesellschaft hält, nach Art. 28 VRL bestimmte (optionale) Verfahrenserleichterungen ermöglichen,[801] muss den Minderheitsaktionären der übertragenden Gesellschaft das Recht eingeräumt werden, ihre Aktien von der übernehmenden Gesellschaft gegen eine angemessene Barabfindung aufkaufen zu lassen, Art. 28 lit. a VRL. Sieht ein Mitgliedstaat eine solche Regelung vor, muss sichergestellt sein, dass die Aktionäre einen Anspruch auf ein dem Wert ihrer Aktien entsprechendes Entgelt haben (Art. 28 lit. b VRL) und dass dieses notfalls durch ein Gericht festgesetzt wird, sofern hierüber keine Einigung erzielt wird (Art. 28 lit. c VRL).[802]

2. Austrittsrecht bei der nichtverhältniswahrenden Spaltung (Art. 5 Abs. 2 SpRL)

Nach Art. 5 Abs. 2 SpRL können die Mitgliedstaaten im Fall einer nichtverhältniswahrenden Spaltung den Minderheitsaktionären der übertragenden Gesellschaft das Recht einräumen, sich auskaufen zu lassen. Damit will der Richtliniengeber der Gefahr Rechnung tragen, dass Aktionären Nachteile ent-

---

801 Es kann auf den Verschmelzungsbericht (Art. 9 VRL), den Verschmelzungsprüfungsbericht (Art. 10 VRL) und die Informationsbereitstellung nach Art. 11 VRL verzichtet werden.

802 Nicht vom Thema erfasst ist die Regelung des Art. 15 VRL, wonach die Mitgliedstaaten ein Rückkaufrecht für Inhaber von mit Sonderrechten verbundenen Wertpapieren, die keine Aktien sind, vorsehen müssen, wenn diese – es sei denn sie stimmen dem zu – in der übernehmenden Gesellschaft nicht gleichwertige Rechte erhalten.

stehen können, wenn ihnen Aktien der übernehmenden Gesellschaften nicht im Verhältnis zu ihren Rechten am Kapital der übertragenden Gesellschaft gewährt werden.[803] Auch hier muss – wie beim soeben dargestellten Austrittsrecht im Fall der Konzernverschmelzung[804] – sichergestellt sein, dass den Aktionären ein Anspruch auf ein dem Wert ihrer Aktien entsprechendes Entgelt gewährt wird, Art. 5 Abs. 2 S. 2 SpRL, und dass dieses im Zweifelsfall durch ein Gericht festgesetzt wird, Art. 5 Abs. 2 S. 3 SpRL.

II. Rechtslage in Deutschland

Im deutschen Recht finden sich bei Verschmelzung und Spaltung unter ausschließlicher Beteiligung von Aktiengesellschaften nur in speziellen Konstellationen Austrittsrechte. In erster Linie ist insofern an die Möglichkeit der Aktionäre der übertragenden Gesellschaft zu denken, sich auskaufen zu lassen, wenn die Anteile an der übernehmenden Gesellschaft Verfügungsbeschränkungen unterworfen sind, § 29 Abs. 1 S. 2 i.V.m. S. 1 UmwG bzw. §§ 125 S. 1 i.V.m. 29 Abs. 1 S. 2 i.V.m. S. 1 UmwG. (unten *1.*). In diesem Fall ermöglicht es § 33 UmwG den Anteilsinhabern zudem, ihre Anteile ohne Rücksicht auf Verfügungsbeschränkungen auch an Dritte zu veräußern (unten *2.*). Dies ist zwar kein Auskaufsrecht im klassischen Sinne, wohl aber eine Möglichkeit des „*exit*", die ohne eine gesetzliche Regelung so nicht bestünde. Schließlich kommt – unter sehr eingeschränkten Voraussetzungen – auch im Zusammenhang mit Verschmelzungen bzw. Spaltungen das allgemeine Austrittsrecht bei Unzumutbarkeit der Fortführung des Mitgliedschaftsverhältnisses in Betracht (unten *3.*).[805]

1. Recht zum Ausscheiden als Folge von Verfügungsbeschränkungen

Für den Fall, dass bei einer Verschmelzung bzw. Spaltung von Rechtsträgern derselben Rechtsform die Anteile der übernehmenden Gesellschaft(en) Verfügungsbeschränkungen unterliegen, ist den Aktionären der übertragenden Gesellschaft(en) nach § 29 Abs. 1 S. 2 i.V.m. S. 1 UmwG bzw. §§ 125 S. 1

803 Siehe bereits oben *1. Teil § 3 I. 3 a) aa) (3) (c)*.
804 Siehe oben *I.*
805 Nicht vom vorliegenden Thema erfasst ist das in § 29 Abs. 1 S. 1 UmwG bzw. §§ 125 S. 1 i.V.m. 29 Abs. 1 S. 1 UmwG gewährte Austrittsrecht im Fall einer Mischverschmelzung bzw. Mischspaltung, da hier in diesen Fällen nicht nur Aktiengesellschaften beteiligt sind. Auf diese Weise wird der Tatsache Rechnung getragen, dass jede Veränderung der Rechtsform erhebliche Auswirkung auf die Rechtsstellung des Anteilsinhabers hat und diesem daher nicht ohne weiteres zuzumuten ist, Mitglied in dem übernehmenden Rechtsträger zu werden. *Hoffmann-Becking*, ZGR 1990, 482, 487.

i.V.m. 29 Abs. 1 S. 2 i.V.m. S. 1 UmwG im Verschmelzungs- bzw. Spaltungsvertrag der Erwerb ihrer Anteile gegen eine angemessene Barabfindung anzubieten.[806] Den Aktionären wird also ein Austrittsrecht eingeräumt. Unter Verfügungsbeschränkungen im Sinne des § 29 Abs. 1 S. 2 UmwG sind alle Regelungen im Gesetz oder in der Satzung zu verstehen, die eine Einschränkung der freien Übertragbarkeit oder der Belastung des Anteils bedeuten.[807] Wird die Verfügungsbeschränkung nicht beachtet, hat dies die Unwirksamkeit des dinglichen Geschäfts zur Folge.[808] Bei Aktiengesellschaften konzentriert sich die Anwendung des § 29 Abs. 1 S. 2 UmwG auf eine in der Satzung festgelegte Vinkulierung von Namensaktien, § 68 Abs. 2 AktG.[809] Die Übertragung ist in diesem Fall an die Zustimmung der Gesellschaft gebunden, die der Vorstand (§ 68 Abs. 2 S. 2 AktG), oder – bei entsprechender Festlegung in der Satzung – der Aufsichtsrat (§ 68 Abs. 2 S. 3 Alt. 1 AktG) oder die Hauptversammlung (§ 68 Abs. 2 S. 3 Alt. 2 AktG) erteilen kann.[810] Nicht unter § 29

---

806 Siehe zum Abfindungsangebot als zusätzlichem Bestandteil des Verschmelzungs- bzw. Spaltungsvertrags oben *§ 11 II. 1. a) aa) (4).*

807 *Grunewald* in FS Boujong, 175, 178.

808 *Grunewald* in FS Boujong, 175, 178; vgl. auch *Grunewald* in Lutter, § 33 UmwG, Rz. 10.

809 Bei Inhaberaktien ist eine solche Einschränkung der Verkehrsfähigkeit nicht zulässig. *Hüffer*, § 68 AktG, Rz. 10.

810 Streit besteht darüber, ob ein Anteilsinhaber auch dann eine Barabfindung verlangen kann, wenn seine Anteile bereits beim übertragenden Rechtsträger Verfügungsbeschränkungen unterworfen waren, eine Verfügungsbeschränkung für ihn durch die Verschmelzung bzw. Spaltung also nicht erst entsteht. Eine Mindermeinung (lediglich *Dehmer*, § 29 UmwG, 2. Aufl., Rz. 8; wohl aber auch *Streck/ Mack/ Schwedhelm*, GmbHR 1995, 161, 164) verneint in diesem Fall ein Austrittsrecht gegen Barabfindung mit der Begründung, dass eine Verschlechterung für den Anteilsinhaber nicht zu befürchten sei. Die ganz *h.M.* (*Bermel* in Goutier/ Knopf/ Tulloch, § 29 UmwG, Rz. 3; *Grunewald* in Lutter, § 29 UmwG, Rz. 11; *Marsch-Barner* in Kallmeyer, § 29 UmwG, Rz. 13; *Reichert*, GmbHR 1995, 176, 187; *Schaub*, NZG 1998, 626, 627; *Stratz* in Schmitt/ Hörtnagl/ Stratz, § 29 UmwG, Rz. 4 a.E., 8; *Vollrath* in Widmann/ Mayer, § 29 UmwG, Rz. 13) bejaht grundsätzlich hingegen in dieser Konstellation ein Austrittsrecht. Maßgebend sei, ob eine zusätzliche Belastung vorliege. Für die *h.M.* spricht zum einen der Wortlaut der Norm, der allein auf Verfügungsbeschränkungen im übernehmenden Rechtsträger abstellt, zum anderen die Schwierigkeit festzustellen, ob die Verfügungsbeschränkung der Anteile des übertragenden oder des übernehmenden Rechtsträgers belastender sind. So kann sich z.B. eine Belastung dadurch ergeben, dass in der Satzung der übernehmenden Gesellschaft andere Gründe für eine Verweigerung der Zustimmung (§ 68 Abs. 2 S. 4 AktG) genannt sind als in derjenigen der übertragenden Gesellschaft. Lediglich in dem Sonderfall, dass der Anteilsinhaber durch die nach Wirksamwerden der Verschmelzung geltende Verfügungsbeschränkung weder rechtlich noch tatsächlich in irgendeiner Form schlechter gestellt wird als vor der Verschmelzung, soll ihm der Austritt gegen eine Barabfindung nach § 29 Abs. 1 S. 2 UmwG verweigert werden.

Abs. 1 S. 2 UmwG fallen insbesondere bloße Erschwerungen bei der Übertragung der Anteile.[811] Hierzu zählt vor allem die Verschmelzung einer börsennotierten Aktiengesellschaft auf eine nichtbörsennotierte.[812] Dies hat für die Aktionäre der übertragenden Gesellschaft zur Folge, dass sie für ihre börsennotierten Aktien nichtbörsennotierte erhalten, was sich gravierend auf die Veräußerungsfähigkeit der Anteile auswirken kann.[813] Diesem Verlust oder zumindest der Einschränkung der Fungibilität der Anteile wollen weite Teile der Literatur begegnen, indem sie die in der *Macrotron*-Entscheidung[814] vorgezeichnete Möglichkeit zum Verlassen der Gesellschaft auch auf Fälle anwenden, in denen der Rückzug von der Börse durch Verschmelzung erfolgt.[815]

Dies ist bei der Verschmelzung von Schwestergesellschaften mit absolut identischer Ausgestaltung der Verfügungsbeschränkung der Fall. Dogmatisch wird dieser Sonderfall innerhalb der *h.M.* unterschiedlich begründet. Der eine Teil (vgl. *Bermel* in Goutier/ Knopf/ Tulloch, § 29 UmwG, Rz. 3; *Grunewald* in Lutter, § 29 UmwG, Rz. 6) reduziert § 29 Abs. 1 S. 2 UmwG teleologisch, der andere Teil wendet die Grundsätze zur missbräuchlichen oder treuwidrigen Rechtsausübung an (vgl. *Marsch-Barner* in Kallmeyer, § 29 UmwG, Rz. 10; *Reichert*, GmbHR 1995, 176, 188).

811 *Grunewald* in Lutter, § 29 UmwG, Rz. 9. Darüber hinaus sind ebenfalls nicht von § 29 Abs. 1 S. 2 UmwG erfasst: Ausschlussklauseln in der Satzung, da sie die Fähigkeit des Anteilsinhabers, über seine Beteiligung zu verfügen, nicht betreffen (*Grunewald* in Lutter, § 29 UmwG, Rz. 8) sowie Formvorschriften, da sie nur die Art und Weise festlegen, wie die Verfügung zu erfolgen hat (*Grunewald* in Lutter, § 29 UmwG, Rz. 9).

812 Sogenanntes kaltes Delisting. Siehe bereits oben *Einführung § 1*.

813 *Grunewald* in Lutter, § 29 UmwG, Rz. 9. Vorstellbar ist darüber hinaus auch ein Delisting durch Aufspaltung, wenn das Vermögen auf nichtbörsennotierte Aktiengesellschaften übertragen wird und die Aktionäre der übertragenden Gesellschaft dann als Gegenleistung entsprechend nur nicht gelistete Anteile erhalten. Bei einer Abspaltung hingegen ist die Sachlage etwas diffiziler. Denn durch die Übertragung nur eines Teils des Vermögens bleibt die übertragende Gesellschaft bestehen und deren Anteile erlöschen auch nicht. Die Fungibilität der Anteile wird nicht eingeschränkt. Die Aktionäre der übertragenden Gesellschaft erhalten lediglich zusätzlich als Gegenleistung Anteile an nichtbörsennotierten Gesellschaften.

814 BGH v. 25.11.2002 – II ZR 133/01, NZG 2003, 280 ff.

815 *Adolff/ Tieves*, BB 2003, 797, 805; *Grunewald* in Lutter, § 29 UmwG, Rz. 9; *dies.*, ZIP 2004, 542, 544; *Kubis* in MüKo, § 119 AktG, Rz. 89; offen: *Schlitt*, ZIP 2004, 533, 540; *a.A. Krämer/ Theiß*, AG 2003, 225, 240. Leider hat der BGH in der *Macrotron*-Entscheidung (NZG 2003, 280 ff.) offen gelassen, worauf sich das bei einem regulären Delisting erforderliche (vom BGH in der Entscheidung so benannte) „Pflichtangebot" stützt. *Adolff/ Tieves* (BB 2003, 797, 801 ff.) bringen zwei Lösungsmöglichkeiten ins Spiel. Danach könnte das Pflichtangebot zum einen bloße Voraussetzung für das ordnungsgemäße Zustandekommen des Hauptversammlungsbeschlusses sein. Zum anderen könnte der Rechtsgedanke der §§ 29, 207 UmwG, § 305 AktG entsprechend herangezogen werden, um einen Anspruch der Minder-

Voraussetzung für die Inanspruchnahme des Barabfindungsangebots ist, dass der Aktionär der übertragenden Aktiengesellschaft gegen den Verschmelzungs- bzw. Spaltungsbeschluss seiner Gesellschaft Widerspruch zu Niederschrift erklärt hat.[816] Anders als im Fall des § 245 Nr. 1 AktG reicht dies nach *h.M.* jedoch noch nicht aus. Vielmehr muss er auch zuvor – als Voraussetzung dafür, Widerspruch erklären zu können – gegen den Beschluss gestimmt haben.[817] Das Angebot nach § 29 UmwG kann dann innerhalb von zwei Monaten nach Bekanntmachung der Eintragung der Verschmelzung bzw. Spaltung angenommen werden, § 31 S. 1 UmwG. Zu beachten ist, dass auch die Angemessenheit der Barabfindung stets durch Verschmelzungs- bzw. Spaltungsprüfer zu prüfen ist, § 30 Abs. 2 S. 1 UmwG, und dass bei Streitigkeiten in Bezug auf die Abfindung auf Antrag eines Aktionärs eine gerichtliche Nachprüfung nach den Vorschriften des Spruchverfahrensgesetzes stattfindet, § 34 UmwG.

Zu berücksichtigen ist ferner, dass auch die widersprechenden Aktionäre der übertragenden Gesellschaften nach § 20 Abs. 1 Nr. 3 UmwG zunächst

---

heitsgesellschafter auf ein Angebot zu begründen. Die Autoren geben dabei der erstgenannten Möglichkeit den Vorzug. Hinsichtlich des „kalten" Delisting spricht sich eine Reihe von Autoren für eine analoge Anwendung des § 29 Abs. 1 S. 2 (bzw. S. 1) UmwG als Grundlage für das Abfindungsangebot aus: *Hüffer*, § 119 AktG, Rz. 25; *Kubis* in MüKo, § 119 AktG, Rz. 89; *Pluskat,* WM 2002, 833, 835; *a.A. Groß*, ZHR 165 (2001), 141, 160 f.; *Krämer/ Theiß*, AG 2003, 225, 240; *Steck*, AG 1998, 460, 464 f.

816 Dies unterscheidet § 29 Abs. 1 S. 1 und 2 UmwG von § 15 UmwG, der das Recht, eine Verbesserung des Umtauschverhältnisses geltend zu machen, jedem Aktionär ohne besondere Voraussetzungen zugesteht. Eine Ausnahme von dem Erfordernis, Widerspruch einzulegen, normiert § 29 Abs. 2 UmwG. Danach bedarf es keines Widerspruchs, wenn ein nicht erschienener Aktionär zur Hauptversammlung zu Unrecht nicht zugelassen, die Versammlung nicht ordnungsgemäß einberufen oder der Gegenstand der Beschlussfassung nicht ordnungsgemäß bekannt gemacht worden ist.

817 *Bermel* in Goutier/ Knopf/ Tulloch, § 29 UmwG, Rz. 18; *Grunewald* in Lutter, § 29 UmwG, Rz. 10; *Hommelhoff*, ZGR 1993, 452, 470 f.; *Kalss* in Semler/ Stengel, § 29 UmwG, Rz. 21; *Schaub*, NZG 1998, 626, 628; *Stratz* in Schmitt/ Hörtnagl/ Stratz, § 29 UmwG, Rz. 2; *Vollrath* in Widmann/ Mayer, § 29 UmwG, Rz. 24; *a.A. Marsch-Barner* in Kallmeyer, § 29 UmwG, Rz. 13. Ihre Ansicht begründet die *h.M.* damit, dass die Barabfindung regelmäßig zu einer wirtschaftlichen Schwächung des übernehmenden Rechtsträgers führt, da dieser aus seiner Vermögensmasse eine auf den tatsächlichen Verkehrswert des gesamten Anteils berechnete Barabfindung zu erbringen hat (dies rechtfertige auch den Unterschied im Vergleich zu § 245 Nr. 1 AktG). Hierzu soll er nur gezwungen werden, wenn ein Aktionär in der Hauptversammlung auch tatsächlich gegen die Verschmelzung stimmt. Aktionären, die der Verschmelzung zustimmen, aber um ihre wirtschaftliche Integrität fürchten, stehe zur Überprüfung der Angemessenheit des Umtauschverhältnisses das Spruchverfahren nach §§ 15, 305 ff. UmwG offen.

Aktionäre der übernehmenden Gesellschaft werden. Für einen in der Folge stattfindenden Abkauf der Anteile durch die übernehmende Gesellschaft sind die allgemeinen aktienrechtlichen Vorschriften für den Erwerb eigener Aktien zu berücksichtigen. Dieser ist zwar nach § 71 Abs. 1 S. 1 Nr. 3 AktG für den Fall des § 29 Abs. 1 S. 2 AktG explizit gestattet, unterliegt jedoch der Beschränkung des § 71 Abs. 2 S. 1 i.V.m. 71 Abs. 1 Nr. 3 AktG, wonach der Anteil der eigenen Aktien maximal 10% vom Grundkapital ausmachen darf. Ferner ist § 71 Abs. 2 S. 2 AktG zu berücksichtigen, nach dem die übernehmende Gesellschaft im Erwerbszeitpunkt in der Lage sein muss, die nach § 272 Abs. 4 HGB erforderliche Rücklage für eigene Aktien aus freien Mitteln zu bilden.[818]

2. *Anderweitige Veräußerung*

§ 33 UmwG bzw. §§ 125 S. 1 i.V.m. 33 UmwG erlaubt es dem Aktionär nach Fassung des Verschmelzungs- bzw. Spaltungsbeschlusses[819] bis zum Ablauf der in § 31 UmwG bestimmten Frist[820] seine Anteile an der Gesellschaft trotz einer bestehenden Vinkulierung an einen beliebigen Dritten zu veräußern.[821] Die Vorschrift ergänzt bei Bestehen von Verfügungsbeschränkungen den Minderheitenschutz des § 29 UmwG, der dem Austrittsberechtigten bereits einen Anspruch gegenüber dem übernehmenden Rechtsträger auf Übernahme seiner Anteile einräumt.[822] Mit Hilfe des § 33 UmwG bietet sich ihm die Chance, unter Umständen einen höheren Übertragungspreis zu erzielen – wenn er das Marktrisiko nicht scheut.[823] Geht der Anteilsinhaber diesen Weg,

---

818 Sofern sich bereits vor Fassung eines der beiden Verschmelzungs- bzw. Spaltungsbeschlüsse abzeichnet, dass die Anforderungen des § 71 Abs. 1 Nr. 3, Abs. 2 S. 1 und 2 AktG nicht eingehalten werden können, muss der Verschmelzungsbeschluss unterbleiben. Ein dennoch gefasster Beschluss ist rechtswidrig, da er einen Verstoß gegen § 71 Abs. 2 AktG vorbereitet. *Grunewald* in Lutter, § 29 UmwG, Rz. 24; *Kalss* in Semler/ Stengel, § 29 UmwG, Rz. 32; *Marsch-Barner* in Kallmeyer, § 29 UmwG, Rz. 27; *Vollrath* in Widmann/ Mayer, § 29 UmwG, Rz. 32; *a.A. Stratz* in Schmitt/ Hörtnagl/ Stratz, § 29 UmwG, Rz. 10.

819 Maßgebend ist von mehreren der zuletzt gefasste. *Grunewald* in Lutter, § 33 UmwG, Rz. 9.

820 Siehe zur Frist nach § 31 UmwG oben *2.*

821 Vgl. (rechtsformunabhängig) *Kalss* in Semler/ Stengel, § 33 UmwG, Rz. 1. Bestehen keine Verfügungsbeschränkungen, bedarf es des § 33 UmwG nicht, da die Anteile ohnehin frei übertragen werden können.

822 *Kalss* in Semler/ Stengel, § 33 UmwG, Rz. 1. Siehe zu § 29 UmwG oben *2.*

823 *Kalss* in Semler/ Stengel, § 33 UmwG, Rz. 2. Vgl. auch *Stratz* in Schmitt/ Hörtnagl/ Stratz, § 33 UmwG, Rz. 2.

hat dies für die übernehmende Gesellschaft den Vorteil, dass sie keine Barabfindung leisten muss und so weniger Liquidität abfließt.[824]

Um die anderweitige Veräußerung nutzen zu können, muss der veräußerungswillige Aktionär in der Hauptversammlung, die den Verschmelzungs- bzw. Spaltungsbeschluss gefasst hat, nach wohl einhelliger Ansicht Widerspruch erklären.[825] Dies geschieht insbesondere mit Rücksicht auf die anderen Aktionäre, die von der Möglichkeit einer ungebundenen Veräußerung erfahren sollen.[826] Nicht erforderlich ist hingegen – anders als bei § 29 UmwG[827] – dass der Anteilsinhaber auch gegen den Verschmelzungs- bzw. Spaltungsbeschluss gestimmt hat.[828] Die Vorschrift gilt für Verfügungsbeschränkungen im übertragenden und übernehmenden Rechtsträger gleichermaßen.[829]

---

824 *Kalss* in Semler/ Stengel, § 33 UmwG, Rz. 2.

825 *Bermel* in Goutier/ Knopf/ Tulloch, § 33 UmwG, Rz. 6; *Grunewald* in Lutter, § 33 UmwG, Rz. 6; *Kalss* in Semler/ Stengel, § 33 UmwG, Rz. 12; *Marsch-Barner* in Kallmeyer, § 33 UmwG, Rz. 5; wohl auch *Reichert*, GmbHR 1995, 176, 189; *Vollrath* in Widmann/ Mayer, § 33 UmwG, Rz. 4.

826 *Grunewald* in Lutter, § 33 UmwG, Rz. 6. Den Anteilsinhabern des übernehmenden Rechtsträgers ist oftmals sehr daran gelegen zu erfahren, ob die Möglichkeit einer ungebundenen Veräußerung besteht. Denn nur so können sie beurteilen, ob neben der oftmals bereits im Vorfeld gut abzusehenden Veränderung des Kreises der Anteilsinhaber aufgrund der Verschmelzung bzw. Spaltung auch der Eintritt fremder Dritter zu befürchten steht. Sind die Betroffenen durch den Widerspruch von dieser Gefahr informiert, können sie entsprechend handeln und so insbesondere ihrerseits versuchen, die zur Disposition gestellten Anteile zu erwerben. *Grunewald* in Lutter, § 33 UmwG, Rz. 6. Verlangt man einen Widerspruch, so müssen auch die Vorschriften gelten, die diesen entbehrlich machen, nämlich § 29 Abs. 2 UmwG. *Grunewald* in Lutter, § 33 UmwG, Rz. 7; *Kalss* in Semler/ Stengel, § 33 UmwG, Rz. 13. Siehe hierzu oben *2.*

827 Siehe oben *2.*

828 *Grunewald* in Lutter, § 33 UmwG, Rz. 7; *Marsch-Barner* in Kallmeyer, § 33 UmwG, Rz. 5.

829 *Grunewald* in Lutter, § 33 UmwG, Rz. 11 mit dem Wortlaut-Argument (das Gesetz spricht von Rechtsträgern, also Plural); *a.A. Kalss* in Semler/ Stengel, § 33 UmwG, Rz. 10: nur für Verfügungsbeschränkungen im übernehmenden Rechtsträger.

3. *Allgemeines Austrittsrecht*

Ein allgemeines Austrittsrecht ist gesetzlich nicht geregelt.[830] Es besteht Streit darüber, ob es unter bestimmten Voraussetzungen zuzulassen ist. Zum Teil wird dies in der Literatur mit Verweis auf die bestehenden gesetzlichen Möglichkeiten und deren Ausnahmecharakter abgelehnt.[831] Die Gegenmeinung ist der Ansicht, dass es über diese Fälle hinaus wichtige Gründe gebe, bei deren Vorliegen es den Aktionären nicht zuzumuten sei, ihr Engagement in der Gesellschaft fortzusetzen.[832] Dies gelte auch für Verschmelzungen und Spaltungen.

Mit der zuletzt genannten Ansicht ist ein Austrittsrecht aus wichtigem Grund auch bei Verschmelzungen bzw. Spaltungen zu bejahen. So kann besser auf die vielfältigen Konstellationen, in denen sich der Aktionär der übertragenden Gesellschaft in der übernehmenden Gesellschaft (neuen) Beschränkungen und Belastungen ausgesetzt sähe, reagiert werden. Das Austrittsrecht aus wichtigem Grund muss aber ultima ratio bleiben und darf daher nur sehr eingeschränkt zum Einsatz kommen. Nur so wird man der hinter der strengen Begrenzung der gesetzlichen Austrittsrechte stehenden Wertung des Gesetzgebers gerecht, dass nicht jede Veränderung in der Gesellschaft dem Aktionär die Möglichkeit eröffnen soll, sich auskaufen zu lassen. Dabei spielen insbesondere – es wurde bereits angedeutet – die folgenden beiden, miteinander in Zusammenhang stehenden Gesichtspunkte eine Rolle: Erstens ist der Auskauf eines Aktionärs mit den Vorschriften über die Vermögenssicherung an sich nicht vereinbar und muss daher die Ausnahme bleiben.[833] Und zweitens kann das Vorhaben der Verschmelzung in Fällen gefährdet werden, in denen der Auskauf von Minderheitsgesellschaftern im großen Stil die Finanzkraft der

---

830 Dies wurde nicht für notwendig gehalten. Es ist zudem mit den Vorschriften über die Vermögenssicherung auch nur schwer vereinbar. Vgl. *Raiser/ Veil*, Recht der Kapitalgesellschaften, § 12, Rz. 62. Der deutsche Gesetzgeber hat sich vielmehr darauf beschränkt, einzelne Austrittsrechte zu regeln, so z.B. eben das Austrittsrecht als Folge einer Mischverschmelzung oder von Verfügungsbeschränkungen im Rahmen von Verschmelzungen und Spaltungen, § 29 UmwG (siehe hierzu oben *2.*). Ein weiteres Austrittsrecht findet sich etwa beim Abschluss eines Beherrschungs- oder Gewinnabführungsvertrags in § 305 Abs. 2 Nr. 2 AktG.

831 *Stratz* in Schmitt/ Hörtnagl/ Stratz, § 13, Rz. 31.

832 Vgl. insbesondere *Grunewald* in FS Claussen, 103, 111 ff; siehe auch *Raiser/ Veil*, Recht der Kapitalgesellschaften, § 12, Rz. 62 i.V.m. § 30, Rz. 64 (ff.).

833 Nach § 71 AktG ist der Erwerb eigener Aktien nur in einem sehr eingeschränkten Rahmen möglich. Grund hierfür ist, dass die Zahlung eines Preises für diese Papiere eine Einlagenrückgewähr darstellt und daher mit dem Prinzip der Kapitalerhaltung kollidiert. In § 29 Abs. 1 S. 1 HS 2 UmwG wird daher § 71 Abs. S. 2 AktG für unanwendbar erklärt.

übernehmenden Gesellschaft übersteigt.[834] Für ein Austrittsrecht aus wichtigem Grund ist vor allem dann kein Raum, wenn der Aktionär der übernehmenden Gesellschaft ohne weiteres imstande ist, seine Anteile frei zu veräußern. Anders hingegen, wenn dies nicht der Fall ist.[835] Die Annahme eines Austrittsrechts bei Unzumutbarkeit des Verbleibs in der Gesellschaft entspricht überdies allgemeingültigen Rechtsprinzipien, wonach es den Vertragspartnern bei Dauerschuldverhältnissen möglich sein muss, bei Vorliegen eines wichtigen Grundes die Verbindung zu lösen.[836]

III. Rechtslage in Frankreich – Möglichkeit zum Austritt aus börsennotierten Gesellschaften

Das französische Recht sieht weder ein verschmelzungs- bzw. spaltungsrechtsspezifisches noch ein allgemeines Austrittsrecht für (dissentierende) Minderheitsaktionäre vor. Obwohl bereits seit einiger Zeit von verschiedenen Seiten[837] immer wieder gefordert wird, dem Aktionär bei Strukturmaßnahmen wie der Verschmelzung und Spaltung die Möglichkeit zu eröffnen, aus der Gesellschaft auszuscheiden, ist der französische Gesetzgeber dem bisher nicht nachgekommen. Er erachtet die Rechte der Minderheitsgesellschafter bei Verschmelzungen und Spaltungen durch die verfahrensmäßigen Sicherungen für hinreichend gewahrt.[838]

Die Möglichkeit, sich auskaufen zu lassen, kann sich in bestimmten Konstellationen jedoch für Aktionäre börsennotierter Gesellschaften ergeben. Dies liegt daran, dass diese zusätzlich den Regeln der COB, nun AMF, unterliegen[839] und diese im Einzelfall zugunsten von Minderheitsaktionären eingreift,

---

834 Vgl. *Hommelhoff*, ZGR 1993, 452, 471.

835 Dies entspricht der Lage bei anderen Dauerschuldverhältnissen. *Hirte*, Kapitalgesellschaftsrecht, Rz. 4.83.

836 *Kalss* in Semler/ Stengel, § 29 UmwG, Rz. 19; vgl. auch *Hirte*, Kapitalgesellschaftsrecht, Rz. 4.83 und *Raiser/ Veil*, Recht der Kapitalgesellschaften, § 12, Rz. 62 i.V.m. § 30, Rz. 64.

837 So fordert die COB, nun AMF [siehe oben *1. Teil § 5 I. 4. a)*] bereits seit längerem ein Austrittsrecht (vgl. *Sonnenberger/ Damann*, Französisches Handels- und Wirtschaftsrecht, Rz. III 129). Siehe zudem *Routier*, Les fusions des sociétés commerciales, Tz. 322, 323. Vgl. zu den Schwierigkeiten der Aktionäre der übertragenden Gesellschaft, ihre Anteile vor Eintritt der Verschmelzungs- bzw. Spaltungswirkungen zu veräußern *Rapport Lepetit*, 25.

838 *Sonnenberger/ Damann*, Französisches Handels- und Wirtschaftsrecht, Rz. III 129.

839 Es handelt sich dabei nicht um zwingendes Recht. In der Praxis haben aufgrund der Autorität der COB (nun AMF) die von dieser aufgestellten Regeln jedoch große Bedeutung. Vgl. *Routier*, Les fusions des sociétés commerciales, Tz. 322 (Fn. 527).

um ihnen den Austritt aus der Gesellschaft zu ermöglichen.[840] Dies kann beispielsweise dann passieren, wenn sich die Aktionäre der übernehmenden Gesellschaft nach der Verschmelzung einer beträchtlichen Erhöhung der Verschuldung ausgesetzt sähen.[841] Ein komplexeres Lösungskonzept sieht die COB für den Fall vor, dass eine börsennotierte auf eine nicht börsennotierte Gesellschaft verschmolzen wird: Entweder beantragt die übernehmende Gesellschaft für ihre Anteile die Zulassung zum Markt und sorgt dort für einen gewissen Handel der in Frage stehenden Titel oder sie hat – bei Scheitern dieser Option – den Aktionären den Auskauf aus der Gesellschaft oder den Tausch ihrer Titel gegen börsennotierte anzubieten oder solche, die dies in kurzer Zeit sein werden.[842] Kurzum, die Aktionäre sollen im Zuge einer Verschmelzung nicht der Veräußerungsfähigkeit ihrer Titel verlustig gehen.

IV. Rechtslage in Belgien – Allgemeines Austrittsrecht

Im belgischen Recht ist im Rahmen von Verschmelzungen bzw. Spaltungen von Aktiengesellschaften kein Austrittsrecht vorgesehen.[843] Sollte eine Gesellschaft anlässlich einer Verschmelzung oder Spaltung Minderheitsaktionären freiwillig anbieten, deren Anteile abzukaufen, so ist dabei die 10%-Grenze der baren Zuzahlung zu beachten.[844] In allen anderen Fällen bleibt nur das allgemeine Austrittsrecht nach Art. 642 f. C.S. bei Vorliegen von berechtigten Gründen (*justes motifs*).

Art. 642 C.S. ermöglicht es einem Aktionär unter bestimmten Voraussetzungen vor Gericht den Antrag zu stellen, die anderen Gesellschafter zur Übernahme aller seiner Aktien zu verpflichten. Auf diese Weise kann er sich aus der Gesellschaft zurückziehen. Diese Möglichkeit besteht jedoch nur bei Gesellschaften, die nicht oder noch nicht öffentlich zur Zeichnung von Wert-

---

840 Vgl. *Routier*, Fusions de sociétés commerciales, Tz. 322; *Lamy*, Sociétés commerciales, Tz. 1798.

841 *Lamy*, Sociétés commerciales, Tz. 1798.

842 Rapport COB für 1978, S. 42. Vgl. insgesamt *Lamy*, Sociétés commerciales, Tz. 1798.

843 Lediglich im Fall der (Misch-)Verschmelzung bzw. Spaltung von Genossenschaften ist ein Austrittsrecht vorgesehen, Art. 698 § 2 C.S. bzw. Art. 735 § 2 C.S.

844 Vgl. *Keutgen/ Tossens* in Université Catholique de Louvain (Hrsg.), Le nouveau droit des fusions et des scissions de sociétés, 119, 144 f. Von der Möglichkeit des Art. 30 VRL bzw. Art. 24 SpRL, eine bare Zuzahlung von mehr als 10% zuzulassen, hat der belgische Gesetzgeber keinen Gebrauch gemacht. Siehe hierzu oben *1. Teil § 6 I. 3.* Es wird argumentiert, dass man den Aktionären über diese 10% hinaus kein Austrittsrecht gegen eine Barabfindung gewähren könne, wenn bereits die bare Zuzahlung, die lediglich neben der Gegenleistung in Form von Aktien der übernehmenden Gesellschaft gewährt werde, diese Grenze nicht übersteigen darf.

papieren aufgefordert haben, Art. 635 C.S. Offensichtlich sieht der belgische Gesetzgeber die Tatsache, die Aktien an der Börse veräußern zu können, in diesem Zusammenhang als ausreichend an. Voraussetzung für die Austrittsmöglichkeit ist nach Art. 642 Abs. 1 C.S. das Vorliegen von berechtigten Gründen (*justes motifs*). Es muss hierfür – wie bereits aus der Überschrift des Titels VI des achten Buchs des *Code des sociétés* hervorgeht, unter dem das Austrittsrecht geregelt ist – eine gesellschaftsinterne Konfliktsituation vorliegen. Dabei ist in erster Linie an einen Mehrheitsmissbrauch (*abus de majorité*) zu denken.[845] Dieser, aber auch andere angemessene Gründe sind aufgrund des Spielraums, den das Gericht bei der Beurteilung dessen hat, was *justes motifs* sind, auch im Rahmen von Verschmelzungen und Spaltungen vorstellbar. Hält das Gericht die vom Antragssteller glaubhaft zu machenden Gründe für angemessen, so verpflichtet es den Antragsgegner, also die anderen Aktionäre, die Aktien des Antragsstellers gegen Zahlung eines vom Gericht festgesetzten Preises anzunehmen. Im Gegenzug ist der Antragssteller verpflichtet, dem Antragsgegner seine Titel zu übertragen, Art. 643 C.S. Das Auskaufrecht richtet sich hier also nicht gegen die Gesellschaft, sondern diejenigen Aktionäre, die für die zum Austritt führenden angemessenen Gründe verantwortlich sind.

V. Rechtslage in Großbritannien

Auch im britischen Recht gibt es kein spezifisches Austrittsrecht, das Minderheitsaktionäre im Fall einer Verschmelzung bzw. Spaltung nutzen können, um ihr Engagement in der Gesellschaft zu beenden. Neben der sich insbesondere wiederum für Aktionäre von börsennotierten Gesellschaften bietenden Option, die Anteile über die Börse an Dritte zu veräußern,[846] bleiben zwei weitere Möglichkeiten des Ausscheidens, die jeweils speziellen Voraussetzungen unterliegen. Erstens kann das Gericht, das die Verschmelzung bzw. Spaltung genehmigen muss, es für erforderlich halten, Minderheitsaktionären ein Austrittsrecht zu gewähren (unten *2.*) und zweitens kann sich dieses aus den allgemeinen Regelungen der s. 459 ff. CA 1985 ergeben (unten *3.*), die Schutz vor unbilliger Schädigung bieten (s. 459 Abs.1 CA 1985: „*...unfairly prejudicial to the interests of its members...*“).

---

845 Vgl. Gedr. St. Kamer, 1005 (1992-93), Nr. 19, 70.

846 Vgl. *Farrar/ Hannigan*, Farrar's Company Law, 429 f.

1. Möglichkeit des die Verschmelzung bzw. Spaltung genehmigenden Gerichts nach s. 427 Abs. 3 lit. e CA 1985

Das Gericht, dem der Verschmelzungs- bzw. Spaltungsplan nach den Beschlüssen in den jeweiligen Gesellschafterversammlungen zur Genehmigung vorgelegt wird, hat nach s. 427 CA 1985 die Befugnis, alle zur Durchführung der Verschmelzung bzw. Spaltung erforderlichen Maßnahmen anzuordnen.[847] Hierzu kann neben der Anordnung der Gesamtrechtsnachfolge, vgl. s. 427 Abs. 3 lit. a CA 1985, der Übertragung der Anteile der übernehmenden Gesellschaft auf die Anteilsinhaber der übertragenden Gesellschaft, vgl. s. 427 Abs. 3 lit. b CA 1985, und des Erlöschens der übertragenden Gesellschaft, s. 427 Abs. 3 lit. d CA 1985, auch die Anordnung einer Abfindung für widersprechende Anteilsinhaber gehören, vgl. s. 427 Abs. 3 lit. e CA 1985.[848] Voraussetzung hierfür ist, dass eine Ähnlichkeit zu dem Vorgehen nach s. 110 IA 1986 besteht.[849]

2. Maßnahmen nach s. 459 ff. CA 1985

Für den Fall, dass Gesellschafter durch die Art und Weise, in der die Gesellschaft geführt wir, unbillig beeinträchtigt werden,[850] steht jedem Anteilsinhaber die Möglichkeit offen, die gerichtliche Anordnung geeigneter Maßnahmen zu beantragen, s. 459 CA 1985. Hierzu kann auch die Anordnung der Übernahme der Anteile der Minderheit durch die Mehrheit oder durch die Gesellschaft gehören, s. 461 Abs. 2 lit. d CA 1985. Dem Gericht wird dabei die

---

847 Vgl. *Morse* in Morse (Hrsg.), Palmer's Company Law, Rz. 12.033.

848 Vgl. *Behrens*, Die GmbH im internationalen und europäischen Recht, Rz. GB/NI/EI 55. Die Ausführungen zur *private limited company*, dem englischen Äquivalent zur deutschen GmbH, können insofern auch in Bezug auf die weitestgehend denselben Regeln unterworfene *public limited company* übertragen werden. Es handelt sich bei diesen beiden Typen von Kapitalgesellschaften um eine einheitliche Kapitalgesellschaftsform, wobei die *public limited company* strengeren Anforderungen (insbesondere in Bezug auf das Grundkapital) unterliegt. *Hohloch* in Hohloch (Hrsg.), EU-Handbuch Gesellschaftsrecht, Rz. 15.

849 *Morse* in Morse (Hrsg.), Palmer's Company Law, Rz. 12.033. Dies lässt sich wohl damit begründen, dass bei einer freiwilligen Abwicklung nach s. 110 IA 1986 dissentierenden Anteilsinhabern ein gesetzliches Austrittsrecht zustehen kann, s. 111 Abs. 2 IA 1986. Diese beiden Umstrukturierungsmöglichkeiten, *scheme of arrangement* nach s. 425 ff. CA 1985 auf der einen Seite, *voluntary liquidation* nach s. 110 IA 1986 auf der anderen Seite (siehe hierzu bereits oben *1. Teil § 7 II. 1.*), unterscheiden sich im Verfahren und dem Minderheitenschutz deutlich. Siehe zu dem Vorgehen nach s. 110 ff. IA 1986 *McCormack* in Birds/ MacNeil/ McCormack/ Twigg-Flesner/ Villiers, Boyle & Birds' Company Law, Tz. 21.39 ff.

850 S. 459 Abs. 1 CA 1985: „*unfairly prejudicial*".

Befugnis eingeräumt, einen angemessenen Preis – meist unter Zuhilfenahme eines Sachverständigen[851] – für die aufzukaufenden Anteile festzusetzen, s. 461 Abs. 1 CA 1985. Auch im Rahmen von Verschmelzungen bzw. Spaltungen im Sinne der VRL bzw. SpRL ist eine solche unbillige Beeinträchtigung denkbar. Konkret auf diese Fälle bezogene Rechtsprechung existiert, soweit ersichtlich, nicht. Zu berücksichtigen ist jedoch in jedem Fall, dass das Instrument nach s. 459 CA 1985 allgemein sehr restriktiv gehandhabt wird.[852] Darüber hinaus ist – und dies scheint wohl der gewichtigere Punkt zu sein – zu bedenken, dass eine Verschmelzung oder Spaltung nach s. 425 ff. CA 1985 nur unter Aufsicht des Gerichts und – auch bei Vorliegen der erforderlichen Mehrheit – mit dessen Genehmigung durchgeführt werden kann. Diese wird es aber wohl in aller Regel versagen, wenn eine Beeinträchtigung im Sinne der s. 459 Abs. 1 CA 1985 vorliegt.

VI. Vergleich der Möglichkeiten zum Austritt

Die spärlichen, überdies teilweise lediglich optionalen Vorgaben in der VRL und SpRL hinsichtlich eines Austrittsrechts wurden von den hier zu untersuchenden Rechtsordnungen nicht aufgegriffen. Eine Harmonisierung auf diesem Gebiet existiert daher nicht. Die angebotenen Verfahrenserleichterungen nach Art. 28 VRL wurden nicht in Anspruch genommen, das hierfür unter anderem geforderte Austrittsrecht (art. 28 lit. a VRL) war daher nicht zu regeln. Bei der nichtverhältniswahrenden Spaltung gehen die Mitgliedstaaten einen anderen Weg. Statt des Austrittsrechts, das Art. 5 Abs. 2 S. 1 SpRL für diesen Fall vorschlägt, sehen diese ein Einstimmigkeitserfordernis vor.

Auch abgesehen von diesen beiden in der VRL und SpRL angesprochenen speziellen Fällen, üben sich die zu untersuchenden Mitgliedstaaten im Hinblick auf ein Austrittsrecht im Rahmen einer Verschmelzung oder Spaltung in Zurückhaltung.

Das deutsche Recht bietet als einziges gesetzlich geregelte verschmelzungs- bzw. spaltungsrechtsspezifische Austrittsrechte. Sie werden dann relevant, wenn die Anteile der übernehmenden Gesellschaft, die als Gegenleistung für die Vermögensübertragung zu leisten sind, Verfügungsbeschränkungen unterworfen sind und diese für die Aktionäre der übertragenden Gesellschaft eine Belastung darstellen. Die Anteilsinhaber können sich dann entweder von der übernehmenden Gesellschaft auskaufen lassen, § 29 Abs.1 S. 2 UmwG oder ungeachtet der Verfügungsbeschränkungen versuchen, ihre Anteile an Dritte zu veräußern, § 33 UmwG. Über die Fälle der Verfügungsbe-

[851] Vgl. *Lutter*, ZGR 1998, 191, 196.
[852] *Müller*, RIW 1997, 994 ff.

schränkungen hinaus bleibt dem außenstehenden Aktionär nur das allgemeine Austrittsrecht aus wichtigem Grund, wenn es für ihn schlechterdings unzumutbar geworden ist, in der Gesellschaft zu verbleiben. Das wird man im Rahmen einer Verschmelzung oder Spaltung nur in wenigen Ausnahmefällen annehmen können. Eine andere Handhabung des allgemeinen Austrittsrechts widerspräche der Wertung des Gesetzgebers, der ein Austrittsrecht nur in den genannten eng begrenzten Fällen zulassen wollte und gerade kein allgemeines Austrittsrecht eingeführt hat. Die Möglichkeit, aus der Gesellschaft auszuscheiden, sollte man jedoch in logischer Konsequenz zur *Macrotron*-Entscheidung des BGH zum regulären Delisting[853] auch beim sogenannten „kalten" Delisting, also insbesondere der Verschmelzung einer börsennotierten Gesellschaft auf eine nichtbörsennotierte, zulassen. Der damit einhergehende Verlust oder zumindest die Einschränkung der Fungibilität der Anteile rechtfertigt dies.

Das französische Recht handhabt das Austrittsrechts um einiges restriktiver. Es gibt schlichtweg keine gesetzliche Regelung, auf die man einen Austritt stützen könnte, weder verschmelzungs- bzw. spaltungsrechtsspezifisch noch aus dem allgemeinen Recht. Lediglich Aktionäre börsennotierter Gesellschaften können sich in bestimmten Fällen auf ein Eingreifen der AMF verlassen. Dies gilt insbesondere für den wichtigen Fall der Verschmelzung einer börsennotierten Gesellschaft auf eine nichtbörsennotierte und dem damit verbundenen „kalten" Delisting.

Im belgischen Recht gibt es ebenfalls kein verschmelzungs- bzw. spaltungsrechtsspezifisches Austrittsrecht. Man muss auf das allgemeine Austrittsrecht zurückgreifen, das jedoch voraussetzt, dass die betreffende Gesellschaft nicht öffentlich zur Zeichnung ihrer Wertpapiere aufgerufen hat. Zudem sind berechtigte Gründe erforderlich, die von den anderen Aktionären zu verantworten sind. Diese sind dann auch in der Pflicht, d.h. sie müssen den austrittswilligen Aktionär auskaufen. Insgesamt dürfte die Möglichkeit, anlässlich einer Verschmelzung bzw. Spaltung sein Engagement in der Gesellschaft zu beenden, damit sehr eingeschränkt sein.

Im britischen Recht verhält es sich hinsichtlich der Grundsituation ähnlich wie im französischen und belgischen Recht. Es gibt kein verschmelzungs- bzw. spaltungsrechtsspezifisches Austrittsrecht. Jedoch wirkt sich die unterschiedliche Konzeption des Verschmelzungs- bzw. Spaltungsverfahrens aus, das im britischen Recht unter gerichtlicher Aufsicht stattfindet. Insofern ist wohl davon auszugehen, dass das Gericht eine Verschmelzung bzw. Spaltung

---

[853] Unter regulärem Delisting versteht man den durch Zulassungswiderruf bewirkten Rückzug der Gesellschaft aus dem Amtlichen Handel (§ 38 IV BörsG) und dem geregelten Markt (§ 52 Abs. 2 BörsG) an allen Börsen. *Hüffer*, § 119 AktG, Rz. 21, 26. Vgl. auch BGH, NZG 2003, 280, 282 (*Macrotron*).

nicht genehmigen wird, wenn den außenstehenden Aktionären im Zuge der Maßnahme grobe Nachteile entstehen könnten. Oder es macht entsprechende Auflagen, insbesondere, dass die Mehrheitsaktionäre den Minderheitsaktionären den Abkauf ihrer Anteile anzubieten haben. Unabhängig hiervon ist noch an die Möglichkeit des allgemeinen Austrittsrechts auf Antrag der Gesellschafter an das Gericht nach s. 459, 461 lit. d CA 1985 zu denken.

Insgesamt nimmt das Austrittsrecht also keine bedeutende Stellung ein im Konzept der Aktionärsrechte bei einer Verschmelzung bzw. Spaltung in den jeweiligen Rechtsordnungen. Ein Grund hierfür mag darin liegen, dass Aktionäre ihre Anteile grundsätzlich frei und ohne formelle Hürden[854] veräußern können und ihnen auf diese Weise bereits die Möglichkeit eingeräumt wird, ihr Engagement in der Gesellschaft zu beenden – eben auch anlässlich einer Verschmelzung bzw. Spaltung. Dennoch ist die Anzahl der Fälle nicht unbedeutend, in denen es auch Anteilseignern einer Aktiengesellschaft nicht ohne weiteres möglich ist, sich von ihren Anteilen zu trennen. Dies gilt insbesondere für Gesellschaften, die entweder nicht börsennotiert oder aber in einem Marktsegment vertreten sind, das aufgrund geringer Umsätze eine Veräußerung nicht oder nur unter erschwerten Umständen zulässt.[855] Ein Austrittsrecht würde es daher Aktionären, die eine Verschmelzung oder Spaltung ihrer Gesellschaft nicht unterstützen, deutlich erleichtern, sich von ihren Anteilen – ohne Vermögensverluste – zu trennen. Zu berücksichtigen ist bei allen Überlegungen jedoch auch immer, dass ein Austrittsrecht nur in einem bestimmten Umfang gewährt werden kann. Denn würden in größerem Stil Aktionäre von einem ihnen gewährten Austrittsrecht gegen Barabfindung – und nur ein solches steht hier zur Debatte – Gebrauch machen, so könnte dies mitunter die finanzielle Leistungsfähigkeit der in der Pflicht stehenden Gesellschaft überfordern und die Durchführbarkeit der Maßnahme – aus rechtlichen oder tatsächlichen Gründen – gefährden.

Für eine Beschränkung des Austrittsrechts sorgen in den zu untersuchenden Rechtsordnungen vor allem zwei Faktoren. Zum einen reicht die bloße Tatsache, dass eine Verschmelzung bzw. Spaltung beschlossen wurde, für den überstimmten Aktionär nicht aus, um ein Austrittsrecht in Anspruch nehmen zu können. Dahinter steht der Gedanke, dass die Interessen der Aktionäre be-

---

854 Anders ist dies z.B. bei einer deutschen GmbH. Dort unterliegen bei einer Übertragung der Geschäftsanteile das Verfügungs- wie das Verpflichtungsgeschäft dem Erfordernis der notariellen Beurkundung, § 15 Abs. 3 und 4 GmbHG.

855 Vgl. *Grunewald* in FS Claussen, 103, 103. Hierbei ist insbesondere die negative Kursentwicklung zu bedenken, wenn eine größere Anzahl von Aktien, über die auch Minderheitsaktionäre im Sinne einer Verschmelzung bzw. Spaltung verfügen können (nach deutschem Recht bis maximal 24,99% des [vertretenen] Grundkapitals bei einer erforderlichen drei Viertel-Mehrheit, § 65 Abs. 1 S. 1 UmwG), platziert wird.

reits über das Umtauschverhältnis und die Kontrolle der Angemessenheit dieses Verhältnisses gewahrt werden. Es bedarf vielmehr durchweg einer durch die Verschmelzung bzw. Spaltung eingetretenen besonderen Belastung. Diese Anforderung gilt für ein verschmelzungs- oder spaltungsrechtsspezifisches Austrittsrecht genauso wie für ein allgemeines und findet sich, sofern das Austrittsrecht überhaupt vorhanden ist, in jeder Rechtsordnung. Zum anderen ist es im deutschen Recht für das verschmelzungs- bzw. spaltungsspezifische Austrittsrecht nach § 29 Abs. 1 S. 2 UmwG erforderlich, dass ein Aktionär, der von diesem Recht Gebrauch machen will, nicht nur, wie eben dargestellt, einer der dort vorausgesetzten besonderen Belastung durch die Verschmelzung oder Spaltung unterliegt, sondern darüber hinaus sich gegen den jeweils zur Abstimmung stehenden Vorgang ausspricht und diesen Widerspruch gegen den Beschluss zudem zur Niederschrift erklärt. Auf diese Weise wird es dem Aktionär gar nicht erst ermöglicht, sich insofern widersprüchlich zu verhalten, als er sich erst für das Vorhaben ausspricht und dann austritt.[856]

Einer näheren Untersuchung und Beurteilung bedürfen ferner die unterschiedlichen Lösungskonzepte bei der nichtverhältniswahrenden Spaltung. Während der Gemeinschaftsrechtsgeber hier ein Austrittsrechts vorsieht (Art. 5 Abs. 2 SpRL), wird im deutschen, französischen und belgischen Recht Ein-

---

[856] *Hommelhoff*, ZGR 1993, 452, 470 f., weist darauf hin, dass es durchaus auch Gesellschafter geben kann, welche die geplante Umstrukturierung für vernünftig, vielleicht sogar für geboten halten, ihr Engagement aber trotzdem aufgeben wollen. Dass sie in diesem Fall gegen den Beschluss stimmen und sodann Widerspruch zur Niederschrift erklären müssen, hält er für überflüssig. Überdies sieht er die Gefahr, dass diese ausscheidungswilligen Minderheitsgesellschafter zu Zwangsopponenten werden können. Daher spricht sich *Hommelhoff* statt eines Widerspruchserfordernisses dafür aus, eine relativ kurze Frist zu setzen, innerhalb derer diese Gesellschafter ihr Abfindungsbegehren anmelden müssen. Der bei einer solchen Konstruktion in der Tat zu befürchtenden Gefahr überraschend hoher Abfindungskosten (vgl. *Heckschen/ Simon*, Umwandlungsrecht, § 6, Rz. 19), die den Umstrukturierungserfolg wirtschaftlich-finanziell in Frage stellen könnten, soll durch das Recht der Leitungs- oder Verwaltungsorgane begegnet werden, sich nach Ablauf der Anmeldefrist wieder vom Umstrukturierungsvorhaben lösen zu können. Hierzu sei Folgendes angemerkt: Unabhängig davon, dass dieser Vorschlag das Umstrukturierungsvorhaben in seiner Gesamtheit unkalkulierbar machen kann, wird es wohl eher selten der Fall sein, dass ein Gesellschafter, der in dem Vorgang eine Chance für die Gesellschaft sieht und diesen daher befürwortet, aus der Gesellschaft austreten will. Meistens wäre es wohl dann so, dass es sich ein Gesellschafter, der für das Vorhaben gestimmt hat oder der Gesellschafterversammlung fern geblieben ist, doch noch anders überlegt und das Austrittsrecht in Anspruch nimmt. Für diesen Fall ist es, insbesondere angesichts der umfangreichen Informationsversorgung, nicht einzusehen, weshalb das gesamte Umstrukturierungsvorhaben der geschilderten Unsicherheit ausgesetzt werden soll.

stimmigkeit der Entscheidung gefordert.[857] Die Belastung für den Aktionär kann dort also nicht gegen dessen Willen beschlossen werden. Der Schutz des Aktionärs liegt hier in seiner stärksten Form vor, da sich an dessen Mitgliedschaft nichts ändert. Er bleibt zu unveränderten Bedingungen Mitglied der Gesellschaft, bei der er sich engagierte. Wird das Konzept des Austrittsrechts verfolgt, muss sich der überstimmte Minderheitsaktionär entweder mit seiner Stellung als Aktionär einer anderen Gesellschaft abfinden oder er entscheidet sich für einen Austritt aus dieser Gesellschaft. Im deutschen Recht werden diese Alternativen verfassungsrechtlich gestützt durch das *Feldmühle*-Urteil des Bundesverfassungsgerichts.[858] Danach hat ein Aktionär keine Bestandsgarantie in dem Sinne, dass er sich darauf verlassen kann, Aktionär der Gesellschaft zu bleiben, in der er sich ursprünglich engagierte.[859] Sein Eigentumsrecht wird aber durch die Möglichkeit gewahrt, sich einer Beeinträchtigung durch Veräußerung seiner Aktien gegen eine vollwertige Gegenleistung zu entziehen.[860]

Die Frage, welches der beiden Konzepte das ausgewogenere darstellt, ist nicht leicht zu beantworten. Vorteil des Austrittsrechts ist die höhere Flexibilität für die Gesellschaft. Ihre Aktionsfähigkeit ist durch die Beibehaltung des Majoritätsprinzips höher als beim Einstimmigkeitserfordernis.[861] Der Umstrukturierungsvorgang kann nicht durch die ablehnende Haltung eines einzigen Aktionärs blockiert werden. Angesichts der enormen wirtschaftlichen Bedeutung eines Umstrukturierungsvorgangs[862] ist dies ein gewichtiges Argument für das Austrittsrecht. Vorteil der Einstimmigkeitslösung ist die maximale Wahrung der Rechte der Minderheitsaktionäre. Die beiden unterschiedlichen Ansätze stellen das Ergebnis eines Abwägungsprozesses dar zwischen den berechtigten Interessen der Gesellschaft und dem oder den da-

---

857 Denselben unterschiedlichen Lösungsansätzen begegnet man innerhalb der Rechtsordnungen bei der (von der vorliegenden Untersuchung nicht erfassten) Mischverschmelzung bzw. –spaltung. Hier gewährt der deutsche Gesetzgeber in § 29 Abs. 1 S. 1 UmwG bzw. §§ 125 S. 1 i.V.m. 29 Abs. 1 S. 1 UmwG ein Austrittsrecht, während der französische in Art. 236-5 C. com. (siehe hierzu *Charvériat/ Couret*, Mémento Pratique, Sociétés Commerciales, Rz. 26594) ebenso wie der belgische Gesetzgeber in Art. 699 § 4 C.S. bzw. Art. 736 § 3 C.S.) hierfür das Einstimmigkeitserfordernis vorsieht.

858 BVerfGE 14, 263 ff. (*Feldmühle*).

859 BVerfGE 14, 263, 278 (*Feldmühle*).

860 BVerfGE 14, 263, 283 (*Feldmühle*); siehe zudem BVerfGE 100, 289, 303, 305 ff. (*DAT/ Altana*); BVerfG, ZIP 2000, 1670, 1671 (*Moto Meter*), wo betont wird, dass es ausreiche, wenn die Schutzmechanismen auf die „Vermögenskomponente der Beteiligung konzentriert" werden.

861 Vgl. *Kalss*, JBl. 1995, 420, 431.

862 Vgl. *Heckschen/ Simon*, Umwandlungsrecht, § 10, Rz. 1; *Schiessl*, AG 1999, 442, 444.

hinter stehenden Hauptaktionären an einer Umstrukturierung einerseits und den Rechten der diese Umstrukturierung nicht mittragenden Minderheitsaktionären an der (weitgehenden) Wahrung ihrer Rechte andererseits.[863] Während das Einstimmigkeitserfordernis in Aktiengesellschaften mit nur sehr wenigen Aktionären aufgrund der nicht ausgeschlossenen Chance einer Einigung durchaus noch seine Berechtigung haben kann, ist die Regelung für Aktiengesellschaften mit größerem Aktionärskreis, zumal für Publikumsgesellschaften, im Hinblick auf dringend notwendige Umstrukturierungen untragbar.

Vor diesem Hintergrund könnte man zwei Lösungsmöglichkeiten ins Kalkül ziehen: Entweder man gibt dem Austrittsrecht pauschal den Vorzug oder man kombiniert Einstimmigkeitserfordernis und Austrittsrecht für ein und denselben Vorgang, abhängig von der Mitgliederzahl der Gesellschaft. Bei Aktiengesellschaften mit einem kleinen Aktionärskreis wäre dann ein einstimmiger Beschluss herbeizuführen, bei solchen mit einem größeren Aktionärskreis würde ein Austrittsrecht gewährt. Da es jedoch schwierig erscheint, eine Grenze zu ziehen, ab deren Überschreiten ein Austrittsrecht zu gewähren wäre, sprechen die besseren Gründe für die „Totallösung", also der Gewährung eines Austrittsrechts für außenstehende Aktionäre bei Eintritt bestimmter Belastungen als Folge von Verschmelzung bzw. Spaltung einer Aktiengesellschaft unabhängig von deren Größe. Sollte die Einstimmigkeit bei Beschlüssen wie über eine nichtverhältniswahrende Spaltung für erforderlich gehalten werden, so erscheint es ausreichend, wenn dies in der Satzung festgelegt wird. Jeder Aktionär weiß dann, worauf er sich einlässt. Das Austrittsrecht als Schutz für dissentierende Aktionäre ist bei der nichtverhältniswahrenden Spaltung gegenüber dem im deutschen (wie auch im belgischen) Recht gesetzlich festgelegten Einstimmigkeitserfordernis vorzugswürdig. Dies entspricht im Übrigen, wie bereits erwähnt, auch der Konzeption des Gemeinschaftsrechtsgebers in Art. 5 Abs. 2 SpRL.

Zusammenfassend lässt sich festhalten, dass dem Austrittsrecht als Rechtsinstrument für die Wahrung der Interessen der Aktionäre in den zu untersuchenden Rechtsordnungen keine besonders große Bedeutung eingeräumt wird, am ehesten noch in der deutschen Rechtsordnung. Gehen mit der in Frage stehenden Maßnahme Belastungen für Aktionäre oder Teile von diesen einher, so wird stattdessen auf das Einstimmigkeitserfordernis gesetzt, namentlich bei der nichtverhältniswahrenden Spaltung. Dies ist durchaus vertretbar und stellt zudem einen höheren Schutz der Aktionäre dar. Es kann sich aber als Hemmschuh für (dringend) erforderliche Umstrukturierungsmaßnahmen von Gesellschaften erweisen. Die Regelung eines Austrittsrechts wäre die flexiblere und daher bessere Lösung.

---

[863] Vgl. *Kalss*, JBl. 1995, 420, 436.

§ 14 Zivilrechtliche Haftung der Mitglieder des Verwaltungs- oder Leitungsorgans und der sachverständigen Prüfer

I. Europarechtliche Vorgaben

Nach Art. 20 VRL bzw. Art. 18 Alt. 1 SpRL sind die Mitgliedstaaten verpflichtet, zumindest die zivilrechtliche Haftung der Mitglieder des Verwaltungs- oder Leitungsorgans der übertragenden Gesellschaft gegenüber den Aktionären dieser Gesellschaft für schuldhaftes Verhalten bei der Vorbereitung und des Vollzugs der Verschmelzung bzw. Spaltung zu regeln. Ergänzend hierzu schreibt Art. 21 VRL bzw. Art. 18 Alt. 2 SpRL die Regelung der zivilrechtlichen Haftung der unabhängigen Sachverständigen vor, die den Prüfungsbericht nach Art. 10 VRL bzw. Art. 8 SpRL für die übertragende(n) Gesellschaft(en) erstellt haben, gegenüber den Aktionären dieser Gesellschaft(en).

Aus diesen Vorgaben kann geschlossen werden, dass der Gemeinschaftsrechtsgeber die Aktionäre der übertragenden Gesellschaft(en) wegen der Gefahr, dass das Umtauschverhältnis zu deren Nachteil berechnet worden ist, als besonders gefährdet ansieht.[864] Denn verwirklicht sich diese Gefahr, so liegt ein eigener Schaden der Aktionäre vor. Die Haftung tritt diesen gegenüber dann direkt ein und nicht gegenüber der in der Regel bereits aufgelösten Gesellschaft.[865] Von der Haftungsregelung nicht erfasst ist ein Schaden der Gesellschaft selbst – ihren Fortbestand unterstellt –, da dieser die Gesellschafter nur als Reflex träfe und seine Geltendmachung dem in der KapRL festgelegten Grundsatz der Kapitalerhaltung widerspräche.[866] Nach den europäischen Vorgaben ebenfalls nicht vorzusehen ist – und das erscheint ungleich verwunderlicher – die Haftung gegenüber den Aktionären der übertragenden Gesellschaften.

Als Auslöser für die Haftung ist wohl jeder Grad der Fahrlässigkeit, also auch die leichte, ausreichend.[867] Die nähere Ausgestaltung der Haftung ist den Mitgliedstaaten überlassen.[868] Dabei sind jedoch die Grundsätze der Gleichwertigkeit und der Effektivität zu beachten. Die jeweilige Rechtsordnung darf also den Kläger im Hinblick auf die Haftung der Verwaltungs- bzw. Lei-

---

[864] Vgl. *Grundmann*, Europäisches Gesellschaftsrecht, Rz. 884; *Habersack*, Europäisches Gesellschaftsrecht, Rz. 225.

[865] *Grundmann*, Europäisches Gesellschaftsrecht, Rz. 884; *Habersack*, Europäisches Gesellschaftsrecht, Rz. 225.

[866] *Habersack*, Europäisches Gesellschaftsrecht, Rz. 225.

[867] *Grundmann*, Europäisches Gesellschaftsrecht, Rz. 884; *Sonnenberger*, AG 1971, 76, 82; wohl auch (aber kritisch) *Farmery*, (1987) Business Law Review, 35, 35.

[868] *Edwards*, EC Company Law, 114.

tungsorgane und Prüfer bei einer Verschmelzung oder Spaltung zum einen nicht schlechter stellen als in vergleichbaren Fällen, zum anderen darf sie es nicht praktisch unmöglich machen, eine Entschädigung zu verlangen.[869]

II. Rechtslage in Deutschland

1. Überblick

In Übereinstimmung mit den Vorgaben der VRL und der SpRL regelt § 25 UmwG bzw. §§ 125 S. 1 i.V.m. 25 UmwG die Haftung des Vorstands und des Aufsichtsrats gegenüber den Anteilsinhabern der übertragenden Gesellschaft für schuldhaftes Verhalten bei der Vorbereitung und dem Vollzug der jeweiligen Maßnahme. Deliktische Ansprüche werden hierdurch nicht ausgeschlossen. Über die Vorgaben der VRL bzw. SpRL hinausgehend, können auch die Anteilsinhaber der übernehmenden Gesellschaft(en) Schadensersatzansprüche insbesondere nach Deliktsrecht geltend machen. Eine Haftungsregelung der Prüfer für schuldhaftes Verhalten bei der Erfüllung ihrer Aufgaben sowohl gegenüber den Anteilsinhabern der übertragenden als auch der übernehmenden Gesellschaften findet sich in § 11 Abs. 2 UmwG i.V.m. mit § 323 HGB (entsprechend).

2. Schadensersatzansprüche gegenüber der Verwaltung

a) Schadensersatzanspruch gegenüber der Verwaltung der übertragenden Gesellschaft

aa) Schadensersatzanspruch nach § 25 UmwG

Nach § 25 Abs. 1 S. 1 UmwG bzw. §§ 125 S. 1 i.V.m. 25 Abs. 1 S. 1 UmwG haben die Aktionäre der übertragenden Gesellschaft gegen die Mitglieder des Vorstands (vgl. § 78 AktG) und des Aufsichtsrats (vgl. §§ 95 ff. AktG) dieser Gesellschaft einen Anspruch auf Ersatz des Schadens, den sie durch die Verschmelzung bzw. Spaltung erleiden.[870] Mehrere verpflichtete Mitglieder der

---

[869] Vgl. *Habersack*, Europäisches Gesellschaftsrecht, Rz. 226.

[870] Dass die Haftung nach § 25 UmwG nur bei Schäden eingreift, die „durch" die Verschmelzung eingetreten sind, setzt voraus, dass die Verschmelzung wirksam, also eingetragen wurde. Ansonsten bestünde der übertragende Rechtsträger noch fort und die allgemeinen Regeln kämen zum Tragen. *Grunewald* in Lutter, § 25 UmwG, Rz. 18; *Stratz* in Schmitt/ Hörtnagl/ Stratz, § 25 UmwG, Rz. 15; *Vossius* in Widmann/ Mayer, § 25 UmwG, Rz. 19. Darüber hinaus wird durch die Formulierung das Erfordernis der Kausalität zum Ausdruck gebracht. Zu beachten ist, dass § 25 Abs. 1

genannten Organe haften dabei als Gesamtschuldner, wie ebenfalls aus § 25 Abs. 1 S. 1 UmwG hervorgeht. Sie können sich jedoch nach § 25 Abs. 1 S. 2 UmwG bzw. §§ 125 S. 1 i.V.m. 25 Abs. 1 S. 1 UmwG entlasten, sofern sie ihre Sorgfaltspflichten bei der Prüfung der Vermögenslage der Rechtsträger und beim Abschluss des Verschmelzungs- bzw. Spaltungsvertrags beachtet haben.[871]

Zu den Sorgfaltspflichten bei der Prüfung der Vermögenslage, die sich – so weit wie möglich – auch auf die anderen an der Maßnahme beteiligten Gesellschaften beziehen, gehört insbesondere die sorgfältige Auswahl der Verschmelzungs- bzw. Spaltungsprüfer.[872] Sorgfaltspflichten bei Abschluss des Vertrags stellen insbesondere eine ordnungsgemäße und wirtschaftlich vertretbare Verhandlungsführung dar[873] sowie allgemein die Beachtung aller Regeln, die das Zustandekommen eines ordnungsgemäßen Verschmelzungs-

---

UmwG insofern eine Ausnahme im System der gesetzlichen Organhaftung darstellt, als in der Regel Organmitglieder für pflichtwidriges Verhalten nur einer Binnenhaftung gegenüber der Gesellschaft unterliegen. Hier liegt einer der wenigen Fälle der unmittelbaren Außenhaftung der Organe gegenüber Anteilsinhabern und Dritten vor. *Clemm/ Dürrschmidt*, FS Widmann, 3, 6; *Grunewald* in Lutter, § 25 UmwG, Rz. 3; *Kübler* in Semler/ Stengel, § 25 UmwG, Rz. 1. § 25 Abs. 1 S. 1 UmwG ist darüber hinaus aber auch Anspruchsgrundlage einer Haftung der Organmitglieder gegenüber der (übertragenden) Gesellschaft selbst, deren Fortbestehen zu diesem Zweck fingiert wird, vgl. § 25 Abs. 2 S. 1 UmwG.

871 Die in § 25 Abs. 1 S. 2 UmwG geregelte Beweislastumkehr bezieht sich auf die Pflichtverletzung und das Verschulden. Diesbezüglich muss sich das Organmitglied demnach entlasten. Der Aktionär hat hingegen seinen Schaden und die Kausalität zwischen diesem und der Verschmelzung zu beweisen. *Grunewald* in Lutter, § 25 UmwG, Rz. 13; *Marsch-Barner* in Kallmeyer, § 25 UmwG, Rz. 6; *Stratz* in Schmitt/ Hörtnagl/ Stratz, § 25 UmwG, Rz. 20. Durch die Nennung der Entlastungsmöglichkeiten in § 25 Abs. 1 S. 2 UmwG sind zugleich im Umkehrschluss auch die Fälle der möglichen Pflichtverletzungen festgelegt, eben solche bei der Prüfung der Vermögenslage der Rechtsträger und beim Abschluss des Vertrags. *Grunewald* in Lutter, § 25 UmwG, Rz. 9; *Kübler* in Semler/ Stengel, § 25 UmwG, Rz. 8; *Marsch-Barner* in Kallmeyer, § 25 UmwG, Rz. 6; *Vossius* in Widmann/ Mayer, § 25 UmwG, Rz. 22. Vgl. auch *Clemm/ Dürrschmidt*, FS Widmann, 3, 6. *A.A.* wohl *Schöne*, DB 1995, 1317, 1320. Für andere Pflichtverletzungen, z.B. einem Fehlverhalten bei der Durchführung der Verschmelzung bzw. Spaltung, gelten die allgemeinen Regeln. *Grunewald* in Lutter, § 25 UmwG, Rz. 12; *Marsch-Barner* in Kallmeyer, § 25 UmwG, Rz. 6.

872 *Grunewald* in Lutter, § 25 UmwG, Rz. 10; *Kübler* in Semler/ Stengel, § 25 UmwG, Rz. 9; *Marsch-Barner* in Kallmeyer, § 25 UmwG, Rz. 6.

873 *Bermel* in Goutier/ Knopf/ Tulloch, § 25 UmwG, Rz. 19; *Clemm/ Dürrschmidt* in FS Widmann, 3, 14; *Grunewald* in Lutter, § 25 UmwG, Rz. 11; *Kübler* in Semler/ Stengel, § 25 UmwG, Rz. 10; *Stratz* in Schmitt/ Hörtnagl/ Stratz, § 25 UmwG, Rz. 19.

bzw. Spaltungsvertrags betreffen.[874] Dazu zählt auch die ordnungsgemäße Unterrichtung der Anteilsinhaber im Zusammenhang mit der Fassung des Verschmelzungs- bzw. Spaltungsbeschlusses.[875]

Neben der objektiven Pflichtverletzung erfordert die Haftung individuelles Verschulden des Vorstands bzw. Aufsichtsrats. Insofern ist jede Fahrlässigkeit ausreichend.[876] Dem Aktionär muss ferner ein eigener auf der Pflichtverletzung beruhender Schaden entstanden sein.[877] Er darf nicht nur reflexartig in seiner vermögensrechtlichen Stellung durch einen Schaden der übertragenden Gesellschaft betroffen sein.[878] Sollte das der Fall sein, so ist lediglich ein Anspruch der übertragenden Gesellschaft selbst gegeben.[879] Grund hierfür ist, dass die betreffenden Organmitglieder nur einmal Schadenersatz leisten müssen.[880] Nur so kann sicher gestellt werden, dass ein ordnungsgemäßes Verteilungsverfahren stattfindet und nicht nur einzelne Aktionäre und Gläubiger ihren Schaden ersetzt erhalten.[881] Schäden der übertragenden Gesellschaft stellen jedoch die Ausnahme dar.[882] Hauptfall der Haftung ist vielmehr ein für den Aktionär der übertragenden Gesellschaft ungünstiges Umtauschverhältnis aufgrund einer Fehlberechnung des Wertes der Anteile.[883] Dies berührt die übertragende Gesellschaft nicht.[884] Denn Konsequenz dieser Fehlberechnung ist, dass die Aktionäre der übertragenden Gesellschaft Anteile an der übernehmenden Gesellschaft erhalten, die nicht dem Wert ihrer Anteile an der ü-

---

874 *Grunewald* in Lutter, § 25 UmwG, Rz. 11; *Stratz* in Schmitt/ Hörtnagl/ Stratz, § 25 UmwG, Rz. 19.

875 *Marsch-Barner* in Kallmeyer, § 25 UmwG, Rz. 6.

876 *Kübler* in Semler/ Stengel, § 25 UmwG, Rz. 11; *Marsch-Barner* in Kallmeyer, § 25 UmwG, Rz. 7. Die Tatsache, dass die Verschmelzung (bzw. Spaltung) auf einem gesetzmäßigen Beschluss der Anteilsinhaber beruht (vgl. § 13 UmwG bzw. §§ 125 S. 1 UmwG i.V.m. 13 UmwG), führt nicht zu einem Haftungsausschluss. § 93 Abs. 4 S. 1 AktG gilt nicht. *Marsch-Barner* in Kallmeyer, § 25 UmwG, Rz. 7.

877 *Kübler* in Semler/ Stengel, § 25 UmwG, Rz. 17; *Marsch-Barner* in Kallmeyer, § 25 UmwG, Rz. 8.

878 *Grunewald* in Lutter, § 25 UmwG, Rz. 14; *Kübler* in Semler/ Stengel, § 25 UmwG, Rz. 14.

879 *Bermel* in Goutier/ Knopf/ Tulloch, § 25 UmwG, Rz. 10; *Grunewald* in Lutter, § 25 UmwG, Rz. 14; *Kübler* in Semler/ Stengel, § 25 UmwG, Rz. 14.

880 *Grunewald* in Lutter, § 25 UmwG, Rz. 14; *Kübler* in Semler/ Stengel, § 25 UmwG, Rz. 14.

881 *Grunewald* in Lutter, § 25 UmwG, Rz. 14.

882 *Grunewald* in Lutter, § 25 UmwG, Rz. 14.

883 *Grunewald* in Lutter, § 25 UmwG, Rz. 14; *Kübler* in Semler/ Stengel, § 25 UmwG, Rz. 14, *Stratz* in Schmitt/ Hörtnagl/ Stratz, § 25 UmwG, Rz. 17.

884 *Grunewald* in Lutter, § 25 UmwG, Rz. 14; *Marsch-Barner* in Kallmeyer, § 25 UmwG, Rz. 9.

bertragenden Gesellschaft entsprechen.[885] Es liegt dann ein Eigenschaden des Aktionärs der übertragenden Gesellschaft vor.[886] Sollte dieser es jedoch versäumen, das Verfahren zur Verbesserung des Umtauschverhältnisses nach § 15 UmwG bzw. §§ 125 S. 1 i.V.m. 15 UmwG zu betreiben,[887] kann ihm ein Mitverschulden angelastet werden, § 254 Abs. 2 BGB.[888] Der Anspruch richtet sich auf finanziellen Ausgleich. Die Rückgängigmachung der Verschmelzung bzw. Spaltung ist ausgeschlossen, vgl. § 20 Abs. 2 UmwG bzw. § 131 Abs. 2 UmwG.[889]

Ansprüche nach § 25 Abs. 1 UmwG bzw. §§ 125 S. 1 i.V.m. 25 Abs. 1 UmwG verjähren in fünf Jahren ab dem Tag, an dem die Eintragung der Verschmelzung in das Register des Sitzes des übernehmenden Rechtsträgers nach § 19 Abs. 3 UmwG bzw. §§ 125 S. 1 i.V.m. 19 Abs. 3 UmwG[890] als bekannt gemacht gilt, § 25 Abs. 3 UmwG bzw. §§ 125 S. 1 i.V.m. 25 Abs. 3 UmwG. Schließlich ist § 26 UmwG bzw. §§ 125 S. 1 i.V.m. 26 UmwG zu beachten, der für die Geltendmachung des Schadensersatzanspruchs den Einsatz eines besonderen Vertreters vorschreibt.[891]

Mit § 25 UmwG bzw. §§ 125 S. 1 i.V.m. 25 UmwG entspricht der deutsche Gesetzgeber der Vorgabe aus Art. 20 VRL bzw. Art. 18 Alt. 1 SpRL,

---

885 Vgl. *Clemm/ Dürrschmidt*, FS Widmann, 3, 7.

886 *Grunewald* in Lutter, § 25 UmwG, Rz. 14 f.; *Kübler* in Semler/ Stengel, § 25 UmwG, Rz. 14; *Marsch-Barner* in Kallmeyer, § 25 UmwG, Rz. 9.

887 Siehe hierzu unten *§ 15 II. 2.*

888 *Bermel* in Goutier/ Knopf/ Tulloch, § 25 UmwG, Rz. 10; *Grunewald* in Lutter, § 25 UmwG, Rz. 15; *Marsch-Barner* in Kallmeyer, § 25 UmwG, Rz. 11; *Siebel/ Gebauer*, WM 2001, 173, 187. Ein Mitverschulden kann allerdings nur dann angenommen werden, wenn dem geschädigten Aktionär bereits vor Ablauf der für das Spruchverfahren einzuhaltenden Frist (drei Monate nach dem Tag, an dem die Eintragung der Verschmelzung bzw. Spaltung für die jeweilige Gesellschaft als bekannt gemacht gilt, § 4 Abs. 1 S. 1 Nr. 4 i.V.m. § 1 Nr. 4 SpruchG, was wiederum der Tag ist, an dem das jeweils letzte der Veröffentlichungsblätter erschienen ist, in denen das Gericht die Eintragung der Verschmelzung bzw. Spaltung bekannt gemacht hat, § 19 Abs. 3 S. 2 UmwG bzw. §§ 125 S. 1 i.V.m. 19 Abs. 3 S. 2 UmwG) Umstände bekannt waren, die geeignet sind, Zweifel an der Angemessenheit des Umtauschverhältnisses zu wecken. Vgl. *Kübler* in Semler/ Stengel, § 25 UmwG, Rz. 23.

889 *Grunewald* in Lutter, § 25 UmwG, Rz. 17; *Kübler* in Semler/ Stengel, § 25 UmwG, Rz. 17; *Stratz* in Schmitt/ Hörtnagl/ Stratz, § 25 UmwG, Rz. 2; *Vossius* in Widmann/ Mayer, § 25 UmwG, Rz. 20.

890 *Stengel/ Schwanna* in Semler/ Stengel, § 125 UmwG, Rz. 5.

891 Sinn und Zweck der Einschaltung eines Vertreters ist es, eine einheitliche Anspruchsdurchsetzung zu ermöglichen und dafür zu sorgen, dass ein etwaiger Erlös gleichmäßig unter den Aktionären verteilt wird. Es soll vermieden werden, dass die Verwaltungsträger der übertragenden Gesellschaften mit zahlreichen Prozessen überzogen werden und dort voneinander abweichende Entscheidungen über ihr Verschulden ergehen können. *Stratz* in Schmitt/ Hörtnagl/ Stratz, § 26 UmwG, Rz. 2.

eine (zivilrechtliche) Haftung für schuldhaftes Verhalten der Mitglieder des Verwaltungs- oder Leitungsorgans der übertragenden Gesellschaft gegenüber den Aktionären dieser Gesellschaft vorzusehen.

bb) Schadensersatzansprüche nach anderen Rechtsvorschriften

Die Regelung des § 25 UmwG lässt Ansprüche der Aktionäre der übertragenden Gesellschaft nach anderen Rechtsvorschriften unberührt.[892] Da unmittelbare Ansprüche des Anteilsinhabers gegenüber Organmitgliedern im aktienrechtlichen System die Ausnahme darstellen, kommen insofern vor allem deliktsrechtliche Schadensersatzansprüche in Betracht,[893] insbesondere § 823 Abs. 2 BGB. Als Schutzgesetz kommt dabei in erster Linie § 8 Abs. 1 UmwG bzw. § 127 UmwG in Frage.[894]

Dabei ist zu beachten, dass die Pflicht des Vorstands, im Verschmelzungs- bzw. Spaltungsbericht richtige und vollständige Angaben zu machen, nicht nur gegenüber den Anteilsinhabern der eigenen, sondern auch gegenüber der anderen Gesellschaft wirken kann, wenn auf getrennte Berichte nach § 8 Abs. 1 S. 1 HS 2 UmwG bzw. § 127 S. 1 HS 2 UmwG verzichtet wird. Insofern kann wohl auch – anders als nach § 25 UmwG – den Aktionären der übernehmenden Gesellschaft gegenüber dem Vorstand der übertragenden Gesellschaft ein Anspruch zustehen.[895]

Ferner kann in besonders gelagerten Fällen § 826 BGB zum Tragen kommen. Eine sittenwidrige vorsätzliche Schädigung wird aber wohl die Ausnahme bleiben, so dass die praktische Bedeutung dieses Anspruchs in dem hier zu untersuchenden Zusammenhang wohl eher gering ist.

b) Schadensersatzansprüche gegenüber der Verwaltung des übernehmenden Rechtsträgers nach den von § 27 UmwG in Bezug genommenen Haftungsregeln

Auch ohne entsprechende Vorgaben in der VRL bzw. SpRL unterwirft das deutsche Recht auch die Mitglieder des Verwaltungs- und Leitungsorgans der übernehmenden Gesellschaft einer Haftung. Das Umwandlungsgesetz be-

---

892 *Marsch-Barner*, § 25 UmwG, Rz. 1; vgl. auch *Schnorbus*, ZHR 167 (2003), 666, 672 f.

893 Hinsichtlich aktienrechtlicher Anspruchsgrundlagen ist allenfalls noch an § 117 Abs. 2 S. 1 AktG zu denken. Vgl. *Kübler* in Semler/ Stengel, § 27 UmwG, Rz. 3, Fn. 2.

894 *Siebel/ Gebauer*, WM 2001, 173, 187.

895 Dies gilt dann auch umgekehrt. Es sind auch Ansprüche der Aktionäre der übertragenden Gesellschaft gegenüber dem Vorstand der übernehmenden Gesellschaft denkbar. Siehe hierzu unten *b)*.

schränkt sich insofern jedoch in § 27 UmwG auf die Regelung der Verjährung, die – um Gleichlauf zu schaffen – identisch ist mit der für Haftungsansprüche der Aktionäre der übertragenden Gesellschaft nach § 25 Abs. 3 UmwG.[896] Ein Anspruch selbst kann aus § 27 UmwG nicht abgeleitet werden. Für die Haftungstatbestände muss auf Vorschriften des allgemeinen Gesellschaftsrechts zurückgegriffen werden. Hier kommt allenfalls der bereits erwähnte § 117 Abs. 2 S. 1 AktG in Frage.[897] Darüber hinaus kommen ebenfalls deliktsrechtliche Ansprüche gegenüber dem Vorstand und Aufsichtsrat der übernehmenden Gesellschaft in Betracht, die wiederum sowohl von Aktionären der übertragenden als auch der übernehmenden Gesellschaft geltend gemacht werden können. Alle Schadensersatzansprüche müssen sich auf ein Fehlverhalten gründen, das mit der Verschmelzung bzw. Spaltung im Zusammenhang steht.[898] Das ergibt sich bereits aus dem Wortlaut des § 27 UmwG („auf Grund der Verschmelzung"). Als Pflichtverletzungen kommen beispielsweise in Betracht die nicht hinreichende Überprüfung der Vermögenslage der übertragenden oder auch übernehmenden Gesellschaft oder die nicht sorgfältige Auswahl der Verschmelzungs- bzw. Spaltungsprüfer.[899]

3. Schadensersatzanspruch gegenüber den Verschmelzungs- bzw. Spaltungsprüfern

Nach § 11 Abs. 2 S. 1 UmwG i.V.m. § 323 Abs. 1 S. 3 HGB (entsprechend) bzw. §§ 125 S. 1 i.V.m. 11 Abs. 2 S. 1 UmwG i.V.m. § 323 Abs. 1 S. 3 HGB (entsprechend) haften die Verschmelzungsprüfer, ihre Gehilfen und die bei der Prüfung mitwirkenden gesetzlichen Vertreter einer Prüfungsgesellschaft für die vorsätzliche oder fahrlässige Verletzung ihrer gesetzlichen Verhaltenspflichten.[900] Sie haben den daraus entstehenden Schaden zu ersetzen.

---

896 Siehe oben *a)*. Entgegen der *h.M.* zum alten Verjährungsrecht (vgl. *Marsch-Barner* in Kallmeyer, § 27 UmwG, 2. Aufl., Rz. 4; *Stratz* in Schmitt/ Hörtnagl/ Stratz, 3. Aufl., § 27 UmwG, Rz. 5) werden nun auch deliktsrechtliche Ansprüche von der in § 27 UmwG festgelegten Verjährungsfrist erfasst. *Grunewald* in Lutter, § 27 UwmG, Rz. 4.

897 Siehe oben *a) bb)*.

898 *Grunewald* in Lutter, § 27 UmwG, Rz. 5; *Marsch-Barner* in Kallmeyer, § 27 UmwG, Rz. 2; *Stratz* in Schmitt/ Hörtnagl/ Stratz, § 27 UmwG, Rz. 4.

899 *Grunewald* in Lutter, § 27 UmwG, Rz. 6.

900 Hierunter fallen insbesondere die Pflicht zur gewissenhaften und unparteiischen Prüfung, die Verschwiegenheitspflicht, § 11 Abs. 2 S. 1 UmwG i.V.m. § 323 Abs. 1 S. 1 HGB (entsprechend) und das Verwertungsverbot, § 11 Abs. 2 S. 1 UmwG i.V.m. § 323 Abs. 1 S. 2 HGB (entsprechend). Siehe im Einzelnen *Baumbach/ Hopt*, § 323 HGB, Rz. 1 – 6; *Lutter/ Drygala* in Lutter, § 11 UmwG, Rz. 9; *Stratz* in Schmitt/ Hörtnagl/ Stratz, § 11 UmwG, Rz. 13 f.

Auch hier gilt, dass mehrere zum Schadensersatz Verpflichtete als Gesamtschuldner haften, § 11 Abs. 2 S. 1 UmwG i.V.m. § 323 Abs. 1 S. 4 HGB (entsprechend). In Erweiterung zu § 323 Abs. 1 S. 3 HGB, der nur die Gesellschaft selbst als Anspruchsberechtigte vorsieht, können nach § 11 Abs. 2 S. 2 UmwG neben den an der Verschmelzung beteiligten Gesellschaften auch deren Anteilsinhaber einen Schadensersatzanspruch geltend machen. Dies bedeutet zugleich, dass – anders als bei der Haftung der Mitglieder des Vorstands und Aufsichtsrats – für die Haftung der Verschmelzungsprüfer eine einheitliche Anspruchsgrundlage besteht, unabhängig davon, ob es sich um die Prüfer der übertragenden oder der übernehmenden Gesellschaft(en) handelt.[901]

4. *Ordnungsgemäße Umsetzung?*

Die Haftungsbegrenzung nach § 11 Abs. 2 UmwG i.V.m. § 323 Abs. 2 HGB (entsprechend) ist hinsichtlich ihrer Europarechtskonformität Bedenken ausgesetzt. In § 323 Abs. 2 S. 2 HGB wird die Ersatzpflicht bei fahrlässiger Pflichtverletzung auf € 4 Millionen beschränkt, wenn es sich um Aktiengesellschaften handelt, die Aktien mit amtlicher Notierung ausgegeben haben, und nach Satz 1 für alle anderen Aktiengesellschaften auf € 1 Million. Die Bedenken ergeben sich daraus, dass weder Art. 21 VRL noch Art. 18 Alt. 2 SpRL eine derartige Obergrenze vorschreiben bzw. erlauben. Zwar ist, wie bereits festgestellt wurde, die nähere Ausgestaltung der Haftung den Mitgliedstaaten überlassen. Jedoch haben diese dabei den Grundsatz der Gleichwertigkeit und Effektivität zu beachten.[902] Der Grundsatz der Gleichwertigkeit bedeutet, dass die Haftungsregelung den Kläger nicht schlechter stellen darf als bei ähnlichen, nur nationales Recht betreffenden Klagen.[903] Dies ist vorliegend jedoch nicht der Fall. Der Grundsatz der Effektivität bedeutet, dass die Haftungsregelung es praktisch nicht unmöglich machen darf, eine Entschädigung zu verlangen.[904] Eine Beschränkung, wie sie das deutsche Recht vorsieht, macht eine Entschädigung zwar nicht unmöglich; es kann sich jedoch, wenn es um größere Werte geht, de facto eine solche Wirkung ergeben.

---

901 Dies ist nicht zuletzt deshalb unumgänglich, weil auch ein gemeinsamer Prüfer für alle beteiligten Gesellschaften bestellt werden kann, § 10 Abs. 1 S. 2 UmwG bzw. §§ 125 S.1 i.V.m. 10 Abs. 1 S. 2 UmwG.

902 Vgl. EuGH 19.11.1991 – Rs. C6/90 und C-9/90, Slg. 1991, I-5403, 5415 f. (*Francovich*).

903 Vgl. *Habersack*, Europäisches Gesellschaftsrecht, Rz. 226.

904 Vgl. *Habersack*, Europäisches Gesellschaftsrecht, Rz. 226.

An der Europarechtskonformität der Regelung können daher durchaus Bedenken gehegt werden.[905]

III. Rechtslage in Frankreich

1. Überblick

Anders als im deutschen Recht, das – wie gesehen – spezifische Haftungstatbestände in Fällen der Pflichtverletzung der Mitglieder des Verwaltungs- bzw. Leitungsorgans und der Prüfer bei Verschmelzungen bzw. Spaltungen einführte, um den Aktionären einen direkten Anspruch gegen diese Personengruppen zur Verfügung zu stellen und so den Vorgaben der VRL und SpRL gerecht zu werden, kann und muss im französischen Recht insofern mangels spezialgesetzlicher Regelung auf Normen des allgemeinen Aktienrechts zurückgegriffen werden. Diese können nicht nur eine Haftung gegenüber der Gesellschaft begründen, sondern auch gegenüber den Aktionären.[906]

2. Schadensersatzansprüche gegenüber den Verwaltungsratsmitgliedern (administrateurs)

Schadensersatzansprüche der Aktionäre gegenüber den Verwaltungsratsmitgliedern (*administrateurs*) sind auf Art. 225-251 C. com. zu stützen.[907] Als Voraussetzung einer Haftung müssen Fehlverhalten (*faute*),[908] Schaden

---

905 So auch *Grundmann*, Europäisches Gesellschaftsrecht, Rz. 893; *Habersack*, Europäisches Gesellschaftsrecht, Rz. 226.

906 Vgl. *Sonnenberger/ Damann*; Französisches Handels- und Wirtschaftsrecht, Rz. III 97.

907 Die Mitglieder des Verwaltungsrats (*conseil d'administration*) im monistischen System werden ohne weiteres von Art. 225-251 C. com. erfasst. Für deren Präsidenten (*président du conseil d'administration*) gilt ebenfalls Art. 225-251 C. com. (vgl. Cass. com., 13 juin 1995, n° 93-12.856, Dr. sociétés 1995, n° 223; *Charvériat/ Couret*, Mémento Pratique, Sociétés Commerciales, Rz. 8118; *Lamy*, Sociétés commerciales, Tz. 3418). Auch die Vorstandsmitglieder im dualistischen System (*membres du directoire*) haften über Art. 225-256 Abs. 1 nach Art. 225-251 C. com. (*Charvériat/ Couret*, Mémento Pratique, Sociétés Commerciales, Rz. 9230). Der Einfachheit halber wird im Folgenden nur von Mitgliedern des Verwaltungsrats gesprochen. Die Ausführungen haben jedoch in gleicher Weise für den *président du conseil d'administration* und die *membres du directoire* Gültigkeit. Der Aufsichtsrat im dualistischen System (*membres du conseil de surveillance*) gehört nicht zu den Leitungsorganen, sondern ist vielmehr Kontrollorgan. Seine Mitglieder haften nach Art. 225-257 C. com.; siehe hierzu unten *3.*

908 *Lamy*, Sociétés commerciales, Tz. 639; *Merle*, Droit commercial, Sociétés commerciales, Rz. 405.

(*préjudice*)[909] und Kausalität zwischen Fehlverhalten und Schaden (*causalité*)[910] vorliegen. Die *faute* umfasst dabei sowohl objektives Unwerturteil über das schädigende Verhalten als auch subjektives Unwerturteil (Schuldvorwurf).[911] Art. 225-251 C. com. regelt drei Formen der *faute*, die zu einer Haftung der Mitglieder des Verwaltungsrats führen: Verstöße gegen Gesetz oder Verordnungen über die Aktiengesellschaften, Verletzungen der Satzung sowie fehlerhafte Geschäftsführung. Insofern kommt vorsätzliche wie fahrlässige Begehungsweise in Betracht.[912] Die Haftung kann je nach Sachlage alle oder einige Mitglieder gesamtschuldnerisch oder anteilsmäßig oder auch nur ein Mitglied alleine treffen.[913] Wenn die genannten Voraussetzungen im Einzelnen vorliegen, kann Art. 225-251 C. com. Ansprüche sowohl von Aktionären der übertragenden als auch der übernehmenden Gesellschaften, sowohl gegen die Verwaltungsratsmitglieder der einen als auch der anderen Gesellschaft begründen.[914] Die Beweislast hinsichtlich des Vorliegens der behaupteten *faute* und der *causalité* trifft den Aktionär.[915]

3. *Schadensersatzansprüche gegenüber den Aufsichtsratsmitgliedern (*membres du conseil de surveillance*)*

Im dualistischen Leitungssystem können die Aktionäre auch Schadensersatzansprüche gegenüber den Aufsichtsratsmitgliedern (*membres du conseil de surveillance)* nach Art. 225-257 C. com. geltend machen. Danach haften diese für persönliche Fehler, die sie in Ausübung ihres Amtes begehen, also bei Verletzungen ihrer Kontroll- und Aufsichtspflichten, nicht hingegen, wie Art. 225-257 Abs. 1 S. 1 C. com. klarstellt, für Fehler der Geschäftsführung.

---

909 *Lamy*, Sociétés commerciales, Tz. 644; *Merle*, Droit commercial, Sociétés commerciales, Rz. 405.

910 *Lamy*, Sociétés commerciales, Tz. 645; *Merle*, Droit commercial, Sociétés commerciales, Rz. 405.

911 Vgl. *Ferid/ Sonnenberger*, Das Französische Zivilrecht, Band 2, Rz. 2 O 103.

912 *Merle*, Droit commercial, Sociétés commerciales, Rz. 405. Vgl. auch Cass. civ. 8.4.1930, D.H. 1930, 281.

913 Vgl. *Lamy*, Sociétés commerciales, Tz. 657; *Sonnenberger*, Französisches Handels- und Wirtschaftsrecht, Rz. III 96.

914 Der Aktionär hat dann mit der gesetzlich nicht geregelten, von den Gerichten aber anerkannten *action individuelle* (im Gegensatz zur *action sociale*, vgl. Art. 225-252 C. com.) vorzugehen. *Cozian/ Viandier/ Deboissy*, Droit des Sociétés, Tz. 265; *Merle*, Droit commercial, Sociétés commerciales, Rz. 407.

915 Vgl. *Ferid/ Sonnenberger*, Das Französische Zivilrecht, Band 2, Rz. 2 O 110; vgl. auch *Merle*, Droit commercial, Sociétés commerciales, Rz. 405, Fn. 4.

4. *Schadensersatzansprüche gegenüber den Verschmelzungs- bzw. Spaltungsprüfern (*commissaires à la fusion bzw. scission*)*

Eine eigene Anspruchsgrundlage ist im französischen Recht auch für die Haftung der Verschmelzungs- bzw. Spaltungsprüfer *(commissaires à la fusion* bzw. *scission*) nicht vorgesehen. Jedoch gelten für sie weitgehend die Regeln der Buchprüfer (*commissaires aux comptes).*[916] So kann auch hinsichtlich eines Schadensersatzanspruchs auf Art. 225-241 C. com. zurückgegriffen werden. Die Verschmelzungs- bzw. Spaltungsprüfer haften daher für die nachteiligen Folgen, die aufgrund von Fehlern oder Nachlässigkeiten bei der Ausübung ihrer Aufgaben entstanden sind.

IV. Rechtslage in Belgien

1. *Überblick*

Der belgische Gesetzgeber richtete im Hinblick auf die europarechtlichen Vorgaben zur Haftung der Mitglieder des Verwaltungs- oder Leitungsorgans und der Sachverständigen nach Art. 20 und 21 VRL bzw. Art. 18 SpRL mit Art. 687 C.S. die Möglichkeit für Aktionäre der jeweils übertragenden Gesellschaft ein, einen eigenen Anspruch gegen die genannten Personengruppen für den Fall des schuldhaften Verhaltens bei der Ausübung ihrer Aufgaben im Rahmen einer Verschmelzung bzw. Spaltung durchsetzen zu können. Das belgische Gesellschaftsrecht sah bis dato lediglich die *action sociale*, Art. 561 C.S., vor, mit der nach einem Beschluss der Hauptversammlung Haftungsansprüche der Gesellschaft gegenüber den Verwaltungsratsmitgliedern oder den Prüfern durchgesetzt werden können sowie die *action minoritaire*, Art. 562 ff. C.S., mit der einzelne Aktionäre auf Rechnung und zugunsten der Gesellschaft unter bestimmten Voraussetzungen Klage auf Ersatz eines Schadens, den die Gesellschaft erlitten hat,[917] erheben können, wenn die Hauptversammlung sich weigert, gegen die Verwaltungsratsmitglieder vorzugehen.[918] Das Vorgehen eines Aktionärs gegen die Verwaltung bzw. die Prüfer, das nicht

---

916 Vgl. *Charvériat/ Couret*, Mémento Pratique, Sociétés Commerciales, Rz. 26584.

917 *Bacher/ Ralet*, Responsabilités des dirigeants de sociétés, Rz. 80.

918 Voraussetzung ist nach Art. 562 Abs. 2 C.S., dass der Aktionär Inhaber eines Stimmanteils von mindestens 1 % im Verhältnis zur Gesamtheit der Stimmen ist oder Akten im Nennwert von mindestens € 1,25 Mio. besitzt. In materieller Hinsicht bedarf es entweder einer fehlerhaften Geschäftsführung, Art. 527 C.S., oder einer Verletzung der Vorschriften des *Code des Sociétés* oder der jeweiligen Satzung, Art. 528 Abs. 1 C.S.

nur auf Rechnung und zugunsten der Gesellschaft, sondern sozusagen auf eigene Rechnung stattfindet, kannte das belgische Recht bis dato nicht.

Abgesehen von Art. 687 C.S. bleibt den Aktionären nur die Möglichkeit, den Ersatz eines (eigenen) direkten Schadens nach den allgemeinen Prinzipien der außervertraglichen Haftung, insbesondere nach Art. 1382 C.C.,[919] geltend zu machen.[920] Für die Aktionäre der übernehmenden Gesellschaft stellt dies sogar die einzige Möglichkeit einer Schadloshaltung dar, da sie nicht in den Anwendungsbereich des Art. 687 C.S. einbezogen sind.[921]

2. *Schadensersatzansprüche gegenüber den Verwaltungsratsmitgliedern (*administrateurs*) der übertragenden Gesellschaft*

Nach Art. 687 Abs. 1 C.S. können die Aktionäre der übertragenden Gesellschaft Schäden gegenüber den Verwaltungsratsmitgliedern (*administrateurs*) ihrer (aufgelösten) Gesellschaft geltend machen, die ihnen durch deren Fehlverhalten bei der Vorbereitung und dem Vollzug der Verschmelzung bzw. Spaltung entstanden sind. Da insofern keine weitergehenden verschmelzungs- bzw. spaltungsrechtsspezifischen Vorschriften existieren, sind die allgemeinen Regelungen zur Haftung heranzuziehen.[922]

Neben Fehlverhalten (*faute*) und Schaden (*préjudice*) ist daher für die Haftung auch Kausalität (*causalité*) zwischen Fehlverhalten und Schaden erforderlich.[923] Hinsichtlich eines anspruchsbegründenden Fehlverhaltens bei der Vorbereitung und dem Vollzug der Verschmelzung bzw. Spaltung steht die Festlegung des Umtauschverhältnisses im Fokus.[924] Auch bei der Haftung wird also dieser Interessenmittelpunkt der Aktionäre deutlich. Fehler bei der

---

919 Sogenannte *responsabilité „aquilienne"*; *Bacher/ Ralet*, Responsabilités des dirigeants de sociétés, Rz. 66.

920 *Bacher/ Ralet*, Responsabilités des dirigeants de sociétés, Rz. 100; vgl. ferner *Hoffmann*, Grundzüge des belgischen Handels-, Gesellschafts- und Wirtschaftsrechts, Rz. 265. Dasselbe gilt für ein Vorgehen der Aktionäre der übertragenden Gesellschaft gegenüber den Verwaltungsratsmitgliedern ihrer (dann ehemaligen) Gesellschaft zusätzlich zu der durch Art. 687 C.S. eröffneten Möglichkeit sowie für eventuelle Ansprüche gegenüber den Verwaltungsratsmitgliedern der übernehmenden Gesellschaft.

921 Daneben können sie eine allgemeine aktienrechtliche Haftung der Vorstandsmitglieder nach Art. 562 ff. C.S. geltend machen. Allerdings kann dies nur im Wege einer Minderheitenklage auf Rechnung und zugunsten der übernehmenden Gesellschaft geschehen, die im Gegensatz zur übertragenden ja weiterbesteht.

922 *Keutgen/ Tossens*, J.T. 1994, 345, 358, Tz. 65; *Tilquin*, Traité des fusions et scissions, Tz. 546.

923 Vgl. *Tilquin*, Traité des fusions et scissions, Tz. 550.

924 Vgl. zum fehlerhaften Umtauschverhältnis als Hauptfall der Haftung *Keutgen/ Tossens*, La situation des actionnaires et leurs recours, in: UCL, Le nouveau droit des fusions et des scissions de sociétés, 119, 155.

Festlegung, namentlich durch eine Unterbewertung der Aktiva der übertragenden Gesellschaft und des daraus gegebenenfalls resultierenden schlechteren Umtauschverhältnisses, wirken sich unmittelbar zu Lasten der Aktionäre dieser Gesellschaft aus.[925] Ein weiteres relevantes Fehlverhalten ist die unzureichende oder gar unterlassene Information der Hauptversammlung über wesentliche Vermögensänderungen zwischen Erstellen des Verschmelzungs- bzw. Spaltungsplans und dem Abhalten der Hauptversammlung.[926]

Ansprüche nach Art. 687 C.S. verjähren mangels spezialgesetzlicher Regelung nach Art. 198 § 1 C.S. in fünf Jahren. In beweisrechtlicher Hinsicht ist zu beachten, dass die Aktionäre der übertragenden Gesellschaft den Schaden und die Kausalität zwischen dem Schaden und dem behaupteten fehlerhaften Handeln zu beweisen haben.[927] Mit der Vorschrift des Art. 687 Abs. 2 C.S. wird der belgische Gesetzgeber den Vorgaben nach Art. 20 der VRL und Art. 18 Alt. 1 der SpRL gerecht.[928]

3. *Schadensersatzansprüche gegenüber den Verschmelzungs- bzw. Spaltungsprüfern*

Einen Schadensersatzanspruch gegenüber den Verschmelzungsprüfern, die den Verschmelzungsprüfungsbericht nach Art. 695 C.S. bzw. Art. 731 C.S. erstellt haben, ist in Art. 687 Abs. 2 C.S. vorgesehen. Dieser speziell verschmelzungs- bzw. spaltungsrechtliche Anspruch kann – wie bereits der Anspruch gegenüber der Verwaltung – nur von den Aktionären der übertragenden Gesellschaft geltend gemacht werden, nicht hingegen von denjenigen der übernehmenden.[929] Eine Trennung der Verantwortungsbereiche der in die Durchführung der Verschmelzung bzw. Spaltung einbezogenen Prüfer ist dabei ohne weiteres möglich, da – anders als im deutschen Recht – das Erstellen eines gemeinsamen Berichts nicht vorgesehen ist.

---

925 *Dal/ Abbeele*, RPS 92 (1993), 189, 249, Fn. 157; *Keutgen/ Tossens*, J.T. 1994, 345, 358, Tz. 64; *Bacher/ Ralet*, Responsabilités des dirigeants de sociétés, Rz. 100; *Tilquin*, Traité des fusions et scissions, Tz. 549.

926 *Keutgen/ Tossens*, J.T. 1994, 345, 358, Tz. 64.

927 *Tilquin*, Traité des fusions et scissions, Tz. 550.

928 Vgl. *Dal/ Abbeele*, RPS 92 (1993), 189, 249.

929 Aktionäre der übernehmenden Gesellschaft sind auch gegenüber den Verschmelzungs- bzw. Spaltungsprüfern auf allgemeine Haftungstatbestände beschränkt. Insofern kommt zunächst eine Haftung nach Art. 140 C.S. in Betracht. Danach haften die Prüfer für fehlerhaftes Handeln bei der Erfüllung ihrer Aufgaben, jedoch nur gegenüber der Gesellschaft selbst, wie es der Gesetzestext explizit vorsieht. Ein eigener Anspruch des Gesellschafters kann hierauf also nicht gestützt werden. Es bleibt die Haftung nach Art. 1832 C.C., bei der allerdings auch ein eigener Schaden der Aktionäre für eine individuelle Klage nachgewiesen werden muss.

Voraussetzung des Anspruchs nach Art. 687 Abs. 2 C.S. ist, dass den Aktionären durch das fehlerhafte Handeln des Prüfers bei der Ausübung seiner Aufgabe – insbesondere wiederum im Hinblick auf das Umtauschverhältnis – ein Schaden entstanden ist.[930] In beweisrechtlicher Hinsicht ist auch hier zu beachten, dass die Aktionäre der übertragenden Gesellschaft den Schaden und die Kausalität zwischen dem Schaden und dem behaupteten fehlerhaften Handeln zu beweisen haben.[931]

V. Rechtslage in Großbritannien

1. Überblick

Die nach den Richtlinien vorzusehende Haftung der Mitglieder des Verwaltungs- bzw. Leitungsorgans (Art. 20 VRL bzw. Art. 18 Alt. 1 SpRL) und der Prüfer (Art. 21 VRL bzw. Art. 18 Alt. 2 SpRL) im Rahmen einer Verschmelzung bzw. Spaltung hat im englischen Recht – ebenso wie im französischen – zu keinen besonderen Vorschriften geführt. Vielmehr ist auch hier ausschließlich auf allgemeine Regelungen zurückzugreifen.[932] Danach kann sich die Haftung gegenüber den Mitgliedern des Verwaltungsrats (*directors*) aus s. 459 CA 1985 sowie aus dem *common law* ergeben, gegenüber den Prüfern (*experts*) lediglich nach letztgenanntem.

*2. Schadensersatzansprüche gegenüber den Verwaltungsratsmitgliedern (*directors*)*

Das Instrument des s. 459 CA 1985 ist vielfältig einsetzbar. Wie bereits gesehen, kann es unter bestimmten Voraussetzungen dem Aktionär zu einem Austritt aus der Gesellschaft verhelfen.[933] Es kann aber auch zu einem Schadensersatzanspruch des Aktionärs gegenüber den Mitgliedern des Verwaltungsrats führen. Erforderlich ist insofern zunächst ein Antrag des Aktionärs bei dem zuständigen Gericht. Dieses kann dann, wenn es zu dem Schluss kommt, dass das Verhalten der Mitglieder des Verwaltungsrats im Zusammenhang mit deren Pflichten bei der Vorbereitung und dem Vollzug der Verschmelzung bzw. Spaltung zu einer unbilligen Beeinträchtigung (*unfair prejudice*) der Aktionäre geführt hat, diesen mit Hilfe der ihm in s. 461 CA 1985 eingeräumten weitreichenden Befugnissen auch Schadensersatz zubilligen.[934] Auf die Absicht

---

930 *Keutgen/ Tossens*, J.T. 1994, 345, 358, Tz. 64.
931 *Tilquin*, Traité des fusions et scissions, Tz. 550.
932 *Wooldridge*, Company Law, S. 37, Fn. 22.
933 Siehe oben *§ 13 V. 3.*
934 Vgl. *Farrar/ Hannigan*, Farrar's Company Law, 455 (Fn. 18).

oder den Willen der Mitglieder des Verwaltungsrats kommt es dabei nicht an. Es ist vielmehr eine objektive Sicht maßgebend.[935]

Auch nach *common law* kann sich gegebenenfalls ein Schadensersatzanspruch ergeben. Der Aktionär muss hierfür darlegen und gegebenenfalls beweisen können, dass ihm durch das Verhalten der Mitglieder des Verwaltungsrats, gegen die sich das Vorgehen richtet, ein Schaden zugefügt worden ist, der nicht mit einem der Gesellschaft eventuell entstandenen Schaden identisch ist[936] und dass die fraglichen Mitglieder des Verwaltungsrats mit ihrem Verhalten direkt auf den geschädigten Aktionär abzielten.[937] Bei der Klage handelt es sich der Art nach um eine *personal claim*.[938]

Nach s. 21 Abs. 3 Limitation Act 1980 verjähren die Ansprüche gegen die Mitglieder des Verwaltungsrats grundsätzlich spätestens sechs Jahre nach ihrer Entstehung. Anders verhält es sich, wenn die Pflichtverletzung in einer Täuschung (*fraud*) liegt. Der daraus entstehende Anspruch unterliegt dann keiner Verjährung, s. 21 Abs. 1 lit. a Limitation Act 1980.

3. *Schadensersatz gegenüber den Verschmelzungs- bzw. Spaltungsprüfern* (experts)

Schadensersatzansprüche gegenüber den Verschmelzungs- bzw. Spaltungsprüfern (*experts*) im Rahmen einer Verschmelzung oder Spaltung können nicht auf einen statutarischen Rechtsbehelf gestützt werden. Es bleibt das *common law*, nach dem der Aktionär unter bestimmten Voraussetzungen seinen Schaden von den Prüfern ersetzt verlangen kann. Zum einen muss der betreffende Prüfer hierfür eine den Aktionär schützende Sorgfaltspflicht verletzt haben.[939] Zum anderen darf hier – ebenso wie beim Schadensersatzanspruch gegen ein Mitglied des Verwaltungsrats – der dem Aktionär entstan-

---

935 *Re RA Noble & Sons (Clothing) Ltd.* [1983] BCLC 273, 290 f.; vgl. auch *Lutter*, ZGR 1998, 191, 198.

936 Vgl. *Caparo Industries plc v Dickman* [1990] 2 AC 605; daran wird ein Schadensersatzanspruch wohl häufig scheitern. *Hollington*, Minority Shareholders' Rights, Rz. 5-027; vgl. ferner *McCormack* in Birds/ MacNeil/ McCormack/ Twigg-Flesner/ Villiers, Boyle & Birds' Company Law, Tz. [Rz. 17.2].

937 Vgl. *Caparo Industries plc v Dickman* [1990] 2 AC 605; *Hollington*, Minority Shareholders' Rights, Rz. 5-027.

938 Vgl. *Caparo Industries PLC v Dickman* [1990] 2 AC 605; *Hollington*, Minority Shareholders' Rights, Rz. 5-027.

939 Vgl. *Caparo Industries plc v Dickman* [1990] 2 A.C. 605, 626; *Hedley Byrne & Co. Ltd. v Heller & Partners Ltd.* [1964] AC 465, 465.

dene Schaden nicht identisch sein mit einem eventuell der Gesellschaft entstandenen Schaden.[940]

Die Verjährung richtet sich nach s. 14A Abs. 3 und 4 lit. a Limitation Act 1980 und beträgt demgemäß sechs Jahre ab Anspruchsentstehung.

VI. Vergleich der Haftungsregelungen

Die spärlichen Vorgaben zu der (zivilrechtlichen) Haftung der Mitglieder des Verwaltungs- oder Leitungsorgans sowie der sachverständigen Prüfer für deren schuldhaftes Verhalten bei der Ausübung ihrer jeweiligen Pflicht haben in den einzelnen zu untersuchenden Rechtsordnungen ebenfalls nicht zu ausführlichen Regelungen in dieser Hinsicht geführt. Größtenteils ist sogar auf bereits vorhandene allgemeine Haftungsregelungen zurückzugreifen. Verschmelzungs- bzw. spaltungsrechtsspezifische Haftungsnormen finden sich kaum.

Im deutschen Recht haften nach umwandlungsrechtlichen Vorschriften die Mitglieder des Vorstands und des Aufsichtsrats der übertragenden Gesellschaft(en) den Aktionären dieser Gesellschaft. Insofern ist jede Fahrlässigkeit ausreichend. Aktionäre der übernehmenden Gesellschaft(en) können hingegen nicht auf eine spezielle verschmelzungs- bzw. spaltungsrechtliche Haftungsnorm zurückgreifen. Ihnen bleiben nur die (allgemeinen) aktienrechtlichen sowie die deliktischen Anspruchsgrundlagen, die allerdings in diesem Zusammenhang von sehr untergeordneter Bedeutung sind. Die Prüfer aller beteiligten Gesellschaften haften nach handelsgesetzlichen Normen bei Vorsatz und Fahrlässigkeit. Im französischen Recht wurden die aktienrechtlichen Haftungsvorschriften für ausreichend betrachtet. Hierauf können sich sowohl die Aktionäre der übertragenden als auch der übernehmenden Gesellschaften stützen. Für eine Haftung ist „*faute*“ erforderlich, d.h. es muss ein Fehlverhalten bzw. Verschulden vorliegen. Das ist im Einzelfall festzustellen. Die Verschmelzungs- bzw. Spaltungsprüfer können nach den Regeln für die Buchprüfer haftbar gemacht werden. Im belgischen Recht gibt es für die Aktionäre der übertragenden Gesellschaft(en) die Möglichkeit, gegen die Mitglieder des Verwaltungsrats auf der Grundlage einer verschmelzungs- bzw. spaltungsrechtlichen Haftungsnorm vorzugehen, die jedoch mit den Erfordernissen der allgemeinen Regelungen der Haftung auszufüllen ist. Gleiches gilt für die Haftung der Prüfer. Im britischen Recht konzentriert sich der Schutz der Aktionäre im Bereich der Haftung sowohl hinsichtlich der Verwaltungsratsmitglieder als auch der Prüfer auf das *common law*. Insgesamt betrachtet,

---

[940] Vgl. *R P Howard Ltd. & Richard Alan Witchell v Woodman Matthews and Co.* [1983] BCLC 117, 122; *Hollington*, Minority Shareholders' Rights, Rz. 5-029.

besteht kein sehr griffiges Haftungsregime für Fehlverhalten der Mitglieder des Verwaltungs- oder Leitungsorgans und der Prüfer im Zuge von Verschmelzungen und Spaltungen. Dort, wo sich verschmelzungs- bzw. spaltungsspezifische Regelungen finden, nämlich im deutschen und belgischen Recht, wurde der Anwendungsbereich der einschlägigen Normen unnötig eingeschränkt. Statt ausschließlich die Aktionäre der übertragenden Gesellschaften zur Geltendmachung der Haftung zu berechtigen, sollten auch die Aktionäre der übernehmenden Gesellschaften miteinbezogen werden. Sie sind ebenfalls schutzwürdig.

§ 15 Klagen gegen die Wirksamkeit bzw. das Wirksamwerden der Verschmelzung und Spaltung sowie im deutschen Recht das Spruchverfahren als Surrogat in bestimmten Fällen

I. Europarechtliche Vorgaben

Ausweislich ihres 9. Erwägungsgrundes ist eines der Bestreben der VRL, im Interesse der Rechtssicherheit in den Beziehungen zwischen den beteiligten Gesellschaften, zwischen diesen und Dritten sowie unter den Aktionären die Fälle der Nichtigkeit der Verschmelzung zu beschränken. Entsprechendes sieht der 11. Erwägungsgrund der SpRL für die Spaltung vor. Diesem Ziel tragen Art. 22 VRL und. Art. 19 SpRL Rechnung, indem sie die Nichtigkeit der Verschmelzung bzw. Spaltung nach dem Wirksamwerden der jeweiligen Maßnahme[941] nur unter engen Voraussetzungen zulassen.[942]

Bereits in prozeduraler Hinsicht ist ein enger Rahmen gesteckt: Die Nichtigkeit kann nur durch eine gerichtliche, Art. 22 Abs. 1 lit. a VRL bzw. Art. 19 Abs. 1 lit. a SpRL, oder behördliche, Art. 22 Abs. 2 VRL bzw. Art. 19 Abs. 2 SpRL, Entscheidung ausgesprochen werden.[943] Die Geltendmachung der Nichtigkeit muss innerhalb von sechs Monaten ab Wirksamwerden der jeweiligen Maßnahme gegenüber dem Kläger erfolgen, Art. 22 Abs. 1 lit. c bzw. Art. 19 Abs. 1 lit. c SpRL.[944] Sofern mitgliedsstaatlich ein Einspruch

---

941 Vgl. *Habersack*, Europäisches Gesellschaftsrecht, Rz. 232.

942 Wie sich aus dem Wortlaut von Art. 22 Abs. 1 VRL und Art. 19 Abs. 2 SpRL („können“) ergibt, ist es den Mitgliedstaaten freigestellt, überhaupt die Rechtsfolge der Nichtigkeit im Rahmen einer Verschmelzung bzw. Spaltung vorzusehen. Vgl. *Le Fèvre*, Revue des Sociétés 1988, 207, 220; *Department of Trade*, Implementation of the third EC Directive on Company Law, 11.

943 Gegen die behördliche Entscheidung muss zudem ein Rechtsbehelf bei einem Gericht eingelegt werden können.

944 Sieht ein Mitgliedsstaat vor, dass die Nichtigkeit durch eine Verwaltungsbehörde ausgesprochen wird, so läuft die sechsmonatige Frist ab Wirksamwerden der Ver-

gegen die Entscheidung vorgesehen ist, so darf dieser nur innerhalb von sechs Monaten ab deren Offenlegung erhoben werden, Art. 22 Abs. 1 lit. f. VRL bzw. Art. 19 Abs. 1 lit. f SpRL.[945]

In materiellrechtlicher Hinsicht ergibt sich die Restriktivität im Hinblick auf eine Nichtigkeitserklärung erstens dadurch, dass Art. 21 Abs. 1 lit. b VRL und Art. 19 Abs. 1 lit. b SpRL nur zwei Nichtigkeitsgründe zulassen, das vollständige Fehlen der Vorabkontrolle bzw. der Authentifizierung einerseits und die Nichtigkeit des Hauptversammlungsbeschlusses andererseits. Letzteres bestimmt sich ausschließlich nach nationalem Recht. Zweitens dürfen sich, wie sich aus Art. 21 Abs. 1 lit. c und d VRL bzw. Art. 19 Abs. 1 lit. c und d SpRL ergibt, die Nichtigkeitsgründe nicht beheben lassen.

Sollte es soweit kommen, dass die Nichtigkeit ausgesprochen wird, so ist diese Entscheidung in Übereinstimmung mit Art. 3 PRL nach den in den Rechtsvorschriften jedes Mitgliedstaates vorgesehenen Verfahren offen zu legen, Art. 22 Abs. 1 lit. e VRL bzw. Art. 19 Abs. 1 lit. e SpRL.[946]

II. Rechtslage in Deutschland

1. Nichtigkeits- und Anfechtungsklage

a) Überblick

Sobald die Verschmelzung durch Eintragung in das Register der übernehmenden, die Spaltung durch Eintragung in das der übertragenden Gesellschaft Wirksamkeit erlangt hat, § 20 Abs. 1 UmwG bzw. § 131 Abs. 1 UmwG, lassen Mängel der Verschmelzung bzw. Spaltung die sich nach § 20 Abs. 1 UmwG bzw. § 131 Abs. 1 UmwG ergebenden Wirkungen der Eintragung unberührt, § 20 Abs. 2 UmwG bzw. § 131 Abs. 2 UmwG. Dies bedeutet, dass die Rückgängigmachung der Verschmelzung („Entschmelzung“) bzw. der Spaltung ausgeschlossen ist.[947] Mängel, die sich gegen die Wirksamkeit des

---

schmelzung bzw. Spaltung, Art. 22 Abs. 2 S. 3 i.V.m. Art. 17 VRL bzw. Art. 19 Abs. 2 S. 3 i.V.m. Art. 15 SpRL.

945 Dies gilt nach dem jeweiligen Absatz 2 Satz 2 der genannten Vorschriften in entsprechender Anwendung für die Entscheidung durch die Verwaltungsbehörde.

946 Die darüber hinaus in Art. 22 VRL bzw. in Art. 19 SpRL geregelten Voraussetzungen betreffen insbesondere die Gläubiger, weshalb hier auf eine Darstellung verzichtet wird.

947 *Bermel* in Goutier/ Knopf/ Tulloch, § 20 UmwG, Rz. 61; *Bork*, ZGR 1993, 343, 355; *ders.* in Lutter, § 14 UmwG, Rz. 13; *Grunewald* in Lutter, § 20 UmwG, Rz. 71; *Kort*, Bestandsschutz fehlerhafter Strukturänderungen im Kapitalgesellschaftsrecht, 256; *Kübler* in Semler/ Stengel, § 20 UmwG, Rz. 86; *Marsch-Barner* in Kallmeyer, § 20 UmwG, Rz. 47. Siehe auch OLG Hamburg Urt. v. 16.4.2004 – 11 U 11/03, ZIP 2004,

Beschlusses richten, lassen sich im Klageweg nur innerhalb eines Monats nach Fassung des jeweiligen Beschlusses geltend machen, § 14 Abs. 1 UmwG bzw. §§ 125 S. 1 i.V.m. 14 Abs. 1 UmwG. Entsprechende Klagen richten sich daher nicht gegen die eingetretene Wirksamkeit der Verschmelzung bzw. Spaltung, sondern bereits gegen deren Wirksamwerden.

Da sich das Umwandlungsgesetz zu der Frage, wie Verschmelzungs- bzw. Spaltungsbeschlüsse angegriffen werden können, weitgehend ausschweigt, ist insofern auf das allgemeine Gesellschaftsrecht, hier also auf das Aktiengesetz zurückzugreifen.[948] Dieses unterscheidet zwischen Beschlüssen, die unter einem besonders schweren Mangel leiden und daher per se nichtig sind und solchen, die zwar rechtswidrig sind, aber trotzdem zunächst Rechtswirkung entfalten. Im erstgenannten Fall hat der Aktionär mit der Nichtigkeitsklage vorzugehen [siehe unten *b)*], im zweitgenannten Fall mit der Anfechtungsklage [siehe unten *c)*], die bei Erfolg den Beschluss rückwirkend vernichtet.[949]

Zu beachten ist, dass trotz des Rückgriffs auf das allgemeine Gesellschaftsrecht einige Ergänzungen bzw. Modifikationen zu berücksichtigen sind, die sich durch das Umwandlungsgesetz ergeben. Einer gerichtlichen Überprüfung explizit entzogen wurde das Vorbringen, der Verschmelzungs- bzw. Spaltungsbeschluss der übertragenden Gesellschaft sei aufgrund eines zu niedrig bemessenen Umtauschverhältnisses unwirksam, § 14 Abs. 2 UmwG bzw. §§ 125 S. 1 i.V.m. 14 Abs. 2 UmwG. Für Beanstandungen dieser Art steht den Aktionären der übertragenden Gesellschaft lediglich das Spruchverfahren zur Verfügung (siehe unten *2.*). In diesem Zusammenhang ist ferner die Frage aufgeworfen worden, ob in gleicher Weise mit Informationsdefiziten hinsichtlich des Umtauschverhältnisses und des Barabfindungsangebots

---

906, 908. Davon abgesehen ist eine „Entschmelzung" im Sinne einer Rückübertragung jedes einzelnen Vermögensgegenstandes auch praktisch unmöglich. RegEBegr. zu § 20 UmwG, bei *Ganske*, Umwandlungsrecht, 75. Aus diesem Grund ist auch die Ansicht abzulehnen, die eine Entschmelzung mit Wirkung ex nunc für möglich hält; so aber mit zum Teil unterschiedlichen Voraussetzungen: *Kiem*, Die Eintragung der angefochtenen Verschmelzung, 149 ff.; *Kreuznacht*, Wirkungen der Eintragungen fehlerhafter Verschmelzungen von Aktiengesellschaften und Gesellschaften mit beschränkter Haftung nach § 20 Abs. 2 UmwG, 88 ff.; *Martens*, AG 1986, 57, 63 ff.; *Schäfer*, Die Lehre vom fehlerhaften Verband, 181 ff.; *K. Schmidt*, ZGR 1991, 373, 375 ff., 391 ff.; *ders*., DB 1996, 1859, 1860; *ders*. in FS Ulmer, 557, 572. Was bleibt, wenn man dieser Ansicht nicht folgt, ist eine vollzogene Verschmelzung mit Hilfe einer Spaltung rückgängig zu machen – und umgekehrt. Vgl. RegEBegr. zu § 20 UmwG, bei *Ganske*, Umwandlungsrecht, 75.

948 Vgl. *Bork* in Lutter, § 14 UmwG, Rz. 4.

949 Vgl. nur *Raiser/ Veil*, Kapitalgesellschaftsrecht, § 16 Rz. 120. Es handelt sich dabei um eine Gestaltungsklage, wohingegen die Nichtigkeit mit einer Feststellungsklage geltend gemacht wird. Vgl. *Bork* in Lutter, § 14 UmwG, Rz. 5.

nach § 29 UmwG zu verfahren sei. Für einen Ausschnitt dieses Problemfeldes hat der Gesetzgeber nun mit § 243 Abs. 4 S. 2 AktG n.F. Klarheit geschaffen.

b) Nichtigkeitsklage

aa) Allgemeines

Ist ein Hauptversammlungsbeschluss nichtig, so entfaltet er *ipso iure* keine Wirkung.[950] Dem Registerrichter obliegt die Pflicht, von Amts wegen zu prüfen, ob ein Beschluss nichtig ist.[951] Ist dies der Fall, so darf er die Eintragung nicht vornehmen.[952] Der Aktionär muss sich jedoch nicht damit begnügen, sich darauf zu verlassen, dass der Registerrichter die Nichtigkeit eines Beschlusses erkennt – was zwar wohl in aller Regel der Fall sein wird – und eine Eintragung unterlässt. Ihm steht zudem die Möglichkeit offen, Nichtigkeitsklage zu erheben, § 249 Abs. 1 S. 1 AktG. Auf diese Weise kann er eine Klarstellung der Ungültigkeit für und gegen alle Aktionäre, die Verwaltung und ihre Mitglieder (§§ 249 Abs. 1 S. 1 i.V.m. 248 Abs. 1 S. 1 AktG) durch das (sachnähere) Prozessgericht erreichen.[953] Zudem wird eine Registersperre bewirkt, da nach Erheben einer Unwirksamkeitsklage – zu der auch die Nichtigkeitsklage gehört[954] – das für die Eintragung erforderliche Negativattest nach § 16 Abs. 2 UmwG bzw. §§ 125 S. 1 i.V.m. 16 Abs. 2 UmwG nicht abgegeben werden kann und so eine Eintragung bis zur Erledigung des Rechtsstreits grundsätzlich nicht erfolgen darf.[955]

bb) Nichtigkeitsgründe

Das deutsche Recht sieht keine verschmelzungs- bzw. spaltungsrechtsspezifischen Nichtigkeitsgründe vor. Das hat zur Folge, dass sich die Nichtigkeit einer Verschmelzung bzw. Spaltung lediglich aus der Nichtigkeit des für die jeweilige Maßnahme zu fassenden Hauptversammlungsbeschlusses ergeben kann. Dabei ist das deutsche Aktienrecht darauf bedacht, die Fälle der Nichtigkeit in engen Grenzen zu halten, um im Interesse der Rechtssicherheit und

950 Vgl. *Hüffer*, § 241 AktG, Rz. 4; *ders.* in MüKo, § 241 AktG, Rz. 14.

951 *Hüffer*, § 241 AktG, Rz. 35. Der Registerrichter hat insofern eine materielle und formelle Prüfungskompetenz. Vgl. *Hüffer* in MüKo, § 241 AktG, Rz. 95.

952 Ganz *h.M.* Siehe *Baums*, Eintragung und Löschung von Gesellschafterbeschlüssen, 51 ff.; *Hüffer* in MüKo, § 241 AktG, Rz. 95; *Lutter*, NJW 1969, 1873 f. m.w.N. in Fn. 9.

953 Vgl. *Hüffer*, § 249 AktG, Rz. 1.

954 *Bork* in Lutter, § 16 UmwG, Rz. 10.

955 *Bork* in Lutter, § 16 UmwG, Rz. 9. Siehe zur Registersperre sogleich näher unten *cc)*.

Rechtsklarheit einem gefassten Beschluss soweit wie möglich Bestandskraft zu verleihen. Innerhalb dieses Rahmens konzentrieren sich die bei einer Verschmelzung bzw. Spaltung relevanten Nichtigkeitsgründe auf die in § 241 AktG normierten Fälle der Nichtigkeit eines Hauptversammlungsbeschlusses.[956] Herauszustellen sind davon die Nichtbeachtung der für die Einladung zur Hauptversammlung erforderlichen Formvorschriften, §§ 241 Nr. 1 i.V.m. 121 Abs. 2 und 3 oder 4 AktG sowie die fehlende Beurkundung des Beschlusses, §§ 241 Nr. 2 i.V.m. 130 Abs. 1, 2 und 4 AktG.[957]

cc) Registersperre

Nach § 16 Abs. 2 S. 1 UmwG bzw. §§ 125 S. 1 i.V.m. 16 Abs. 2 S. 1 UmwG hat der Vorstand bei der Anmeldung der Verschmelzung bzw. Spaltung (§ 16 Abs. 1 UmwG bzw. §§ 125 S. 1 i.V.m. 16 Abs. 1 UmwG)[958] zu erklären, dass eine Klage gegen die Wirksamkeit des Verschmelzungs- bzw. Spaltungsbeschlusses nicht oder nicht fristgemäß erhoben oder eine solche Klage rechtskräftig abgewiesen oder zurückgenommen worden ist, sogenannte Negativerklärung. Liegt eine solche Erklärung nicht vor, insbesondere weil eine entsprechende Klage (noch) rechtshängig ist, so darf nach § 16 Abs. 2 S. 2 UmwG bzw. §§ 125 S. 1 i.V.m. 16 Abs. 2 S. 2 UmwG die Verschmelzung bzw. Spaltung grundsätzlich nicht eingetragen werden, sogenannte Registersperre.[959] Erst wenn eine solche Klage rechtskräftig abgewiesen oder zurückgenommen worden ist, kann der Vorstand die Erklärung vornehmen und die Verschmelzung bzw. Spaltung kann eingetragen werden. Mit diesem Mechanismus wird verhindert, dass bis zur Klärung der Rechtslage der durch eine Eintragung nach § 20 Abs. 2 UmwG bzw. § 131 Abs. 2 UmwG ausgelöste Bestandsschutz der Maßnahme eintritt.

---

956 Vgl. *Engelmeyer*, Die Spaltung von Aktiengesellschaften nach dem neuen Umwandlungsrecht, 417.

957 Anzumerken ist, dass die fehlende Beurkundung durch die Eintragung nach § 20 Abs. 1 Nr. 4 UmwG geheilt wird. Davon abgesehen besteht Streit darüber, ob die Eintragung zur Heilung eines Mangels führt oder nur zu einem Fehlen der Erheblichkeit für die Wirksamkeit der Maßnahme. Vgl. hierzu *Grunewald* in Lutter, § 20 UmwG, Rz. 72. Die Nichtigkeitsgründe nach § 241 Nr. 3 und 4 AktG betreffen fast ausschließlich den Gläubigerschutz; § 241 Nr. 5 und 6 AktG haben nur klarstellende Funktion.

958 § 16 Abs. 1 UmwG gilt nicht (entsprechend) für die Verschmelzung durch Neugründung, § 36 UmwG, und die Spaltung zur Neugründung, § 135 Abs. 1 S. 1 UmwG.

959 Eine Eintragung ist ausnahmsweise auch ohne das Vorliegen einer solchen Erklärung zulässig, wenn alle klageberechtigten Aktionäre durch notariell beurkundete Verzichtserklärung auf eine entsprechende Klage verzichtet haben, vgl. § 16 Abs. 2 S. 2 HS 2 UmwG.

Die Registersperre kann jedoch nach § 16 Abs. 3 UmwG bzw. §§ 125 S. 1 i.V.m. 16 Abs. 3 UmwG in bestimmten Fällen ausnahmsweise überwunden werden. Nach § 16 Abs. 3 S. 1 UmwG bzw. §§ 125 S. 1 i.V.m. 16 Abs. 3 S. 1 UmwG ist die Eintragung der Verschmelzung bzw. Spaltung möglich, wenn das Prozessgericht auf Antrag der Gesellschaft, gegen deren Beschluss sich die Klage richtet, durch rechtskräftigen Beschluss festgestellt hat, dass die Erhebung der Klage der Eintragung nicht entgegensteht. Dieser Beschluss kann in drei Fällen ergehen: Erstens, wenn die Klage gegen die Wirksamkeit des Verschmelzungs- bzw. Spaltungsbeschlusses unzulässig ist; zweitens, wenn sie offensichtlich unbegründet ist und drittens, wenn das alsbaldige Wirksamwerden der Verschmelzung bzw. Spaltung nach freier Überzeugung des Gerichts unter Berücksichtigung der Schwere der mit der Klage geltend gemachten Rechtsverletzungen zur Abwendung der vom Antragsteller dargestellten wesentlichen Nachteile für die an der Verschmelzung bzw. Spaltung beteiligten Gesellschaften und ihre Anteilsinhaber vorrangig erscheint,[960] kurz: wenn das Interesse des Rechtsträgers an einem schnellen Wirksamwerden der Verschmelzung bzw. Spaltung die dem Kläger dadurch drohenden Nachteile überwiegt. Erweist sich die Klage dann doch als begründet, so bleibt es trotzdem bei der Wirksamkeit der Verschmelzung bzw. Spaltung. Die Gesellschaft hat in diesem Fall allerdings nach § 16 Abs. 3 S. 6 UmwG bzw. §§ 125 S. 1 i.V.m. 16 Abs. 3 S. 6 UmwG dem Aktionär den Schaden zu ersetzen, den er durch die Wirksamkeit der Verschmelzung bzw. Spaltung erlitten hat.

Beim Unbedenklichkeitsverfahren nach § 16 Abs. 3 UmwG bzw. §§ 125 S. 1 i.V.m. 16 Abs. 3 UmwG handelt es sich um ein Instrument zum Schutz der den konkreten Verschmelzungs- bzw. Spaltungsbeschluss tragenden Mehrheit. Ihre Entscheidung soll in bestimmten Fällen trotz der Erhebung einer Nichtigkeitsklage ohne größere Verzögerung umgesetzt werden können.

dd) Befristung der Nichtigkeitsklage

Nach § 14 Abs. 1 UmwG bzw. §§ 125 S. 1 i.V.m. 14 Abs. 1 UmwG muss eine Klage gegen die Wirksamkeit eines Verschmelzungs- bzw. Spaltungsbe-

---

960 Dieses sogenannte Unbedenklichkeitsverfahren (vgl. hierzu nur *Bork* in Lutter, § 16 UmwG, Rz. 14) ist eingeführt worden, weil es (RegEBegr. zu § 16 UmwG, bei *Ganske*, Umwandlungsrecht, 68) *„wirtschaftlich unvertretbar"* sein könne, *„dem beklagten Rechtsträger zuzumuten, vor dem Vollzug der Verschmelzung erst den rechtskräftigen Abschluss des erfahrungsgemäß langen Rechtsstreits über die Wirksamkeit des Verschmelzungsbeschlusses abzuwarten; anderenfalls würde der wirtschaftliche Erfolg der Verschmelzung stets verzögert oder gar vereitelt, ohne dass dies in einigen Fällen zu rechtfertigen wäre."*.

schlusses binnen eines Monats nach Beschlussfassung erhoben werden. Davon betroffen ist auch die Klage, mit der die Nichtigkeit eines Verschmelzungs- oder Spaltungsbeschlusses (sowohl der übertragenden als auch der übernehmenden Gesellschaft) geltend gemacht wird.[961] Daher werden die für Nichtigkeitsklagen sonst geltenden Fristen (vgl. insbesondere § 242 Abs. 2 AktG) von § 14 Abs. 1 UmwG, der für die Spaltung wiederum über § 125 S. 1 UmwG (entsprechend) Anwendung findet, als *lex specialis* verdrängt.[962] Der Fristablauf bewirkt jedoch keine Heilung der Nichtigkeit des Beschlusses.[963] Ein nicht oder nicht rechtzeitig angegriffener Verschmelzungs- bzw. Spaltungsbeschluss bleibt vielmehr nichtig.[964] Das hat zur Folge, dass das Registergericht die Eintragung bei Fehlerhaftigkeit des Beschlusses auch nach Fristablauf abzulehnen hat.[965] Eine Heilung tritt erst mit Eintragung und auch nur für den Fall des § 20 Abs. 1 Nr. 4 UmwG bzw. § 131 Abs. 1 Nr. 4 UmwG ein. Im Hinblick auf die anderen Nichtigkeitstatbestände gilt wegen § 20 Abs. 2 UmwG bzw. § 131 Abs. 2 UmwG freilich – wie bereits festgestellt –, dass Mängel die Wirkungen der Eintragung, wenn sie einmal erfolgt ist, unberührt lassen.

ee) Offenlegung der Nichtigkeitsentscheidung

Die Nichtigkeitsentscheidung ist nach §§ 249 Abs. 1 S. 1 i.V.m. 248 Abs. 1 S. 1 und 2, Abs. 2 AktG zum Handelsregister einzureichen. Damit wird Art. 22 Abs. 1 lit. e VRL bzw. Art. 19 Abs. 1 lit. e SpRL entsprochen.

c) Anfechtungsklage

aa) Allgemeines

Neben Mängeln des Verschmelzungs- bzw. Spaltungsbeschlusses, die diesen per se nichtig machen, gibt es auch solche, die weniger gravierend sind und daher lediglich zur Rechtswidrigkeit des Beschlusses führen. In diesem Fall haben die Aktionäre die Möglichkeit, gegen den Beschluss mit Hilfe der An-

---

961 Vgl. *Bork* in Lutter, § 14 UmwG, Rz. 2 und 5 (kritisch zu dieser Regelung in Rz. 12); *Marsch-Barner* in Kallmeyer, § 14 UmwG, Rz. 9; *Stratz* in Schmitt/ Hörtnagl/ Stratz, § 14 UmwG, Rz. 4.

962 *Marsch-Barner* in Kallmeyer, § 14 UmwG, Rz. 9; *K. Schmidt*, DB 1995, 1849, 1850; *Stratz* in Schmitt/ Hörtnagl/ Stratz, § 14 UmwG, Rz. 6; kritisch dazu *Bork*, ZGR 1993, 343, 355; *Schöne*, DB 1995, 1317, 1319 ff.

963 *Bork* in Lutter, § 14 UmwG, Rz. 12.

964 *K. Schmidt*, DB 1995, 1849, 1849.

965 *Bork* in Lutter, § 14 UmwG, Rz. 12.

fechtungsklage vorzugehen, die, wenn sie Erfolg hat, die materielle Rechtslage wie folgt ändert: Der zunächst zwar rechtswidrige, aber rechtswirksame Verschmelzungs- bzw. Spaltungsbeschluss wird durch Urteil für nichtig erklärt, vgl. §§ 241 Nr. 5, 248 Abs. 1 S. 1 AktG, und wird somit unwirksam.

bb) Anfechtungsbefugnis der Aktionäre

Während die Nichtigkeit eines Hauptversammlungsbeschlusses von jedem Betroffenen geltend gemacht werden kann,[966] ist der Kreis der zur Anfechtung eines solchen Beschlusses berechtigten Personen auf die Aktionäre, den Vorstand (bzw. dessen Mitglieder) und die Mitglieder des Aufsichtsrats beschränkt, § 245 AktG, jeweils (bis auf den Vorstand als Kollegialorgan, vgl. § 245 Nr. 4 AktG) unter bestimmten Voraussetzungen. Hinsichtlich der Anfechtungsbefugnis des Aktionärs müssen drei Fälle unterschieden werden. Erstens ist nach § 245 Nr. 1 AktG jeder in der Hauptversammlung erschienene Aktionär anfechtungsbefugt, vorausgesetzt, er hat gegen den Beschluss Widerspruch zur Niederschrift erklärt. Zweitens ist nach § 245 Nr. 2 AktG auch ein nicht in der Hauptversammlung erschienener Aktionär anfechtungsbefugt, wenn dieser zur Hauptversammlung zu Unrecht nicht zugelassen oder die Versammlung nicht ordnungsgemäß einberufen oder der Gegenstand der Beschlussfassung nicht ordnungsgemäß bekannt gemacht wurde. Und schließlich drittens ist jeder Aktionär nach § 245 Nr. 3 AktG im Fall des § 243 Abs. 2 AktG anfechtungsbefugt.[967]

cc) Anfechtungsgründe

Wie soeben erwähnt, hat § 243 Abs. 2 AktG durch die einschlägige Rechtsprechung an Bedeutung verloren – zugunsten der Fälle des § 243 Abs. 1 AktG. Danach kann ein Beschluss der Hauptversammlung wegen Verletzung des Gesetzes oder der Satzung angefochten werden. Dabei lässt sich in formelle und materielle Beschlussmängel unterscheiden.

---

966 *Hirte*, Kapitalgesellschaftsrecht, Rz. 3.382.

967 Die Bedeutung dieser Art der Anfechtungsbefugnis ist aufgrund der Tatsache, dass der Anfechtungsgrund nach § 243 Abs. 2 AktG in großem Umfang von der auf § 243 Abs. 1 AktG gestützten Rechtsprechung zur Anfechtung wegen Verletzung der Treuepflicht und des Gleichbehandlungsgrundsatzes überflüssig geworden ist, entsprechend gering. Für den Fall der Verschmelzung wird der Anwendungsbereich des § 243 Abs. 2 AktG zudem deshalb eingeschränkt, weil für die Überprüfung der Angemessenheit des Ausgleichs der Weg des Spruchverfahrens zu gehen ist. Vgl. hierzu *Raiser/ Veil*, Kapitalgesellschaftsrecht, § 16, Rz. 165, 167. Zu den bei einer Verschmelzung bzw. Spaltung vor allem relevanten Anfechtungsgründen siehe sogleich unten *cc)*.

Innerhalb der formellen Beschlussmängel kann wiederum nach drei Fehlerquellen differenziert werden. Zunächst kommen Mängel bei den vorbereitenden Unterlagen in Betracht.[968] So stellt zum Beispiel die Vorlage eines fehlerhaften Verschmelzungs- bzw. Spaltungsberichts oder Verschmelzungs- bzw. Spaltungsprüfungsbericht einen Anfechtungsgrund dar.[969] Ebenso verhält es sich, wenn dem Zustimmungsbeschluss ein nicht ordnungsgemäßer Verschmelzungs- bzw. Spaltungsvertrag zugrunde lag.[970] Weiter können Fehler bei der Veröffentlichung, Auslegung oder Übersendung des vorbereitenden Materials zu einem Anfechtungsgrund führen,[971] etwa wenn die erforderlichen Unterlagen nicht oder nicht rechtzeitig ausgelegt werden.[972] Schließlich können Mängel der Ladung und der Durchführung der Hauptversammlung anfechtungsrechtlich relevant werden.[973] Zu denken ist insofern beispielsweise an die Nichtzulassung von Anteilsinhabern oder die fehlerhafte Zulassung von Dritten zur Ausübung von Rede- und Informationsrechten oder an Fehler bei der Auszählung und Feststellung des Beschlussergebnisses.[974]

Als materielle Beschlussmängel kommen Verstöße gegen die Satzung und insbesondere das Gesetz in Betracht. Neben Verstößen gegen das Umwandlungsgesetz wie etwa dem gänzlichen Fehlen des Verschmelzungs- bzw. Spaltungsvertrags (§ 4 UmwG bzw. §§ 125 S. 1 i.V.m. 4 UmwG) oder – wahrscheinlicher – dem Fehlen der für den Mindestinhalt erforderlichen Informationen (§ 5 UmwG bzw. § 126 UmwG) kann auch die Verletzung allgemeiner Vorschriften die Anfechtungsklage begründen. Hierzu zählen auch Verstöße gegen ungeschriebene Regeln des Gesellschaftsrechts, wie die Treuepflicht.[975]

dd) Kausalität

Um Fehler auszuscheiden, die auf das Beschlussergebnis keinerlei Einfluss gehabt haben, erfordern formelle Beschlussmängel in einschränkender Auslegung des Wortlauts des § 243 Abs. 1 AktG[976] einen Ursachenzusammenhang

---

968 *Lutter/ Drygala* in Lutter, § 13 UmwG, Rz. 42.

969 *Gehling* in Semler/ Stengel, § 14 UmwG, Rz. 7; *Lutter/ Drygala* in Lutter, § 8 UmwG, Rz. 54.

970 *Lutter/ Drygala* in Lutter, § 5 UmwG, Rz. 108.

971 *Lutter/ Drygala* in Lutter, § 13 UmwG, Rz. 42.

972 *Becker*, AG 1988, 223, 229 f.; *Gehling* in Semler/ Stengel, § 14 UmwG, Rz. 7; *Lutter/ Drygala* in Lutter, § 63 UmwG, Rz. 8; *Rieger* in Widmann/ Mayer, § 63 UmwG, Rz. 34; *Stratz* in Schmitt/ Hörtnagl/ Stratz, § 63 UmwG, Rz. 8.

973 *Lutter/ Drygala* in Lutter, § 13 UmwG, Rz. 42.

974 *Gehling* in Semler/ Stengel, § 14 UmwG, Rz. 8.

975 *Gehling* in Semler/ Stengel, § 14 UmwG, Rz. 12; *Lutter/ Drygala* in Lutter, § 13 UmwG, Rz. 44.

976 *Hüffer*, § 243 AktG, Rz. 12.

zwischen Verstoß und Beschluss. Dieser Ursachenzusammenhang muss jedoch nicht in Form einer strengen Kausalität vorliegen. Insofern wurde vielmehr bisher als ausreichend betrachtet, dass der Verfahrensfehler Einfluss auf den Beschluss haben konnte.[977] Nach neuerer Ansicht kommt es auf ein wertendes Merkmal an, nämlich die Relevanz des Fehlers für den betroffenen Aktionär.[978] Dabei sind Unterschiede je nach Art des Fehlers zu machen. So kann bei reinen Formverstößen ein großzügigerer Maßstab angelegt werden als bei Verstößen gegen Normen, die ein konkretes Informations- und Teilnahmeinteresse des Aktionärs verletzen.[979] Dies präzisiert nun der durch das UMAG neu gefasste § 243 Abs. 4 AktG dahingehend, dass wegen unrichtiger, unvollständiger oder verweigerter Erteilung von Informationen nur dann angefochten werden kann, wenn ein objektiv urteilender Aktionär die Erteilung der Information als wesentliche Voraussetzung für die sachgerechte Wahrnehmung seiner Teilnahme- und Mitgliedschaftsrecht angesehen hätte. Entscheidend ist also, ob ein objektiv urteilender Aktionär sein Stimmverhalten von der Erteilung einer bestimmten Information abhängig gemacht hätte. Die Information muss dabei ein so wesentliches Element darstellen, dass der Aktionär ohne ihre vorherige ordnungsgemäße Erteilung der Beschlussvorlage nicht zugestimmt hätte.[980]

Was die Darlegungs- und Beweislast anbelangt, so ist grundsätzlich an der Normentheorie festzuhalten.[981] Das heißt, diejenige Partei hat die Tatsachen zu behaupten und zu beweisen, die von den ihr günstigen Normen vorausgesetzt werden.[982] So rechtfertigt insbesondere auch der Minderheitenschutz keine allgemeine Beweislastumkehr.[983] Für den Bereich der Kausalität wird hiervon jedoch eine Ausnahme gemacht. Die beklagte Aktiengesellschaft hat die Tatsachen darzulegen und zu beweisen, aus denen sich ergibt, dass der Fehler für das Ergebnis keine Bedeutung hat (echte Beweislastumkehr).[984] Das wird der Gesellschaft jedoch bei stabilen Mehrheitsverhältnissen nicht schwer fallen dürfen.[985]

---

977 Diese im Sinne einer potenziellen, von der Gesellschaft zu widerlegenden Kausalität wurde lange insbesondere von der Rechtsprechung vertreten, vgl. nur BGHZ 107, 296, 306f. (*Kochs-Adler*); 119, 1, 18f. (*Asea/BBC*).

978 *Hüffer*, § 243 AktG, Rz. 13; *Schmidt* in GK, § 243 AktG, Rz. 24 ff. Die Rspr. hat die Relevanztheorie übernommen, BGHZ 149, 158, 164f. (*Sachsenmilch III*); BGH ZIP 2004, 2428, 2430 (*Thyssen-Krupp*).

979 *Lutter/ Drygala* in Lutter, § 13 UmwG, Rz. 43.

980 RegEBegr., ZIP 2004, 2455, 2468.

981 *Hüffer*, § 243 AktG, Rz. 59.

982 Vgl. nur OLG München, AG 2003, 452, 453.

983 *Hüffer*, § 243 AktG, Rz. 59.

984 *Hüffer* in MüKo, § 243 AktG, Rz. 137.

985 *Hüffer* in MüKo, § 243 AktG, Rz. 137.

ee) Registersperre

Für die Anfechtungsklage gilt auch bezüglich der Registersperre dasselbe wie für die Nichtigkeitsklage. Die fristgerechte Erhebung der Anfechtungsklage sorgt dafür, dass der Vorstand bei der Anmeldung der Verschmelzung bzw. der Spaltung die Negativerklärung nach § 16 Abs. 2 S. 1 UmwG bzw. §§ 125 S. 1 i.V.m. 16 Abs. 2 S. 1 UmwG nicht abgeben kann. Dies hat wiederum gemäß § 16 Abs. 2 S. 2 UmwG bzw. §§ 125 S. 1 i.V.m. 16 Abs. 2 S. 2 UmwG zur Folge, dass die Verschmelzung bzw. Spaltung nicht eingetragen werden kann.[986]

ff) Befristung der Anfechtungsklage

Die Monatsfrist des § 14 Abs. 1 UmwG bzw. §§ 125 S. 1 i.V.m. 14 Abs. 1 UmwG[987] gilt in gleicher Weise für die Anfechtungsklage. Im Gegensatz zur Nichtigkeitsklage bedeutet diese umwandlungsrechtsspezifische Frist jedoch keine weitere zeitliche Einschränkung für die Geltendmachung eines zur Anfechtung berechtigenden Mangels durch einen Aktionär. Dieselbe Frist ist auch nach der aktienrechtlichen Vorschrift des § 246 Abs. 1 AktG einzuhalten.

---

986 Diese Registersperre machen sich zum Teil sogenannte „räuberische Aktionäre" zu Nutze. Sie erheben Anfechtungsklage und blockieren so die Eintragung der Verschmelzung bzw. Spaltung und auf diese Weise auch den damit verbundenen Eintritt der Rechtsfolgen der beschlossenen Maßnahme zu dem einzigen Zweck, sich den „Lästigkeitswert" ihrer Klage abkaufen zu lassen. Sie setzen darauf, dass ihnen ihre Gesellschaft, an der sie, um das Anfechtungsrecht ausüben zu können, nur mit einer einzigen Aktie beteiligt sein müssen (und oft auch sind), in der Angst vor den wirtschaftlichen Konsequenzen dieser Blockade Geld dafür bietet, dass sie ihre Klage zurücknehmen. Denn sobald dies geschieht, ist es dem Vorstand möglich, die Negativerklärung nach § 16 Abs. 2 S. 1 UmwG abzugeben. Die Verschmelzung bzw. Spaltung kann dann eingetragen werden, vgl. § 16 Abs. 2 S. 2 UmwG. Mit einer Verschmelzung z.B. verfolgte Synergieeffekte können eintreten. Diesem Szenario kommt im Fall von Verschmelzungen und auch Spaltungen insofern besondere Bedeutung zu, als vor allem der Verschmelzungs- und der Spaltungsbericht aufgrund der im Einzelfall nicht 100%ig genau festlegbaren Anforderungen eine besonders geeignete Angriffsfläche für auf Informationsdefiziten basierende Anfechtungsklagen bieten. Der BGH begegnet einschlägigen Fällen mit der Überprüfung, ob Rechtsmissbrauch (§ 242 BGB) vorliegt, vgl. nur BGHZ 107, 296, 308 ff. (*Kochs-Adler*). Ist dies der Fall, so ist die Anfechtungsbefugnis des Klägers zu verneinen und die Klage als unbegründet abzuweisen, BGH AG 1992, 448, 449.

987 Siehe oben *b) dd)*.

gg) Offenlegung der Nichtigkeitsentscheidung

Ist die Anfechtungsklage erfolgreich, so ist das Urteil, in dem der Beschluss für nichtig erklärt wird, nach Erlangung der Rechtskraft gemäß § 248 Abs. 1 S. 1 und 2, Abs. 2 AktG offen zu legen.[988]

d) Ausschluss der Nichtigkeits- und Anfechtungsklage

aa) Zu niedrig bemessenes Umtauschverhältnis

Nach § 14 Abs. 2 UmwG bzw. §§ 125 S. 1 i.V.m. 14 Abs. 2 UmwG kann eine Anfechtung des Beschlusses der übertragenden Gesellschaft ebenso wenig wie die Geltendmachung der Nichtigkeit des Beschlusses[989] darauf gestützt werden, dass das Umtauschverhältnis der Anteile zu niedrig bemessen, mithin dass die Gegenleistung unangemessen ist. Auf diese Weise soll verhindert werden, dass die Verschmelzung bzw. Spaltung durch einen Streit über die Angemessenheit des Umtauschverhältnisses verzögert wird. Aktionäre, welche die Angemessenheit beanstanden, werden stattdessen in das Spruchverfahren verwiesen, in dem ihnen ein Ausgleich durch bare Zuzahlung zugesprochen werden kann, §§ 14 Abs. 2, 15 Abs. 1 S. 2 UmwG i.V.m. §§ 1 ff. SpruchG bzw. §§ 125 S. 1 i.V.m. 14 Abs. 1 UmwG i.V.m. §§ 1 ff. SpruchG.[990] Die Aktionäre der übertragenden Gesellschaft können also den Beschluss und damit die Maßnahme an sich nicht zu Fall bringen, sondern nur finanziellen Ausgleich fordern. Der Ausschluss gilt indes nicht für die Aktionäre der übernehmenden Gesellschaft. Sollten sie das Umtauschverhältnis als für zu hoch und daher ungünstig für sie befinden, bleibt es ihnen unbenommen, Anfechtungsklage zu erheben.[991]

---

988 Siehe zum identischen Erfordernis bei der Nichtigkeitsklage oben *b) ee)*.

989 *Bork* in Lutter, § 14 UmwG, Rz. 15.

990 Siehe zum Spruchverfahren sogleich unten *2.*

991 Dies wurde vielfach kritisiert (vgl. bereits zu der inhaltlich identischen verschmelzungsrechtlichen Vorgängerregelung des § 352c Abs. 1 AktG a.F. *Bayer*, AG 1988, 323, 324 f.; *Kraft* in KK, § 352c AktG, Rz. 3; *Priester*, NJW 1983, 1459, 1463; vgl. zu § 14 Abs. 2 UmwG *Heckschen* in Widmann/ Mayer, § 14 UmwG, Rz. 49 ff.; *Martens*, AG 2000, 301 ff., v.a. 302). Denn es kommt nicht selten vor, dass Aktionäre der übernehmenden Gesellschaft das Umtauschverhältnis als zu hoch bewerten. Es ist nicht nachzuvollziehen, weshalb in diesem Fall – im Gegensatz zu der Beanstandung durch die Aktionäre der übertragenden Gesellschaft – die Anfechtungsklage möglich sein soll. In der Praxis kann man dieses Risiko (insbesondere bei einer Verschmelzung) umgehen, indem man versucht, einer Verschmelzung durch Neugründung den Vorzug zu geben. In diesem Fall gibt es nur übertragende Gesellschaften, so dass Anfechtungsklagen, die auf die Unangemessenheit der Gegenleistung gestützt werden,

bb) Beanstandungen im Hinblick auf das Barabfindungsangebot

In gleicher Weise wie bei Beanstandungen hinsichtlich der Höhe des Umtauschverhältnisses sind von der Anfechtung des Verschmelzungs- bzw. Spaltungsbeschlusses (und auch von der Erhebung einer Nichtigkeitsklage) Aktionäre der übertragenden Gesellschaft ausgeschlossen, die das Barabfindungsangebot nach § 29 Abs. 1 S. 2 i.V.m. S. 1 UmwG bzw. §§ 125 S. 1 i.V.m. § 29 Abs. 1 S. 2 i.V.m. S. 1 UmwG im Falle einer Verfügungsbeschränkung in der übernehmenden Gesellschaft für zu niedrig bemessen befinden, § 32 Fall 1 UmwG bzw. §§ 125 S. 1 i.V.m. 32 Fall 1 UmwG, oder vorbringen, dass die Barabfindung im Verschmelzungs- bzw. Spaltungsvertrag nicht, § 32 Fall 2 UmwG bzw. §§ 125 S. 1 i.V.m. 32 Fall 2 UmwG, oder nicht ordnungsgemäß, § 32 Fall 3 UmwG bzw. §§ 125 S. 1 i.V.m. 32 Fall 3 UmwG, angeboten worden ist. Den betroffenen Aktionären bleibt in diesen Fällen wiederum nur das Spruchverfahren, § 34 S. 1, 2 UmwG i.V.m. §§ 1 ff. SpruchG bzw. §§ 125 S. 1 i.V.m. 34 S. 1, 2 UmwG i.V.m. §§ 1 ff. SpruchG.

cc) Informationsdefizite hinsichtlich des Umtauschverhältnisses

Durch zwei neuere Urteile des BGH,[992] in denen er bei einem Formwechsel den sich aus § 210 UmwG ergebenden Ausschluss von Klagen gegen den Umwandlungsbeschluss wegen eines zu niedrig bemessenen Barabfindungsangebots (§ 207 UmwG) auch auf die Verletzung von Informations-, Auskunfts- oder Berichtspflichten im Zusammenhang mit der Barabfindung erstreckt,[993] wurde die Frage aufgeworfen, ob dieses Vorgehen auch auf den Fall einer Verschmelzung bzw. Spaltung übertragen werden kann und in der Folge nicht nur bei einem zu niedrig bemessenen Umtauschverhältnis an sich eine entsprechende Klage gegen den jeweiligen Beschluss der übertragenden Gesellschaft ausgeschlossen ist, sondern sie auch dann nicht möglich ist,

---

nicht zulässig sind, § 14 Abs. 2 UmwG. Dies war einer der tragenden Gründe dafür, dass bei der Verschmelzung von *Thyssen* und *Krupp* auf die *Thyssen-Krupp AG* die Verschmelzung zur Neugründung gewählt wurde; *Martens*, AG 2000, 301, 302. Vgl. zur Unzulässigkeit von Anfechtungsklagen, die auf die Unangemessenheit der Gegenleistung gestützt werden, *Bork* in Lutter, § 14 UmwG, Rz. 15.

992 BGHZ 146, 179 ff. = BGH GmbHR 2001, 200 ff. (*MEZ*); BGH ZIP 2001, 412 ff. (*Aqua Butzke*).

993 Begründet wurde dies vom BGH mit einem „Erst-Recht-Schluss“. Wenn eine Klage gegen die Wirksamkeit des Umwandlungsbeschlusses bereits dann ausgeschlossen ist, wenn sie sich auf eine nicht oder nicht ordnungsgemäß angebotene Barabfindung stützt, dann müsse dies erst recht für den weniger gravierenden Fall der Verletzung des Informationsrechts der Anteilsinhaber gelten. BGH GmbHR 2001, 200, 201 f. (*MEZ*). Den Anteilsinhabern bleibt dann das Spruchverfahren.

wenn den Aktionären bezüglich dieses Verhältnisses unrichtige, unvollständige oder gar keine Informationen gegeben wurden.

Seit Inkrafttreten des UMAG ist insofern folgendermaßen zu unterscheiden: Eine Anfechtung wegen unrichtiger, unvollständiger oder unzureichender Informationen in der Hauptversammlung im Hinblick auf das Umtauschverhältnis ist nach § 243 Abs. 4 S. 2 AktG n.F. ausgeschlossen, da in § 14 Abs. 2 UmwG für Bewertungsrügen das Spruchverfahren vorgesehen ist. Von dieser neuen Regelung dagegen nicht erfasst sind zum einen Mängel hinsichtlich außerhalb der Hauptversammlung zu gebender Informationen, zum anderen die Totalverweigerung von Information. Auf diesen (Teil-) Bereich bezogen, dürfte die *h.M.* zur alten Rechtslage, die eine Übertragung der Rechtsprechung des BGH zum Formwechsel auf die Verschmelzung und Spaltung richtigerweise ablehnt,[994] also weiterhin Gültigkeit besitzen und die Anfechtung auch weiterhin nicht ausgeschlossen sein.

---

994 Vgl. OLG Frankfurt ZIP 2000, 1928; *Bork* in Lutter, § 14 UmwG, Rz. 15; *Gehling* in Semler/ Stengel, § 8 UmwG, Rz. 79; *Heckschen* in Widmann/ Mayer, § 14 UmwG, Rz. 7.1; *Henze*, ZIP 2002, 97, 106; *Kirchner/ Sailer*, NZG 2002, 305, 312; *Kleindiek*, NZG 2001, 552, 554; *Lutter/ Drygala* in Lutter, § 8 UmwG, Rz. 55; *Vetter* in FS Wiedemann, S. 1331, 1335; *a.A. Marsch-Barner* in Kallmeyer, § 8 UmwG, Rz. 34 und § 14 UmwG, Rz. 14; *Messer* in FS Quack, S. 321, 331 f. Die *h.M.* stützt ihre Ansicht auf eine breite Argumentationsbasis. Bereits der Wortlaut des § 14 Abs. 2 UmwG, der die entscheidende Tatbestandsalternative des § 210 UmwG *„nicht ordnungsgemäß angeboten"* nicht enthält, lässt eine Übertragung der Rechtsprechung auf Verschmelzungs- und Spaltungsfälle nicht zu (*Vetter* in FS Wiedemann, S. 1321, 1335). Auch der Gang des Gesetzgebungsverfahrens spricht gegen eine solche Erweiterung des Anwendungsbereichs des § 14 Abs. 2 UmwG. Der Vorschlag des Bundesrats, die Erweiterung positivrechtlich zu regeln, wurde von der Bundesregierung abgelehnt (vgl. BT-Drucks. 12/7265, abgedruckt bei *Neye*, Umwandlungsgesetz/ Umwandlungssteuergesetz, 138). Eine weitere Einschränkung des Anfechtungsrechts erschien der Bundesregierung nur vertretbar, wenn der betreffende Aktionär sein Anliegen auf andere Weise verfolgen kann. Hierfür wurden weder eine besondere Auskunftsklage noch das Spruchverfahren als ausreichend angesehen. Zudem sei § 16 Abs. 3 UmwG geeignet, einer ausufernden Blockadewirkung durch Anfechtungsklagen entgegenzuwirken. Die Problematik war daher bekannt. Trotzdem wurde § 14 Abs. 2 UmwG in der heute gültigen Form als abschließend geregelt angesehen. Ferner lässt sich eine Ausweitung des Anfechtungsausschlusses speziell im Hinblick auf Berichtsmängel im Zusammenhang mit dem Umtauschverhältnis nur schwer mit Sinn und Zweck des § 8 UmwG vereinbaren. Die darin geforderte ausführliche Information der Anteilsinhaber lässt sich mit Hilfe der drohenden Sanktion der Anfechtung für den Fall, dass dem nicht entsprochen wird, ohne Zweifel besser verwirklichen (*Lutter/ Drygala* in Lutter, § 8 UmwG, Rz. 55). Der Anfechtung kommt insofern eine präventive Wirkung zu. Schließlich spricht gegen eine Übertragung der Rechtsprechung zum Formwechsel auf Verschmelzung und Spaltung auch, dass es bei Erstgenanntem „nur" um die Höhe der Barabfindung geht, bei Zweitgenannten dagegen um das Umtauschverhältnis und damit um den für die Aktionäre zentralen Punkt der

dd) Informationsdefizite hinsichtlich des Barabfindungsangebots

Auch bei Informationsdefiziten im Zusammenhang mit dem Barabfindungsangebot stellte sich die Frage, ob den Aktionären die Möglichkeit einer Anfechtungsklage offen steht oder ob sie wiederum lediglich den Weg des Spruchverfahrens gehen können. Was unrichtige, unvollständige oder unzureichende Informationen in der Hauptversammlung anbelangt, so schafft nun § 243 Abs. 4 S. 2 AktG n.F. Klarheit. Eine Anfechtung ist danach ausgeschlossen. Für die nicht davon erfassten Fälle hat dasselbe zu gelten. Denn anders als bei § 14 Abs. 2 UmwG[995] ist der Klageausschluss nach § 32 UmwG völlig identisch mit dem nach § 210 UmwG.[996] Insbesondere enthält § 32 UmwG auch die Tatbestandsalternative *„nicht ordnungsgemäß angeboten“*, auf die sich ein Ausschluss bei Informationsmängeln hinsichtlich des Barabfindungsgebots stützen lässt. Auch das Argument der Gesetzgebungsgeschichte bei § 14 Abs. 2 UmwG kann für § 32 UmwG nicht herangezogen werden. Eine Erweiterung des Anfechtungsausschlusses auf alle Informationsdefizite hinsichtlich des Barabfindungsgebot ist daher zu bejahen.[997] Den Aktionären bleibt dann wiederum das Spruchverfahren.

2. Spruchverfahren

a) Überblick

Wie bereits ausgeführt,[998] können Aktionäre der übertragenden Gesellschaft nach § 14 Abs. 2 UmwG bzw. §§ 125 S. 1 i.V.m. 14 Abs. 2 UmwG eine Anfechtungsklage nicht darauf stützen, dass das Umtauschverhältnis zu niedrig bemessen ist. Nach § 15 Abs. 1 S. 1 UmwG bzw. §§ 125 S. 1 i.V.m. 15 Abs. 1 S. 1 UmwG wird betroffenen Aktionären in diesem Fall lediglich zugebilligt, von dem übernehmenden Rechtsträger einen Ausgleich durch bare Zuzahlung zu verlangen. Auf ihren Antrag hin bestimmt das Gericht die ange-

---

Maßnahme. Würde man die Aktionäre bei Informationsmängeln ausschließlich auf das Spruchverfahren verweisen, so liefen sie Gefahr, gar nicht mehr oder nur unzulänglich informiert zu werden und daher in Unkenntnis der für sie so wichtigen Wertrelation über die Verschmelzung bzw. Spaltung abstimmen zu müssen (*Lutter/ Drygala* in Lutter, § 8 UmwG, Rz. 55).

995 Siehe oben *1. a)*.

996 *Gehling* in Semler/ Stengel, § 32 UmwG, Rz. 5.

997 So im Ergebnis auch *Gehling* in Semler/ Stengel, § 32 UmwG, Rz. 5; *Hüffer*, § 243 AktG, Rz. 18b; *Sinewe*, DB 2001, 690 f.; *Stratz* in Schmitt/ Hörtnagl/ Stratz, § 32 UmwG, Rz. 1; *a.A. Grunewald* in Lutter, § 32 UmwG, Rz. 5; *Marsch-Barner* in Kallmeyer, § 32 UmwG, Rz. 2.

998 Siehe oben *§ 13 II. 1.*

messene Zuzahlung nach § 15 Abs. 1 S. 2 UmwG bzw. §§ 125 S. 1 i.V.m. 15 Abs. 1 S. 2 UmwG nach den Vorschriften des Spruchverfahrensgesetzes, das nun Barabfindung und Zuzahlung für verschiedene Maßnahmen des Aktiengesetzes und Umwandlungsgesetzes einheitlich und effektiver regelt.[999] Denselben Weg müssen Aktionäre der übertragenden Gesellschaft gehen, wenn sie die nach § 29 Abs. 1 S. 2 i.V.m. S. 1 UmwG bzw. §§ 125 S. 1 i.V.m. 29 Abs. 1 S. 2 i.V.m. S. 1 UmwG anzubietende Barabfindung im Falle einer Verfügungsbeschränkung in der übernehmenden Gesellschaft[1000] für zu niedrig bemessen halten, § 34 S. 1 UmwG bzw. §§ 125 S. 1 i.V.m. 34 S. 1 UmwG, oder wenn die Barabfindung nach deren Ansicht nicht oder nicht ordnungsgemäß angeboten worden ist, § 34 S. 2 UmwG §§ 125 S. 1 i.V.m. 34 S. 2 UmwG. Auf Antrag des Aktionärs bestimmt das Gericht dann die angemessene Barabfindung. Für die genannten Fälle eröffnet sich der Anwendungsbereich des Spruchverfahrensgesetzes nach dessen § 1 Nr. 4. Schließlich ist im Falle eines zu niedrig bemessenen Umtauschverhältnisses die bare Zuzahlung nach § 15 Abs. 2 UmwG bzw. §§ 125 S. 1 i.V.m. 15 Abs. 2 UmwG zu verzinsen.

b) Antragsberechtigung der Aktionäre

Nach §§ 3 S. 1 Nr. 3 i.V.m. 1 Nr. 4 SpruchG i.V.m. §§ 15 und 29 Abs. 1 S. 2 UmwG bzw. §§ 125 S. 1 i.V.m. 15 und 29 Abs. 1 S. 2 UmwG sind diejenigen Aktionäre der übertragenden Gesellschaften antragsberechtigt, welche die Höhe des Umtauschverhältnisses oder der Barabfindung als unangemessen beanstanden, im letztgenannten Fall jedoch nur, wenn der betreffende Aktionär Widerspruch zur Niederschrift erklärt hat, § 29 Abs. 1 S. 2 i.V.m. S. 1 UmwG bzw. §§ 125 S. 1 i.V.m. 29 Abs. 1 S. 2 i.V.m. S. 1 UmwG.[1001]

---

999 Vgl. *Vetter*, ZHR 168 (2004), 8, 9. Eckpfeiler des Spruchverfahrensgesetzes sind: Einschränkung des Amtsermittlungsgrundsatzes (einer der wesentlichen Grundsätze des Verfahrens der freiwilligen Gerichtsbarkeit, dem das Spruchstellenverfahren unterliegt; *Fritzsche/ Dreier/ Verfürth*, Vorbem. zu §§ 7 bis 10 SpruchG, Rz. 1), mündliche Verhandlung (§ 8 SpruchG), Verfahrensförderungspflichten (§ 9 SpruchG) und Zurückweisen verspäteten Vorbringens (§ 10 SpruchG). Vgl. *Volhard* in MüKo, Vor § 1 SpruchG, Rz. 3.

1000 Siehe oben *§ 13 II. 1.*

1001 Für die Geltendmachung einer baren Zuzahlung bei zu niedrig bemessenem Umtauschverhältnis nach § 15 Abs. 1 UmwG ist im Gegensatz zu dessen aktienrechtlicher Vorgängernorm § 352c Abs. 1 S. 2, Abs. 2 S. 1 AktG a.F. i.V.m. § 245 Nr. 1 AktG kein Widerspruch mehr erforderlich.

c) Antragsfrist und Antragsbegründung

Der Antrag auf gerichtliche Entscheidung hinsichtlich einer Zuzahlung oder einer Barabfindung an die Aktionäre ist von diesen nach §§ 4 Abs. 1 Nr. 4 i.V.m. 1 Nr. 4 SpruchG binnen drei Monaten ab dem Tag zu stellen, an dem die Verschmelzung bzw. Spaltung im Handelsregister als bekannt gemacht gilt, § 19 UmwG bzw. § 130 UmwG. Der Antrag ist nach § 4 Abs. 2 S. 1 SpruchG zu begründen. Der hierfür vorgeschriebene Inhalt ergibt sich aus § 4 Abs. 2 S. 2 SpruchG.[1002]

d) Rechtsfolgen

Stellt sich heraus, dass das Umtauschverhältnis ungemessen ist, so setzt das Gericht im Fall des § 15 UmwG einen Ausgleich durch bare Zuzahlung fest. Damit wird die Differenz zwischen dem Wert der verlorenen und der erhaltenen Teile ausgeglichen.[1003] Die 10%-Grenze[1004] muss bei der baren Zuzahlung nicht berücksichtigt werden, § 15 Abs. 1 S. 1 HS 2 UmwG.[1005] Ein Ausgleich durch Gewährung weiterer Anteile an der übernehmenden Gesellschaft ist hingegen nicht möglich.[1006] Im Falle einer zu niedrig bemessenen Barabfindung bestimmt das Gericht nach § 34 UmwG die angemessene Barabfindung. Es kann also lediglich deren Höhe festlegen.[1007] Die Entscheidung des Gerichts, die abweichend von § 16 Abs. 1 FGG erst mit Rechtskraft wirksam wird, § 13 S. 1 SpruchG, wirkt nach § 13 S. 2 SpruchG für und gegen alle. Es können also für den Fall, dass das Gericht eine höhere Ausgleichs- oder Abfindungszahlung oder eine bare Zuzahlung zur Verbesserung des Umtauschverhältnisses festsetzt, auch diejenigen antragsberechtigten Aktionäre die er-

---

1002 Die Antragsbegründung hat demnach zu enthalten: die Bezeichnung des Antragsgegners, § 4 Abs. 2 S. 2 Nr. 1 SpruchG (dies ist für die zu untersuchenden Fälle nach § 5 Nr. 4 SpruchG der übernehmende oder neue Rechtsträger), die Darlegung der Antragsberechtigung nach § 3 SpruchG, § 4 Abs. 2 S. 2 Nr. 2 SpruchG, Angaben zur Art der Strukturmaßnahme und der vom Gericht zu bestimmenden Kompensation nach § 1 SpruchG, § 4 Abs. 2 S. 2 Nr. 3 SpruchG und schließlich konkrete Einwendungen gegen die Angemessenheit der Kompensation nach § 1 SpruchG oder gegebenenfalls den als Grundlage für die Kompensation ermittelten Unternehmenswert, § 4 Abs. 2 S 2 Nr. 1 SpruchG. Schließlich soll sich aus der Antragsbegründung die Zahl der von dem Antragsteller gehaltenen Anteile ergeben, § 4 Abs. 2 S. 3 SpruchG.

1003 *Bork* in Lutter, § 15 UmwG, Rz. 5.

1004 Siehe bereits oben *1. Teil § 4 I. 3* (Der Gesamtbetrag der im Verschmelzungs- bzw. Spaltungsvertrag festgelegten baren Zuzahlungen darf nicht höher sein als 10% des Gesamtbetrags der gewährten Geschäftsanteile, vgl. § 68 Abs. 3 UmwG).

1005 Vgl. *Bork* in Lutter, § 15 UmwG, Rz. 5.

1006 *Bork* in Lutter, § 15 UmwG, Rz. 5.

1007 *Stratz* in Schmitt/ Hörtnagl/ Stratz, § 34 UmwG, Rz. 2.

höhte Kompensation beanspruchen, die selbst keinen Antrag gestellt haben.[1008]

III. Rechtslage in Frankreich – Nichtigkeitsklage

1. Überblick

Das französische Recht verfolgt im Hinblick auf Klagen gegen die Wirksamkeit der Verschmelzung bzw. Spaltung eine andere Grundkonzeption als das deutsche Recht. Im Gegensatz zu diesem blockiert eine Nichtigkeitsklage (*action en nullité*) im französischen Recht nicht den Eintritt der Wirkungen der jeweiligen Maßnahme (Art. 236-3 Abs. 1 C. com.). Diese treten unabhängig von einem etwaigen Vorgehen eines Aktionärs bei der Verschmelzung durch Aufnahme bzw. Spaltung zur Aufnahme bereits dann ein, wenn die jeweilige Maßnahme mit dem Beschluss der letzten Hauptversammlung der beteiligten Gesellschaften nach Art. 236-4 Nr. 2 C. com. Wirksamkeit erlangt, es sei denn es ist vertraglich etwas anderes vereinbart.[1009] Eine *action en nullité* im französischen Recht richtet sich mithin gegen die bereits wirksam gewordene Maßnahme.

Aus Art. 235-1 C. com. geht hervor, dass die Nichtigkeit von Satzungsänderungen nur in den ausdrücklich vom Gesetz bestimmten Fällen zulässig ist. Für die Verschmelzung bzw. Spaltung als satzungsändernde Maßnahme sieht Art. 235-8 Abs. 1 C. com. zwei Fälle vor: Die Nichtigkeit des Zustimmungsbeschlusses und das Fehlen der *déclaration de conformité*[1010](Art. 236-6 C. com.). Da im Klageweg vorzugehen ist, obliegt es ausschließlich dem Gericht, die Nichtigkeit zu erklären.[1011] Insgesamt sind die Regelungen zur Nichtigkeit der Verschmelzung bzw. Spaltung sehr stark darauf ausgelegt, den Nichtigkeitsfall nicht eintreten zu lassen. Hierzu trägt neben der – in gleicher Weise wie im deutschen Recht und beeinflusst durch die europarechtlichen Vorgaben – strikten Einschränkung der Nichtigkeitsgründe auch die gesetz-

---

1008 *Krieger* in Lutter, § 13 SpruchG, Rz. 3. Der Streit im Zusammenhang mit § 34 UmwG, ob auch diejenigen Aktionäre einen entsprechenden Anspruch haben, die bereits vorbehaltlos das ursprüngliche Abfindungsangebot angenommen haben, ist damit obsolet. Vgl. hierzu *Krieger* in Lutter, § 13 SpruchG, Rz. 4.

1009 Bei der Verschmelzung durch bzw. der Spaltung zur Neugründung tritt die Wirksamkeit mit der Eintragung der (letzten) neu zu gründenden Gesellschaft ein, Art. 236-4 Nr. 1 C. com.

1010 Siehe bereits oben *1. Teil § 5 I. 4. c).*

1011 Die Zuständigkeit des Gerichts lässt sich unter anderem (indirekt) Art. 235-8 Abs. 2 C. com. entnehmen. Vgl. auch *Lamy*, Sociétés commerciales, Tz. 2562. Damit wird der Vorgabe aus Art. 22 Abs. 1 lit. a VRL bzw. Art. 19 Abs. 1 lit. a SpRL entsprochen.

lich verankerte Pflicht des Gerichts bei, bei behebbaren Mängeln den Gesellschaften die Möglichkeit einzuräumen, innerhalb einer bestimmten Frist den Mangel zu beseitigen, Art. 235-8 Abs. 2 C. com.[1012] Dies entspricht Art. 22 Abs. 1 lit. d VRL bzw. Art. 19 Abs. 1 lit. d SpRL. Zur Eingrenzung der Nichtigkeitsfälle trägt ferner die kurze Verjährung von sechs Monaten bei, Art. 235-9 Abs. 2 C. com. In der Praxis sind Nichtigkeitsklagen nur selten erfolgreich.[1013]

2. *Berechtigung der Aktionäre zur Erhebung der Nichtigkeitsklage (*action en nullité*)*

Jeder Aktionär, der ein berechtigtes Interesse an der Nichtigerklärung der Verschmelzung oder Spaltung hat, kann die *action en nullité* erheben.[1014]

3. *Nichtigkeitsgründe*

Das Fehlen der *declaration de conformité* führt theoretisch, so bestimmt es – wie bereits erwähnt – Art. 235-8 Abs. 1 Alt. 2 C. com., zur Nichtigkeit der Verschmelzung bzw. Spaltung. Praktisch wird dieser Fall jedoch nicht eintreten, da das Gericht den Gesellschaften die Gelegenheit zu geben hat, behebbare Fehler zu beseitigen, Art. 235-8 Abs. 2 C. com. Die *declaration de conformité* nachzuholen, ist immer möglich. Deshalb spielt dieser Nichtigkeitsgrund de facto keine Rolle. Im Vordergrund steht daher die Nichtigkeit des Hauptversammlungsbeschlusses, Art. 235-8 Abs. 1 Alt. 2 C. com. Die Gründe hierfür können vielfältig sein. Sie lassen sich in drei Kategorien einteilen: Erstens Mängel aus dem Bereich allgemeiner rechtsgeschäftlicher Regeln,[1015] zwei-

---

1012 Der Wortlaut des Art. 235-8 Abs. 2 C. com. («...le tribunal...*accorde*...» und nicht « le tribunal peut accorder ») ist als Imperativ zu verstehen und statuiert daher eine Pflicht des Gerichts, den Gesellschaften die Möglichkeit einzuräumen, den Mangel zu beseitigen. *Routier* in Encyclopédie Dalloz, Sociétés III, Fusion et scissions, Tz. 181. So auch *Bertrel/ Jeantin*, Acquisitions et fusions des sociétés commerciales, Tz. 939; *Dictionnaire Permanent Droit des affaires*, Fusions, Scissions, Apports partiels d'actif, Tz. 96. Ein Zeitraum, innerhalb dessen die Behebung des Mangels bewerkstelligt werden kann, ist von Art. 235-8 Abs. 2 C. com. nicht vorgegeben. Dies ist dem Richter überlassen, der sich dabei vor allem an der Art des Mangels orientiert. Vgl. *Bertrel/ Jeantin*, Acquisitions et fusions des sociétés commerciales, Tz. 939.

1013 Vgl. CA Paris, 13 nov. 1990, Revue des sociétés 1991, 137, m. Anm. *Guyon*; 28 déc. 1992, Bull. Joly 1993, 434, m. Anm. *Le Cannu.*

1014 *Routier* in Encyclopédie Dalloz, Sociétés III, Fusion et scissions, Tz. 181.

1015 *Charvériat/ Couret*, Mémento Pratique, Sociétés Commerciales, Rz. 28276. Als Beispiel kann hier ein *vice du consentement* (Willensmangel) angeführt werden. Verstöße gegen diese allgemeinen Regeln sind in der Praxis jedoch eher unwahrscheinlich. *Bertrel/ Jeantin*, Acquisitions et Fusions des Sociétés Commerciales, Tz. 951.

tens die Verletzung allgemeiner Rechtsprinzipien[1016] und drittens explizit im *Code de Commerce* aufgeführte Nichtigkeitsgründe.[1017] Hierunter fallen etwa die Nichtbeachtung der Form- und Fristvorschriften bei der Einberufung der Gesellschafterversammlung (Art. 225-104 Abs. 2 C. com.), die Verletzung der Vorschriften über deren Kompetenz und hinsichtlich des Quorums sowie der Mehrheitserfordernisse (Art. 225-96 und 225-121 Abs. 1 C. com.) oder die Nichtbeachtung der Regeln über die Tagesordnung (Art. 225-105 und 225-121 Abs. 1 C. com.).[1018]

4. *Befristung der Nichtigkeitsklage (*action en nullité*)*

Die Klage zur Geltendmachung der Nichtigkeit der Verschmelzung bzw. Spaltung ist nach Art. 235-9 Abs. 2 C. com. innerhalb von sechs Monaten ab dem Zeitpunkt der letzten notwendigen Registereintragung zu erheben. Damit wird die sonst übliche Frist von drei Jahren, Art. 235-9 Abs. 1 C. com., stark verkürzt.[1019]

5. *Rechtsfolgen der Nichtigkeitsentscheidung*

Für den seltenen Fall, dass der Grund für eine Nichtigerklärung nicht beseitigt werden kann[1020] und die Nichtigkeitsentscheidung des Gerichts Rechtskraft erlangt, werden die Folgen der dann nicht mehr zu behebenden Nichtigkeit der Verschmelzung bzw. Spaltung insofern abgemildert, als die Nichtigkeit für die übernehmenden Gesellschaft(en) keine Auswirkungen auf Schuldverhältnisse und die hieraus entstehenden Rechte und Pflichten hat, sofern diese zwischen Wirksamwerden der Verschmelzung bzw. Spaltung und Offenlegung der Nichtigkeit entstanden sind, Art. 235-11 Abs. 2 C. com.[1021]

1016 *Charvériat/ Couret*, Mémento Pratique, Sociétés Commerciales, Rz. 28279. Zu nennen ist hier insbesondere der *abus de majorité* (Mehrheitsmissbrauch).

1017 *Charvériat/ Couret*, Mémento Pratique, Sociétés Commerciales, Rz. 28270 und 28272.

1018 Bei den genannten Nichtigkeitsgründen kann man zwischen obligatorischen und fakultativen unterscheiden. Bei Erstgenannten hat das Gericht die Nichtigkeit auszusprechen (vgl. Art. 225-121 Abs. 1 C. com.: *„sont nulles"*, so bei Art. 225-96 C. com. oder Art. 225-105 C. com.), bei Zweitgenannten muss es dies nicht, kann es aber (so bei Art. 225-104 C. com.: *„peut être annulée"*).

1019 Weder die sechsmonatige noch die dreijährige Verjährungsfrist greift ein, wenn arglistige Täuschung vorliegt. Insofern gilt die 30-jährige Verjährungsfrist. *Lamy*, Sociétés Commerciales, Tz. 1773.

1020 Vgl. *Le Fèvre*, Revue des Sociétés 1988, 207, 220.

1021 Diese Regelung – mit der die Vorgabe aus Art. 22 Abs. 1 lit. g VRL bzw. Art. 19 Abs. 1 lit. g SpRL umgesetzt wird – betrifft jedoch insbesondere die Gläubiger der

6. Offenlegung der Nichtigkeitsentscheidung

Nach Art. 235-11 Abs. 1 C. com. ist die Nichtigkeitsentscheidung des Gerichts offen zu legen. Die nähere Ausgestaltung ist durch *Décret* (Durchführungsverordnung) geregelt. Damit kommt der französische Gesetzgeber der Verpflichtung aus Art. 22 Abs. 1 lit. e VRL bzw. aus Art. 19 Abs. 1 lit. e der SpRL nach.

IV. Rechtslage in Belgien – Nichtigkeitsklage (*action en nullité*)

1. Überblick

Das belgische Recht weist im Hinblick auf die Nichtigkeitsklage (*action en nullité*), Art. 178 f., 688 ff., 198 § 2 C.S., eine ähnliche rechtliche Grundkonzeption auf wie das französische Recht. So blockiert eine entsprechende Klage grundsätzlich nicht wie im deutschen Recht den Eintritt der Wirksamkeit der Maßnahme, sondern richtet sich erst gegen diese, wenn sie bereits wirksam geworden ist.[1022] Lediglich wenn der Hauptversammlungsbeschluss an besonders schweren Mängeln leidet, kann der Kläger im beschleunigten Verfahren die vorübergehende Aussetzung der Ausführung des betreffenden Beschlusses beantragen, Art. 179 § 1 C.S. Damit ist bereits eine von drei Kategorien (und wohl die wichtigste) von Nichtigkeitsgründen angesprochen. Mängel des Hauptversammlungsbeschlusses können zur Nichtigkeit der Verschmelzung bzw. Spaltung führen. Daneben kann die Nichtigkeit bei Überschreitung der 10%igen baren Zuzahlung geltend gemacht werden, Art. 688 C.S. Und schließlich kann die Nichtigkeit ausgesprochen werden, wenn die notarielle Beurkundung (*acte authentique*) des Hauptversammlungsprotokolls, Art. 700 C.S. bzw. Art. 737 C.S., fehlt, Art. 689 C.S.

Aus den Art. 178 Abs. 1, 688 und 689 C.S. ergibt sich, dass die Nichtigkeit ausschließlich durch das Handelsgericht (am Sitz einer der an der Verschmelzung bzw. Spaltung beteiligten Gesellschaften) ausgesprochen werden darf[1023] und dass es hierfür eines Antrags bedarf. Auch im belgischen Recht

---

Gesellschaften und nicht – zumindest nicht direkt – deren Aktionäre, so dass hier auf eine nähere Erörterung verzichtet wird.

1022 Die Wirksamkeit tritt nach Art. 701 Abs. 2 C.S. bzw. Art. 738 Abs. 2 C.S. mit dem letzten zustimmenden Beschluss unter den beteiligten Gesellschaften ein. Für die Verschmelzung durch Neugründung bzw. Spaltung zur Neugründung ist der Zeitpunkt der Gründung der neuen Gesellschaft(en) maßgebend, Art. 715 C.S. bzw. Art. 754 C.S.

1023 Siehe zudem Art. 624 C. jud. Vgl. auch *Malherbe/ Lambrecht/ Malherbe*, Droit des Sociétés, Tz. 1445; *Horsmans* in Université Catholique de Louvain (Hrsg.), Le nouveau droit des fusions et des scissions de sociétés, 215, 226 und 234; *Tilquin*, Traité

räumt – in Übereinstimmung mit Art. 22 Abs. 1 lit. d VRL bzw. Art. 19 Abs. 1 lit. d SpRL – das mit der Nichtigkeitsklage befasste Handelsgericht in Fällen, in denen dies möglich ist, den betroffenen Gesellschaften eine Frist ein, innerhalb derer der Grund der Nichtigkeit beseitigt werden kann, Art. 689 Abs. 2 C.S. Dabei liegt es im Ermessen des Gerichts, einen Zeitraum für die Beseitigung des zur Nichtigkeit führenden Mangels festzulegen.[1024] Eine erfolgreiche Heilung schließt jedoch nicht per se die Haftung der Mitglieder des Verwaltungs- bzw. Leitungsorgans und der Prüfer aus.[1025]

2. Berechtigung der Aktionäre zur Erhebung der Nichtigkeitsklage

Den die Nichtigkeit regelnden Vorschriften[1026] ist zu entnehmen, dass *„tout intéressé"*, also jeder Betroffene, berechtigt ist, Nichtigkeitsklage zu erheben. Wer nun konkret unter diesen Begriff fällt, ist nicht genau festgelegt.[1027] Er ist jedenfalls so weit wie möglich zu verstehen,[1028] so dass die Aktionäre der beteiligten Gesellschaften zum Kreis möglicher Klageberechtigter gerechnet werden können. Der jeweilige Aktionär muss jedoch nachweisen können, dass er persönlich und gegenwärtig in einem berechtigten Interessen betroffen ist.[1029] Unter Interesse versteht man dabei jeden Vorteil materieller oder immaterieller Art, der dem Kläger aus seiner Klage zum Zeitpunkt ihrer Erhebung erwachsen kann.[1030] Das bedeutet in der Konsequenz, dass derjenige

---

des fusions et scissions, Tz. 583. Insbesondere darf die Entscheidung zur Nichtigkeit nicht bei den betroffenen Gesellschaften liegen, vgl. *Tilquin*, Traité des fusions et scissions, Tz. 612. Das Erfordernis einer gerichtlichen Entscheidung entspricht Art. 22 Abs. 1 lit. a VRL bzw. Art. 19 Abs. 1 lit. a SpRL.

1024 *Horsmans* in Université Catholique de Louvain (Hrsg.), Le nouveau droit des fusions et des scissions de sociétés, 215, 233; *Tilquin*, Traité des fusions et scissions, Tz. 595.

1025 *Tilquin*, Traité des fusions et scissions, Tz. 593.

1026 Dies geht aus den speziellen verschmelzungs- bzw. spaltungsrechtlichen Nichtigkeitsvorschriften der Art. 688 und 689 C.S. hervor sowie aus der das Verfahren der Nichtigkeit von Hauptversammlungsbeschlüssen allgemein regelnden Vorschrift des Art. 178 C.S. Siehe zu diesen Vorschriften sogleich.

1027 Vgl. *Horsmans* in Université Catholique de Louvain (Hrsg.), Le nouveau droit des fusions et des scissions de sociétés, 215, 227.

1028 Hierzu führte der Justizminister Folgendes aus [zitiert bei *Horsmans* in Université Catholique de Louvain (Hrsg.), Le nouveau droit des fusions et des scissions de sociétés, 215, 227]: *„Il est utile de préciser que l'on a voulu donner à l'expression 'à la requête de tout intéressé' une portée aussi large que possible. Il suffira donc effectivement d'être intéressé à la nullité de la fusion pour pouvoir demander l'annulation d'une décision prise par une société qui a approuvé la fusion.*".

1029 *Malherbe/ Lambrecht/ Malherbe*, Droit des Sociétés, Tz. 1444.

1030 *Ch. van Reepinghen*, Rapport sur la réforme judiciaire, zitiert nach *Malherbe/ Lambrecht/ Malherbe*, Droit des Sociétés, Tz. 1444.

Aktionär von der Nichtigkeitsklage ausgeschlossen ist, der für die Maßnahme gestimmt hat.[1031] Dies geht auch aus Art. 178 Abs. 2 C.S. hervor, der allgemein für das Verfahren der Nichtigerklärung von Hauptversammlungsbeschlüssen gilt. Darin ist negativ geregelt, dass derjenige nicht berechtigt ist, die Nichtigkeit des Hauptversammlungsbeschlusses geltend zu machen, der für diesen gestimmt hat, sofern seine Zustimmung nicht mängelbehaftet war, oder der ausdrücklich oder stillschweigend auf das Recht, Nichtigkeitsklage zu erheben, verzichtet hat, solange sich die Nichtigkeit nicht aus einer Vorschrift ergibt, die im Interesse der öffentlichen Ordnung erlassen wurde. Im Umkehrschluss bedeutet dies, dass jedenfalls derjenige Aktionär nicht von der Erhebung einer Nichtigkeitsklage ausgeschlossen ist, der gegen den Beschluss gestimmt hat.

3. *Nichtigkeitsgründe*

Zunächst kann das Überschreiten der 10%igen baren Zuzahlung nach Art. 688 Abs. 1 C.S. die Nichtigkeit der Verschmelzung bzw. Spaltung nach sich ziehen. Es handelt sich dabei um einen absoluten Nichtigkeitsgrund. Eine Heilung ist nicht möglich. Er ist ferner weder in der VRL noch der SpRL vorgesehen. Dennoch ist seine Regelung europarechtskonform. Da der belgische Gesetzgeber gerade diese Art der Verschmelzung bzw. Spaltung nicht gestattet, indem er sie unter die Rechtsfolge der Nichtigkeit stellt, sind in diesem Fall auch die Vorgaben der VRL bzw. SpRL nicht zu beachten, also auch die Nichtigkeitsregelungen nicht, vgl. Art. 30 VRL bzw. Art. 24 SpRL.[1032]

Ein weiterer Nichtigkeitsgrund, den der Aktionär vorbringen kann, ist die fehlende notarielle Beurkundung des Hauptversammlungsbeschlusses, Art. 689 Abs. 1 Alt. 1 C.S. Dies entspricht Art. 22 Abs. 1 lit. b Fallgruppe 1 VRL bzw. Art. 19 Abs. 1 lit. b Fallgruppe 1. Sofern eine Heilungsmöglichkeit besteht, hat das Gericht nach Art. 689 Abs. 2 C.S. den Gesellschaften wie im französischen Recht eine Frist zuzubilligen, innerhalb derer sie den Mangel beheben können.

[1031] *Malherbe/ Lambrecht/ Malherbe*, Droit des Sociétés, Tz. 1444.

[1032] Vgl. Exposé des motifs, Doc. parl., Ch. Repr., sess. ord. 1989-1990, n° 1214/1, S. 15. Art. 30 VRL bzw. Art. 24 SpRL sehen vor, dass Vorgänge, bei denen die Mitgliedstaaten eine höhere als 10%ige bare Zuzahlung erlauben, (weitestgehend) den Vorgaben für die Verschmelzung bzw. Spaltung zu unterstellen sind. Gerade dies tut der belgische Gesetzgeber nicht. Er gestattet sie nicht, weshalb auch die Nichtigkeitsbeschränkung der beiden Richtlinien nicht zum Tragen kommen. Offenbar anders: *Horsmans* in Université Catholique de Louvain (Hrsg.), Le nouveau droit des fusions et des scissions de sociétés, 215, 232 und 233; *Tilquin*, Traité des fusions et scissions, Tz. 569.

Die dritte und wohl wichtigste Kategorie von Nichtigkeitsgründen stellen Mängel im Zusammenhang mit dem Abhalten der Hauptversammlung dar. Liegt einer der in Art. 64 C.S. genannten Mängel vor, zieht das die Nichtigkeit des entsprechenden Beschlusses und diese wiederum die Nichtigkeit der in Frage stehenden Maßnahme nach sich.[1033] Folgende Defizite kommen in Betracht: Verletzung von Formvorschriften bei der Beschlussfassung, sofern dem Kläger der Beweis gelingt, dass die von ihm vorgebrachte Unregelmäßigkeit die Beschlussfassung beeinflussen konnte, Art. 64 Nr. 1 C.S.; Verletzung von Vorschriften über den Gang der Hauptversammlung und Verstöße gegen die Tagesordnung bei Vorgehen in betrügerischer Absicht, Art. 64 Nr. 2 C.S.; Kompetenzüberschreitungen der Hauptversammlung[1034] und Machtmissbrauch,[1035] Art. 64 Nr. 3 C.S.; unrechtmäßiger Einsatz von Stimmen bei der Beschlussfassung, sofern auf diese Weise Quorum oder Beschluss zustande gebracht wurden, Art. 64 Nr. 4 C.S., und schließlich jeder andere Grund, der im *Code des Sociétés* ausdrücklich die Nichtigkeit der Beschlussfassung bestimmt, Art. 64 Nr. 5 C.S. Im Zusammenhang mit der Verschmelzung bzw. Spaltung regelt Art. 689 Abs. 1 Fallgruppe 2 C.S. zwei derartige für diese Maßnahmen spezifische Gründe. So kann das Gericht die Nichtigkeit aussprechen, wenn bei der Entscheidung der Verschmelzungs- bzw. Spaltungsbericht des Verwaltungsrats oder der Prüfungsbericht der Sachverständigen nicht vorgelegen hat. Insofern bestimmt Art. 689 Abs. 2 C.S. wiederum, dass bei Bestehen einer Heilungsmöglichkeit das Gericht den betroffenen Gesellschaften eine Frist hierfür einzuräumen hat und entspricht damit Art. 22 Abs. 1 lit. d VRL bzw. Art. 19 Abs. 1 lit. d SpRL.

4. *Befristung der Nichtigkeitsklage*

In Übereinstimmung mit der Vorgabe nach Art. 22 Abs. 1 lit. c VRL bzw. Art. 19 Abs. 1 lit. c SpRL kann die Nichtigkeitsklage nicht mehr erhoben werden, wenn eine Frist von sechs Monaten verstrichen ist, nachdem die Verschmelzung bzw. Spaltung demjenigen gegenüber wirksam geworden ist, der sich auf die Nichtigkeit beruft, oder wenn der Mangel behoben worden ist. Dies ergibt sich für die speziellen Nichtigkeitsgründe des Art. 689 C.S. aus Art. 198 § 2 Abs. 1 C.S., für die Nichtigkeit wegen Überschreitung der 10%

1033 *Malherbe/ Lambrecht/ Malherbe*, Droit des Sociétés, Tz. 1439; *Tilquin*, Traité des fusions et scissions, Tz. 573.

1034 Hierzu gehören auch die Nichtbeachtung der Quorum- und Mehrheitserfordernisse. *Malherbe/ Lambrecht/ Malherbe*, Droit des Sociétés, Tz. 1442.

1035 Insofern kommt insbesondere der *abus de majorité* in Betracht. Als Beispiel hierfür lässt sich ein zugunsten der Mehrheit festgelegtes Umtauschverhältnis anführen. *Malherbe/ Lambrecht/ Malherbe*, Droit des Sociétés, Tz. 1442.

Grenze der baren Zuzahlung aus Art. 198 § 2 Abs. 2 C.S. Dieselbe Frist gilt ferner nach Art. 198 § 2 Abs. 3 C.S. auch für die allgemeinen Gründe der Nichtigkeit des Hauptversammlungsbeschlusses. Allerdings beginnt sie hier ab dem Zeitpunkt, ab dem der Beschluss dem Kläger entgegengehalten werden kann oder er ihm bekannt wird.

5. Rechtsfolgen der Nichtigkeitsentscheidung

Die Nichtigkeit der Verschmelzung bzw. Spaltung hat im belgischen Recht weitgehend *ex-tunc* Wirkung, was – zusammengefasst dargestellt – dreierlei zur Folge hat: Erstens, die übertragende(n) Gesellschaft(en), die bei einer Verschmelzung bzw. Spaltung aufgelöst wurden, erlangen ihre Rechtspersönlichkeit zurück. Gleichzeitig wird das auf die übernehmenden Gesellschaften übergegangene Vermögen an sie rückübertragen.[1036] Zweitens werden die von der bzw. den übernehmenden Gesellschaften an die Aktionäre der übertragenden Gesellschaft(en) ausgegebenen Aktien wieder eingezogen. Die betroffenen Aktionäre erhalten dafür ihren Status als Aktionäre der „wiederbelebten" Gesellschaften zurück.[1037] Und drittens werden bei einer Verschmelzung durch bzw. Spaltung zur Neugründung mit Verkünden der Nichtigkeit der Verschmelzung bzw. Spaltung an sich auch die Nichtigkeit der neugegründeten Gesellschaften ausgesprochen, Art. 690 C.S. Eine Ausnahme von dieser *ex-tunc* Wirkung gilt für Schuldverhältnisse, welche die übernehmende Gesellschaft zwischen Wirksamwerden der Verschmelzung bzw. Spaltung und der Verkündung der Nichtigkeitsentscheidung im *Moniteur Belge* eingegangen ist, Art. 692 Abs. 1 C.S. Sie bleiben bestehen. Für daraus entstandene Verbindlichkeiten haften die an der jeweiligen Maßnahme beteiligten Gesellschaften gesamtschuldnerisch, Art. 692 Abs. 2 C.S.[1038]

6. Offenlegung der Nichtigkeitsentscheidung

Nach Art. 691 C.S. ist ein Auszug aus der in Rechtskraft erwachsenen gerichtlichen Entscheidung, welche die Nichtigkeit der Verschmelzung bzw. Spaltung ausspricht, nach der in Art. 74 C.S. vorgesehenen Weise zu hinterle-

---

[1036] *Malherbe/ Lambrecht/ Malherbe*, Droit des Sociétés, Tz. 1447.

[1037] *Malherbe/ Lambrecht/ Malherbe*, Droit des Sociétés, Tz. 1447; vgl. auch *Tilquin*, Traité des fusions et scissions, Tz. 604.

[1038] Diese Regelung, mit der im Übrigen die Vorgabe aus Art. 22 Abs. 1 lit. g VRL bzw. Art. 19 Abs. 1 lit. g SpRL umgesetzt wird, betrifft jedoch insbesondere die Gläubiger der Gesellschaften und nicht – zumindest nicht direkt – deren Aktionäre, so dass hier auf eine nähere Erörterung verzichtet wird.

gen und offen zu legen.[1039] Für die allgemeinen Gründe der Nichtigkeit des Hauptversammlungsbeschlusses gelten fast identische Offenlegungsvorschriften nach Art. 179 § 2 C.S.

V. Rechtslage in Großbritannien – Berufung gegen die gerichtliche Anordnung der Verschmelzung bzw. Spaltung (*appeal*)

1. Überblick

Das britische Recht enthält keine explizite Vorschriften, welche die Nichtigkeit der Verschmelzung bzw. Spaltung regeln.[1040] Bereits im Vorfeld der Umsetzung der VRL und SpRL wurde als Grund dafür, dass eine entsprechende Regelung nicht erforderlich sei, angegeben, dass angesichts der überwachenden Rolle, die das Gericht bei der Durchführung einer Verschmelzung bzw. Spaltung im Sinne der beiden Richtlinien ausübe, keine der in Art. 22 VRL bzw. Art. 19 SpRL genannten Situationen auftreten könne, in denen die Verschmelzung oder Spaltung für nichtig erklärt werden müsste.[1041] Es werde bereits vor Eintritt der Wirkungen der Verschmelzung bzw. Spaltung während des gesamten Verfahrens eine gerichtliche Kontrolle durchgeführt, in deren Rahmen etwaige Mängel erkannt würden. Wird etwa die Einigung zu einem *scheme* durch Täuschung (*fraud*) erlangt, so kann das Gericht den *scheme* für ungültig erklären.[1042]

Trotz dieser Kontrollfunktion ist nicht ausgeschlossen, dass der *scheme* beispielsweise unter Verletzung von Form- oder anderen Erfordernissen zustande gekommen ist.[1043] Ungeachtet dessen erlangt er mit Anmeldung beim Registerbeamten (*registrar of companies*) nach s. 425 Abs. 3 CA 1985 Bindungswirkung für alle Betroffenen. Es besteht jedoch die Möglichkeit, gegen die gerichtliche Anordnung der Verschmelzung bzw. Spaltung in ihrer Gesamtheit oder auch nur in Teilen im Wege der Berufung (*appeal*) vorzugehen.

1039 Insbesondere hat nach Art. 74 i.V.m. Art. 73 Abs. 1 C.S. die Offenlegung im *Moniteur belge* zu erfolgen. Der Auszug muss dabei vor allem die Firmenbezeichnung jeder der an der Verschmelzung oder Spaltung beteiligten Gesellschaften enthalten sowie das Datum, an dem das Gericht die Entscheidung verkündet hat.

1040 Vgl. *Le Fèvre*, Revue des Sociétés 1988, 207, 220.

1041 Vgl. (für den zweiten Teil der Aussage) *Department of Trade*, Implementation of the Third EC Directive on company law, 11.

1042 *Morse* in Morse (Hrsg.), Palmer's Company Law, Rz. 12.032.2; vgl. auch *Fletcher v Royal Automobile Club* [2000] 1 BCLC 331, CA. Das Gericht gibt dem Antrag jedoch nur dann statt, wenn die Täuschung für den Ausgang der Gesellschafterversammlungen kausal war *Boyle/ Potts/ Sealy,* Gore-Browne on Companies, Rz. 30.13.1.

1043 *Millet*, The Encyclopaedia of Forms and Precedents, Band 10, Rz. 876.

Sie ist nach Ziffer 2A.2 (2) Practice Direction 52 zum *Access to Justice Act 1999* beim *Court of Appeal* einzulegen. Die Sache muss jedoch vorher zur Berufung zugelassen worden sein, Regel 52.3 (1) Civil Procedure Rules.

2. *Berechtigung der Aktionäre, Berufung einzulegen*

Der Antrag auf Zulassung zur Berufung kann entweder bereits bei der gerichtlichen Anhörung über die Zulässigkeit der Verschmelzung bzw. Spaltung vor dem Gericht gestellt werden, wenn es die jeweilige Maßnahme anordnet, Regel 52.3 Abs. 2 lit. a Civil Procedure Rules, oder aber in der Folge beim Berufungsgericht (*Court of Appeal*), Regel 52.3 Abs. 2 lit. b Civil Procedure Rules. Zu beachten ist, dass der Antrag auf Zulassung zur Berufung in der Regel nur dann Erfolg hat, wenn der antragstellende Aktionär[1044] sowohl in der fraglichen Gesellschafterversammlung als auch bei der gerichtlichen Anhörung über die Genehmigung des *scheme* erklärt hat, dass er mit der Maßnahme nicht einverstanden sei.[1045]

3. *Berufungsgründe*

Da insofern keine Rechtsprechung ersichtlich ist, kann nur gemutmaßt werden, welche Berufungsgründe möglich sein könnten. Vorstellbar sind etwa schwerwiegende Mängel des Verschmelzungs- bzw. Spaltungsverfahrens oder die Unangemessenheit des festgelegten Umtauschverhältnisses oder darüber hinaus gewährter Zahlungen.

4. *Berufungsfrist*

Wird der Antrag auf Zulassung der Berufung nicht bereits bei der gerichtlichen Anhörung über die Zulässigkeit der Verschmelzung bzw. Spaltung gestellt, so bleibt Aktionären, die Berufung gegen die gerichtliche Genehmigung der Verschmelzung bzw. Spaltung einlegen möchten, eine Frist von 14 Tagen ab der gerichtlichen Genehmigung der Maßnahme, Regel 52.4 Abs. 2 Civil Procedure Rules.

5. *Rechtsfolgen*

Da der *Court of Appeal* weitreichende Befugnisse hat, sind Anordnungen bis hin zur Rückgängigmachung der Verschmelzung bzw. Spaltung vorstellbar.

[1044] Vgl. *Boyle/ Potts/ Sealy*, Gore-Browne on Companies, Rz. 30.14.2.

[1045] Vgl. *Re Securities Insurance Company* [1894] 2 Ch 410, 410.

6. *Ordnungsgemäße Umsetzung?*

Als problematisch erweisen sich diese weitreichenden Befugnisse des Berufungsgerichts im Hinblick auf die Vorgaben zur Nichtigkeit der beiden Maßnahmen in Art. 22 VRL bzw. Art. 19 SpRL. Die Anordnung der Rückgängigmachung der Verschmelzung bzw. Spaltung ist nur dann mit diesen Vorgaben vereinbar, wenn sie sich auf die in Art. 22 Abs. 1 lit. b VRL bzw. Art. 19 Abs. 1 lit. b SpRL genannten Nichtigkeitsgründe stützt und zudem die Vorgaben für Frist (Art. 22 Abs. 1 lit. c VRL bzw. Art. 19 Abs. 1 lit. c SpRL), Heilungsmöglichkeit (Art. 22 Abs. 1 lit. d VRL bzw. Art. 19 Abs. 1 lit. d SpRL) und Offenlegung der Entscheidung (Art. 22 Abs. 1 lit. e VRL bzw. Art. 19 Abs. 1 lit. e SpRL) berücksichtigt.[1046]

VI. Vergleich der Möglichkeiten eines Vorgehens gegen die Wirksamkeit bzw. das Wirksamwerden der Verschmelzung bzw. Spaltung

Bei den Klagen gegen die Wirksamkeit bzw. das Wirksamwerden der Verschmelzung bzw. Spaltung ergeben sich zwischen den einzelnen Rechtsordnungen konzeptionelle Unterschiede. Im deutschen Recht sind bereits von vorneherein Klagen gegen die Wirksamkeit des übertragenden Rechtsträgers ausgeschlossen, wenn sie auf ein zu niedrig bemessenes Umtauschverhältnis oder einen zu geringen Gegenwert der als Gegenleistung ausgegebenen Anteile an der oder den übernehmenden Gesellschaften gestützt werden. Die betroffenen Aktionäre sind in diesen Fällen darauf beschränkt, im Spruchverfahren finanziellen Ausgleich zu erlangen – eine Besonderheit des deutschen Rechts.[1047] In allen anderen Fällen kann ein Aktionär nur gegen den noch

---

1046 Schwierig wird es, die Anforderungen hinsichtlich der gesamtschuldnerischen Haftung für Verpflichtungen der übernehmenden Gesellschaft, die zwischen Wirksamwerden der Maßnahme und Offenlegung der gerichtlichen Entscheidung entstanden sind (Art. 22 Abs. 1 lit. h VRL bzw. Art. 19 Abs. 1 lit. h SpRL), zu erfüllen. Dies betrifft jedoch die Aktionäre nicht – oder zumindest nicht direkt, so dass auf eine nähere Erläuterung ebenso wie bei den anderen Rechtsordnungen verzichtet wird. Angemerkt sei nur, dass die Anordnung einer *ex-tunc* Wirkung (also ein Einbeziehen der in dem genannten Zeitraum entstandenen Verpflichtungen) wohl nicht möglich ist, da das Berufungsgericht hierfür eine gesamtschuldnerische Haftung der beteiligten Gesellschaften festlegen müsste. Diese Anordnung mit Gestaltungswirkung zu Lasten der Gesellschaften bedürfte – wenn eine Zustimmung der betroffenen Gesellschaften nicht vorliegt – einer Ermächtigung durch eine (hier nicht vorhandene) gesetzliche Regelung. Vgl. *Kempe v Ambassador Insurance Co* [1998] 1 WLR 271, 276.

1047 Man kann dies natürlich auch genau umgekehrt sehen, nämlich dass die Aktionäre der übernehmenden Gesellschaft(en) auf die Nichtigkeits- bzw. Anfechtungsklage gegen den bei ihrer Gesellschaft gefassten Verschmelzungs- bzw. Spaltungsbeschluss beschränkt sind und ihnen nicht das (kostengünstige) Spruchverfahren offen steht.

nicht wirksamen Beschluss innerhalb einer sehr kurzen Frist vorgehen – eine weitere Besonderheit des deutschen Rechts. Der Vollzug der Maßnahme ist dann zunächst nicht möglich. Ist der Beschluss jedoch einmal eingetragen, so ist an dessen Wirksamkeit nicht mehr zu rütteln. Diese Konstruktion hat den – oft genannten und angeprangerten – Effekt, dass die ganze Maßnahme blockiert werden kann, wenn Nichtigkeits- oder Anfechtungsklage gegen den Beschluss erhoben wird. Um diese negative Konsequenz zumindest abzumildern, sieht das deutsche Recht für bestimmte Fälle die Möglichkeit vor, die Verschmelzung bzw. Spaltung auch dann eintragen zu können, wenn eine Klage gegen den Beschluss erhoben worden ist. Im französischen Recht kann mit der Anfechtungsklage gegen (vermeintlich) fehlerhafte Hauptversammlungsbeschlüsse im Hinblick auf eine Verschmelzung oder Spaltung vorgegangen werden und zwar dann, wenn die Maßnahme bereits wirksam ist. Sollte sich die Nichtigkeit der Verschmelzung bzw. Spaltung herausstellen, ist das Gericht in weitem Umfang verpflichtet, der betroffenen Gesellschaft die Beseitigung des zur Nichtigkeit führenden Grundes aufzutragen. Im Prinzip demselben Grundmuster folgt das belgische Recht. Dort sind jedoch die Auswirkungen der Nichtigkeit, so sie denn festgestellt wird, gravierender. Es werden beinahe alle rechtlichen Wirkungen der Verschmelzung bzw. Spaltung zurückgeführt, was so weit reicht, dass die übertragende und daher aufgelöste Gesellschaft ihre Rechtspersönlichkeit wiedererlangt. Im britischen Recht ist die Situation – wieder einmal – eine andere. Das Gericht, welches das Verfahren begleitet, soll darauf achten, dass mögliche Nichtigkeitsgründe gar nicht erst entstehen können. Sollte ein Aktionär jedoch der Auffassung sein, dass von dem Gericht eine Verschmelzung oder Spaltung genehmigt worden ist, die nichtig ist, so kann er gegen diese Genehmigung mit Hilfe der Berufung vorgehen. Als Folge ist auch die Anordnung der Rückgängigmachung der Verschmelzung bzw. Spaltung nicht auszuschließen.

Die Gründe, die Nichtigkeit der Verschmelzung oder Spaltung geltend machen zu können, sind aufgrund der europarechtlichen Vorgaben in den einzelnen Rechtsordnungen sehr stark eingeschränkt. Die Möglichkeit, das unrechtmäßige Zustandekommen des Verschmelzungs- bzw. Spaltungsbeschlusses als Grund anführen zu können, kann jedoch „Einfallstor“ für Klagen sein.

Damit ist es Aktionären, die mit der Verschmelzung bzw. Spaltung an sich einverstanden sind, aber die Höhe des Umtauschverhältnisses für unangemessen halten, nicht möglich, sich nur dagegen zu wenden. Sie müssen die ganze Maßnahme zu Fall bringen, damit ist weder den Aktionären noch den beteiligten Gesellschaften gedient. Aus Sicht der übernehmenden Gesellschaft ist die Sachlage klar: Die Nichtigkeits- bzw. Anfechtungsklage ist aufgrund der damit verbundenen Folgen ein denkbar ungeeignetes Mittel, um gegen eine unangemessene Höhe des Umtauschverhältnisses vorzugehen.

Zusammenfassung

Die Ausgestaltung der einzelnen Aktionärsrechte im Rahmen der Verschmelzung bzw. Spaltung von Aktiengesellschaften in Deutschland, Frankreich, Belgien und Großbritannien ist stark von den Vorgaben der diesen beiden Maßnahmen zugrunde liegenden Europäischen Rechtsakte, der VRL und SpRL, geprägt. Es liegt dabei ein unverkennbarer Schwerpunkt auf der Informierung der Aktionäre, der sich entsprechend in den jeweiligen Rechtsordnungen widerspiegelt. Das deutsche Recht sieht über die Vorgaben der beiden Richtlinie hinausgehend weitere der Information der Aktionäre dienende Rechte vor, ebenso das französische und auch das belgische Recht. Das britische Recht gibt sich insofern eher karg. Das gilt jedoch in gleicher Weise auch für die anderen Aktionärsrechte im Zuge der Durchführung einer der zu untersuchenden Maßnahmen in Großbritannien. Das belgische Recht mit seinen zum Teil – zumindest im Vergleich zu den anderen Rechtsordnungen – weitergehenden Informationsvorschriften kann insofern als Gegenpol angesehen werden. Insbesondere die explizit geregelten sehr weitgehenden Informationspflichten der Mitglieder des Verwaltungsrats bei Eintreten von Vermögensänderungen im belgischen Recht können als Vorbild – auch für die deutsche Regelung – dienen. Bei der den Aktionären zugewiesenen Entscheidungszuständigkeit sind die im Rahmen der Vorgaben durch die beiden Richtlinien möglichen Spielräume unterschiedlich genutzt worden; insgesamt ergeben sich daraus keine gravierenden Unterschiede. Auffällig ist vielleicht insofern im belgischen Recht, dass sehr weitgehenden Informationsrechten auf der einen Seite erhöhte, über das durch die Richtlinien vorgegebene Mindestmaß hinausgehende Anforderungen an das Zustandekommen des Hauptversammlungsbeschlusses auf der anderen Seite gegenüberstehen. Insofern werden den Aktionärsrechten im belgischen Recht ein hoher Rang eingeräumt. Die Möglichkeit für Aktionäre, die eine Verschmelzung oder Spaltung nicht unterstützen, aus der Gesellschaft austreten, besteht in den zu untersuchenden Rechtsordnungen nur sehr eingeschränkt. Dies erscheint als das größte Manko der Konzeption innerhalb der einzelnen Rechtsordnungen. Es dürfen in diesem Zusammenhang jedoch nicht nur die Interessen der dissentierenden Minderheit gesehen werden, denen mit einem Austrittsrecht eine sehr hohe Flexibilität eingeräumt wird, sondern es muss auch die Gesellschaft und die hinter einem Verschmelzungs- bzw. Spaltungsbeschluss stehende Mehrheit berücksichtigt werden. Denn die Maßnahme an sich könnte aufgrund eines in größerem Umfang genutzten Austrittsrecht und der damit verbundenen finanziellen Belastung für die Gesellschaft gefährdet werden. Daher ist das Austrittsrecht ein zweischneidiges Schwert. Im deutschen Recht findet sich hinsichtlich eines Austrittsrechts im Zusammenhang mit einer Verschmelzung oder Spaltung noch die ausführlichste Regelung. Doch auch dort ist das Austrittsrecht nur als Ausnahme vorgesehen. Bei der Haftung wurde weitestgehend auf bereits bestehenden (allgemeinen) Regelungen zurückgegriffen und insbesondere auch keine besonderen Anforderungen für die Haftung der Mitglieder des Verwaltungs- bzw. Leitungsorgan und der sachverständigen Prüfer aufgestellt. Die Möglichkeit, gegen die beschlossene Verschmelzung bzw. Spaltung mit Hilfe einer Anfechtungs- oder Nichtigkeitsklage oder im britischen Recht im Wege der Berufung vorzugehen, ist insgesamt sehr eingeschränkt. Der Ansatz im deutschen Recht, Aktionäre in bestimmten Fällen auf einen finanziellen Ausgleich im Rahmen des Spruchverfahrens zu beschränken, erscheint im Hinblick auf die gesicherte Durchführung der Verschmelzung bzw. Spaltung als sinnvoll, hat sich aber in der Praxis insbesondere aufgrund der zum Teil sehr langen Verfahrensdauer als nicht unbedingt vorteilhaft erwiesen. Für die Fälle, in denen das Vorgehen gegen das Wirksamwerden der Verschmelzung bzw. Spaltung gestattet ist, erscheint das Verfahren, das immer noch zu weitgehend die Blockierung der jeweiligen Maßnahme zulässt, insbesondere im Vergleich zum französischen und belgischen Recht als schwerfälliger und hemmender.

Insgesamt kann jedoch festgehalten werden, dass den Aktionären bei der nationalen Verschmelzung und Spaltung in den zu untersuchenden Rechtsordnungen eine breite und in weiten Teilen zufriedenstellende Basis an Rechten zur Verfügung gestellt wird, die es ihnen erlaubt, ihre Interessen im Hinblick auf die mit einer solchen Maßnahme einhergehenden Rechtsfolgen in zumindest weitgehendem Maße zu wahren. Insofern wurde auch ein solider Grundstock geschaffen, auf den Maßnahmen wie etwa die internationale Verschmelzung oder die Errichtung einer Societas Europaea aufbauen können.

Literaturverzeichnis

Adolff, Johannes/ *Tieves*, Johannes: Über den rechten Umgang mit einem entschlusslosen Gesetzgeber: Die aktienrechtliche Lösung des BGH für den Rückzug von der Börse, BB 2003, 797 ff.

Assmann, Heinz-Dieter/ *Schneider*, Uwe H.: Wertpapierhandelsgesetz: Kommentar, 3. Auflage, 2003, Köln.

Bacher, Jean Marie de/ *Ralet*, Olivier: Responsabilités des dirigeants de sociétés, 1984.

Barbaso, Fabrizio: The Harmonisation of Company Law with regard to Mergers and Divisions, The Journal of Business Law 1984, 176 ff.

Barz, Carl Hans: Großkommentar zum Aktiengesetz, Band 4, §§ 291 - 410 AktG, 3. Auflage 1975, Berlin, New York.

Baumbach, Adolf/ *Hopt*, Klaus J./ *Merkt*, Hanno: Kommentar zum Handelsgesetzbuch, 32. Auflage 2006.

Baums, Theodor: Shareholder Representation and Proxy Voting in the European Union: A Comparative Study, in: Hopt, Klaus/ Kanda, Hideki/ Roe, Mark/ Wymeersch, Eddy/ Prigge, Stefan (Hrsg.), Comparative Corporate Governance – the State of the Art and Emerging Research, 1998, Oxford, 545 ff.

ders.: Eintragung und Löschung von Gesellschafterbeschlüssen, 1981, Heidelberg.

Bayer, Walter: Informationsrechte bei der Verschmelzung von Aktiengesellschaften, AG 1988, 323 ff.

ders.: Verschmelzung und Minderheitenschutz, WM 1989, 121 ff.

ders.: 1000 Tage neues Umwandlungsrecht – eine Zwischenbilanz, ZIP 1997, 1613 ff.

Becker, Robert: Die gerichtliche Kontrolle von Maßnahmen bei der Verschmelzung von Aktiengesellschaften, AG 1988, 223 ff.

Berle, A. A./ *Means*, G. C.: The Modern Corporation and Private Property, 1932, New York.

Bertrel, Jean-Pierre/ *Jeantin,* Michel: Acquisitions et fusions des sociétés commerciales, 2. Auflage, 1991, Paris.

Bézard, Pierre: La Société anonyme, 1986, Paris.

Birds, John/ *MacNeil,* Iain/ *McCormack,* Gerard/ *Twigg-Flesner,* Christian/ *Villiers,* Charlotte: Boyle & Birds' Company Law, 5. Auflage 2004, Bristol.

Blaurock, Uwe/ *Jung*, Peter: Das belgische Kapitalgesellschaftsrecht, 2. Auflage, 1999, Baden-Baden.

Bleckmann, Albert: Zu den Auslegungsmethoden des Europäischen Gerichtshofs, NJW 1982, 1177 ff.

Bork, Reinhard: Beschlussverfahren und Beschlusskontrolle nach dem Referentenentwurf eines Gesetzes zur Bereinigung des Umwandlungsrechts, ZGR 1993, 343 ff.

Boyle, Alan/ *Marshall*, Philip: Practice and Procedure of the Companies Court, 1997, London

Boyle, Alan/ *Potts,* Robin/ *Sealy,* Leonard: Gore-Browne on Companies, 44. Auflage, 1986, Loseblatt-Sammlung, Stand 2000, Bristol.

Caillaud, Bernard/ *Durand*, Bernard: Fusions, scissions et apports partiels, 1985.

Chapman, A.L./ *Ballard*, R.M.: Tolley's Company Law, 1983, Croydon, Surrey.

Charvériat, Anne/ *Couret*, Alain: Mémento Pratique Francis Lefebvre, Droit des affaires, Sociétés Commerciales, 2005.

Clemm, Herrmann/ *Dürrschmidt*, Armin: Überlegungen zu den Sorgfaltspflichten für Vertretungs- und Aufsichtsorgane bei der Verschmelzung von Unternehmen gemäß §§ 25 und 27 UmwG, FS Widmann. 3 ff.

Coppens, Pierre: Cours de Droit Commercial, 1985, Louvain-la-Neuve.

Cozian, Maurice/ *Viandier,* Alain/ *Deboissy*, Florence: Droit des Sociétés, 17. Auflage, 2004, Paris.

Dal, Georges-Albert/ *van den Abbeele*, Michel: Les fusions et scissions de sociétés commerciales, R.P.S. (92) 1993, 189 ff.

Davies, Paul: Gower's and Davies' Principles of Modern Company Law, 7. Auflage 2003, London.

ders.: United Kingdom, in Baums, Theodor/ Wymeersch, Eddy (Hrsg.): Shareholder Voting Rights and Practices in Europe and the United States, 1999, Den Haag, London 331 ff.

Decher, Christian E.: Information im Konzern und Auskunftsrecht der Aktionäre gem. § 131 Abs. 4 AktG, ZHR 158 (1994), 473 ff.

Dehmer, Hans: Umwandlungsgesetz, Umwandlungssteuergesetz, 2. Auflage 1996, München.

della Faille, Patrick: Fusions, acquisitions et évaluations d'entreprises - une approche juridique, économique et financière, 2001, Brüssel.

Department of Trade, Implementation of the Third EC Directive on company law, 1982, London

Department of Trade and Industry, Implementation of the Sixth EC Directive on Company Law, 1984, London

Department of Trade and Industry, Consultative Document Shareholder Communications at the Annual General Meeting, Section 3 (1996), URN 96/685.

Dictionnaire Permanent Droit des affaires, Fusions, Scissions, Apports partiels d'actif, Loseblatt-Sammlung, Stand 2001.

Dirrigl, Hans: Die Angemessenheit des Umtauschverhältnisses bei einer Verschmelzung als Problem der Verschmelzungsprüfung und der gerichtlichen Überprüfung (Teil I), WPg. 1989, 413 ff.

Ducouloux-Favard, Claude: La réforme française des fusions et l'harmonisation des législations européennes, Recueil Dalloz Sirey 1990, Chronique, 242 ff.

Ebenroth, Carsten Thomas: Das Auskunftsrecht des Aktionärs und seine Durchsetzung im Prozeß, 1976, Bielefeld.

Ebenroth, Carsten Thomas/ *Koos*, Stefan: Die Verfassungsmäßigkeit des Auskunftsverweigerungsrechts gemäß § 131 Abs. 3 AktG bei Aktionärsfragen bezüglich stiller Reserven, BB Beilage 8/1995.

Ebenroth, Carsten Thomas/ *Wilken*, Oliver: Zum Auskunftsrecht des Aktionärs im Konzern, BB 1993, 1818 ff.

Ebke in Sandrock/ Jäger (Hrsg.), Internationale Unternehmenskontrolle und Unternehmenskultur, 7 ff.

Edwards, Vanessa: EC Company Law, 1999, Oxford.

Encyclopédie Dalloz, Sociétés I: Assemblées d'actionnaires, Loseblatt-Sammlung, Stand Sept. 2002; Sociétés III: Fusion et scission, Stand April 2004.

Engelmeyer, Cäcilie: Die Spaltung von Aktiengesellschaften nach dem neuen Umwandlungsrecht, 1995, Köln.

dies.: Informationsrechte und Verzichtsmöglichkeiten im Umwandlungsgesetz, BB 1998, 330 ff.

Everling, Ulrich: Rechtsvereinheitlichung durch Richterrecht in der Europäischen Gemeinschaft, RabelsZ 50 (1986), 193 ff.

Farmery, Peter: Removing Legal Obstacles to Cross Border Mergers: EEC Proposal for a Tenth Directive, (1987) Business Law Review, 35 ff.

Farrar, John H./ *Hannigan*, Brenda (Hrsg.): Farrar's Company Law, 4. Auflage, 1998, London.

Fritzsche, Michael/ *Dreier,* Peter/ *Verfürth*, Ludger C.: Kommentar zum Spruchverfahrensgesetz, 2004, Berlin.

Ganske, Joachim: Umwandlungsrecht: Regierungsentwürfe des Gesetzes zur Bereinigung des Umwandlungsrechts und des Gesetzes zur Änderung des Umwandlungssteuerrechts, Texte mit amtlichen Begründungen, 1995, Düsseldorf.

ders.: Änderungen des Verschmelzungsrechts – zur Dritten gesellschaftsrechtlichen EG-Richtlinie, Gedanken zu ihrer Umsetzung in deutsches Recht, DB 1981, 1551 ff.

ders.: Reform des Umwandlungsrechts – Ein Bericht -, WM 1993, 1117 ff.

Geens, Koen/ *Servaes*, Bart: Corporations and Partnerships in Belgium, 1997, Den Haag, London, Boston.

Geiger, Rudolf: Vertrag über die Europäische Union und Vertrag zur Gründung der Europäischen Gemeinschaften, 3. Auflage 2000, München.

Geßler, Ernst/ *Hefermehl*, Wolfgang/ *Eckardt*, Ulrich/ *Kropff*, Bruno: Kommentar zum Aktiengesetz (zitiert: *G/H/E/K*), Band VI, §§ 291-410, 13. Lieferung 1991, München.

Goldman, Berthold/ *Lyon-Caen*, Antoine/ *Vogel*, Loius: Droit commercial européen, 5. Auflage, 1994, Paris.

Goutier, Klaus/ *Knopf,* Rüdiger/ *Tulloch,* Anthony: Kommentar zum Umwandlungsrecht, 1996, Heidelberg.

Groß, Wolfgang: Rechtsprobleme des Delisting, ZHR 165 (2001), 141 ff.

GroßKomm: siehe unter *Barz*, Carl Hans.

Grotherr, Siegfried: Überblick über ausländische Umwandlungs- und Umwandlungssteuerrechte, in Schaumburg, Harald/ Piltz, Detlev J.: Internationales Umwandlungssteuerrecht: Aktuelle Schwerpunkte: Grundlagen, deutsches und ausländisches Umwandlungs- und Umwandlungssteuerrecht, inländische, grenzüberschreitende und ausländische Umwandlungen, 1997, Köln, 156 ff.

Grundmann, Stefan: Europäisches Gesellschaftsrecht, 2004.

ders. (Hrsg.): Systembildung und Systemlücken in Kerngebieten des Europäischen Privatrechts – Gesellschaftsrecht, Arbeitsrecht, Schuldvertragsrecht, 2000, Tübingen.

ders.: Information und ihre Grenzen im Europäischen und neuen englischen Gesellschaftsrecht, FS Lutter, 2000, 61 ff.

ders.: Europäisches Schuldvertragsrecht – Das Europäische Recht der Unternehmensgeschäfte (nebst Texten und Materialien zur Rechtsangleichung), 1999, Berlin/ New York.

ders.: EG-Richtlinie und nationales Privatrecht, JZ 1996, 274 ff.

Grundmann, Stefan/ *Riesenhuber*, Karl: Auslegung von Gemeinschaftsrecht - besonders Schuldvertragsrecht, JuS 2001, 529 ff.

Grunewald, Barbara: Die Verschmelzung von Kapitalgesellschaften, in: Lutter, Marcus (Hrsg.), Kölner Umwandlungsrechtstage: Verschmelzung, Spaltung, Formwechsel nach neuem Umwandlungsrecht und Umwandlungssteuerrecht, 1995, Köln, 19 ff.

dies.: Die Auswirkungen der Macrotron-Entscheidung auf das kalte Delisting, ZIP 2004, 542 ff.

dies.: Austrittsrechte als Folge von Mischverschmelzungen und Verfügungsbeschränkungen (§ 29 UmwG), FS Boujong, 175 ff.

dies.: Das Recht zum Austritt aus der AG, FS Claussen, 103 ff.

Grünwald, Alfons: Europäisches Gesellschaftsrecht, 1999, Wien.

Guyon, Yves: Droit des Affaires, Bd. 1, Droit commercial général et sociétés, 12. Auflage 2003, Paris.

Habersack, Mathias: Europäisches Gesellschaftsrecht – Einführung für Studium und Praxis, 2. Auflage 2003, München.

ders.: Europäisches Gesellschaftsrecht – Einführung für Studium und Praxis,1. Auflage 1999, München.

Harrer, Friedrich: Die EG-gesellschaftsrechtlichen Vorgaben für die Regelung der Verschmelzung und der Spaltung von Aktiengesellschaften, in: Koppensteiner, Hans-Georg (Hrsg.), Österreichisches und europäisches Wirtschaftsprivatrecht, Teil 1: Gesellschaftsrecht, 1994, Wien, 307 ff.

Heckschen, Heribert: Die Entwicklung des Umwandlungsrechts aus Sicht der Rechtsprechung und Praxis, DB 1998, 1385 ff.

ders.: Umwandlungsrecht und Insolvenz, FS Widmann, 31 ff.

Heckschen, Heribert/ *Simon*, Stefan: Umwandlungsrecht, Gestaltungsschwerpunkte der Praxis, 2003, Köln, Berlin, Bonn, München.

Heenen, Jacques: La Directive sur les Fusions Internes, CDE 1981, 15 ff.

Heidenhain, Martin: Fehlerhafte Umsetzung der Spaltungs-Richtlinie, EuZW 1995, 327 ff.

Hémard, Jean/ *Terré,* François/ *Mabilat*, Pierre: Sociétés commerciales, Band III, Valeurs mobilières, comptes sociaux. Filiales et participations. Nullités. Fusion et scission. Liquidation. Publicité, 1978, Paris.

Henze, Hartwig: Aspekte und Entwicklungstendenzen der aktienrechtlichen Anfechtungsklage in der Rechtsprechung des BGH, ZIP 2002, 97 ff.

Herrmann, Marcus: Der Companies Act 1989 in Großbritannien, RIW 1991, 378 ff.

Hirte, Heribert: Kapitalgesellschaftsrecht, 5. Auflage, 2006, Köln.

Hoffmann, Elisabeth: Grundzüge des belgischen Handels-, Gesellschafts- und Wirtschaftsrechts, 1996, Bern.

Hoffmann-Becking, Michael: Das neue Verschmelzungsrecht in der Praxis, FS Fleck, ZGR Sonderheft 7, 1988, Berlin, New York, 105 ff.

ders. (Hrsg.): Münchener Handbuch des Gesellschaftsrecht, Band 4, Aktiengesellschaften, 2. Auflage, 1999, München.

ders.: Der materielle Gesellschafterschutz: Abfindung und Spruchverfahren, ZGR 1990, 482 ff.

Hohloch, Gerhard (Hrsg.): EU-Handbuch Gesellschaftsrecht, 1997, Loseblatt-Sammlung, Stand: 2001, Herne/ Berlin.

Hollington, Robin: Minority Shareholders' Rights, 3. A., 1999, London.

Hommelhoff, Peter: Minderheitenschutz bei Umstrukturierungen, ZGR 1993, 452 ff.

Hommelhoff, Peter/ *Riesenhuber*, Karl: Strukturmaßnahmen, insbesondere Verschmelzung und Spaltung im Europäischen und deutschen Gesellschaftsrecht, in: Grundmann, Stefan (Hrsg.): Systembildung und Systemlücken in Kerngebieten des Europäischen Privatrechts – Gesellschaftsrecht, Arbeitsrecht, Schuldvertragsrecht, 2000, Tübingen, 259 ff.

Hopt, Klaus: Harmonisierung im europäischen Gesellschaftsrecht – Status quo, Probleme, Perspektiven, ZGR 1992, 265 ff.

Hopt, Klaus/ *Kanda*, Hideki/ *Roe*, Mark/ *Wymeersch*, Eddy/ *Prigge*, Stefan (Hrsg.), Comparative Corporate Governance – the State of the Art and Emerging Research, 1998, Oxford.

Hopt, Klaus/ *Wymeersch*, Eddy/ (Hrsg.), Capital Markets and Company Law, 2003, Oxford.

Horsmans, Guy: Les nullités et les sanctions, in: Université Catholique de Louvain (Hrsg.): Le nouveau droit des fusions et des scissions de sociétés, 1994, Brüssel, 215 ff.

Horsmans, Guy/ *de Cordt*, Yves: La portée et l'influence de la codification, in: Université Catholique de Louvain (Hrsg.): Le Nouveau Code des Sociétés, 1999, Brüssel, 93 ff.

Hüffer, Uwe: Aktiengesetz, 7. Auflage, 2006, München.

Hüpper, Bernd-Hagen: Frankreich: Die Stellung des Aktionärs in der Hauptversammlung – Eine rechtsvergleichende Kooperationshilfe, AG 1973, 330 ff.

Ihrig, Hans-Christoph: Verschmelzung und Spaltung ohne Gewährung neuer Anteile?, ZHR 160 (1996), 317 ff.

Atkin's Encyclopaedia of Court Forms in Civil Proceedings, Bd. 9, Companies: General, Volume Editor: *Watson*, Ranald, 2. Auflage, 2004.

Jeantin, Michel/ *Viandier*, Alain: Réforme du droit des fusions et des scissions, Revue droit bancaire et bourse 1988, 65 ff.

Jensen, Michael/ *Meckling*, William: Theory of the Firm: Managerial Behavior, agency costs, and ownership structure, Journal of Financial Economics 3 (1976), 305 ff.

Juris Classeur, Sociétés (5), Fusions – Scissions, Principes généraux, Loseblatt-Sammmlung.

Kallmeyer, Harald: Umwandlungsgesetz: Kommentar, Verschmelzung, Spaltung und Formwechsel, 3. Auflage, 2006, Köln.

ders.: Das neue Umwandlungsgesetz – Verschmelzung, Spaltung und Formwechsel von Handelsgesellschaften, ZIP 1994, 1746 ff.

Kalss, Susanne: Europarechtliche und verfassungsrechtliche Rahmenbedingungen für das Umwandlungsrecht, JBl. 1995, 420 ff.

Keil, Tilo: Der Verschmelzungsbericht nach § 340a AktG, 1990, Gießen.

Keil, Tilo/ *Wagner*, Thomas: Verschmelzungsrecht und Art. 177 EWG-Vertrag, ZIP 1989, 214 ff.

Keutgen, Guy: La directive européenne sur les fusions nationales, Revue pratique des sociétés 1979, 98 ff.

Keutgen, Guy/ *Tossens*, Jean-François: La nouvelle loi sur les fusions et les scissions, Journal des tribunaux 1994, 345 ff.

dies.: La situation des actionnaires et leurs recours in Université Catholique de Louvain (Hrsg.), Le nouveau droit des fusions et des scissions de sociétés, 1994, Brüssel, 119 ff.

Kiem, Roger: Die Stellung der Vorzugsaktionäre bei Umwandlungsmaßnahmen, ZIP 1997, 1627 ff.

ders.: Die Eintragung der angefochtenen Verschmelzung, 1991, Köln, Berlin, u.a.

Kirchner, Jörg/ *Sailer*, Viola: Rechtsprobleme bei Einbringung und Verschmelzung, NZG 2002, 305 ff.

KK: siehe unter *Zöllner*, Wolfgang.

Kleindiek, Detlef: Funktion und Geltungsanspruch des Pflichtangebots nach dem WpÜG, ZGR 2002, 546 ff.

ders.: Abfindungsbezogene Informationsmängel und Anfechtungsausschluss – Kommentar zu BGH, NZG 2001, 574, NZG 2001, 552 ff.

Koppensteiner, Hans-Georg (Hrsg.): Österreichisches und europäisches Wirtschaftsprivatrecht, Teil 1: Gesellschaftsrecht, 1994, Wien.

Kort, Michael: Bestandsschutz fehlerhafter Strukturänderungen im Kapitalgesellschaftsrecht, 1998, München.

Krämer, Robert/ *Theiß*, Simone: Delisting nach der Macrotron-Entscheidung des BGH, AG 2003, 225 ff.

Kreß, Simone: Gerichtliche Beschlusskontrolle im Kapitalgesellschaftsrecht - Eine rechtsvergleichende Untersuchung zum deutschen, französischen und englischen Recht, 1996, München.

Kreuznacht, Frank: Wirkungen der Eintragungen fehlerhafter Verschmelzungen von Aktiengesellschaften und Gesellschaften mit beschränkter Haftung nach § 20 Abs. 2 UmwG, 1998, Münster.

Kropff, Bruno: Über die „Ausgliederung“, in FS Geßler, 1971, München, 111 ff.

*K*ropff, Bruno/ *Semler*, Johannes (Hrsg.): Münchener Kommentar zum Aktiengesetz (zitiert: *MüKo*), München
Band 4, §§ 118 - 147, 2. Auflage, 2004;
Band 7, §§ 222 – 277, 2. Auflage, 2001;
Band 9/1, §§ 327a – 327 f, WpÜG, SpruchG.

Kubis, Dietmar: Die „formunwirksame“ schriftliche Auskunftserteilung nach § 131 AktG, in FS Kropff, 1997, Düsseldorf, 171 ff.

Lamy, Sociétés commerciales, 2005, Paris.

Le Fèvre, Alain: Le nouveau régime des fusions et des scissions de sociétés commerciales institué par la loi n° 88 – 17 du 5 janvier 1988 et le décret n° 88 – 418 du 22 avril 1988, Revue des Sociétés 1988, 207 ff.

Loÿ, Odette: Droit des sociétés - La troisième directive du Conseil des Communautés européennes du 9 octobre 1978 concernant les fusions des sociétés anonymes, RTD *eur.* 1980, 355 ff.

Lutter, Marcus/ *Winter*, Martin (Hrsg.): Umwandlungsgesetz: Kommentar, 3. Auflage, 2004, Köln.

ders.: Europäische Aktiengesellschaft – Rechtsfigur mit Zukunft?, BB 2002, 1 ff.

ders.: Die Funktion der Gerichte im Binnenstreit von Kapitalgesellschaften – ein rechtsvergleichender Überblick, ZGR 1998, 191 ff.

ders.: Europäisches Unternehmensrecht – Grundlagen, Stand und Entwicklung nebst Texten und Materialien zur Rechtsangleichung, 4. Auflage 1996, Berlin/ New York.

ders. (Hrsg.): Kölner Umwandlungsrechtstage: Verschmelzung, Spaltung, Formwechsel nach neuem Umwandlungsrecht und Umwandlungssteuerrecht, 1995, Köln.

ders.: Zur inhaltlichen Begründung von Mehrheitsentscheidungen – Besprechung der Entscheidung BGH WM 1980, 378, ZGR 1981, 171 ff.

ders. (Hrsg.): Die Europäische Aktiengesellschaft – eine Stellungnahme zur Vorlage der Kommission an den Ministerrat der Europäischen Gemeinschaften über den Status der Europäischen Aktiengesellschaft vom April 1975, 2. Auflage 1978, Köln.

ders.: Die Entwicklung des Gesellschaftsrechts in Europa, EuR 1975, 44 ff.

Lüttge, Jörg W.: Das neue Umwandlungs- und Umwandlungssteuerrecht, NJW 1995, 417 ff.

Maier, Arno: Neuere Entwicklungen im französischen Wertpapierrecht, RIW 1986, 677 ff.

Malherbe, Jacques/ *Lambrecht,* Philippe/ *Malherbe*, Philippe: Droit des sociétés, Précis, Droit communautaire, Droit belge, 2004, Brüssel.

Martens, Klaus-Peter: Verschmelzung, Spruchverfahren und Anfechtungsklage in Fällen eines unrichtigen Umtauschverhältnisses, AG 2000, 301 ff.

ders.: Kontinuität und Diskontinuität im Verschmelzungsrecht der Aktiengesellschaft, AG 1986, 57 AG 1986, 57, 63 ff.

Menjucq, Michel: Droit international et européen des sociétés, 2001, Paris.

Mercadal, BArthélémy/ *Janin*, Philippe: La société civile, nouveau régime, 1978, Paris.

Merle, Philippe: Droit commercial, Sociétés commerciales, 9. Auflage 2003, Paris.

Mertens, Hans-Joachim: Die Gestaltung von Verschmelzungs- und Verschmelzungsprüfungsbericht, AG 1990, 20 ff.
Messer, Herbert: Die Kausalität von Mängeln des Verschmelzungsberichts als Voraussetzung für die Anfechtbarkeit des Verschmelzungsbeschlusses, FS Quack, 1991, 321 ff.
Meyer-Ladewig, Jens: Der Kommissionsvorschlag für eine Dritte Richtlinie des Rates zur Koordinierung des Gesellschaftsrechts (Nationale Fusion), BB 1970, 1517 ff.
Micheler, Eva-Maria: Spaltung und Teileinbringung nach französischem Recht – Scission und Apport Partiel d'actif, RIW 1993, 15 ff.
Millet, Peter: The Encyclopaedia of Forms and Precedents, Band 10, 5. Auflage, 2001, London
Morse Geoffrey (Hrsg.): Palmer's Company Law, Rz. 12.033, Loseblatt-Sammlung, London.
Morse, Geoffrey/ *Girvin,* Stephen: Charlesworth & Morse Company Law, 17. Auflage, 2005, London.
Müller, Hans-Friedrich: Minderheitsschutz im englischen Kapitalgesellschaftsrecht nach ss. 459 ff. CA 1985, RIW 1997, 994 ff.
MüKo: siehe unter *Kropff*, Bruno/ *Semler*, Johannes.
Neye, Hans-Werner: Umwandlungsgesetz, Umwandlungssteuergesetz, 2. Auflage, 1995, Köln.
ders.: Die Ausgliederung bei Aktiengesellschaften nach französischem Recht – Ansätze für eine künftige Regelung nach deutschem Recht, DB 1982, 365 ff.
Niçaise, Pierre: La procédure et le règle des conseils d'adminsitration, in: Université Catholique de Louvain (Hrsg.), Le nouveau droit des fusions et des scissions de sociétés, 1994, Brüssel.
Ommeslaghe, Pierre van: Unternehmenskonzentration und Rechtsangleichung in der EWG, ZHR 132 (1969), 201 ff.
Ossadnik, Wolfgang/ *Maus*, Stefan: Die Verschmelzung im neuen Umwandlungsrecht aus betriebswirtschaftlicher Sicht, DB 1995, 105 ff.
Pannier, Matthias: Harmonisierung der Aktionärsrechte in Europa – insbesondere der Verwaltungsrechte -, 2003, Berlin.
Pieroth, Johannes: Schutz von Minderheitsgesellschaftern bei nicht verhältniswahrender Spaltung, von Kapitalgesellschaften, 1994, Frankfurt am Main.
Pluskat, Sorika: Going Private durch reguläres Delisting, WM 2002, 833 ff.
Priester, Hans-Joachim: Das neue Umwandlungsrecht aus notarieller Sicht, DNotZ 1995, 427 ff.

ders.: in Lutter, Marcus (Hrsg.), Kölner Umwandlungsrechtstage: Verschmelzung, Spaltung, Formwechsel nach neuem Umwandlungsrecht und Umwandlungssteuerrecht, 1995, Köln, 101 ff.

ders.: Strukturänderungen – Beschlußvorbereitung und Beschlußfassung, ZGR 1990, 420 ff.

ders.: Das neue Verschmelzungsrecht, NJW 1983, 1459 ff.

Raiser, Thomas/ *Veil*, Rüdiger: Recht der Kapitalgesellschaften, 4. Auflage 2006, München.

Rapport Lepetit sur la protection des actionnaires minoritaires dans les opérations de fusion et de garantie de cours, abrufbar unter: www.cob.fr/documents.

Reichert, Jochem: Folgen der Anteilsvinkulierung für Umstrukturierungen von Gesellschaften mit beschränkter Haftung und Aktiengesellschaften nach dem Umwandlungsgesetz 1995, GmbHR 1995, 176 ff.

Report of the City/ Industry working group: Developing a Winning Partnership, 2. Auflage 1996, URN 95/551, 12 ff.

Resteau, Charles/ *Benoit-Moury,* Anne/ *Grégoire*, Albert: Traité des sociétés anonymes, 3. Auflage, 1981-83, Brüssel.

Riesenhuber, Karl: Die Verschmelzungsrichtlinie: „Basisrechtsakt“ für ein Europäisches Recht der Strukturmaßnahmen, NZG 2004, 15 ff.

Routier, Richard: Les fusions des sociétés commerciales, prolégomènes pour un nouveau droit des rapprochements, 1994, Paris.

Sagasser, Bernd/ *Bula*, Thomas/ *Brünger*, Thomas R.: Umwandlungen, Verschmelzung – Spaltung – Formwechsel – Vermögensübertragung, 3. Auflage 2002, München.

Schäfer, Carsten: Die Lehre vom fehlerhaften Verband: Grundlagen, Verhältnis zum allgemeinen Vertragsrecht und Anwendung auf Strukturveränderungen, 2002, Tübingen.

Schaub, Bernhard: Das Abfindungsgebot nach § 29 UmwG, NZG 1998, 626 ff.

Schaumburg, Harald/ *Piltz*, Detlev J.: Internationales Umwandlungssteuerrecht: Aktuelle Schwerpunkte: Grundlagen, deutsches und ausländisches Umwandlungs- und Umwandlungssteuerrecht, inländische, grenzüberschreitende und ausländische Umwandlungen, 1997, Köln.

Schiessl, Maximilian: Ist das deutsche Aktienrecht kapitalmarkttauglich?, AG 1999, 442 ff.

Schlitt, Michael: Die gesellschaftsrechtlichen Voraussetzungen des regulären Delisting, ZIP 2004, 533 ff.

Schmidt, Karsten: Gesellschaftsrecht, 4. Auflage 2002, Köln, Berlin, Bonn, München.

ders.: Haftungsrisiken bei „stehengebliebenen" Verschmelzungen? – Zugleich zum Unterschied zwischen „fehlerhafter" und „faktischer" Verschmelzung, DB 1996, 1859 ff.
ders.: Zur gesetzlichen Befristung der Nichtigkeitsklage gegen Verschmelzungs- und Umwandlungsbeschlüsse – Eine Ehrenrettung der §§ 14 Abs. 1, 195 Abs. 1 UmwG, DB 1995, 1849 ff.
ders.: Fehlerhafte Verschmelzung und allgemeines Verbandsrecht – Eine Analyse nach geltendem und kommendem Recht -, ZGR 1991, 373 ff.
ders.: Integrationswirkung des Umwandlungsgesetzes, Betrachtungen zur Dogmengeschichte und Rechtsfortbildung im Gesellschaftsrecht, FS Ulmer, 2003, Berlin, 557 ff.
Schmidt-Rimpler, Walter: Grundfragen einer Erneuerung des Vertragsrechts, AcP 147 (1941), 130 ff.
Schnorbus, York: Grundlagen der persönlichen Haftung von Organmitgliedern nach § 25 Abs. 1 UmwG, ZHR 167 (2003), 666 ff.
Schön, Wolfgang: Das Bild des Gesellschafters im Europäischen Gesellschaftsrecht, RabelsZ 64 (2000), 1 ff.
Schöne, Torsten: Das Aktienrecht als „Maß aller Dinge" im neuen Umwandlungsrecht? Zugleich Anmerkungen zu den Kölner Umwandlungsrechtstagen, GmbHR 1995, 325 ff.
ders.: Die Klagefrist nach § 14 Abs. 1 UmwG: Teils Rechtsfortschritt, teils „Aufforderung" zu sanktionslosen Geheimbeschlüssen?, DB 1995, 1317 ff.
Schwarz, Günter Christian: Zum Statut der Europäischen Aktiengesellschaft, ZIP 2001, 1847 ff.
ders.: Europäisches Gesellschaftsrecht – ein Handbuch für Wissenschaft und Praxis, 2000, Baden-Baden
Schwarz, Hans-Detlef: Das neue Umwandlungsrecht, DStR 1994, 1694 ff.
Sealy, L.S.: Cases and Materials in Company Law, 6. Auflage, 1996, London/ Edinburgh/ Dublin.
Semler, Johannes/ *Stengel*, Arndt: Umwandlungsgesetz, 2003, München.
Semler, Johannes/ *Volhard*, Rüdiger: Arbeitshandbuch für die Hauptversammlung, 2. Auflage, 2003, München.
Siebel, Ulf R./ *Gebauer*, Stefan: Prognosen im Aktien- und Kapitalmarktrecht – Lagebericht, Zwischenbericht, Verschmelzungsbericht, Prospekt, usw. – Teil II -, WM 2001, 173 ff.
Sinewe, Patrick: Keine Anfechtungsklage gegen Umwandlungsbeschlüsse bei wertbezogenen Informationsmängeln – Ausstrahlungswirkung der Entscheidungen des BGH vom 18.12.2000 und vom 29.1.2001, S. 319 und 471, DB 2001, 690 ff.

Sonnenberger, Hans Jürgen: Interne Fusion von Aktiengesellschaften im Gemeinsamen Markt, AG 1971, 76 ff.

ders.: Die Hauptversammlung, in: Lutter, Marcus (Hrsg.), Die Europäische Aktiengesellschaft – eine Stellungnahme zur Vorlage der Kommission an den Ministerrat der Europäischen Gemeinschaften über den Status der Europäischen Aktiengesellschaft vom April 1975, 2. Auflage 1978, Köln, 73 ff.

Sonnenberger, Hans Jürgen/ *Damann*, Reinhard: Französisches Handels- und Wirtschaftsrecht, 2. Auflage 1991, Heidelberg.

Spitze, Peter Alexander/ *Diekmann*, Hans: Verbundene Unternehmen als Gegenstand des Interesses von Aktionären, ZHR 158 (1994), 447 ff.

Steck, Kai-Uwe: „Going Private" über das Umwandlungsgesetz – Das Gesellschaftsrecht des „kalten Delisting", AG 1998, 460 ff.

Steindorff, Ernst: Vorlagepflicht nach art. 177 Abs. 3 EWGV und Europäisches Gesellschaftsrecht, ZHR 156 (1992), 1 ff.

Schmitt, Joachim/ *Hörtnagl*, Robert/ *Stratz*, Rolf-Christian: Umwandlungsgesetz, Umwandlungssteuergesetz, Kommentar, 4. Auflage, 2006, München.

Streck, Michael/ *Mack,* Alexander/ *Schwedhelm*, Rolf: Verschmelzung und Formwechsel nach dem neuen Umwandlungsgesetz, GmbHR 1995, 161 ff.

Tauchert-Nosko, Martina: Verschmelzung und Spaltung von Kapitalgesellschaften in Deutschland und in Frankreich, 1999, Freiburg.

Teichmann, Arndt: Die Spaltung von Rechtsträgern als Akt der Vermögensübertragung, ZGR 1993, 396 ff.

Thorne, James/ *Walmsley*, Keith (Hrsg.): Butterworths Company Law Guide, 3. Auflage, 1995, London, Dublin, Edinburgh.

Tilquin, Thierry: Traité des fusions et scissions, 1993, Brüssel.

Triebel, Volker/ *Hodgson,* Stephen/ *Kellenter,* Wolfgang/ *Müller*, Georg: Englisches Handels- und Wirtschaftsrecht, 2. Auflage 1995, Heidelberg.

Tubiana, Hubert M.: Fusion et scission des sociétés commerciales: Les commissaires à la fusion, les commissaires aux apports et les commissaires aux comptes, Gazette du Palais 108 (1988), 575 ff.

Université Catholique de Louvain (Hrsg.): Le Nouveau Code des Sociétés, 1999, Brüssel.

dies. (Hrsg): Le nouveau droit des fusions et des scissions de sociétés, 1994, Brüssel.

Vetter, Eberhard: Abfindungswertbezogene Informationsmängel und Rechtschutz – Anmerkung zu den Urteilen des BGH vom 19.12.2000 – MEZ und vom 29.1.2001 – Aqua Butzke -, FS Wiedemann, 1323 ff.

Vetter, Jochen : Ausweitung des Spruchverfahrens, Überlegungen de lege lata und de lege ferenda, ZHR 168 (2004), 8 ff.

Weißhaupt, Frank: Informationsmängel in der Hauptversammlung: die Neuregelungen durch das UMAG, ZIP 2005, 1766 ff.

Werlauff, Erik: EC Company Law – the Common Denominator for Business Undertakings in 12 states -, 1993, Kopenhagen.

Widmann, Siegfried/ *Mayer*, Dieter: Kommentar zum Umwandlungsgesetz und Umwandlungssteuergesetz, Loseblattsammlung.

Winter, Martin: Die Verschmelzung von Kapitalgesellschaften, in: Lutter, Marcus (Hrsg.), Kölner Umwandlungsrechtstage: Verschmelzung, Spaltung, Formwechsel nach neuem Umwandlungsrecht und Umwandlungssteuerrecht, 1995, Köln, 19 ff.

Witt, Carl Heinz: Das Informationsrecht des Aktionärs und seine Durchsetzung in den USA, Großbritannien und Frankreich – Funktionale Gesamtbetrachtung im Vergleich zum deutschen Recht, AG 2000, 257 ff.

Wooldridge, Frank: The Third Directive and the Meaning of Mergers, (1980) 1 The Company Lawyer, 75 ff.

Zöllner, Wolfgang (Hrsg.): Kölner Kommentar zum Aktiengesetz (zitiert: KK), Köln, Berlin, Bonn, München

Band 7, 1. Lieferung, §§ 339 – 361, 2. Auflage, 1990

Zuleeg, Manfred: Die Auslegung des Europäischen Gemeinschaftsrechts, EuR 1969, 97 ff.

Kolibri 360 GmbH
Ferdinand-Jühlke-Straße 7
99095 Erfurt, Deutschland
produktsicherheit@kolibri360.de

Druck:
CPI Druckdienstleistungen GmbH
im Auftrag der
Kolibri 360 GmbH
Ferdinand-Jühlke-Str. 7
99095 Erfurt